浙江大学汉语史研究丛刊 甲种

日本汉文古辞书与汉语史研究

[日] 池田证寿 著

中西书局

图书在版编目（CIP）数据

日本汉文古辞书与汉语史研究 ／（日）池田证寿著.
上海 ：中西书局，2025. --（浙江大学汉语史研究丛刊）.
-- ISBN 978-7-5475-2334-6

Ⅰ. H16；H1-09

中国国家版本馆 CIP 数据核字第 20245853SW 号

RIBEN HANWEN GUCISHU YU HANYUSHI YANJIU

日本汉文古辞书与汉语史研究

［日］池田证寿　著

责任编辑	周美玲
装帧设计	梁业礼
责任印制	朱人杰

出版发行	上海世纪出版集团 ®中西书局（www.zxpress.com.cn）
地　　址	上海市闵行区号景路 159 弄 B 座（邮政编码：201101）
印　　刷	常熟市兴达印刷有限公司
开　　本	890 毫米×1240 毫米　1/32
印　　张	13.625
字　　数	350 000
版　　次	2025 年 1 月第 1 版　2025 年 1 月第 1 次印刷
书　　号	ISBN 978-7-5475-2334-6/H·155
定　　价	78.00 元

本书如有质量问题，请与承印厂联系。电话：0512-52381162

本书出版得到浙江大学汉语史研究中心资助

丛书编委会

顾　问

蒋绍愚　江蓝生

主　编

汪维辉　真大成

编　委

（按姓名音序排列）

方一新（浙江大学）　　　冯胜利（北京语言大学）

胡敕瑞（北京大学）　　　李守奎（清华大学）

李无未（厦门大学）　　　李运富（郑州大学）

王云路（浙江大学）　　　魏培泉（台湾"中研院"）

吴福祥（北京语言大学）　徐　丹（法国国立东方语言文化学院）

杨永龙（中国社会科学院）　远藤光晓（日本青山学院大学）

张洪明（澳门科技大学）　张涌泉（浙江大学）

朱庆之（香港教育大学）

绪　言

本书着眼于 8 至 13 世纪日本辞书的草创、形成时期，探析这一时期汉文辞书音义的编纂方法，基于对其中逸书引文的研究，以期复原古代逸书的原貌，并依此进行相关数据库的构建工作。本书中选取的日本汉文辞书音义多为僧侣所编纂而成，且多以古写本的形态流传至今。日本的佛教僧侣为了能够读解佛教经典，以中国的字书、韵书、音义书为主要材料，编纂了各种辞书音义。至今，针对这些汉文辞书音义，前贤时修有针对单个书目的研究，但缺乏全面的论述。因此，本书试图对日本古辞书音义进行全面且系统性的研究。本书中，将在日本以汉文编纂而成的字书、韵书、音义书等，称为日本古辞书音义、日本汉文辞书音义或日本汉文古辞书等。本书的书名择用"日本汉文古辞书"。

关于本研究的特色及新见解，特别值得提到的有以下几点：

第一，详细介绍了日本关于汉文辞书音义研究的最新动向。通过本书使中国学界能够了解日本汉文辞书音义资料的特点，进而推动汉语史研究的发展。

第二，详细整理分析了作为日本汉文辞书音义的编纂材料的中国小学书（如玄应《一切经音义》、顾野王《玉篇》等），并且探明这些辞书音义的编纂方法。

第三，针对在中国已为逸书的初唐郭逐撰《一切经类音决》、杜延业撰《群书新定字样》等，探讨其究竟为何内容的小学书，对其原貌进行了详细的考察。

以下为本书章节目录。全书由三部分构成。

第一部分总观日本的古辞书研究。

第二部分佛经音义与字书的研究是本书的核心部分,主要由两部分构成,即《华严经》及其音义的相关研究,《篆隶万象名义》《新撰字镜》《类聚名义抄》等字书的相关研究。

第三部分字样书的研究中,以日本辞书音义中的逸文为切入点,考察至今少有人探讨的杜延业《群书新定字样》和郭逐《类音决》。

本书中所论及的辞书音义均为保存在日本的文献,所以对于读者来说未免有不甚熟悉之处,下面对其进行具体的介绍。

奈良时代(8世纪)编纂的大治本《新华严经音义》以玄应《一切经音义》和顾野王《玉篇》为主要材料。小川本《新译华严经音义私记》则在此大治本的基础上,加之慧苑《新译华严经音义》,并再度参照玄应《一切经音义》、顾野王《玉篇》的内容而编纂成书。

进入平安时代后,9世纪初叶,出现简化了顾野王《玉篇》的空海《篆隶万象名义》,据此可一窥已散逸的顾野王《玉篇》的内容。9世纪末昌住的《新撰字镜》编纂成书,此书以玄应《一切经音义》、顾野王《玉篇》及《切韵》系韵书为主要材料,援引众多小学书,编成分为160个部首的字书,收录约2万字条。11世纪至12世纪,《类聚名义抄》成书(撰者未详)。《类聚名义抄》有原撰本及改编本两个种类的传本。原撰本仅藏于日本宫内厅书陵部,全书约有五分之一的内容传世。改编本的传本众多,其中观智院本(现藏于天理图书馆)为唯一的完本,全书共10卷,120部首,约32 000词条,可称为日本古辞书中的巨作。镰仓时代初期(13世纪),京都高山寺的喜海编纂了《新译华严经音义》,其内容以反切为主,但一直以来其典据都未得以明确。本书也对这样较为新式的佛经音义进行了探讨。

关于前文所述三点特色及新见解,下面将对其所取得的成果作具体阐述。

第一，概述日本最新的研究动向，整理相关文献的影印、索引、专著及学术论文等信息，并详细介绍了最新的研究成果。将日本汉文辞书音义的最新研究成果介绍到中国学界，在学术交流上有着非常积极的意义。

近年，虽然在中国刊行了很多关于日本古辞书的中国学者的研究论著（如吕浩《篆隶万象名义校释》、张磊《新撰字镜研究》等），但以中文形式刊行的日本学界关于日本古辞书的研究成果，却少之又少。对于希望利用日本汉文古辞书音义的中国学者来说，可谓是一大憾事。因此，对于利用日本汉文辞书音义来推进汉语史研究这一点，本书的刊行有着深远的意义。换言之，为了使日本汉文古辞书音义资料能够更充分地适用于汉语史研究，参考借鉴日本学界的研究成果是非常有必要的。

第二，关于玄应《一切经音义》和顾野王《玉篇》的出典研究，有了很多新发现。如大治本《新华严经音义》优先收录玄应撰《一切经音义》的内容，不足之处再以顾野王《玉篇》补足；小川本《新译华严经音义私记》利用了各种音义、字书、注释书，呈现出多样的记载形式；喜海的《新译华严经音义》则利用了单刊的宋版《华严经》及宋版《一切经》的附录音释；《玉篇》删节本的《篆隶万象名义》全六帖中的第一帖，有依据别本《玉篇》进行增补的痕迹，而这也与《类聚名义抄》的编纂相关联；《新撰字镜》中，对于《一切经音义》的引用，集中于《一切经音义》第十四、第十五及第十六卷；图书寮本《类聚名义抄》所引出典有独特的优先级，其中慈恩大师、弘法大师的著作被优先引用；利用数据库探明观智院本《类聚名义抄》的词条目数及字头文字数等，这些成果对辞书音义的研究具有深远的意义。

第三，对于中国已散逸的小学书，有如下的研究成果。从敦煌本《切韵》残卷及日本《东宫切韵》的逸文中发现杜延业《群书新定字样》的逸文，以此进一步引发对敦煌本 S.388 前半是否为杜延业《群书新定字样》的再讨论。基于图书寮本《类聚名义抄》分析整理了郭迻的《一切经类音决》,明确其为注记字体正俗的部首分类体例音义书。

在日本,主要由日语学(日本国语学)及汉语言文字学(中国语学)这两个领域的研究者,肩负着对日本汉文古辞书的研究工作。日语学研究者,以日本汉字音与和训为材料,研究多着意于探寻论及汉字汉文的日本化进程,抑或是对日语历史的记述。其中,研究的中心多集中于古辞书文献的传本分类、对其系统源流的分析,及对作为其编纂材料的中国典籍所作的追本溯源的出典研究。日本的汉语言文字学领域的研究者,则以逸书、逸文为基础材料,旨在推进对从中国南北朝至隋、唐,及宋代的汉语音韵、训诂的复原、重构。思考日本汉文古辞书对汉语史研究的意义,应首先理解上述两个研究领域不同的着眼点,在此基础上对两者的研究成果进行综合整理,以期得到更大的发展。

近年来,中国的汉语史研究者逐步着眼于对日本汉文古辞书的研究,也积累了相当多的成果。但同时,对日本国语学研究成果的参照较少。我想其主要原因在于,日本国语学研究成果多以日语刊行。而本书以中文面世,为学界带来全面系统的日本国语学的研究内容,我想会对汉语史研究的发展可贡献之处颇多。本书主要以简化汉字排定,但行文中依据需要也保留了不少繁体字、异体字。唯著者学浅才疏,所言所举定有漏误,敬请大方之家及广大读者批评指正。

目　　录

第一部分　总论

　　第一部分总论中，概述了关于日本辞书史草创期与形成期的研究动向。首先，作为本书的导入内容，介绍了关于日本辞书史的时代区分、入门书籍、概论书目，及具有代表性的专业论文。其次，介绍了日本平安时代的辞书类典籍的概况。再次，总结了日本古辞书研究的内容。其中，着力介绍了用于日本古辞书研究的文献资料的相关影印与索引的内容。最后，以《类聚名义抄》为中心，总结了日本汉文古辞书作为汉语史研究数据的价值。具体来说，其作为汉语史研究数据的价值体现在如下三点：一、包含了很多逸书的内容，二、反映了汉文训读的实际情况，三、记载了丰富的异体字注记。为了将日本汉文古辞书更好地用于汉语史研究，充分地理解第一部分所阐述的关于日本辞书史的基本内容，是首要的一步。

第一章

平安时代辞书的概述

一、前言

    日本辞书史的时代划分，根据吉田金彦(1971)的研究，可分为五个时期：奈良时代至平安初期为第一期(创始期，大约 620 年至 900年)，平安中期至院政时代为第二期(形成期，大约 901 年至 1183年)，镰仓时代至室町时代为第三期(发展期，大约 1184 年至 1602年)，江户时代为第四期(普及期，1603 年至 1867 年)，近代(从明治维新至今)为第五期(发展期，1868 年至今)。作为入门书籍，中田祝夫(1983)的作品易于阅读。作为概论性的书目，川濑一马(1986)详细介绍了古辞书的书目，是一部名著。此后，吉田金彦(1971)的研究非常出色。池田证寿(2024)的第一部分总论，以及 Bailey (1960)和Ikeda (2024)也值得参考。收录了代表性专业论文的论文集，如贞苅伊德(1998)、吉田金彦(2013)、筑岛裕(2016)均非常有益，本书的内容也大量参考了这些研究。

    辞书，可依其内容重点置于汉字的形、音、义的哪一方面来分类。有依形的字书(按部首分类)，依音的韵书(按韵分类)，依义的训诂书(按字义分类)。也可归类为以文字为主的字书，及以词汇为主的辞书，这种情况下，韵书则归为字书。除此之外，作为特定典籍辞书的音义(也称为音义书)，及目的在于辨似的字样(也称为字样书)也都分别可归为辞书的一种。另外，还有依语义分类，作为百科全书一类的类书,作为专业辞书的和歌用语辞典、本草书及梵语辞书等。上述这些可总称为辞书类典籍。

下面,作为前史,先概述至奈良时代末期的辞书史,之后将平安时代辞书按字书、韵书等分类进行概述。总观平安时代所编纂的辞书中都包含有哪些内容,意在把握其全貌,将参考文献的大部分内容都标记在脚注中。日本汉文古辞书的研究取得了长足的发展。对这些研究成果的整理,就汉语史研究而言,从利用日本汉文古辞书的角度,一定会发挥重要的作用。

二、前史

有记载的日本最早的辞书是境部连石积等编纂的《新字》44 卷(682 年,逸书)。关于其内容有诸种学说,比如,冈井慎吾主张这是一部用来对文字字形进行勘误的典籍,又比如,小岛宪之从实际的金石文、古写本的实际情况来推定,认为其中采用了唐代的"今字",是一部同时记录了古字、今字、通用字,并记述了相应训诂内容的典籍①。《新字》的编纂,是与当时的律令、帝纪的编纂相关联的②。

北大津遗迹出土的"音义木简"被认为是 7 世纪后半叶的木简文献。断片中可见"誣阿佐ム加ム移母",这是对"诬"的异体"誣"所加的和训标记,以万叶假名标注为"アザムカムヤモ"(动词アザムク+助动词ム+助词ヤモ)。如果这个内容标示了对原汉文内容的训读,那么此木简文献,作为 7 世纪后半叶的汉文训读资料应受

---

① 冈井慎吾(1934:38—45)、和田英松(1936:364—366)、川濑一马(1955:15—23)中有相关的介绍。小岛的主张首见于小岛(1979)。后经补充修改收录于小岛(1986:147—207)。小岛的学说,不仅只停留于对天武、持统朝的文字论问题的把握,更意欲从选择善言的关联上,观察文学史上的一面,即关于启蒙教养时代的形成。岚义人(1985)则提到,在考虑和田英松的意见时,应将和田英松(1936)及更早的和田英松(1926)相结合进行参考。最近的论考中,冲森卓也(2015)对相关的诸种学说进行了详细的介绍、讨论,并进一步明确了问题所在。此外,佐藤仁之助(1929a,b)中也有很多有益的见解。
② 川濑一马(1955:20—21)指出与国史编纂的关联性;从历史学角度,吉村武彦(2004)则指出与当时的律令、帝纪编纂是相联动的。

到极大的注目①。

8世纪时出现过《杨氏汉语抄》及《弁色立成》。从《倭名类聚抄》中可知这些典籍的存在，《令集解》中引用的"古记"援引了"汉语抄"②，这些典籍在历史上真实存在过是毫无疑问的。依据《倭名类聚抄》的序文，可知《杨氏汉语抄》成立于养老年间（720年前后）共十部，《弁色立成》共分十八章，从《杨氏汉语抄》《弁色立成》的引文内容与《新撰字镜》中的《临时杂要字》③相似这一点，可推测这是一类依语义分类，对汉语词附以万叶假名和训，即中日对译形式的简便实用本位的用字字书，统称为"汉语抄"类典籍④。

敦煌本⑤《俗务要名林》（S.167，P.2609）也是依语义分类，对汉语词附加音义说明，同样是简便的体例，与"汉语抄"相似⑥。

另一方面，在当时的日本学界，部首分类的《玉篇》（30卷）经常被引用，在注释书及音义书中都留下这些痕迹。而相对于《玉篇》，对于韵书《切韵》5卷（隋陆法言，601年）的引用却比较少。这一点，可从《令集解》所引用的"古记""令释"这些律令注释书来推定⑦。此外，善珠、明一等撰述的佛典注释书，及元兴寺信行等所撰述的佛典

① 相关的还有林纪昭·近藤滋（1978）、犬饲隆（2005：41—45）、高桥宏幸（2012）、稻垣信子（2013）等论著。

② 可见如下的内容："古记云。舆无轮也。辇有轮也。汉语抄云。舆。母知许之。腰舆。多许之。迹云。辇者。己之久留万"（卷五职员令、主殿寮条）。

③ "临时杂要字第百六十载九章"中，共记载了"舍宅章""农业调度章""男女装束及资具章""机调度及织缝染事""马鞍调度章""木工调度章""锻冶调度字""田畠作章""诸食物调馔章""海河菜章"等十项内容。

④ 参照贞苅伊德（1983a）、筑岛裕（1973b）、宫泽俊雅（1998a）、大槻信（2002，2019）等论考。

⑤ 敦煌本的一部分在IDP（国际敦煌项目，http://idp.bl.uk/）中进行了公开。S.为大英图书馆所收藏的奥莱尔·斯坦因（Aurel Stein 1862-1943）收集本的略称，P.为法国国家图书馆所收藏的保罗·伯希和（Paul Pelliot 1878-1945）收集本的略称。伯希和本可通过http://gallica.bnf.fr/进行阅览，极为便利。

⑥ 张磊（2010a，2012）中均有言及。

⑦ 参照林纪昭（1976）、东野治之（1987）。

音义中也可以确认到对《玉篇》的利用①。善珠的注释书《成唯识论述记序释》中有"惟美^{於毛比}波行坠^{於知奈牟}流尔"这样的对原文内容所作汉文训读标记的痕迹②。

　　佛典音义,也被称为佛书音义,或是佛经音义,是注释书的一种,按照在佛经典籍中的出现顺序,抽出需加注的字句,并加入字音注、字义注。撰者未详的《新华严经音义》(大治三年誊写宫内厅书陵部本《一切经音义》)卷第一附载,通称为大治本《新华严经音义》,撰者未详的《新译华严经音义私记》2 卷(小川本),元兴寺信行《大般若经音义》3 卷(仅存石山寺本、来迎院本中卷,《大般若经要集抄》为其摘录)等,均为奈良时代末期的典籍。这些音义,在《玉篇》之外,也较多地利用了唐代玄应《一切经音义》25 卷(661 年左右)。小川本《新译华严经音义私记》,是以唐代慧苑《华严经音义》(720 年左右)及大治本《新华严经音义》为主体,并据《玉篇》和《玄应音义》进行增订,因其中收录了众多的和训而广为所知。1943 年刊出的冈田希雄的《新华严经音义私记倭训考》,时至今日也未失去其参考价值③。

三、依部首分类辞典

　　无论是俗家或是佛家,《玉篇》在当时的日本学界都得到广泛的利用。这一点,从《玉篇》残卷的留存状况及诸典籍中所引用的《玉篇》逸文即可明显地看出。但是,部首分类辞书的编纂主要是在佛教界完成的。《篆隶万象名义》6 帖,是由弘法大师空海(774—835)所撰述的。原样继承了《玉篇》542 部的构成,是将《玉篇》的详细注文

---

① 如白藤礼幸(1968)等研究成果,又如河野贵美子(2007)等的一系列研究。
② 依据白藤礼幸(1969a)中所提出的意见。
③ 和训考证以冈田希雄(1943)为研究的出发点。有关《私记》的成立,有附于复制本的冈田希雄(1939)的解说,关于后者小林芳规(1978)的解题为基本文献。以《私记》为对象的研究很多。比如汉字音方面有白藤礼幸(1972)、清水史(1978),训诂方面有井野口孝(1974),汉字字体方面有贾智(2011)、梁晓虹(2018:100—149)等论著。

进行简省,使内容更为实用化的一部字书,对其中的部分字头添加了篆书。现在,多被略称为《万象名义》。其中前半的 4 帖为空海自撰,分为 50 卷构成,后半的 2 帖为后人续撰,收录了《玉篇》30 卷的后半,即 15 卷之后的内容。其撰述年代,由第一帖起首处可见"东大寺沙门大僧都空海撰"的记述,推断应在空海被任命为东大寺大僧都起的天长四年(827)至其殁年的承和二年(835)之间。永久二年(1114)书写的高山寺本为唯一的古写本。《篆隶万象名义》为空海的著作,其中保留了已散逸的顾野王《玉篇》的内容,迄今为止有诸多研究①。僧侣昌住的《新撰字镜》12 卷,是昌泰年间(898—901)的典籍,有完本(宫内厅书陵部所藏天治元年[1124]写本)及抄录本这 2 个系统广为所知。以"天、日、月、肉、雨"为始,以"临时杂要字"为终,全书由 160 部构成。其中包含了天部、亲族部、临时杂要字等一部分依字义进行分类的内容②。

　　《新撰字镜》的序文中记载了如下内容,最初,将《玄应音义》改编为"三卷"③内容,后参照《玉篇》《切韵》及《私记》进行增订,更进一步地引用《小学篇》《本草》,增补为 12 卷。其中只有部分内容明确地标记了出典,但依据各字条的排列顺序及注文内容的相似程度可以确定相应的典据文献④。全书对超过 2 万字的字头施以字音、字义的

---

　　①　关于《玉篇》的研究,冈井慎吾(1933)为基本文献,但同时要留意这是《篆隶万象名义》的复制刊行之前的研究成果。目前,最好以贞苅伊德(1957)作为研究的起点,关于《篆隶万象名义》有各种复制本,分别附有神田喜一郎、白藤礼幸、筑岛裕、高田时雄的解说、解题,非常有帮助。其他相关的先行研究,参照本书第五章第三节中的参考文献。
　　②　关于分类的方法,阪仓笃义(1950)中指出是按如天,人事(衣食住、交通、器具),自然界(植物、动物)等字义的所属范畴进行分类及排列的。
　　③　序文中记载有"分为三轴",意为其书籍形态为卷子本。
　　④　关于全文整体,佐藤喜代治(1951)对于本文误写、出典等进行确切地分析,巩固了之后研究进展的基础。关于出典,贞苅伊德(1959)是研究的起点。其中对包含《一切经音义》部分、《玉篇》引用部分、《切韵》引用部分及出典不详部分的出典文献进行了剖析。和训多存在于包含《一切经音义》的部分及出典不详部分。关于《切韵》部分,参照上田正(1981a)、藤田拓海(2019),关于《玉篇》部分,参照井野口孝(1978)、永井圭司(2009),而关于包含《一切经音义》部分可参考池田证寿(1982,本书第五章第四节)。基于上述的研究成果,大槻信(2020)对其编纂过程进行了推定。

注释,并收录了 3 000 余条和训①。

　　12 世纪出现了古辞书巨著《类聚名义抄》②。现在,多略称为《名义抄》。原撰本在 1100 年左右③由法相宗僧侣编纂,而以此为基础的改编本(也称为增补本、广益本),于 12 世纪前半叶④由真言宗的僧侣编纂成书。《名义抄》全书,由佛法僧 3 部,120 部构成。原撰本,宫内厅书陵部所藏的院政期写本(图书寮本)的零本(法上)为唯一的传本。改编本中,作为完本的天理图书馆所藏的古写本(观智院本⑤)最为著名,此外,高山寺本⑥、莲成院本⑦、西念寺本、宝菩提院本⑧也广为所知,另外还有列有部首一览的《六帖字书篇立》⑨。

　　《新撰字镜》与原撰本《类聚名义抄》的共通之处在于,这两本辞书均是以《玄应音义》等佛典音义为基础,并辅以《玉篇》及《切韵》系韵书进行增订。相较于《新撰字镜》只对一部分出典名称作了注记,原撰本《类聚名义抄》原则上明示出典,贯彻了典据主义,其引用也非

---

①　关于和训的考证,有山田孝雄(1916)及京都大学文学部国语学国文学研究室(1958b)的研究成果。
②　关于复制本、参考文献及研究展望等,详见大槻信(2018,2019)。
③　筑岛裕(1959b)中指出,永超(1015—1095)成为僧都是在永保元年(1081),而从留存的"永超僧都"的记录中可推断原撰本的成立时间应在 1081 年之后。
④　筑岛裕(1969b)中指出,从逸文的传存情况推断,改编本的成书应在治承二年(1178)之前。
⑤　贵重图书复制会(1937),正宗敦夫编(1954),天理图书馆善本丛书和书之部编集委员会(1976),天理图书馆(2018)中收录了影印本。仁治二年(1241)时慈念所誊写的抄本,在建长三年(1251)时又由显庆再次誊写。现在的观智院本,应为显庆誊写本的转写本。关于其书写时期,虽然有镰仓中期、镰仓末期、室町初期等诸种意见,但近期,小林恭治(2020)中指出观智院本的两位书写者(A 与 B)中的书写者 A 的部分,应是在室町时代文明至天文年间书写完成。
⑥　京都大学文学部国语学国文学研究室(1951),天理图书馆善本丛书和书之部编集委员会(1971),天理图书馆(2016)。
⑦　尾崎知光编(1965),勉诚社(1986)。
⑧　仓岛节尚(2002)。
⑨　对改编本的真正研究始于冈田希雄(1944)。他驳回了撰者为菅原是善的说法,并确定了其成书年代应在《倭名类聚抄》之后。《六帖字书篇立》的翻刻也收入了此著作。

常忠实于原文①。这样的引用方法,反映了尊典籍本文为权威的平安时代的学问形态②。

改编本将原撰本中原有的佛教词汇的条目、详细的汉文注释及出典注记进行省略,将万叶假名改为片假名,并大幅增补和训及异体字的内容,使得其特性与原撰本相比有了很大不同。平安中期,汉籍的训法作为博士家的家学逐渐固定,汉籍本文与训点作为一体被传承下来,而《类聚名义抄》则收录了其中大量的和训③。先行研究中指出相对于原撰本的词条中标示与汉文本文相同的词形,而改编本中则将其改为终止形,这在辞书发展史上是值得注意的现象。原撰本与改编本中,均有着丰富的以声点对和训声调的注记,及依据反切、类音注、声点等对字音的注记,在和训声调史、字音史上都是重要的研究资料④。

《世尊寺本字镜》,原形为 3 卷本,东洋文库所藏的镰仓初中期写本 2 册⑤,相当于原形里下卷的内容⑥。其编纂依据了先行文献《新撰字镜》、《类聚名义抄》(原撰本、改编本)、《无名字书》等,但却没有明示出典,这一点显示其与《类聚名义抄》改编本系统之间的关联⑦。

---

① 参见筑岛裕(1959b)。此外,关于出典研究,详见吉田金彦(2013)中所收录的诸论考,同时参见宫泽俊雅(1977a)、山本秀人(1990)、池田证寿(1991)等。

② 此学问形态,是与《倭名类聚抄》共通的特征。此外,关于此学问形态的详细内容,参见池田源太(1969)。

③ 从训读史的角度,可参见筑岛裕(1950,1964)。此外,以通过和训来考察训诂的视点,可参见中村宗彦(1987)。

④ 关于和训声调史、字音史,参见小松英雄(1971)、沼本克明(1982)及望月郁子(1992)等。

⑤ 贵重图书影本刊行会(1933a),古典研究会(1980)。

⑥ 山田忠雄明确指出,从残存的第八篇目至第七十杂篇的 63 部首与东大国语研究室所藏的《音训篇立》相一致来看,其原形为 3 卷本,残存内容相当于下卷部分。山田忠雄(1967)中也收录了对前田富祺(1967)的编者注,可同时参考。

⑦ 到目前为止,有冈田希雄(1933)、贞苅伊德(1955,1966)、前田富祺(1967)、筑岛裕(1980)等论考可参考。复制本有贵重图书影本刊行会(1933a)、古典研究会(1980)。此外,与《无名字书》相关,有中野直树(2015)、森下真衣(2015),大槻信、森下真衣(2016)等更进一步推进了研究。

虽然卷数及撰者未详,根据原撰本《类聚名义抄》所引用的《玉抄》为片假名和训,推定其应于平安后期成书①。而与此不同,《俱舍论音义》②所引用的《玉篇抄》(也表记为《玉抄》)则以汉文来记述字义③,由此推定此书为《日本国见在书目录》(891 年)中所见的《玉篇抄》13 卷,为唐土之书。

现行研究中指出一部分日本古辞书也受到中国字样的影响,例如《新撰字镜》中可见郎知本《正名要录》(S.388 后半)④的内容,原撰本《类聚名义抄》引用了唐代颜元孙《干禄字书》(710—720 年左右)及唐代郭逡《新定一切经类音》⑤,广益本《类聚名义抄》的部分内容与辽代行均《龙龛手镜》相似⑥。

四、依韵分类辞书

俗家、佛家虽均对《切韵》系韵书多有利用,但在日本的韵书编纂则多出自俗家的文人、汉学者之手。菅原是善(812—880)的《东宫切韵》(据记录为 20 卷、23 卷、12 帖)虽为逸书,但逸文中关于 13 家《切韵》及曹宪《桂苑珠丛抄》等,按陆法言、曹宪、郭知玄、释氏、长孙讷言、韩知十、武玄之、薛峋、麻杲、王仁煦、祝尚丘、孙恤、孙伷、沙门清澈的顺序引用,并将《玉篇》的注文作为今案部分载入⑦。

---

① 参照吉田金彦(1955a：73)、吉田金彦(1971：464)。

② 西崎亨(2010)中收录了影印及相关论文。

③ 西崎亨(2008：6)中如"猥玉抄云能哄声也众也"标示了 3 条引文。

④ 西原一幸(1979)作为专论为必读文献。之后,收录于西原一幸(2015)。西原以前,佐藤喜代治(1951：147)、佐藤喜代治(1971)中也有言及。

⑤ 关于《干禄字书》,参见吉田金彦(1954b)、西原一幸(1987)、池田证寿(1992)等。关于《新定一切经类音》,参见西原一幸(1989)、池田证寿(1995,本书第七章第一节)。

⑥ 参见吉田金彦(1958)、田村夏纪(2000)等。关于《干禄字书》,参见田村夏纪(1998)。

⑦ 以冈田希雄(1935a,1935b,1935c)、川濑一马(1951)等为基础,包含上田正(1956)为基本参考文献。井野口孝(1994)关于"今案"部分有详细论述,《玉篇》之外,是善独自追加了《汉书》颜师古注等内容。关于《东宫切韵》与《类聚名义抄》的关系,参见池田证寿(2003)。

为年幼的初学者所编纂的三善为康的《童蒙颂韵》2 卷（天仁二年［1109］成书，尊经阁文库藏弘治二年 1556 写本及其他），是将平声字按韵分别编为四字句，附有音训，从而便于背诵的韵书①。《诗苑韵集》10 卷（平安后期，别名《平安韵字集》《韵字集》，天理图书馆藏的镰仓时代写本）也有流传②。

《和汉年号字抄》3 卷 1 册（镰仓时代中期，尊经阁文库藏文明十一年［1479］写本）虽依字义进行分类，但其中大量无省减地引用了《东宫切韵》的内容③。

此外，依据对日本撰述的典籍分类图书目录《本朝书籍目录》（撰者未详，或为镰仓时代后期成书）④，可确认藤原季纲的《季纲切韵》《古文切韵》，藤原孝范的《孝韵》等的存在⑤。也可推测出如下典籍的存在：《小切韵》（《俱舍论音义》所引用）⑥，《四声小切韵》（《高山寺圣教目录》所收载），大江朝纲《倭注切韵》（《作文大体》序文所引）⑦，及藤原敦光《和注切韵》（《辨疑书目录》所收载⑧）等。

《作文大体》1 卷（平安中期，天理图书馆所藏观智院本及其他）是作诗入门的教科书，起首处附有《倭注切韵》序。

五、依字义分类辞书

承平四年（934）左右成书的源顺的《倭名类聚抄》（10 卷或 20

---

① 起首处的关于"东风冻融"，附有"（トウフウ）トヒカシノカセ吹テ，（トウ）ユウトコヲリトク"（尊经阁文库本）这样的"音+训"的读法。这样的方式被称为文选读法。关于本书，参见川濑一马（1955：197—202）、筑岛裕（2016：730—754）等。

② 吉田金彦（1967）、吉田金彦（1971：457—462）中论及关于《韵字集》（书名不详，参考吉田先生意见，定书名为《韵字集》）即为《本朝书籍目录》中所记载的"《诗苑韵集》十卷"。

③ 参见冈田希雄（1935a）、上田正（1956：83）等。

④ 也称作《御室和书目录》《御室书籍目录》《仁和寺书籍目录》。和田英松（1936）是对此书的考证。

⑤ 参见和田英松（1936）。

⑥ 参见吉田金彦（1955a：92—93）、西崎亨（2008：172—170）。

⑦ 参见吉田金彦（1971：456—457）。

⑧ 参见吉田金彦（1971：457）。

卷)①,多被略称为《和名抄》,是效法类书构成的依字义分类的辞书,是汉语抄类中所见的汉语词及万叶假名和训的集大成者,标示了作为汉语词根源的本文②。比如"四阿　唐令云,宫殿皆四阿,弁色立成云四阿安都末夜"(笺注本卷三1表,居处部第六屋宅类廿七)这一词条,汉语抄类中为"四阿　阿豆万屋",只有万叶假名的和训,而《和名抄》中则标示了《唐令》的本文"宫殿皆四阿"。

天长八年(831),滋野贞主等奉淳和天皇诏命编纂《秘府略》1 000卷。现只存成簣唐堂文库本的第864卷及尊经阁文库本的第868卷,其内容为依字义分类的类书。

《秘府略》以中国类书为典范,是集明示典据的诸书之大成的典籍,如以《华林遍略》(523年)为主要材料的《修文殿御览》(572年)、《艺文类聚》(624年)、《翰苑》、《初学记》(727—728年)等,参看并引用这些典籍的内容③。上述典籍均反映了此时期以典籍本文为权威的学问形态。

另有面向初学者的教科书,即幼学书。依字义分类,包含百科全书的内容,有源为宪的《口游》1卷(天禄元年970自序,弘长三年[1263]誊写真福寺本)④;《世俗谚文》3卷(仅存上卷,宽弘四年1007自序,东寺观智院本平安末期写本及其他),如书名所示,为汇集了世间俗谚之书,也包含教科书性质的内容⑤;平安末期的《幼学指南抄》30卷,其古写本分散收藏于中国台北故宫博物院、大东急纪念文库、

---

①　天理图书馆善本丛书和书之部编集委员会(1971)、天理图书馆(2016)。

②　这种编纂方针反映了平安时代学问形态中对本文权威的重视。参见池田源太(1969)。

③　秘府为宫中书库之意,关于引用出典,是从将这些典籍集成、摘录的学说,可参看和田英松(1936)、川瀬一马(1955),而饭田瑞穗(2000)则证明了其内容是从类书中摘抄的这一点。川瀬一马(1955:54)指出,《金言类聚抄》(弘安元年1278写本)中关于"虎"的词条存有冠以"秘府略云"的引文。而根据大渕贵之(2014:79—101),"虎"字为唐太祖的名讳,《艺文类聚》中未设相应的分类,是值得注意的例子。

④　幼学の会(1997)中收录了注解(本文、校勘、训读、注)及影印。

⑤　读作"せぞくげんもん"。参见远藤光正(1978)、滨田宽(2015)等。

京都大学等处。此外还有镰仓初期的藤原良经《玉函秘抄》3 卷（尊经阁文库藏南北朝初期写本及其他），藤原孝范《明文抄》5 卷 1 册（神宫文库藏江户期写本），《日本事始》2 卷（尊经阁文库明应 7 年写本及其他）①，及菅原为长《文凤抄》10 卷（1215 年以后成书，尊经阁藏永仁七年[1299]写本及其他）等。

六、依意义分类辞书（伊吕波顺序）

橘忠兼的《色叶字类抄》2 卷及 3 卷，据和训的头音按伊吕波 47 篇分类②，各篇按意义进一步细分为 21 部，即天象、地仪、植物、动物、人伦、人体、人事、饮食、杂物、光彩、方角、员数、辞字、重点、叠字、诸社、诸寺、国郡、官职、姓氏、名字等 21 部。标示当时的和语词、汉语词的汉字表记，并以片假名标出其读法，同训的多个汉字存在时，则优先标示常用字，这一点在当时是具有划时代意义的。2 卷本成书于天养（1144—1145）至长宽年间（1163—1165），3 卷本则成书于天养（1144—1145）至治承年间（1177—1181）。3 卷本为尊经阁所藏，镰仓初期写本的中卷及下卷虽有一部分缺失，但书中并施声点、合点，是十分有研究价值的日本国语资料。完本有黑川真三男所藏的江户中期写本。另外还有镰仓初期增补而成的 10 卷本《伊吕波字类抄》。属于此系谱的辞书，还有《节用文字》1 帖（成簣堂文库藏院政期写本）及《世俗字类抄》（原本或成书于院政期，有 2 卷本、3 卷本、7 卷本等诸本）。《色叶字类抄》及此系谱的伊吕波索引的辞书，被称作日本最早的"国语辞书"，刊行了各种复制本

---

①　川濑一马（1955：353—354）中有言及，书名为临时的题目。第 2 叶记录有"诸社神事佛法释门事始"，也有意见认为此处可看作书名。成书于镰仓初期承久以后，据至室町初期典籍的内容写入批注。

②　篇名标示的万叶假名汉字在不同版本中有所差异，但 3 卷本（黑川本）如下：（卷上）伊吕波仁保边度地利奴留远和加与（卷中）他礼曽津祢那良無宇井乃於久野万計布（卷下）古江手阿佐木由女美師会飛毛世洲。平假名的记述如下：いろはにほへとちりぬるをわかよたれそつねならむうゐのおくやまけふこえてあさきゆめみしゑひもせす。

及索引,相关论著也较多①。

七、依字义分类辞书(歌语)

和歌用语辞书中,以藤原仲实(1057—1118)的《绮语抄》②3 卷为最早,它是为初学者学习而汇集歌语并作解说的书籍。上卷包含天象部、时节部、坤仪部、水部、海部,中卷包含神仙部、人伦部、官位部、人行部、言词部、居处部、舟车部、珍宝部、布帛部,共 14 部。下卷包含动物部、植物部 2 部,共设有 16 部。并未多见有对引用书的记述,但可见"能因抄""四条大纳言歌枕"等记载,且其中有包含"顺和名"的一个词条③。

藤原范兼的《和歌童蒙抄》10 卷(或于 1118—1127 年左右成书)。从第 1 卷到第 9 卷,分为天部、时节部、地部、人部、人体部、居处部、宝货部、文部、武部、伎艺部、饮食部、音乐部、渔猎部、服饰部、资用部、佛神部、草部、木部、鸟部、兽部、鱼目部、虫部等 22 部,记述例歌、词解、出典等内容。第 9 卷为歌体、歌病等歌论内容。《和歌童蒙抄》的分类较之《绮语抄》更为精细,可确认其中分类方法的进步④,标示了以日本国语为主体的辞书的出现。藤原范兼是著名的和歌诗人,出身汉学世家。其曾祖父是著有《季纲切韵》的大学头(即平安时代大学寮长官)藤原季纲。范兼自身也为大学头。

藤原清辅的《和歌初学抄》1 卷(仁安[1166—1169]之前成书),是以《奥义抄》3 卷附 1 卷(1135—1141 年成立)为基础编纂而成的歌

---

① 有上田万年、桥本进吉(1916),山田孝雄(1928b,1943),中田祝夫、峰岸明(1964),佐藤喜代治(1995)等很多研究成果。也可以从高桥久子(2000)、藤本灯(2016)、峰岸明(2018)等入手,首先把握先行研究内容的概要。

② 虽多读为"きごしょう",但此处以川濑一马(1955:191)及吉田金彦(1971:477)为据读为汉音"きぎょしょう"。

③ 参照川濑一马(1955:192)。"顺和名"的记录,可见于珍宝部(本文中的财货部)中"绫"之"くれはとり"的词条。

④ 参见山田孝雄(1943:136—139)、川濑一马(1955:216—226)等。

学书的集大成之作。由古歌词、由绪词、秀句、讽词、似物、必次词、喻来词、物名、所名、万叶集所名、读习所名、两所歌等 12 部组成。这其中,由绪词、秀句、喻来词、物名等部的内容兼有辞书的特点①。

八、本草书

本草书是中国记载了以植物为中心内容的药物学书籍,即药学辞书。梁陶弘景的《本草集注》3 卷及唐苏敬的《新修本草》传入了日本。《新修本草》则成为典药寮(即药司)中医学生的教科书。

《本草和名》2 卷②,也称为《辅仁本草》,是于延喜年间(901—923)由深根辅仁(生卒年未详)所编著的日本最早的本草书。这是《倭名类聚抄》的出典之一,在辞书史上是非常重要的著作。书中将 1 025 种药物分为本草内药 850 种,诸家食经 105 种,本草外药 70 种;又进一步细分为玉石、草、木、禽兽、鱼虫、果、菜、谷类及有名无用等类别;并记载其名称、异名、出典、和名及产地。和名采用万叶假名记载,共收录 711 种。

多纪元简从幕府书库中找出古写本校订之后,附有宽政八年序(1796),于享和二年(1802)出版。此版复制本,由森立之(1807—1885)及其子约之(1837—1871)参看诸书而记入批注的一本,后为大槻文彦所收藏,其后附有解题,及出自山田孝雄之手的和训索引。其影印本,刊行于《日本古典全集》(日本古典全集刊行会,1926 年)。大槻文彦的旧藏本,后为松本书屋所藏,彩色版影印本也得以刊行③。

《医心方》30 卷,丹波康赖(912—995)著。成书于永观二年

---

① 参见川濑一马(1955:278—285)、木村晟(1985)等。
② 正宗敦夫编(1926)、松本一男编(1993)。
③ 关于书志可参照川濑一马(1955:70—76),关于和训可参照筑岛裕(1965)。吉田金彦(1971:455)中有解说。关于诸本,可看看武倩(2013,2015)、辜玉茹(2017)等。关于所引用书名的索引,可参看真柳诚(1987)。与《和名抄》的关联,可看看武倩(2019)。丸山裕美子(2016)立足于敦煌写本的传存及研究状况,综合考察了《本草和名》的意义。参看丸山裕美子、武倩(2020)。

（982），有半井本、仁和寺本。它是一部依疾病种类引用记述各种典籍的医学全书，也是日本最早的医书。其在汉文解说之后附有万叶假名和训①。

《康赖本草》1 卷为假托于丹波康赖之书，一般认为成书于院政期之后。有《本草类编》《本草和名传钞》《本草和名钞》等异称。将药物按草、木、果、米谷、菜、玉石、人、兽、禽、鱼虫分为 10 类。活字本收录于《续群书类从》②。

《香字抄》2 卷或 3 卷，成书于 11 世纪末，著者虽不详，但有传为丹波雅忠。它以宋代《开宝重订本草》为主要材料，关于密教修法所用的苏合香、郁金香等 48 种香药，引用汉籍、佛典、国书内容而加以解说③。所谓密教修法，即加持祈祷之事，焚护摩，唱真言，以求得佛之加护的仪式。僧侣有必要习得用于仪式的香药知识，朝臣贵族间则将香药作为熏香而赏玩。朝臣贵族所撰述的即为此《香字抄》，而由僧侣所撰述的即为下述《香要抄》。

《香要抄》2 卷，为真言僧成莲院兼意（1072—1158 年之后）以《香字抄》为基础，并以宋代陈承的《重广补注本草》增订编纂而成书。兼意另著有《药种抄》《宝要抄》《谷类抄》。兼意弟子常喜院心觉编纂《香药抄》1 卷（别名"俊通抄"，永万元年写本），慈尊院兴然（1121—1203）也著有同名异书④。

九、佛经音义

所谓音义，即从特定典籍中选出难字难词，注以音注、释义的书

---

① 与医史学相关的论著甚多。与国语学相关的论述，可参看松本光隆（1980）、西崎亨（1993）、加藤大鹤（2006），及松本光隆（2008）等。

② 吉田金彦（1971：455）中认为《康赖本草》为图书寮本《类聚名义抄》的编纂材料。对此，武倩氏认为这是指土部中"盐"字条中，冠以"康赖云"来引用《医心方》的例子，而并不应认为是引用了《康赖本草》。关于诸本，可参看辜玉茹（2016）。

③ 参见川濑一马（1955：227—235）、吉田金彦（1971：456）等。

④ 这些本草相关的书之间的系统复杂，近藤泰弘（1980）中收罗了主要的参考文献，可参考。

籍,也称为音义书、音训、释文等。

　　日本编纂了很多关于佛典的音义(也称为佛经音义、佛典音义或佛书音义)。下面以佛典音义为中心展开介绍。

　　汉字中有很多多音字,有时即使只有音注,也可知其字义及用法。另外,有时即使只有音注,也可以用于区别与之字形相似的其他汉字。由此,即使没有释义,也可称为音义。

　　音义中,虽依本文中的出现顺序,排列字条、词条的卷音义(随函体)较多,但也有依部首分类的篇立音义(字书体),依字音分类的按音排序的音义。平安时代的佛教界编纂了很多音义,后来都成为编纂《新撰字镜》和《类聚名义抄》的材料。佛经音义中转载、引用《玉篇》《切韵》的内容,收录和训,大多是颇为有益的语言资料。佛典学习方面,玄应《一切经音义》传入日本并得到广泛利用。但慧琳《一切经音义》100卷(807年)虽于平安镰仓时代传入日本,但未见确实被使用过的痕迹。虽有像慧苑《华严经音义》,慈恩大师窥基《法华经音训》等单独的音义传入、并广为利用,但如《大般若经》《金光明最胜王经》《孔雀经》等,玄奘(602—664)之后的新译经典,研读之际,利用慧苑、慈恩音义多有不便之处,故在日本又独自编纂了相应的音义。

　　《法华经》,确切地说是《妙法莲华经》,为鸠摩罗什(344—413)的旧译。其注释与音义传入日本并广泛得到利用,更进一步地被编成为独特的注释、音义①。在《法华经》本文中施以训点的点本也留存有很多。

　　另一方面,在大学学习汉籍之际,如《论语》即应参考郑玄、何晏注一般,依典籍指定相应的注释书,作为音义则有唐代陆德明《经典释文》30卷。用于汉文读解时的参考书、辞书并不匮乏,所以基本上没有独自编撰的汉籍音义。宇多天皇(867—931)的宸翰《周易抄》,

---

① 关于日本撰述的《法华经》的音义,参看筑岛裕(1967)等。

其中以万叶假名、草假名记述和训,与其说是音义,不如说是和训的摘要①。

《日本书纪私记》是在平安初期的书纪讲习会时,用万叶假名所记录的训读内容,为音义的一种。普遍认为其与一般的训读词语有不同之处②。有对《和名抄》的引用,这一点也须注意。

在佛教界,僧侣们编纂了很多佛典音义。《四分律音义》1 卷(宫内厅书陵部藏平安时代初期写本),其后追记有以汉字音书写的梵语及与其相应的数十条和训③。这样的形式,一方面显示了《玄应音义》中的音义被单独利用,同时也说明了经日本僧侣之手的增订情况。纸背上还留有平安中期真言宗的学僧石山内供淳佑(890—952)所誊写的佛教经典的摘抄。其父为菅原道真之子淳茂。

于延历二十三年(804)渡唐,并于大同元年(806)归朝的空海,以密教经典为中心,请来许多典籍。《金刚顶经一字顶轮王仪轨音义》1 帖(高山寺本及其他)也称作《一字顶轮王仪轨音义》,是从空海请来经的不空译《金刚顶经一字顶轮王瑜伽一切时处念诵成佛仪轨》(《一字顶轮王仪轨》)摘出字句,并附以音注、释义而成的书籍④。其本文如"糀 左尔反训加左"所示,单字字头上注记和风反切及万叶假名和训。

密教经典的音义另外还有《大乘理趣六波罗蜜经释文》1 卷(神田喜一郎氏藏本)与《孔雀经音义》3 卷(传观静撰,956 年,醍醐寺藏

---

① 《宸翰集》(小林写真制作所,1927 年),其影印本(临时东山御文库取调挂)收录于《和汉名家习字本大成》24(平凡社,1934 年)。

② 参见筑岛裕(1953:106)、筑岛裕(2016:7)。复制原文有《新订增补国史大系》所收本(古写本 4 种),及古典保存会的复制本(应永本)(古典保存会 1933、黑板胜美 1932)。

③ 有宫内府图书寮的复制本及其再复制本(宫内府图书寮 1948、古典研究会 1979a)。后者中收录了筑岛裕的解题。

④ 关于古写本,高山寺本(三种)的影印、介绍收录于高山寺典籍文书综合调查团(1977),仁和寺本藏本的影印、介绍收录于松本光隆(1992a)。关于仪轨训读中的音义利用,可参照松本光隆(1992b)。

天永二年[1111]写本及其他)。这些音义从中国辞书转载,保留了平安初期的早期形态。《大乘理趣六波罗蜜经释文》为般若译《大乘理趣六波罗蜜经》的音义。其中除引用了原本《玉篇》的很多内容外,也有对包含万叶假名和训的《书中要》的引用①。

传观静《孔雀经音义》为不空译《佛母大孔雀明王经》(《孔雀经》)的音义②。醍醐寺本的扉页书题上虽记述有"日本东山坐禅沙门 记",继醍醐寺本之后为大觉寺藏本(保延三年[1137]写)中记录有"日本东山坐禅沙门观静记",有可疑之处,暂作传观静。有意见认为大觉寺藏本的记载或意为观静补订之意③,或为同音之宽静(901—979,传未详)④。"大黑蛇"的条目中,可见对逸书《一切经类音》的引用及对和训"凡倍美曾"的记载。为例示"蛇"及其异体字之处,"曾"为系助词ゾ的文末用法,应是读作"凡て倍美ぞ"。"へみ"即为"ヘビ"在古日语中的形式。

传观静的音义之外,还有三种《孔雀经》的音义。首先是撰者未详的《孔雀经音义》1卷(醍醐寺藏平安中期写本),以单字字头为主体,附以收录自中国辞书的音注(反切及四声注记)和释义。并以附有最早的五十音图而著称⑤。

其次,《孔雀经单字》1卷(高山寺旧藏小川家本及其他)则以《广韵》等中国小学书为主要材料编撰,书中也可见声点的加点。目前高山寺的经藏仅存一纸(推测应为补遗内容)⑥。

***

① 神田喜一郎(1972)中收录了影印原文及上田正的解说。
② 最早的写本,醍醐寺本的影印、索引收录于古典研究会(1981a),同时也收录于大正新修大藏经第61卷。冲森卓也(1980)中将其音注与《切韵》《玉篇》等进行了比较,阐述与《切韵》系韵书相一致的用例较多。此外,梁晓虹(2018:508—520)中,对筑岛裕(1981a)中认为是秦的跋陀阇罗译的《孔雀经》这一点提出异议,并附以详细解说。
③ 川瀬一马(1955:43)中据"东寺长者,天元二年死"而阐述此观点。
④ 参照筑岛裕(1981a)。宽静为东寺长者,于天元二年(979)79岁圆寂。与川瀬一马(1955:43)应为不同的考证内容。
⑤ 影印、索引收录于古典研究会(1981a)。自大矢透(1918)首次介绍此五十音图以来,逐渐广为所知。
⑥ 影印收录于古典研究会(1983),同时参见梁晓虹(2018:529—541)。

再者,《孔雀经音义》(唐招提寺藏院政期写本)中收录有反切、声点,是字音研究上很有帮助的资料①。

法相宗中算的《妙法莲华经释文》3 卷(贞元元年[976],醍醐寺藏本、天理图书馆藏本),是在藤原文范的劝邀下编纂成书的,又称为《法华经释文》或《法华释文》。它以唐代慈恩大师窥基《法华经训》1 卷(慧琳音义第 27 卷所收)等音义为主要材料,并参照《玉篇》《东宫切韵》而增注。本文为汉文并无和训,但存有字音声点、乎古止点等加点内容,更有些许旁训②。

中算的弟子真兴(934—1004)的《大般若经音训》4 卷,虽为逸书,但相实的《息心抄》(叡山文库天海藏建久年间写本)及图书寮本《类聚名义抄》中有相当多的引用,可据此推测其内容及体例。其体例为:字头以汉字标出,而旁注则以片假名标示音注(吴音),夹注中则附以汉文注释③。

藤原公任(966—1041)的《大般若经字抄》1 帖(石山寺藏长宽二年[1162]写本)以单字为字头,而旁注中标示类音注,夹注中附以汉文释义或片假名和训④,也有写明《切韵》《广益玉篇》《字书》等引用书名之处。

与以中国辞书的汉文注释为主体的平安初期的音义相比,此后的音义则显示出了逐渐日本化的特征。《金光明最胜王经音义》1 帖(大东急纪念文库藏承历三年[1079]写本),以刊载最早的伊吕波(い

①　石塚晴通(1988)中收录了影印及解题。关于字音,可参看佐佐木勇(2001a,2001b)。

②　活字本(印刷本)收录于大正新修大藏经第 56 卷。古典研究会(1979b)收录了醍醐寺藏本的影印、解题及索引。自佐贺(1920)以来,有很多相关研究。特别是关于其初稿及改订之间的关系,详见宫泽俊雅(1975)。此外,如马渊和夫(1972)、沼本克明(1972)、佐佐木勇(1999)等,有关字音史的研究也很多。

③　参看筑岛裕(1963)、沼本克明(1978b)、山本秀人(1990)等。

④　古典研究会(1978a)收录了影印、解题及索引。据渡边修(1953)可知图书寮本《类聚名义抄》所引用的"公任"确定为《大般若经字抄》的内容。川濑一马(1955:45—47)介绍了与石山寺本同类的石井氏积翠轩文库的康历二年(1380)写本。

ろは)歌而闻名①。义净译《金光明最胜王经》的卷音义,如"侵志牟反乎加须""髻计音　毛止々利"(省略声点)所示附有音注及万叶假名和训。字尾以"レ"表记韵尾-ŋ,以">"表记韵尾-n,此为法相宗及真言宗所用符号,由此推测撰者也应为这两派之中僧侣。

天台宗中,源信(942—1017)著有《法华经义读》(别名《惠心僧都义读》,收录于《大日本佛教全书》31)。篇幅虽短,但从《法华经》中摘录出两音字,并记述相应的字句、声调、声点、反切及和训等内容。一部分词条附有假名字音②。

作为规范的音义,保延二年(1136)由源实俊所誊写的《法华经单字》1帖为卷音义③。以声点及音注标注字音,并收录较多和训。字音注为独自反切。院政期誊写的九条家本《法华经音》1卷,是依韵分类的按字音索引的音义④。与《法华经单字》相同使用独自反切⑤,并且两者间有着共通的字音体系。《法华经音》与《法华经单字》,与南都或真言宗系统的音义体系不同,需加以注意。

进入镰仓时代后,明惠(1173—1232)的高徒喜海(1178—1251)根据宋版《一切经》所附录的音释和单本《新译华严经》中所附录的音释,编纂了《新译华严经音义》(见本书第四章第四节)。其中对宋版附录音释的利用是值得注意的。

十、梵语辞书

关于梵语辞书,有冈田希雄对梵语辞书史的概说(冈田希雄

---

① 影印、解题及索引收录于古典研究会(1981b)。关于此音义的伊吕波(いろは)歌,有马渊和夫、金田一春彦、小松英雄、近藤泰弘等的研究,筑岛裕(1981b)中有详细介绍。其后,又有远藤和夫(1983)、铃木丰(2015)。梁晓虹(2018:609—421)中也有言及。

② 筑岛裕(1967)中有所言及。片假名和训、字音为后人所加,声点也同样,很难确认这些内容是出自源信之手。

③ 影印原文可参看贵重图书影本刊行会(1933b)及古辞书丛刊刊行会(1973)。关于和训可参看筑岛裕(1988),而与《法华经》训读相关联的内容,可参看大友信一(1976)。

④ 古典保存会(1936)中收录影印本。参看林史典(1969,1973)等。

⑤ 标记日本汉字音的日本化反切。

1935d，1941）。

　　奈良时代末期有信行《梵语集》3卷（逸书，《香药抄》等所引）。在平安时代，有心觉（1117—1182）的依伊吕波排序的梵语辞书《多罗叶记》2卷或3卷（别名《多罗叶钞》《多罗要钞》，醍醐寺藏文历二年［1235］写本及其他，《大正新修大藏经》第84卷所收）①，同时有密教事相书《鹅珠抄》3卷（别名《心目（抄）》《心觉抄》等），收录在《真言宗全书》36）。常喜院心觉在三井寺受戒出家，之后入东密，成为成莲院兼意的弟子。兼意著有《香要抄》《药种抄》等著作。两人都与辞书编纂相关，这一点值得注意。还有撰者未详的《梵语集》1卷（或成书于院政期，高野山金刚三昧院藏镰仓初期写本）。

十一、结语

　　本章对于日本国语学范畴，从古辞书研究的视角，以中国及日本的辞书中依部首分类、依韵分类、依字义分类的辞书为中心展开，并略述了本草书、佛典音义、梵语辞书等内容。可推想日本古辞书的编纂，与上述这些辞书相关联，在对汉字汉语词的理解与利用汉字汉语词的表现之间，应是经历了怎样的苦战。想到这些，向编成并刊行各类日本古辞书影印、索引及注释的前辈致以敬意。

---

　　① 住谷芳幸（1981）详细调查了《多罗叶记》诸本。诸本分为草稿本及整理本两类，而整理本又分为2卷本和3卷本。从先行辞书中摘出内容，经整理称为2卷本，又据《全真唐梵文字》进行增补，由印融改编为3卷本。最初的摘要有一部分内容散逸，将最初的摘要汇总为3卷内容的即为草稿本的《多罗叶记》醍醐寺本。

第二章

日本古辞书研究的现状与课题

一、前言

　　日本平安时代最具代表性的古辞书,有部首分类体例的《篆隶万象名义》(空海撰,827—835 年间)、《新撰字镜》(昌住撰,898—901 年间)、《类聚名义抄》(撰者未详,原撰本成书于 1100 年前后,改编本则成书于 12 世纪后叶),意义分类体例的《倭名类聚抄》(源顺撰,931—938 年间),也有伊吕波(いろは)分类体例的国语辞书《色叶字类抄》(橘忠兼撰,1144—1181 年间)。本章的内容集中于如下几个方面:回顾关于上述日本古辞书的研究现状,整理这些日本古辞书的影印本与索引的出版情况,谈及其校订本文与注释的作成情况,介绍其出典研究的成果,介绍作为语言资料的日本古辞书的特点,概述古辞书的信息学研究。在此基础上展望今后的研究课题,并且会提及笔者当前正在推进的研究项目——平安时代汉字字书综合数据库(略称 HDIC)[①],该数据库的构建旨在促进日本古辞书的研究。

　　平安时代汉字字书综合数据库主要收录的日本古辞书有四种:《篆隶万象名义》(高山寺本),《新撰字镜》(天治本),原撰本《类聚名义抄》(图书寮本),改编本《类聚名义抄》(观智院本)。其共通点是

---

　　① 参看池田证寿(1994,2016c,2016d,2018a),Ikeda(2017),池田证寿、李媛、申雄哲、贾智、斋木正直(2016),池田证寿、李媛(2017),Li and Ikeda (2018),池田证寿、刘冠伟、郑门镐、张馨方、李媛(2020)等。

均为部首分类体例的古辞书,所以笔者以这些汉字字书为基础构建综合数据库。虽然这些古写本的判读很困难,并且难字非常多,但笔者决定坚持挑战这个难题。关于《倭名类聚抄》,狩谷棭斋曾广搜诸本,在对比校勘的基础上作成了校订本文,并施以笺注。而于现在的研究者,希望大家以《篆隶万象名义》、《新撰字镜》、《类聚名义抄》(原撰本、改编本)及《色叶字类抄》为对象,产生可与棭斋的笺注相匹敌的研究成果。

二、影印与索引

目前日本国内基本上完成了主要古辞书的影印本及索引的出版。只是这些书都是由各家出版社经长年不连续地出版而成。若要集齐主要的日本古辞书影印本,经济负担较大,而要对这些古辞书的内容进行对比检索,判读其内容,则更需付出很大的辛劳。

作为影印目录的代表,早期由西胁朗子、萩原义雄所编纂的《古辞书影印刊行目录》(西崎亨编《日本古辞书を学ぶ人のために》,世界思想社,1995 年)作了很好的总结,很有帮助。

最近也有在网上公开的古辞书资料(比如日本国会图书馆收藏的文明本《节用集》①),希望学界留意。

此外,由八木书店出版的高精细彩色版影印本,使用起来,就如将原本置于案头一般鲜明,作为研究资料的价值非常高。《新天理图书馆善本丛书》第二期,收录了如下全六卷的古辞书:《三宝类字集(高山寺本)》(2016 年 4 月刊),《和名类聚抄(高山寺本)》(2017 年 2 月刊),《世俗谚文　作文大体》(2017 年 10 月刊),《类聚名义抄(观智院本一佛)》(2018 年 4 月刊),《类聚名义抄(观智院本二法)》(2018 年 8 月刊),《类聚名义抄(观智院本三僧)》(2018 年 10 月刊)。

学界也非常期待古辞书中图书寮本《类聚名义抄》彩色影印本的

---

① 中田祝夫(1970)。

出版。该书现有以宫内厅书陵部的黑白珂罗版(1950 年)为基础的影印本及其再版①,但由于虫损的影响,很多地方都难以判读。虽然可以向宫内厅书陵部申请修理后的原本图像,但仍然希望彩色版影印可得以出版,以惠学界。

如果只是对文字进行判读,则彩色版影印本的必要性相对较低,但对于像图书寮本、观智院本这样的《类聚名义抄》诸本,书中有标示声调的声点等是具有重要意义的补助符号。这些声点多以朱笔标记,黑白版中难以辨认是声点、虫损,抑或是纸张上的墨迹。因此,若可能,则应进行原本调查;如果原本调查有困难,则希望可以利用彩色图片进行确认。

写入了森立之父子批注的《本草和名》(深根辅仁撰,918 年前后成书)的刊本虽被收入日本古典全集(1925),后来据说其原本不知所踪。然而,松本一男编撰的《松本书屋贵重丛刊》第一卷(谷口书店,1993)中收录了彩色版的影印本,容易判别墨、朱、群青等三色的标注。武倩的"松本书屋本《本草和名》について"(《北海道大学大学院文学研究科研究论集》15,2015 年)对其资料价值作了翔实的介绍。

关于索引,由于其多附载于影印本中,故而省略详细的介绍。但想特别提及独立刊行的长岛丰太郎的《古字书索引》(日本古典全集刊行会,1958—1959 年),其中收录了《新撰字镜》《倭名类聚抄》《类聚名义抄》《本草和名》《伊吕波字类抄》《字镜集》《龙龛手鉴》《说文解字》等八种字书的汉字索引。这部索引中收录了《说文解字》并明确了篆书与楷书之间的关联,是其卓越之处。此外,这是迄今为止天治本《新撰字镜》唯一的汉字索引。关于《类聚名义抄》,则选取了正宗敦夫所编的《类聚名义抄》(日本古典全集,1938—1946 年)中"汉字索引 上"的内容。其后,又收录了岛田友启《古辞书索引丛刊》(私家版,1976—2003 年)中《色叶字类抄》及《世尊寺本字镜》的汉字

---

① 宫内厅书陵部(1950,1969,1976,2005)。

索引。这些索引均由手写完成，其中饱含了先人对古辞书研究的苦心与热情。笔者正在构建的平安时代汉字字书综合数据库，正是以《古字书索引》为典范来推进研究工作。《古字书索引》上卷中收录了正宗敦夫的《古字书索引序》，下卷中则收录了中田祝夫的《古字书索引の解说に代えて》，分别记述了从 1943 年到 1958 年，历时 15 年的岁月而完成索引编纂及全文誊写的经过，与索引编纂的意义。下面引用一段中田的评语，这段文字简单明了地指出了此部索引的意义。

先人虽然于文字知识丰富，但对于制作精良的索引，则尚未认识到其学术意义，现今的学者虽然深感有制作索引的必要，但于文字、学识都显劣势，即使有心着手此项工作也很难完成。此情况想必将来其势更甚。可称为生活于现代的最后的古人的长岛翁，完成了江户时代以来先人学者的未竟之事业，并将其流传于后世学界。

现在的学者则更有必要制作电子版的古字书索引。如参照《古字书索引》的成果，进一步做成日本古辞书的全文文本数据库，则可以实现具有检索功能的全文校订本文这一目标。

三、校订本文与注释

校订本文与注释这项工作，在江户时代末期考证学者狩谷棭斋的《笺注倭名类聚抄》之后乏善可陈。棭斋的成果，同时期的考证学者森立之父子，及小岛宝素的关于本草书的研究成果，都是逸秀之作，但后世参看不多，颇为遗憾。

狩谷棭斋收集整理了《倭名类聚抄》的十卷本系诸本及二十卷本系诸本，判断十卷本更接近原态，且以此为底本作成了校订本文，还博搜汉籍、国书来考证撰者源顺如何引用原典，严格将所引原典本身存在的谬误之处，与撰者源顺误引原典之处区别以待，是为古辞书注释典范之作。

日本语学者中,山田孝雄对《新撰字镜》中含有和训的条目进行校勘,并添加注释写成《新撰字镜考异并索引》(1916 年),是引人注目的成果。京都大学文学部国语学国文学研究室编《新撰字镜国语索引》(1958 年)则收录了阪仓笃义与木下正俊的"补注"。此索引继承并进一步发展了山田的研究成果,并于 1975 年出版了其增订版。

佐藤喜代治的《色叶字类抄略注》(明治书院,1995 年),是分上中下三卷、约 1 700 页的大部头著作,受到很高的评价。关于《色叶字类抄》的论文最近出现很多,但参看此《略注》的甚少。此著作刊行时,笔者同僚、国文学者渡边秀夫与笔者亲口讲:佐藤的著作虽然受到的评价很高,但其对于研究的真正价值要被广泛理解尚需时日。

和汉比较文学的著名学者小岛宪之,极力强调对《新撰字镜》及《类聚名义抄》的内容作注释的必要,但从正面致力于这一课题的学者甚少。现状可以说一直只是停留在准备阶段。

从正面接受小岛宪之意见的学者有中村宗彦。中村宗彦的《九条本文选古训集》(风间书房,1983 年)是探索《类聚名义抄》的和训典据之际所必需的工具书。同样,中村宗彦的《类聚名义抄和训の定位》(《国语国文》56 卷 9 号,1987 年),强调需弄清《类聚名义抄》和训本来的典据、由来,从而来订正和训与汉语词之间对应的偏差及误记的必要性。考证《类聚名义抄》与《文选》《诗经》《书经》《礼记》《游仙窟》本文中和训的关联,并尝试将其理论化,虽然受到瞩目,但其后续的研究不多。

作成日本古辞书的校订本文及注释,并未成为日本国语学者热心攻克的研究课题。将其归因于日本国语学者的怠慢虽然简单,但有必要考虑其背景。

古辞书研究的顺序一般而言,应该分为如下三个阶段:(1) 收集整理诸本,并明确其间的源流系统关系,选定其中的最善本为底本来进行校勘工作。(2) 探寻作为古辞书原典的汉籍、佛典、国书以立证其间的引用关系。(3) 分析编纂者如何理解原典汉文文献中收录的汉字及汉字词,以及对这些文字所加的音注和释义。通过这种分析,可以严密区分文献中原样保留的内容与在日本发生变化的部分。(1)是作成校订本文的准备阶段,(2)是施加注释的准备阶段。将这两个阶段完成之后,则是正式开始写成校订本文,并对其加以注释的工作,即进入(3)的阶段。

迄今为止的日本语学者所做的古辞书研究都是以(1)诸本源流系统研究,(2)出典研究为中心的。狩谷棭斋《笺注倭名类聚抄》的内容精湛,可以说是古辞书研究工作的典范。但狩谷棭斋也并未涉足(3)的阶段。

近来,青年日本语学者藤本灯在其著作《〈色叶字类抄〉の研究》(勉诚出版,2016 年)的序言说:

> 古辞书研究的主流中,源流系统研究及出典研究至今尚"稳坐当中",但另一方面,对于无法忽视的辞书"内容"本身,著者持续抱有极大的关心。

踏入多数日本语学者尚未着手的辞书内容的研究,开辟新的研究领域的气魄,应该得到极高的评价。下面省略对于(1)诸本源流系统的介绍,来看关于(2)出典研究的成果。

四、出典研究的成果

日本古辞书,是以各种中国古辞书为编纂材料,并对其内容进行取舍选择而成书的。直接与编纂材料作对比,即将重点置于出典分析的研究一直传承至今。借藤本的话来说,现在尚是端坐于古辞书研究主流的重要研究课题。

关于日本古辞书的出典研究,贞苅伊德取得了独树一帜的成果,其以《篆隶万象名义》《倭名类聚抄》《新撰字镜》《世尊寺本字镜》《字镜钞》《字镜集》等为对象的成果令人赞叹。笔者所担任编辑的贞苅伊德《新撰字镜の研究》(汲古书院,1998 年)中收录了其所有已经出版的论文,同时也收录了尚未作为论文刊行的学会发表资料,比如

《观智院本类聚名义抄の形成に关する考察　その1　字顺をめぐる问题》(第48回训点语学会研究发表会,1983年5月,京都私学会馆)等。贞苅伊德并未供职于研究机构或大学,而是一位在企业工作的同时进行古辞书研究的民间学者。

而日本语学者的研究成果中,筑岛裕与吉田金彦的研究尤为重要。筑岛裕在《类聚名义抄の倭训の源流について》(《国语と国文学》27卷7号,1950年)中,通过比照《游仙窟》与《文选》中的古训,从而证实了观智院本《类聚名义抄》的和训源自训点本的旁训这一事实。作为在原撰本的图书寮本《类聚名义抄》的发现、介绍之前的研究成果具有重大的意义。筑岛裕的研究是从汉文训读的研究来考察古辞书中的和训,其关于古辞书的主要论文都收录于《筑岛裕著作集　第三卷　古辞书と音义》(汲古书院,2016年)。吉田金彦在1950年代发表了很多关于古辞书研究的论文。其中,《图书寮本类聚名义抄出典考》(首次出版于1954—1955年)是图书寮本《类聚名义抄》利用者必读的考证论文。吉田金彦的《古辞书と国语》(临川书店,2013年)中也一并收录了其他关于古辞书研究的论文,更便于参考。此外《古辞书と国语》中虽未收录,但吉田金彦《辞书の历史》(阪仓笃义编《讲座国语史　第3卷　语汇史》大修馆书店,1971年)作为日本辞书史概述是应该首要进行参考的著作。

宫泽俊雅是高山寺典籍文书综合调查团的成员,将《篆隶万象名义》与原本《玉篇》残卷、逸文及宋本《玉篇》进行对比,并将其成果总结为《揭出字一览表》,收录于《高山寺古辞书资料第一》(东京大学出版会,1977年)。这是以字头为对象的校勘成果。《篆隶万象名义》的高山寺本是唯一的古写本,其研究重心主要集中于《篆隶万象名义》所依据的原本《玉篇》是何种源流系统,而《揭出字一览表》正是与此相应的研究成果。由于原本《玉篇》大部分已散逸,只存有少量残卷,《篆隶万象名义》也起到了代用为原本《玉篇》的作用。宫泽的《倭名类聚抄》的诸本系统研究更胜于狩谷棭斋的研究成果,总结收录于宫泽俊雅《倭名类聚抄诸本の研究》（勉诚出版，2010 年）。书中反复强调诸本研究的重要性，并发出如下的警示：不以诸本研究成果为基础的研究、评论，日后都逃不过空中楼阁的命运。此观点与宫泽及其恩师筑岛裕对《倭名类聚抄》的原撰说所持的不同观点的背景有关，筑岛裕持二十卷本原撰说，而宫泽则持十卷本原撰说。此外，宫泽探讨了关于《类聚名义抄》原撰本之图书寮本中主要出典的引用顺序，弄清了在这部辞书中，对于佛家出典（慈恩、弘法、玄应、中算、真兴）的参考优先于对其他出典（《玉篇》《东宫切韵》《倭名类聚抄》）的参考这一事实。宫泽俊雅《图书寮本类聚名义抄と妙法莲华经释文》（《松村明教授还历记念国语学と国语史》，明治书院，1977 年），即是论及此引用顺序的最初论文，其独特的分析手法略感难解及繁琐。山本秀人及笔者继承了此研究方法，也可从池田证寿《图书寮本类聚名义抄と玄应音义の关系について》（《国语国文研究》第 88 号，1991年）开始逐渐熟悉关于此出典引用顺序的研究。

　　上田正则从汉语音韵学的观点，对《切韵》残卷及其逸文进行了收集与校勘，并写成了关于原本《玉篇》残卷、逸文及《篆隶万象名义》的反切总览的著作。《切韵诸本反切总览》（均社，1975 年）、《切韵逸文の研究》（汲古书院，1984 年）及《玉篇反切总览》（私家版，1986年）是探寻关于日本古辞书所引反切的典据时必需的工具书。

　　之后，井野口孝对于逸文的探索及校释则继承了上田正的《玉篇》研究的成果（井野口孝 1974，1976，1984，1986，1994）。近来，大阪大学的铃木慎吾继承了上田正的《切韵》研究，京都产业大学的泽田达也则继承了上田正的《玉篇》研究，校勘仍在进行。铃木慎吾的"篇韵数据库"（https://suzukish.sakura.ne.jp/search/）是完成度很高的研究成果。

五、作为语言资料的日本古辞书的特点

　　日本语学者将古辞书定位为日语研究资料。平安时代前期的古

辞书《新撰字镜》与《倭名类聚抄》中所收录的日语都是以汉字书写的万叶假名和训。《新撰字镜》与《倭名类聚抄》中关于汉字及汉字词的字音、字义、字体的说明均以汉字汉文写成，与此相应，以万叶假名的形式来收录和训。

和训作为古辞书的从属内容这一点，在原撰本的图书寮本《类聚名义抄》中也相同。明记出典，以汉字汉文解说字音、字义、字体之后，收录出典明记的片假名和训。而到了改编本的观智院本《类聚名义抄》，省略了多数用汉字汉文进行说明的字义，而以片假名标记的和训则承担了说明汉字及汉字词含义的功能。与在图书寮本《类聚名义抄》中片假名和训依然作为从属内容相比，观智院本《类聚名义抄》中的片假名和训则有着更高的独立性。

另一方面很重要的一点是声点的功能。所谓声点，是在汉字的四隅以朱笔添加星点或圈点，用以标示汉字或片假名和训声调的辅助符号。日语中以单词中音节的清音、浊音，声调的高低来区分单词的含义。声点是辨别同假名异义词的不可或缺的辅助符号。施以声点的和训，被认为有师说、证据可寻，同时也显示了和训起源于汉籍训读这一事实。如此，在明确了声点功能的基础上，弄清平安镰仓时代的日语语调体系就成为很大的课题。小松英雄《日本声调史论考》（风间书房，1971 年），并不止于和训，更将汉字音也纳入视野，对这些对象内容进行综合解释，成为提出了关于日本声调史理论及实证研究成果的划时代的著作。

汉字音的声点，反映了在日本汉字音学习的实际情况。以日语为母语的日本人在习得外语发音时遇到相应的困难，可想而知在学习四声（平、上、去、入声）时需要相当大的努力。在检索韵书时，若不明了四声的区别，则很难检到目标汉字。从这样的情况考虑可知，于古辞书中所加的字音声点，既包含忠实地反映了韵书中四声区分的声点，也包含了该汉字作为日本汉字实际发音时的声点，即存在两种声点混合的情况。比如，唐代发生了上声全浊字的去声化的现象，日本的汉字音读资料中则反映了这一情况。但在古辞书中,上声全浊字上并无去声的声点,却可以散见上声声点的标记。笔者认为这应是为了参看韵书的便利而标记的按韵书来区分的声点。也就是说,日本语学者,对古辞书作为日本汉字音及日语声调的资料的部分关心程度很高,但对于汉字字义及字体注记部分的关心程度则相对较低。

而石塚晴通的汉字字体史的研究则在很大程度上改变了这种情况。石塚以考察各时代、各地域(国家)所存在的汉字字体标准,及明确这些标准在各时代、各地域(国家)中的变迁为目的而构建、公开了汉字字体规范数据库(Hanzi Normative Glyphs database,略称HNG)。此数据库的基础是 67 种文献中约 40 万用例的纸质"石塚汉字字体资料"。选定各时代、各地域的汉籍、佛典、国书等典籍作为标准文献,将其全用例的字体整理之后并进行数据化工作,2005 年3 月实现了主要的 16 种文献的公开。相关的主要论文收录于石塚晴通(编)《汉字字体史研究》(勉诚出版,2012 年)及高田智和、马场基、横山诏一(编)《汉字字体史研究 二 字体と汉字情报》(勉诚出版,2016 年)。

其后,由于种种缘故服务器处于停止状态,日本国立国语研究所的高田智和与京都大学的守冈知彦①为中心的成员于 2018 年 7月设立了汉字字体规范史数据组保存会,以数据组的形式实现了公开及保存。

作为标准文献,石塚选取了中国初唐的宫廷写经(671—677年)及晚唐的《开成石经》(837 年)作为代表,通过调查论证,提出以下观点:这两类文献之中所存异体极少,记载了标准字体。但是,这两种文献中分别反映了初唐标准字体及晚唐《开成石经》的标准字体,彼此间有很大的不同。初唐的标准字体后成为日本的标

---

① 2023 年 4 月起,在国文学研究资料馆工作。

准字体。

日本古辞书中,也有的引用了反映中国唐代汉字字体基准的颜元孙的《干禄字书》及郎知本的《正名要录》的内容,并且也可以看到利用了杜延业《群书新定字样》的痕迹。日本古辞书中收录了各种各样的异体字,其中也可见"正""俗""通"等字体注记,有关其所据原典的研究调查是亟待解决的课题。

将"石塚汉字字体资料"与日本古辞书对比,可观察到实际的汉文文献中的使用字体,与辞书中所记载的规范字体之间的一致或不一致。这一点可以生发出极大的研究延展性。比如,池田证寿《汉字字体史の资料と方法：初唐の宫廷写经と日本古辞书》(《北海道大学文学研究科纪要》150,2016)中,通过对平安时代前期的《新撰字镜》与后期的《类聚名义抄》的考察,明确了日本汉文古辞书对于初唐标准字体及晚唐《开成石经》标准字体的接受方式的不同,这是利用古辞书进行汉字字体研究的一个尝试①。

六、古辞书的信息学研究

古辞书的信息学研究是笔者长年以来致力的另一个研究课题,也是现在学界最为关心的课题。同时,笔者认为这也是一个可以联合东亚汉字文献研究学者共同努力的研究课题。

到目前为止,在古辞书的研究中,文本的解读面临诸多困难,而解读成果的印刷和出版也同样困难重重。即使仅限于日本古辞书研究,山田孝雄、长岛丰太郎、贞苅伊德、岛田友启、上田正、宫泽俊雅的业绩均是将手写的原稿原样进行印刷、出版的。大致到1980年代为止,难字较多的文献的铅字印刷都很困难,所以不得不将手写原稿原样出版。

文字信息处理技术的飞速发展,改变了这一状况。这一点想必

---

① 池田证寿(2012)和Ikeda(2013)以"寂"为例,讨论了汉字字体史相关的问题。

大家都有同感。Unicode 1.01 发布于 1991 年,收录了 20 902 字的 CJK 统合汉字(CJK Unified Ideographs,或称中日韩统一表意文字)。1995 年 Microsoft 发布 Windows 95,互联网爆炸式的普及极大地改变了计算机的文字信息通信环境。1999 年的 Unicode 3.0 中追加了 CJK 扩展汉字 A,2001 年的 Unicode 3.1 添加了 CJK 扩展汉字 B,计算机可以处理的汉字总数达到 70 195 字。2001 年 Microsoft 发布了 Windows XP,Apple 发布了 Mac OS X,Unicode 3.1 中收录的超过 7 万汉字的实际处理得以实现。其后 Unicode 对于汉字的追加还在继续,2017 年的 Unicode 10.0 中 CJK 统合汉字及扩展汉字 A ~ F 共计可处理总数为 87 861 的汉字。

进入 21 世纪,日本国内的汉字处理环境发生了很大的变化。陆续出现如下重要的相关数据库: 2003 年川幡太一的汉字数据库,2004 年石塚晴通的汉字字体规范数据库,2005 年安冈孝一的拓本文字数据库及守冈知彦的 CHISE IDS 汉字检索,2006 年上地宏一的 GlyphWiki,2007 年 SAT 大正新修大藏经文本数据库。可以说研究环境迎来了变革转换期。

现在 Unicode 中超 8 万个汉字的利用成为可能,《康熙字典》及《广韵》等主要字书、韵书的电子文本也都得到整备,古辞书的研究环境得到了极大的改善。以下对 HDIC 中所收录的日本古辞书的字头的 Unicode 对应情况进行简单介绍:《篆隶万象名义》的约 16 000 字头的 99%,《新撰字镜》的约 24 000 字头的 90%,图书寮本《类聚名义抄》的约 7 000 字头的 99%,观智院本《类聚名义抄》的约 42 000 字头的 80%,利用 Unicode 都可以进行处理。《新撰字镜》与观智院本《类聚名义抄》中 Unicode 不能对应的汉字很多,这些字如何处理成为亟待解决的问题。

比如,《新撰字镜》与观智院本《类聚名义抄》共通的 IDS(Ideographic Description Sequence,表意文字描述序列)字例有如下 145 字:

表 2.1　《新撰字镜》、观智院本《类聚名义抄》共通 IDS 字例

□⌐回几□l l	□日也	□亻尭	□亻脊	□亻戟
□亻牀	□亻胃	□卒页	□目眷	□口充
□口匋	□口氏	□齿分	□刺心	□示毛
□疒青	□疒立	□疒猒	□言卒	□言高
□尸厶	□尸勹	□纟遅	□纟缶	□纟尸友
□纟晋	□纟学	□果衣	□米留	□巾高
□酉鸟	□酉骨	□酉替	□门児	□亡马
□马高	□厶干	□牛氏	□牛菁	□牛又
□角卒	□革殿	□眀宀瓦	□春见	□土曰
□土牀	□土小宀子	□土遅	□石尭	□石又聿
□石着	□石华	□山高	□山县	□王替
□王勹	□田地	□氵回	□氵曹	□氵小宀子
□氵目中一田	□氵咸	□氵目宀具	□金地	□金莽
□金虫田	□金欥	□金高	□金属	□金员
□金众	□金客	□金西	□金水	□金亦
□木水	□木慈	□木上	□木首	□艹豊
□艹舶	□艹尭	□艹犬	□艹宅	□艹佷
□艹曰	□耒目中一田	□竹真	□竹高	□竹狐
□时鸟	□吴鸟	□辛鸟	□孝鸟	□为鸟
□歳鸟	□家鸟	□羽民	□羽曰土戈	□零羽
□豸皀	□虫骨	□虫敬	□虫觅	□虫辛
□虫飞	□敖龟	□辟龟	□鱼卒	□鱼惠
□鱼行	□矢高	□亻屋	□亻付	□亻疋

续　表

□亻㐫	□犭战	□亻凸	□亻兊	□亻麦
□扌曰	□扌罒	□扌龠	□扌需	□扌亲
□贝至	□广尤	□广单	□惟乃	□西或
□下刀	□示犀	□示辱	□歹亥	□列木
□宀鼠	□穴侵	□専刂	□回欠	□髙皿
□粦几	□九席	□小宀子	□卓夸	□金芰

以下是上述用 IDS 进行处理的字头在天治本《新撰字镜》中的原本图像实例。

21-0602.jpg　31-0302.jpg　64-0604.jpg　70-0302.jpg　72-0501.jpg　74-0602.jpg　85-0601.jpg

95-0501.jpg　108-0303.jpg　111-0602.jpg　115-0501.jpg　124-0205.jpg　129-0502.jpg　131-0603.jpg

153-0505.jpg　154-0802.jpg　160-0402.jpg　161-0401.jpg　166-0701.jpg　169-0301.jpg　183-0103.jpg

183-0302.jpg　212-0201.jpg　216-0405.jpg　218-0601.jpg　219-0503.jpg　224-0403.jpg　230-0602.jpg

241-0506.jpg　248-0603.jpg　253-0505.jpg　254-0402.jpg　254-0701.jpg　259-0504.jpg　266-0604.jpg

268-0405.jpg　271-0504.jpg　272-0201.jpg　272-0306.jpg　272-0704.jpg　274-0606.jpg　276-0601.jpg

图 2.1　天治本《新撰字镜》中的原本图像的实例

如此,Unicode 中尚不能处理的汉字,首先利用以汉字的部件组合来进行表述的 IDS 来做尽可能的输入,同时有必要将字头的原本图像逐字剪切为独立图片,从而可以具体参考该汉字详细的笔画细节。但展望未来,我们希望古辞书中收录的汉字能够被纳入 Unicode,从而使这些信息能够被更多人分享和利用。虽然前进的道路漫长崎岖,但并不是不能实现的目标。要登录到 Unicode 这样的国际标准中,使得其文字信息在国际范围内实现共享,需要满足如下几个条件:对象汉字字形出现在复数的文献资料、碑文资料中,关于判读字形,研究者之间意见统一,及存在印刷出版的翻刻及释文,从而可以方便地对其内容进行确认。而要达成这样的条件,国际研究合作则尤为重要。

七、结语

本章以日本古辞书研究的现状与课题为题目,介绍了先学大家的研究成果,并且介绍了笔者所推进的 HDIC 研究项目的一部分内容,不禁再度感叹:先学长岛丰太郎的《古字书索引》是为先驱业绩。没有热情难以推进完成任何事业。《新撰字镜》与《类聚名义抄》的校订本文与注释的完成,成为现在留下来的一个巨大的课题。不涉险路,难登顶峰。虽然完成日本古辞书校订本文和注释的工作途中一定有很多困难无疑,但向着最终目标努力,希望可以逐渐接近目的地。笔者认为构建及公开作为平安时代汉字字书的综合全文文本数据库的 HDIC 研究项目,也是实现这一目标的方法之一①。

最后,关于计算机信息处理中所存在的字种不足的问题,以汉语史研究者及日本国语学汉文古辞书研究者为首,这是许多研究者正面临的课题,但笔者想强调这是在学者的通力协作中一定可以解决的研究课题。

---

① 参看池田证寿(1994,2016c,2016d,2018a),Ikeda（2017）,池田证寿、李媛、申雄哲、贾智、斋木正直(2016),池田证寿、李媛(2017),Li and Ikeda（2018）,池田证寿、刘冠伟、郑门镐、张馨方、李媛(2020)等。

第三章

日本古辞书与汉语史资料研究

一、前言

在日本，以中国方面的字书作为主要资料，利用万叶假名和片假名，编辑了很多日本汉字音与日语（和训）相对照的辞书音义。日本古辞书中，部首分类体例的字书多有流传，作为汉语史研究资料价值很高。本章仅以被推定成书于 12 世纪的《类聚名义抄》为例，来论述此书作为汉语史研究资料的价值。首先，对于日本古辞书中包含了中国、日本的古逸书内容这一点进行了叙述。其次，提到了日本古辞书作为研究资料，反映了平安时代汉文训读的实际情况。最后，指出日本古辞书中记载了"正、俗、通、或"等丰富的异体字信息。

日本古辞书是非常重要的日本国语学、日本国语史资料，这一点毋庸赘述。本章中更进一步论及日本古辞书作为汉语史即中国语史资料的极高研究价值。

二、日本古辞书所依据的中国小学书

有文献记载的日本最早的辞书是境部连石积等所撰写的《新字》四十四卷（632），但是并未流传至今，其内容不详①。到平安时代

---

① 参考《日本书纪》卷二十九，天武天皇十一年（682）三月的条中记载有"丙午，命境部连石积等，更肇俾造新字一部四十四卷"。小岛宪之（1979）中有如下意味深长 （转下页）

(794—1192),开始有了以中国小学书为主要材料,并辅以日语(和训)内容的辞书编纂。其中以如下四部辞书最为著名。

(1)弘法大师空海(774—835)撰述《篆隶万象名义》①,由六帖构成,成书于827—835年间,现只存有高山寺本。全书对顾野王《玉篇》进行节略、抄录并添加了部分篆书字头。

(2)昌住(生卒年未详)撰述《新撰字镜》②十二卷,成书于昌泰年间(898—901),流传有天治本、享和本等。分为依部首分类与依字义分类的两个部分。部首为160部。以玄应撰《一切经音义》、顾野王《玉篇》、《切韵》等三书为主要材料,并引用了小学篇、本草书、《正名要录》等小学书以及《临时杂要字》等文献。同时收录有大量和训。

(3)源顺(885—930)撰述《倭名类聚抄》③十卷,又或是二十卷,有很多传本留存。成书于承平年间(931—938),是依字义分类的类书形式,标示了与汉语词相对应的和名及汉籍原文。

(4)撰者未详的《类聚名义抄》,有原撰本系④和改编本系⑤两个系统,前者成书于1100年前后,出自兼学法相宗及真言宗的学僧之手,后者成书于12—13世纪左右,由真言宗的学僧所编写。为部首分类体例的辞书,部首为120部。以玄应《一切经音义》及顾野王《玉篇》等为典据文献。详情后述。

日本古辞书所依据的中国小学书,以玄应撰《一切经音义》、顾野王《玉篇》、《切韵》这三部为代表。众所周知,《篆隶万象名义》很好

(接上页)的推测:从整体来看,此《新字》的"四十四卷",应是围绕着称为"今字"(今文)的唐代当用字,且是与"古字"相对的"今字"为中心的小学书。

① 《高山寺资料丛书第六册 高山寺古辞书资料第一》,东京:东京大学出版会,1977年。

② 《新撰字镜增订版》,京都大学文学部国语学国文学研究室编,京都:临川书店,1978年。

③ 《诸本集成倭名类聚抄 本文篇》,京都大学文学部国语学国文学研究室编,京都:临川书店,1968年。

④ 《图书寮本类聚名义抄》,东京:勉诚社,1976年。

⑤ 《类聚名义抄》,东京:风间书房,1954年。《类聚名义抄(天理图书馆善本丛书32—34)》,东京:八木书店,1976年。

地传承了顾野王《玉篇》的原貌。而《新撰字镜》,针对就顾野王《玉篇》及《切韵》进行引用的部分,贞苅伊德对其内容作了详细地"解剖"①,使得其作为汉语史研究资料更有帮助。

　　《倭名类聚抄》中引用了诸多先行文献典据,而狩谷棭斋的《笺注倭名类聚抄》则对其内容进行了详细考证。宫泽俊雅对于本文内容的研究尤为引人注目②。

三、《类聚名义抄》

　　下面,对《类聚名义抄》稍作详细解说。

　　原撰本系《类聚名义抄》,院政期书写的图书寮本(宫内厅书陵部本)是唯一的传本③。分为佛法僧三部,现存只有法部的前半部。该书应是在院政初期,由兼学法相宗及真言宗的学僧于1100年前后所编纂的。它是由120部首构成的部首分类体的汉字字书。虽只有法部一帖的零本传世,但其部首排列与后述的改编本相同。其特征是忠实地引用了各种文献,其中对单字施以字音注,并附以字义解释,也包含对熟语的说明,和以真假名(万叶假名)、片假名标注的和训。字头项约3 600个,其中单字头约950个。熟语词条多出自《玄应音义》《法华经音义》《大般若经音训》。关于出典文献,佛典相关有67种,汉籍相关有36种,训本相关有27种④,是将佛典音义以部首分类体例来重新编纂的辞书。其资料价值在于:(1)大量记载了当时的日语词汇(汉文训读词汇),并且非常正确地记述了这些词汇的声点(accent),(2)包含了很多中国、日本逸书的内容,(3)整体内容上学术水平非常之高。

　　改编本系《类聚名义抄》,有观智院本、高山寺本、莲成院本、西念寺本、宝菩提院本等广为所知。其中观智院本(建长三年[1251]显庆

---

①　贞苅伊德(1959,1960,1961)的"解剖"成果与将其进行了详细整理、修正的上田正(1981a,1984,1986)的逸文搜集可被称为特笔。

②　参照宫泽俊雅(2010)。

③　宫内厅书陵部(1950,1969,1976,2005)。

④　参照吉田金彦(1980)。

书写)是唯一的完本,研究上多以此本内容为主。改编本系《类聚名义抄》,应是成立于 12 世纪中叶(院政期),由真言宗的学僧所编纂。改编本系被称为广益本系,但其中删减了原撰本中佛教事典的要素,并且省略了原撰本中的汉文注释,将万叶假名改为片假名,并增补了片假名注释。与原撰本相比,其词条是原有的 2.1 倍,和训则增加到 4.1 倍,共计 120 个部首,32 000 余字的字头,收录了 34 710 个和训,其中附有声点注记的约有 1 万。其作为日语资料的价值可归纳为如下三点:(1) 收录了非常丰富的词汇,(2) 对于汉音、吴音的注记非常之多,(3) 异体字的注记也很多。此处的各项数据均参考吉田金彦(1980)。

四、《类聚名义抄》所引用的古逸书——以《类音决》为例

(一) 图书寮本《类聚名义抄》

关于原撰本系《类聚名义抄》唯一传本的图书寮本《类聚名义抄》的出典,已有吉田金彦的一系列研究(吉田金彦 1954a,1954b,1955a),笔者则将其后研究成果整理为《图书寮本类聚名义抄出典略注》(池田证寿[2000])。

在图书寮本《类聚名义抄》之中,引用频率较多的出典文献,有以下八部:

(1) 玄应撰《一切经音义》(约 1300)
(2) 真兴(934—1004)撰《大般若经音训》(约 670),在日本撰述
(3) 顾野王撰《玉篇》(约 600)
(4) 弘法大师空海(774—835)撰《篆隶万象名义》(约 520),在日本撰述
(5) 菅原是善(812—880)撰《东宫切韵》(约 430),在日本撰述
(6) 源顺(911—983)撰《倭名类聚抄》(约 370),在日本撰述
(7) 中算(935—976)撰《法华释文》(约 360),在日本撰述
(8) 慈恩(632—682)撰书(《法华音训》等)(约 330)

作为汉语史的研究资料,其中顾野王撰《玉篇》的逸文数量之多引人注目,《东宫切韵》是参考了陆法言、长孙讷言、麻杲等所撰《切韵》的集大成之作,是非常重要的资料。上田正(1984)对上述这些逸文进行过整理。此外,对这些文献内容的收录有一定的次序,关于这一点,宫泽俊雅(1977a)、山本秀人(1990)、池田证寿(1991a)等中有详细的探析①。

其次,来介绍不甚为人所知的《类音决》的内容。在图书寮本《类聚名义抄》之中的《类音决》,以"类"这一略称的引用,有161条。比如:

> 沫泡　上《类》云:末音。……。《类》云:又武太反。卫邑也。借音火每反。洗面也。(图书寮本水部,8页)
> 慾　《类》云:欲音。……。《类》云:出《字林》。(心部,266页)
> 蝶　《类》云:俗。又云:绁—二正。先结反。黑绳。(糸部,300页)

《类音决》,在圆珍的《智证大师将来目录》中记载有"新定一切经类音八卷郭迻撰",由此可知其正式名称、卷数及撰者。其别名有"一切经类音"(中算撰《法华经释文》)、"一切经类音决"(《悉昙轮略图抄》)、"一切经类音诀"(《悉昙要诀》)、"经音类决"(《义楚六帖》)、"众经音"(《绍兴重雕大藏音》)、"郭迻音诀"(《通志·艺文略》)、"类音决"(图书寮本《名义抄》)、"类音"(《大乘理趣六波罗蜜经释文》)、"类"(图书寮本《名义抄》)等。以"郭迻""郭氏"等著者名进行引用的情况也有(如《龙龛手鉴》)。《慧琳音义》的序文(顾齐之《新收一切经音义序》开成五年[840])之中有"国初有沙门玄应及太原郭迻处士并著音释"的记载,被认为成书于唐初期。在可洪《新集藏经音义随函录》(后晋天福五年[940]成)后序中有"郭氏乃河东博士"的记载。

---

①　按《慈恩撰书》《篆隶万象名义》《玄应音义》《法华释文》《大般若经音训》《玉篇》《东宫切韵》《倭名类聚抄》顺序。

关于其内容,《义楚六帖》(后周显德元年[954]成书)引用《经音类决》的序文,认为"约部类有二百五十九部",可洪《随函录》后序中将其作为"藏经音决"之一提及,记述如下:"或有统括真俗,类例偏傍,但号经音,不声来处,即郭迻及诸僧所撰者也"。根据这些记述,可以推定这是一部由二百五十九部构成的,字书体例的一切经的音义。其中总括了字体的正俗,并根据偏旁进行分类,并且施以字音的注释。标注字体正俗及字音注的体例,通过其逸文可得到确认。另外,西原一幸(1988)则从相似字形的字头连续排列,以及"正、通、俗"的注记方法,判断《类音决》并非一切经的音义书,而应是为辨别字形类似汉字的"字样"①的一种。但是,可洪《随函录》中,作为《藏经音决》之一提及郭迻之书,并且从同时存在于其他字书体例的《一切经》的音义来看,并不能完全断言《类音决》不是《一切经》的音义书。高田时雄(1994)根据《义楚六帖》与《慧琳音义》的序文等记述,认为《类音决》是"将佛典中使用的文字,按部目分类,并施以字音注释的字书体著作",并推测其应于唐初期成书。

虽然《类音决》的构成体例(部立与部的排列)尚不甚明了,期待之后的逸文收集及对其构成体例的明确探析。详细内容参照本书第七章第一节。

(二) 观智院本《类聚名义抄》

在改编本的观智院本《类聚名义抄》之中,原撰本中的出典书名、人名几乎全部被省减,很难指出确实对《类音决》进行引用的内容。仅有如下一处②:

　　它　徒何反可见类音决。(观智院本亻部,法下55)

而在观智院本《类聚名义抄》的凡例中可见如下的记述:

----

① "字样"根据西原一幸(1984)的"将在字音及字形上有相似之处从而容易陷入误用的文字,不限于同字、异字的区别,为广泛地加以辨别而撰述的小学书"。《干禄字书》(唐颜元孙撰)为字样的代表典籍。
② 参照山田健三(1997)。

> 凡此书者为愚痴者任意抄也,不可为证矣,立篇者源依《玉篇》,于次第取相似者置邻也,于字数少者集为杂部,依<u>类者决也</u>篇中聚字者私所为也(以下略)(观智院本篇目6)

叙述了"立篇"之下,如何进行部首排列,本应是根据《玉篇》设立部首,将相似的部首相邻而置,后将《玉篇》中字数很少的部首集于杂部。问题在于画线部分,原文的内容很难理解。笔者的意见是应订正为"依类音决也"。其理由正如山田健三(1997)所述,杂部的设立应是参考《类音决》而来。若如此,则《类音决》虽为部首分类体例的字书,但是与《龙龛手鉴》(辽代行均,997年成书)相仿,是在书末设立"杂部"的编排体例。

五、《类聚名义抄》与汉文训读

在日本,汉文训读作为对典籍的接受和理解方法,得到了高度的发展。石塚晴通(2002)对这一情况作了如下的总括:

> 在日本,对于典籍的接受,多来自汉文训读。将汉文的原有表记原样留存(目视),同时通过对其句式结构的分析,从而以读者自身的语言进行理解,这一巧妙的"训读"方法,虽是采纳使用汉文的周边诸民族中广泛存在的学习法,但日本以其独特的地理环境为契机,则更大地促进了这一方法的发展。为了理解典籍原文而广为搜寻注释书、字书、辞书类著作,结果使得在中国已散逸的大部分典籍逸文得以留存。日本的训点资料,是考察在中国散逸的典籍、逸文内容的宝库,期待日后对这些资料更好地利用。

在日本,为表示汉文训读的语言,在原有汉文的字傍、字间等处,加以各种各样的文字、符号(假名、乎古止点等),这些被称为训点,添加训点则被称为加点。加点的文献被称作训点本、加点本、点本、训点资料等。

现存的日本训点资料数量庞大,平安时代以佛书为多,汉籍的训点本则较少。图书寮本《类聚名义抄》大量地引用了汉籍的训点本,是非常珍贵的资料。如《易经》《颜氏家训》《史记》《月令》《后汉书》《诗经》《白氏文集》《修文殿御览》《书经》《文选》《游仙窟》《礼记》《列传》《老子经》《论语》等。如下为引用《游仙窟》的一例。这是图书寮本《类聚名义抄》中"子细"的词头及和训。

　　　　子细　コマヤカニシテ游　クハシ集（图书寮本系部，298 页）

此例标示了《游仙窟》中的"烟霞子细泉石分明"的训读内容①。下面是与此对应的《游仙窟》的本文及和训。

　　　　烟霞子细コマカニシテ泉石分明アキラカナリ（醍醐寺本《游仙窟》，康永三年［1344］加点本）

此处读为"コマカニシテ"，可见与醍醐寺藏本相比，图书寮本《类聚名义抄》使用了更早的读法。

与此相对，观智院本《类聚名义抄》中，则没有明确记述出典典据，如下：

　　　　子细　クハシ　コマヤカニ　　（观智院本系部，法中 123）

所以，并不明确其所据训点本为何资料。但是，其中所收录的和训的数量非常之多，并且大部分都是出自训点本这一点已得到确认。如下为标示出唐代俗语的训读之例：

　　　　此间　ココ　　彼间　カシコ（观智院本门部，法下 77）

"此间"在日本上代文献（《古事记》《日本书纪》《万叶集》《唐大和上东征传》等），及训点资料（醍醐寺藏本《游仙窟》等）中都有出现，训读为"ココ"，但是"彼间"的用例却是非常稀少②。观智院本

---

　　①　黄征（2005），对"子细"的考证。
　　②　天平胜宝元年（749）的"大纳言藤原家牒（正仓院文书）"（《大日本古文书三》）中可见"今故前件常人，令向彼间，乞察斯趣"。

《类聚名义抄》中的记载,在原撰本阶段,很有可能是出自如下的《肝心记》的内容。《肝心记》是学僧善珠(723—797)所著,图书寮本《类聚名义抄》中也有对其的引用①。

　　肝心记五末

　　案云。彼间者俗语也倭言加之去此间者俗语倭言举去(《因明大疏抄》四一卷(藏俊撰,仁平二年[1152]抄了)的第八帖口表纸里,大正藏 68 卷 477 页中)

"彼间""此间"作为俗语,分别被训读为"加之去(カシコ)","举去(ココ)"。"倭言……"为"在倭(日本)称为……"之意。

六、《类聚名义抄》的字体注记

图书寮本《类聚名义抄》中可以看到很多"正、通、俗"的注记。其出典,于《干禄字书》《类音决》等字样书之外,还有《大广益会玉篇》《大宋重修广韵》等。如下,试举若干例进行说明。

　　滂沲 (省略) 沱 《类》云:正。(图书寮本,水部,8 页,《类音决》引用)

　　潜滑 《干》云:上谷,下正。(图书寮本水部,13 页,"干"为《干禄字书》之略称,"谷"为"俗"之略字)

　　漆 《类》云:七音。·《玉》云:池也,木汁也。(以下略)

　　涞 《宋》云:谷。余仿此。(图书寮本水部,29 页,"宋"是《大宋重修广韵》之略称)

　　謷 《益》云:俗辩字。(图书寮本言部,98 页)

在日本,有很多将《大宋重修广韵》称为"宋韵"的例子,但是中国文献中则未见。由于难字较多的缘故,因而不得不将引用字例缩减,但从这些字例也可观察到其中字体注记的情况。

---

① 因图书寮本中门部不存,故"此间""彼间"在此无例示。详参池田证寿(1988)。

改编本系的观智院本《类聚名义抄》,虽说缺少出典注记,但是字头项约有 32 000 字,并且收录了大量的字体注记。可惜之处在于其出典典据不详,但应可考虑为受到如《龙龛手鉴》的字书以及《广益玉篇》等的影响①。参见图 3.1 和图 3.2。

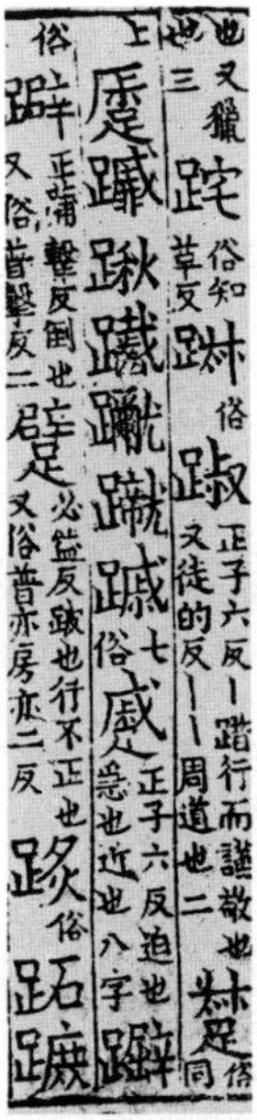

图 3.1　高丽本《龙龛手镜》 　　　图 3.2　观智院本《类聚名义抄》
　　　　　　　　　　　　　　　　　　　　　　　（天理图书馆藏）

综上,笔者以《类聚名义抄》为中心,介绍了日本古辞书作为汉语史研究材料的价值。

———————

① 《龙龛手鉴》,参照吉田金彦(1958)。《广益玉篇》,参照贞苅伊德(1998)。

第二部分 佛经音义与字书

本部分选取介绍几部在编纂过程中深受中国音义、辞书影响的,成书于日本奈良、平安时代的佛经音义与字书。对于音义,以《华严经》的音义为中心展开论述。而字书的部分,则选取高山寺本《篆隶万象名义》、天治本《新撰字镜》、图书寮本《类聚名义抄》及观智院本《类聚名义抄》予以多角度多视点地介绍。在此基础上进一步论述日本汉文古辞书的研究方法及具体研究内容。

第四章

佛 经 音 义

第一节　佛经音义与日本古字书

一、前言

日本古字书中,《新撰字镜》和《类聚名义抄》均以佛经音义为基础材料编纂而成。但两者对于佛经音义的利用方法却迥然不同,这正为研究佛经音义在日本的接受与编纂,提供了宝贵的研究材料。

二、《新撰字镜》与《类聚名义抄》

据《新撰字镜》序文所示,先有以《一切经音义》为基础编纂而成的三卷本《新撰字镜》,后又参考《切韵》《玉篇》及其他书籍编成十二卷本。今三卷本已佚,十二卷本尚存天治本①。《新撰字镜》成书于昌泰年间(898—901),编者昌住,所载生平语焉不详。因天治本抄写于法隆寺内,可推断其为南都僧侣。天治本十二卷依照部首分类,共分为 160 部(其中一部分根据字义分类)。

《类聚名义抄》分为原本系和广益本系两个系统(也称为原撰本系和改编本系)。原本系《类聚名义抄》于 1100 年前后由兼学法相宗

---

① 京都大学文学部国语学国文学研究室编:《新撰字镜　增订版》,京都:临川书店,1979 年。

及真言宗的学僧编纂。广益本于 12 世纪后叶由真言宗的学僧编纂而成。原本系仅存的图书寮本为残本①。广益本中唯一完本为观智院本②，依部首分类，共计 120 部。全书分为佛、法、僧三部分，各 40 部首。图书寮本收录法部的前半部分，计 20 部。其部首排列顺序与观智院本相同，可推断原本系与广益本系构成方式大致相同。图书寮本中引用大量的佛经音义，其中引用次数最多的为玄应撰《一切经音义》。本节中如未特殊标注，《类聚名义抄》指原本系图书寮本。

三、部首数与部首排列

《新撰字镜》与《类聚名义抄》都以《玉篇》为主要材料编纂而成。《玉篇》共计 542 部，但《新撰字镜》计 160 部，《类聚名义抄》仅 120 部，较之《玉篇》部首大幅减少。

佛经音义多为随函形式，如玄应、慧琳的《一切经音义》。此外也有字书形式，如郭逐的《新定一切经类音》八卷，便是以可洪《新集藏经音义随函录》及《义楚六帖》为基础编纂而成，依偏旁部首分类，共 259 部，并标明字体正俗③。辽代行均的《龙龛手镜》四卷（997 年）为字书体，计 242 部。宋代处观的《绍兴重雕大藏音》三卷（1903 年）同为字书体，计 174 部。《龙龛手镜》和《绍兴重雕大藏音》与《类聚名义抄》相同，均在末尾立杂部。《新撰字镜》末尾四部为：杂字、重点、连字、临时杂要字，部首配属判断困难的单字均归于杂字部。

《新撰字镜》与《类聚名义抄》的部首以《玉篇》为基础并加以整理，但在删减部首数时应该受到了字书体佛经音义的影响。且关于条目的部首归属问题，两书各具特点，这可以成为今后研究的一个

---

① 宫内厅书陵部编：《图书寮本类聚名义抄》，东京：宫内厅书陵部，1950 年。
② 东京：八木书店，1976 年。
③ 池田证寿（1995，本书第七章第一节），西原一幸（2015），郑贤章（2010）。

课题①。

两书的部首排列首先根据字义,继而将部分相似字形的部首相邻排列②。

《新撰字镜》中有他处未见部首名,如：文下一点、文下木点、首角部、品字样等,可能与字样有一定的关联。

观智院本《类聚名义抄》凡例中可窥见其与《玉篇》及佛经音义的郭迻《新定一切经类音》之间的关系。

> 立篇者源依玉篇、于次第取相似者置邻也、于字数少者集为杂部、依<u>类者决</u>也。

画线处"类者决"如为"类音决"的误写,则与《新定一切经类音》的别名一致,也符合整体文意。

四、部首内条目的排列与出典

《新撰字镜》以玄应撰《一切经音义》为主要参考资料,于宽平四年(892)编成三卷本。后又利用《切韵》《玉篇》并辅以其他材料,于昌泰年间(898—901)编纂而成十二卷本。现存的天治本正反映了这一编纂过程,即引用自玄应撰《一切经音义》《切韵》以及《玉篇》的内容可组为一群③。引自《切韵》的部分中,还包括：和《玉篇》合并的部分④,辨认困难的部分以及出处不详的部分。在条目数较多的部首内,大体上是前半引用自《一切经音义》(实际上是包含《一切经音义》的部分内容),中段至后半引用自《切韵》(包括合并的《玉篇》),以及引用自《玉篇》的部分。

《类聚名义抄》没有特定的出典群,而且多为"熟字"条目(即以词

---

① 山田健三(1995)。
② 阪仓笃义(1975)、酒井宪二(1967)、福田益和(1971,1972)。
③ 贞苅伊德(1998,20—109)。
④ 上田正(1981a)。

语为条目），很难看出其排列的规则。广益本《类聚名义抄》中，前半部分是以字形类似的条目排列而成"相似字形群"①，后半部分部首是与《玉篇》排列顺序一致的"《玉篇》字序群"②。原本系《类聚名义抄》中，排除"熟字"条目后再考察其排列顺序，则可确认其与广益本有相同的倾向③。

五、条目的体裁

《新撰字镜》与《类聚名义抄》同为部首分类体字书，条目也以单字为主。作为其出典的佛经音义则多以词语作为所释条目。《新撰字镜》和《类聚名义抄》对于这一部分，多沿袭出典中条目的原始形式。

例1

<籽榴> 又作梳。音浮留。《广雅》：籽榴，糈㶚也。今谓薄粥也。（《一切经音义》卷第十五，十诵律第十九卷，第383页④）

<籽榴> 上：浮音，下：留音。糈㶚也，今谓薄粥也。（《新撰字镜》卷第四，17表）

例2

<四渎> 徒木反。《尔雅》：水注浍曰渎。《说文》：沟也。又邑中曰渎也。（《一切经音义》卷第十二，普曜经第一卷，第263页）

<四渎> 音独。应云水注浍邑沟曰渎。渎又邑中曰渎　玉云江河淮济谓之四渎。ケカル易　（图书寮本《类聚名义抄》，第11页）

《新撰字镜》和《类聚名义抄》都将佛经音义注释中的异体字或异文注记单独立项。

---

① 酒井宪二（1967）。
② 贞苅伊德（1998，297—316）。
③ 池田证寿（1993b，本书第五章六节）。
④ 《古辞书音义集成　一切经音义》，东京：汲古书院，1980年。参考其中大治本。

例 3

<籹榴> 又作粠。音浮留。《广雅》：籹榴，精馓也。今谓薄粥也。（《一切经音义》卷第十五，十诵律第十九卷，第 383 页）

<粠> 榴字。（《新撰字镜》卷第四，17 表）

<蝶媟> 相列徒木反。相狎习谓之蝶媟。经文作泄渎，非体也。（《一切经音义》卷第二十，李经抄，第 565 页）

<泄渎> 应云蝶媟经云渎非。（图书寮本《类聚名义抄》，第 11 页）

《类聚名义抄》将含有同一单字的词语连续排列，且多为佛教用语。佛教用语不论音译或意译，多数不加以区分直接引用。还有很多仅词语条目中的某一个字，排列在其所属部首下的例子。《新撰字镜》则未见将含有同一单字的词语连续排列的情况，且所释词语也基本为同一部首。

《新撰字镜》原不释佛教用语，注释中也基本不使用佛教式的说明。与此相对，《类聚名义抄》更侧重佛教用语，这是两者较大的区别。

六、作为出典的佛经音义

《新撰字镜》以玄应撰《一切经音义》为基础编纂而成，可通过其序文的记述以及文中的多处引用来证实。

《新撰字镜》对于《一切经音义》的引用次数，以卷十四、十五、十六等有关于"律"的音义居首，卷十九、二十的《贤圣集传》等传记相关的音义次之。《新撰字镜》并非采取全盘引用《一切经音义》的方针，而是大致有一半的内容引用自《一切经音义》[1]。

《类聚名义抄》则优先引用《一切经音义》的卷二十二《瑜伽师地

———————
① 池田证寿（1982，本书第五章第四节）。

论》,且对其内容采取全盘引用的方针①。

《新撰字镜》所引用的佛经音义中,除玄应撰《一切经音义》之外,只有信行的《大般若经音义》②。在佛经音义之外,还引用了《日本灵异记》《游仙窟》《文选》《尔雅》《正名要录》《干禄字书》③。因《新撰字镜》中未标明出典的书名、人名,故只能依据其特殊注记及排列顺序进行推测。至今仍有很多出典不详的部分,可作为今后研究的课题。

例 4 中,通过考察条目的排列顺序可推测其与《佛名经》的关系。

例 4

　　<轗轲>　　不相叶。

　　<谐偶>　　相叶也。

　　<嘲调>　　毛知曽不。

　　<不博>　　波可利曽志留。("不博"在《佛名经》中未见。当作"不悼"。)

　　<弹擊>　　波と女奈是留。

　　<解奏>　　波良戸祭。(以上,《新撰字镜》卷第十二,18 里)

　　现见世间行善之者是事轗轲。为恶之者触向谐偶。(大正藏经 No.441,第 14 卷 204c)

　　浊心邪视言语嘲调。(同 215c)

　　而为论议非理弹擊。(同 222b)

　　宰杀众生解奏魑魅魍魉鬼神。(225b)

　　贪嗜飲食不悼艰辛。(同 225c)

另一方面,《类聚名义抄》在引用多数佛经音义时,均注明出典的书名、人名④。其中引用频率较高的佛经音义除了玄应《一切经音义》⑤,

---

①　山本秀人(1993)。

②　贞苅伊德(1998:144—154)。

③　贞苅伊德(1998:20—109),西原一幸(2015:3—22)。

④　吉田金彦(2013:18—92)、池田证寿(2000)、申雄哲(2015)。

⑤　池田证寿(1991)。

还有慈恩的《法华经音训》①和《法华经玄赞》,中算的《法华经释文》②,以及真兴的《大般若经音训》③。另外,对于佚书的引用也不在少数,如明宪的《成唯识论音义》④和信行的《四分律音义》⑤。

例 5

<浙米> 信曰止世反一云江也宜作浙。玉云案浙江发源东阳新安之间。又有信行依不信不注。(图书寮本《类聚名义抄》,第 32 页)

其中,"浙米"一词在《四分律》中未见,因此被认为是信行之说不可信而未引用⑥。依笔者所见,《四分律》中"床米"(大正藏经 No. 1428,第 22 卷 886c)一词有相似字句,将其作"浙米"或许正为信行之说。如此考虑,可认为此条目引自《四分律音义》。

七、注释的构成与出典

《类聚名义抄》中应引起注意的是其出典引用的固定顺序,即优先引用顺序依次为:慈恩、玄应、中算、真兴。此外,空海撰《篆隶万象名义》虽非佛经音义,但其引用的优先级在慈恩之下、玄应之上⑦。引用方法为参照大量的佛经音义,并同时参考部分的字书、韵书。

《类聚名义抄》注释的基本构成形式为:音注、义注、和训、和音注。首先,音注采取类音注(直音注)或反切的形式,类音注优先。多音字则标注"又"及其发音或声调,在此基础上再加入义注。和训采

---

① 宫泽俊雅(1988)。
② 宫泽俊雅(1977a)。
③ 山本秀人(1990)。
④ 山本秀人(1994)。
⑤ 山本秀人(1995)。
⑥ 山本秀人(1995:724—725)。
⑦ 宫泽俊雅(1977a),池田证寿(1991)。

用万叶假名或片假名标注,其中万叶假名大半取自源顺撰《和名类聚抄》,片假名则多为汉籍训点本中的旁训。和音注,引自真兴的《大般若经音训》及藤原公任的《大般若经字抄》。"正""俗"等字体注释则多单独立项表示。

与《类聚名义抄》相比,《新撰字镜》则无出典注记,而是单纯的注释形式。音注以反切为主,偶见和式反切。多音字则标明"正借音",此形式也多见于《玉篇》系字书①。不引汉籍佛典原文,而多引义注(训注)。字体注以"正""俗"标明,条数较少。《类聚名义抄》对引用的文献进行了一定顺序的排列,《新撰字镜》则不同。由于《新撰字镜》的作者并未标注出典,因此也没有必要排列其出典的顺序。

《新撰字镜》的注释形式中值得注意的是其对形似字注释的合并。而《类聚名义抄》则着重区分形似字,这也是两者显著的差异。

例 6

　　<纕>　庶雷反。摧也,摧纈也。傰摧也。又息良反。丧衣也、又马腹带。(《新撰字镜》卷第四,2 表)

　　<缞衣>　麁雷反。《释名》:死三日,生者成服曰缞。〻摧也,言伤摧也。缞有锡缞,有疑缞,有繐缞也。繐音岁。(《一切经音义》卷第十五,十诵律第二十七卷,第 385 页)

《新撰字镜》中画线部分为"纕"字的音注义注。此条目中依照《一切经音义》为"缞"字施注,后参考其他数据为形似字"纕"施注。

八、结语

本节从与佛经音义的关联着手,试论《新撰字镜》与《类聚名义抄》的异同之处。《类聚名义抄》由于标明出典注记,并含大量和训而被广泛关注和研究。《新撰字镜》自从讨论出典注记的研究告一段落

---

① 上田正(1976)。

后,近年也出现了相关专著①,以及新的见解②,但相关论文甚少。玄应撰《一切经音义》的引用方法,玄应以外的佛经音义的利用实态,也可以作为今后研究的重大课题。

申雄哲(2015)中,包含了图书寮本中7个部首(言足山石玉心系)的校勘内容,是近年来价值较高的本文解读的研究成果。

同时,对《新撰字镜》出典内容的研究告一段落之后,又刊行了相关著作,如张磊(2012)及大槻信、小林雄一、森下真衣(2013)等。大槻等(2013)关于其序文的出典提出了新的见解,明确了其与《法琳别传》的关联。再之后,关于《新撰字镜》所据《切韵》的内容,藤田拓海(2019)验证了上田正(1981a)中提出的,其所据《切韵》为长孙讷言系统内容的学说,而对于下平部分,则提出应是参照了唐韵系统内容的意见,极大地推进了这一方面的研究。此外,藤田(2020)及大槻(2020)则进一步继承贞苅研究的学说。但总的来说,整体上的论文数量并不多。关于玄应《一切经音义》的接受方法,及对于玄应以外的佛典音义的实际使用情况等,都可以作今后的课题。期待学界从汉语史研究的视点出发,取得新的成果。

第二节　大治本《新华严经音义》与信行《大般若经音义》

一、前言

上代佛经音义,也就是到奈良时代末期为止日本人所编纂的佛经的音义。佛经音义,又称为佛典音义。现存的音义中因存有和训,所以是日语史上非常重要的资料。但和训仅仅是辅助性的标记而已,大部分注释,仍是解释汉字汉语的形音义的汉文,和中国的辞书、

---

① 张磊(2012)。
② 大槻信、小林雄一、森下真衣(2013)。

音义体裁一致。所以,音义的作者如何引用辞书、音义,又以何种标准进行引用,这就涉及上代佛经音义的出典问题。

　　大治本《新华严经音义》与信行《大般若经音义》的出典,前贤认为以玄应《一切经音义》(以下简称《玄应音义》)和《玉篇》为主。但因对其进行的是个案研究,所以从出典方面对两部音义共通点和相异点的探讨仍未充分进行。并且,针对《玉篇》和《切韵》的研究成果非常丰硕,但针对全本《玄应音义》的研究,以及对其使用情况的研究却十分欠缺。

　　《一切经音义》,正名《大唐众经音义》。唐代僧人玄应所撰,是针对《一切经》的二十五卷的卷音义。通过石田茂作(1966)收录的《奈良朝见在一切经疏目录》可知,其传到日本时间久远,在天平年间的正仓院文书中已有记载。通过白藤礼幸(1968,1969b)可知,在上代佛典注释书中未标明书名的音注中,与《玄应音义》一致的内容,堪比《玉篇》和《切韵》。由此可知,《玄应音义》在当时已被广泛传抄和使用。并且,其作为《新撰字镜》的基础性资料,以及图书寮本《类聚名义抄》引用出典中最多的材料,可以说,对于日本,特别是佛家的辞书音义的编纂起到了很重要的影响。

　　本节将以与《玄应音义》的关系为中心,探讨作为《新华严经音义》及《大般若经音义》这两部音义出典的《玄应音义》的地位。虽然在日本的古目录,如《东域传灯目录》等中,可见对玄应《大般若经音义》的记载,但从玄应的卒年与两部音义的出典的共性来看,可以说其存在本身尚存疑点。而近年张丽娜(2011,2017)对于玄应《大般若经音义》存在与否的问题,在对于新资料进行考察的基础之上,支持了笔者的观点。

二、大治本《新华严经音义》

　　大治本《新华严经音义》(以下简称大治本《新音义》或《新音义》),附载于书陵部所藏大治三年抄写的玄应《一切经音义》卷第一的末尾处,撰者不详①。这是一部针对新译 80 卷本《华严经》(《大方广佛华严经》,唐代实叉难陀,证圣元年[695]至圣历二年[699]所译)的卷音义,共有 304 个词条。

冈田希雄(1939)指出,大治本《新音义》(严格说是其祖本)是《新译华严经音义私记》(以下简称《私记》)的出典之一,与慧苑的《新译华严经音义》(唐开元十年[722]成书,以下简称《慧苑音义》)无直接关系,与《玄应音义》卷第一所载的旧译 60 卷本《华严经》(东晋佛驮跋陀罗,义熙十四年[418]至元熙二年[420]或永初二年[421]所译)的音义有密切的关系。三保忠夫(1974b)在冈田希雄的结论之上指出,"大治本撰者不单是使用了玄应旧经音义,更是将《玄应音义》全书二十五卷(或二十六卷)进行了适当的引用","大治本的第一资料可以说是《玄应音义》全书","第二资料是《玉篇》";其撰写年代为"天平胜宝年间",撰者是东大寺华严宗的"中流阶层的僧侣"。

本研究中,笔者将调查先贤所指出的《玄应音义》和《玉篇》在大治本《新音义》中如何被使用。

但值得注意的是,大治本《新音义》并未明确标出全部引用的书名(人名)。现将其中明确记载的书名进行整理,结果如下所示(数字为引用次数,新经、旧经。左氏传中包括左传):

　　说文 13　广雅 5　字书 3　传 3　尔雅 2　方言 2　国令 2
左氏传 2　三苍 1　郭璞 1　易 1　经 1　周礼 1　字林 1　释名 1
诗 1　尚书 1　论语 1　声类 1　桂苑 1　相传 1　涅盘 1　涅盘
经 1　野王案 1

可以发现,其中外典占了大多数。但这些并非撰者的直接引用,而是多从《玄应音义》和《玉篇》中的间接引用。其中仅"野王案"被认为是《玉篇》的直接引用,因为这是《玉篇》注释中可见的内容而非

① 山田孝雄(1932a)中认为作者是中国华严宗第三祖的贤首大师(644—712),冈田希雄(1939,1943)认为作者是日本僧人。

撰者的注释。据我们的调查,直接注释仅有"桂苑(珠丛)"。

"桂苑珠丛"的书名在《日本国见在书目录》中可见,如下所示。

　　　　桂苑珠丛十卷 李思博撰第一帙件文本一百卷而见 ＼＼＼＼＼ 抄十卷
　　　　　　　　　　　在吕第一帙其余未知在否云＼
(小学家)

根据上田正(1956),《桂苑珠丛抄》十卷与《东宫切韵》的曹宪部分是同一本书,可以说是继《玄应音义》和《玉篇》之后的第三出典。其佚文(马国翰《玉函山房辑佚书》,长沙:嫏嬛馆,光绪九年[1883]所收)目前仅有部分存世,本章中主要探讨如何依据《玄应音义》和《玉篇》进行注释的撰写,因此不展开讨论。

总之,被推测为大治本《新音义》主要出典的《玄应音义》和《玉篇》在书中未见。这种情况在《大般若经音义》中也是一样的。此书中所引书名如下所示(数字为引用次数)。

　　　　广雅 2　相传 2　说文 1　桂苑 1　玉篇 1　传 1　毛诗 1
大论 1　字略 1　或经 1　大品 1

其中除"桂苑""玉篇"是直接引用外,其他均推测为间接引用。《大般若经音义》的主要出典同样被推测为《玄应音义》和《玉篇》,但引书中仅见一处《玉篇》。

也就是说,并非两部音义的撰者未使用《玄应音义》和《玉篇》,而是说作为基础性材料,对其的引用是不言自明的,因此没必要逐一标注。所以,直接引用的注记,应该是有其他意图而加之,这些也就是针对字体的记述。

依此,为了探明其出典,只能将大治本《新音义》和《玄应音义》《玉篇》的注释进行比对,通过考察其一致或相似性来推测其引用关系。但是,这一方法并不适用于《玉篇》。因为《玉篇》仅存残卷,除此之外仅《篆隶万象名义》(以下简称《万象名义》)中收录了其佚文。但是这些佚文也仅仅是部分引用或摘要,所以对于《玉篇》来说,《万象名义》仅是其简略抄录本。所以与《玉篇》可以进行比较的原文数量非常有限,并且《玉篇》也被认为存在几个不同系统的写本①,这在研究中值得注意。但是如果大治本《新音义》的作者将《玉篇》作为第一资料,从一开始就引用其内容的话,那么大部分的注释是能够依此成立的,同时也就失去了使用《玄应音义》的必要。作者通常将《玄应音义》作为第一出典,第二出典使用《玉篇》进行补充,如果优先选择使用了《玉篇》的话,那一定是有某些特殊理由的。

所以我们调查的顺序是将有音注的条目与《玄应音义》和《玉篇》进行比较。首先探讨基于《玄应音义》是否能够构成该注释,接下来再进行其与《玉篇》的关系讨论。

当然,对于没有音注的注释,比如下面的用例在能够推断其出典的情况下,进行补充讨论。

阿揭陀药　亦言阿揭陀。或云阿伽陀。梵言讹转也。此云丸药。(大治本音义第十三卷,第一帖21表)

阿揭陀药　亦言阿竭陀。或云阿伽陀。梵言讹转也。此云丸药。(玄应音义卷第二十二,第七帖37表)

末罗羯多　或言磨罗伽多。绿色宝也。大论云:金翅鸟口边出也。(信行音义第三百四十九卷,石山寺本28页3行,来迎院本74页7行)

末罗羯多　莫钵反。亦言摩罗伽多。色渴宝也。大论云:出金翅鸟口边,能辟诸毒。(玄应音义卷第二十一,第六帖67里)

但是也有一些很难推断其引用关系的内容,比如说梵文的翻译或教学上的笔记等,这些可能是根据《玄应音义》以外的注释书或作者自己标注的,所以不在本研究范围内。除此之外,仅有简单的义注和字体注的条目也不在研究范围内。这样一来,对作为出典的《玄应音义》和《玉篇》进行比较,就排除了很多研究上的障碍。

---

① 冈井慎吾(1933),上田正(1970),白藤礼幸(1975)中有相关论述。本书第五章第三节中也就此进行了论述。

本节调查中所使用的文本如下。

《玄应音义》依据大治本《一切经音义》的复制本（山田孝雄1932b），但因为其中误脱较多，所以用缩册藏经为六所收的高丽本（弘教书院校订，1885）作为参考，并标注所校订的文本。

《玉篇》使用东方文化学院的复制本（东方文化学院1933，1934，1932，1935a，1935b，1935c，1935d）。《玉篇》佚文参考冈井慎吾（1933）及马渊和夫（1952）。《篆隶万象名义》使用高山寺典籍文书综合调查团（1977）。

下文将对调查结果的概要进行分类说明①。例文仅举一例。"玉篇"包含了《玉篇》（现存本）、《玉篇》佚文和《篆隶万象名义》。除了"玉篇"以外的书名省略书名号。标点为笔者所加。

1. 玄应音义一致、"玉篇"无　11 例

明瞩　下：之欲反。瞩，亦明也。（第四卷，第一帖19表）

照瞩　之欲反。瞩，亦明也。（玄应，卷第二十三，第七帖35表）

2. 玄应音义一致、"玉篇"不一致　86 例

蘂叶　如捶反。蘂华也。花须头点是也。通为花。（第一卷，第一帖18表）

蘂叶　如捶反。广雅：蘂，华也。谓花须头点是也。（玄应，卷第十四，第五帖12表）

蘂　如华反。实也。华也。（万象名义，第四帖51表）

3. 玄应音义、"玉篇"一致　112 例

示谒　于歇反。告也。白也。请也。……（第十四卷，第一帖22表）

拜谒　于歇反。尔雅：告，谒，请也。左传云：不谒。杜预曰：谒，白也。（玄应，卷第五，第二帖96里）

————————

① "玉篇"中没有的1，8，9，在《篆隶万象名义》中也未见，但是这些可能原来在《玉篇》中可见。

谒　於歇反。告也。白也。请也。（万象名义，第三帖8表）

朝谒　下：玉：於歇反。杜预曰：告也。亦曰兒也。尔雅曰：请也。（大乘理趣六波罗蜜经释文29页）

4."玉篇"一致、玄应音义无　79例

阶砌　上：古谐反。道也。上进也。说文：陛也^(阶)。……（第一卷，第一帖18表）

队。古谐也^(反)。道也。梯也。陛。（万象名义，第六帖24表）

阶　古谐反。……野王案：所以登堂之道也。……郑玄曰：陛上进也。……说文：阶，陛也。（玉篇，卷第二十二）

5."玉篇"一致、玄应音义不一致　49例

休咎　……下：字体作咎。渠柳反。欲恶也。过罪也。病也。（第三十六卷，第一帖25表）

等咎　渠九反。广雅：咎过也，字体从人各，人相违，即成过咎也。（玄应，卷第六，第三帖11里）

咎　渠柳反。恶也。遇也。病也。交也。（万象名义，第一帖58表）

6. 玄应音义、"玉篇"不一致　44例

缮写　上：尝战反。动劲也。善也。治也。补也。（序，第一帖31里）

补缮　是战反。广雅：修截缮治也。说文：缮，补也。（玄应，卷第十三，第四帖70表）（另有，"市战反"）（玄应，卷第十八，第六帖16表），"视战反"（玄应，卷第二十一，第六帖53表等）

缮　时战反。善也。治也。补也。（万象名义，第六帖134里）

缮　时战反。周礼：缮人掌王之用弓矢。郑玄曰：缮之言劲也。善也。左氏传：征缮以辅孺子。（玉篇，卷第二十七）

7."玉篇"不一致、玄应音义无　27例

坛墠　上：徒兰反。堂也。下：……（第八卷，第一帖20表）

坛　达兰反。堂也。（万象名义，第一帖34表）

8. 玄应音义不一致、"玉篇"无　0例

9. 玄应音义、"玉篇"均无　5例

霈泽　上：匹大反。大雨也。（第四卷，第一帖18里）

计　413例

根据以上分类，其中6和7的不一致例子较多，但是这些可以认为是误写导致的不一致。

首先，6中根据表4.1中的3个例子的义注可知，其均为大治本《新音义》的误写。所以可以归在3. 玄应音义、"玉篇"一致的这一项中。

表4.1　3玄应音义、"玉篇"一致

	新音义	玄应音义	万象名义
餧	於为反（第十三卷，第一帖21里）	於伪反（卷第八，第三帖118表）	奴猥反（万象名义，第三帖35表），於伪反（玉篇，卷第九）
愠	於门反（第三十六，第一帖25表）	於问反（卷第七，第三帖46表）	於问反（第二帖88表）
痫	核闲反（第六十五卷，第一帖27表）	核间反（卷第五，第二帖100表）	核间反（第三帖75里）

然后，表4.2中的5例也是一样，应归在2. 玄应音义一致、"玉篇"不一致的这一项中。

表4.2　2玄应音义一致、"玉篇"不一致

	新音义	玄应音义	万象名义
顽	侯鳏反（第二十卷，第一帖22里）	吴鳏反（卷第五，第二帖103表）	误鳏反（第一帖82里）
婴	於成反（第五十三，第一帖26表）	於盈反（第二卷，第一帖44表）	乌盈反（第一帖75表）

	新 音 义	玄 应 音 义	万 象 名 义
榜	蒲衡反(第七十二卷,第一帖 29 表)	浦衡反(卷第一,第一帖 6 里,高丽本作"蒲衡反")	补衡反(第四帖 16 里)
捓	以庶反(第七十八卷,第一帖 30 里)	以遮反(第二十三卷,第七帖 36 表)	与虵反(第四帖,34 表,莏)
疱	补孝反(同上)	蒲孝反(卷第九,第四帖 3 表,皰)	蒲教反(第六帖 118 里,皰)

同样,表 4.3 中的 2 例,应该归在 5."玉篇"一致、玄应音义不一致的这一项中。

表 4.3 5"玉篇"一致、玄应音义不一致(追加)

	新 音 义	玄 应 音 义	万 象 名 义
赡	时厌反(第十九卷,第一帖 22 里)	时焰反(卷第五,第二帖 116 里)	时猒反(第六帖 107 里)
仞	如晨反(第二十七卷,第一帖 24 表)	如振反(卷第一,第一帖 4 里)	如震反(第一帖,50 表)

另外,由于《玉篇》系统不同而导致反切用字的不同,这样的例子共有 5 例(表 4.4),这些也应该归到 5 之中。如下所示,其中"稼""糠",和在同一部分但归在 5 的"稽""粒",在《玉篇》中属于同一部首并连续书写,尽管反切不同,但引自《玉篇》的可能性很高。

表 4.4 5"玉篇"一致、玄应音义不一致(追加)

	新 音 义	玄 应 音 义	万 象 名 义
铎	达洛反(第五卷,第一帖 19 表)	徒洛反(卷第二十三,第七帖 33 里)	徒洛反(第五帖 54 表)
涛	达劳反(第十三卷,第一帖 21 表)	徒劳反(卷第二十五,第七帖 64 里)	徒劳反(第五帖 102 里)

续 表

	新音义	玄应音义	万象名义
稼	古暇反(第四十二卷,第一帖25里)	加暇反(卷第十七,第五帖61里)	居暇反(第四帖78表)
糂	(息)忽感反(第六十五卷,第一帖27表)	桑感反(卷第十九,第六帖26表)	先感反(第五帖4表)
缮	尝战反(序,第一帖31里)	是战反(卷第十三,第四帖70表)	时战反(第六帖134里)

被释字有两个反切,且与《玄应音义》不一致,而《万象名义》仅有一个反切的例子,也可能是引自《玉篇》。因为在《玉篇》中有两个或两个以上反切的时候,《万象名义》通常只引用其中一个反切。这样表4.5的8例也应该归在5之中。

表4.5　5“玉篇”一致、玄应音义不一致(追加)

	新音义	玄应音义	万象名义
湍	耻丸土桓二反(第十三卷,第一帖21表)	土桓反(卷四,第二帖70表)	耻丸反(第五帖898表)
仍	如陵而夌二反(第二十六卷,第一帖23里)	如陵反(卷第十七,第五帖64表)	如陵反(第一帖53表)
搏	方句补洛二反(第五十二卷,第一帖26表)	补各反(卷第六,第三帖18表)	补各反(第二帖31表)
髌	蒲忍扶忍二反(第七十二卷,第一帖29表)	扶忍反(卷第三,第二帖28里)	伕忍反(第二帖61里)
闱	胡归呼鬼二反(同上)	于归反(卷第十九,第六帖22表)	胡归反(第三帖66表)
捃	居运居韵二反(第七十七卷,第一帖29里)	居运反(卷第十一,第四帖40里)	居运反(第二帖36表,攈)

	新 音 义	玄 应 音 义	万 象 名 义
虹	胡公古洞二反(第七十九卷,第一帖31表)	胡公反(卷第一,第一帖13里)	胡公反(第六帖93里)
蚖	牛结牛鸡二反(同上)	五奚反(同上,丽本)	午雞反(第六帖90里)

再次,7之中,表4.6的11例因为同样的原因,也应该归在4.“玉篇”一致、玄应音义无这一项之中。

表4.6　4“玉篇”一致、玄应音义无(追加)

	新 音 义	万 象 名 义	备　注
繈	亡勒反(第六十二卷,第一帖27表)	文勒反(第六帖,136表)	新撰字镜的玉篇引用部分写作:亡六反
坛	徒兰反(第八卷,第一帖20表)	达兰反(第一帖34表)	
遐	胡加反(第三十一卷,第一帖24里)	何加反(第三帖45里)	
缅	弥善反(序,第一帖31里)	弲善反(第六帖127表)	
莹	于琼为明二反(第五卷,第一帖19表)	为明反(第一帖25里)	
麦	莫候莫侯二反(第二十二卷,第一帖23里)	莫侯反(第六帖151表)	
税	诗锐诗烧二反(第二十八卷,24里)	诗锐反(第四帖81里)	
株	猪俱知夫二反(第七十四卷,第一帖29表)	猪俱反(第四帖8里)	
麦	莫候莫侯二反(第七十五卷,第一帖29里)	莫侯反(第六帖151表)	

	新 音 义	万 象 名 义	备　注
騋	雠陵似陵二反（第七十七卷，第一帖29里）	似陆①反（第六帖32表）	
汨	为笔于笔二反（第七十八卷，第一帖30表）	胡没反（汨，第五帖100里）莫曆反（汨，第五帖83表）	图书寮本名义抄所引玉篇写作：为笔反

以上的结果整理为表4.7。前面1~9的分类结果整合如下：

　　A. 玄应音义一致（1和2）　102例（24.7%）

　　B. 玄应音义、"玉篇"一致（3）　115例（27.8%）

　　C. "玉篇"一致（4和5）　154例（37.3%）

　　D. 玄应音义、"玉篇"不一致或无（6~9）　42例（10.2%）

　　合计　413例（100%）

表4.7　《玄应音义》或"玉篇"的比较

玄应 ＼ 玉篇	一　致	不一致	无	合　计
一致	115	64	90	269
不一致	91	21	16	128
无	11	0	5	16
合计	217	85	111	413

　　与《玄应音义》和《玉篇》不一致的音注大概有10%，因此可以认为《玄应音义》和《玉篇》是大治本音义的主要出典；当《玄应音义》有音注时，会优先采用这一部分音注。

　　另外，在对义注进行比较的时候（尽管能与《玉篇》进行比较的义

---

① "陆"应为"陵"的误写。

注寥寥无几,这一点也要纳入考虑的范围内),与《玄应音义》《玉篇》均不一致的义注也占大概不到 10%,大都是与《玄应音义》或《玉篇》相关联的内容。并且在 2 中有 80% 多,在 3 中有 60% 多的内容是和《玄应音义》全部一致或大部分一致。除此之外,使用《玉篇》进行补充,特别是 3 中有从一开始就引自《玉篇》的内容。当然并不排除二书之外还有其他的出典,但就目前结果看,与《玄应音义》《玉篇》相比而言,这样的内容是极少的。

三、信行《大般若经音义》

《大般若经音义》是《大般若经》(《大般若波罗蜜多经》,600 卷,唐代玄奘,显庆五年[660]至龙朔三年[663]所译)的卷音义。之前,石山寺藏本由桥本进吉进行解题后复制刊行①,近年随着来迎院藏本的《大般若经音义》的发现,由筑岛裕解题,与石山寺本一起复制刊行②。这部书并未标明作者姓名,桥本进吉(1940)认为其为奈良时代末期的学僧信行。《东域传灯目录》和《注进法相宗章疏》中都有关于信行的"大般若经音义三卷"的记录,本书也采用这样的说法。

石山寺藏本和来迎院藏本在书志和日本国语史上具有极高的价值,这些在其解题中已经被详细证明。石山寺藏本的抄写年代,桥本进吉(1940)认为是平安初期,筑岛裕(1978)认为是奈良时代。来迎院藏本的抄写年代是院政初期。目前两个写本都仅剩卷中的残卷,石山寺藏本共 234 个条目,来迎院藏本共 223 个条目。除去重复,两者共存 255 个条目。并且,来迎院藏本的出现也为订正石山寺藏本的误脱提供了材料。可以认为,石山寺藏本和来迎藏本就是信行所作,以下简称为《信行音义》。

关于《信行音义》,吉田金彦(1954b:19)认为"其是慧琳音义的

---

① 古典保存会(1940),桥本进吉(1940)。
② 古典研究会(1978a)。

改订版"。筑岛裕(1959a)认为其与《东域传灯目录》中记录的玄应的
"大般若经音义三卷"(佚书)可能有关系,但是与玄应的《一切经音
义》并无直接的关系。沼本克明(1978a)中将石山寺藏本的《大般若
经音义》与玄应《一切经音义》进行比较,"发现其根据极为相似的注
释而成书",并且"可以推断,这本书有可能是根据玄应所撰的大般若
经音义所抄录出来的"。筑岛裕(1978)也赞同这一观点。

此外,白藤(1970)认为石山寺藏本中的音注有约80%与《玉篇》
《篆隶万象名义》或玄应《一切经音义》一致。三保忠夫(1974a)通过
考察信行所撰的音义,认为《大般若经音义》的撰写时间在天平神护
三年(754)以前。

关于《信行音义》的出典白藤礼幸(1970)已有调查。笔者的调查
也仅仅是进行了再次确认,补充了来迎院藏本中所存的部分内容,大
致的倾向并未改变。但是根据大治本音义出典的调查,考察两者的
异同是本书的独特尝试。

下文将与大治本《新音义》进行相同方法的调查,并进行其结果
的分类。信行音义所用本为古典研究会(1978a)。石山寺本简称为
"石",来迎院本简称为"来"。其页数和行数记作"石34-8"。

1. 玄应音义一致、"玉篇"无　10例

不窔不凸　……下:又作窔。徒结反。凸,起也。第六分作
四字。凹音,乌狭反。陷下也。(第三百八十一卷,石34-8)

凹凸　苍颉篇作窔窔同。乌狭反。下:徒结反。窔,垫下
也。窔,突也。字苑作凹。陷也。凸,起也。(玄应,卷第十,第
四帖26表)

2. 玄应音义一致、"玉篇"不一致　85例

瑕隟　……下:丘逆反。隟,裂也。壁际孔也。(第四十一
卷,来42-7)

孔隟　丘逆反。说文:隟,壁际孔也。广雅:隟,裂也。字
从昌从白上下小也。(玄应,卷第二十二,第七帖5表)

丘戟反。间也。壁也。际也。裂也。（万象名义，第六帖24表）
丘斡反。……野王案：隟，犹间也。……说文：隟，壁际。广雅：
隟，裂也。（玉篇，卷第二十二）

3. 玄应音义、"玉篇"一致 82例

毁訾 宜作呰古文欪些。子尔反。呰，呵也。口毁曰
呰。……（第四十四卷，来43-9）

毁呰 古文些欪二形同。子尔反。说文：呰，呵也。礼云：呰者
莫不知礼之所生。郑玄曰：口毁曰呰。（玄应卷第六，第三帖25里）

呰 子尔反。呵也。口毁呰也。（万象名义，第二帖13里）

毁呰 玉：子尔反。郑玄曰：口毁曰呰。说文：呵也。（大
乘理趣六波罗蜜经释文38页）

4. "玉篇"一致、玄应音义无 74例

肾脾 上：视忍反。色黑阴偶故肾双。又肾，坚也。
下：……（第五卷，石7-2，来47-3）

肾 视忍反。坚也。水精也。色黑阴，耦。（万象名义，第
二帖64里）

肾 玉：视忍反。白虎通：肾之为言赏也。以写水之精也。
色黑阴遇故肾双。广雅：肾坚也。又时忍反。（大乘理趣六波罗
蜜经释文19页）

5. "玉篇"一致、玄应音义不一致 37例

坦然 泰但反。安也。着也。平也。明也。（第三百八十
一卷，石31-9，来79-6）

坦然 他诞反。说文：坦，安也。广雅：坦，平也。（玄应，
卷第六，第三帖24表）

坦 泰但反。安也。着也。平也。明也。（万象名义，第一
帖31里）

6. 玄应音义、"玉篇"不一致 22例

骨髓 下：宣累反。骨中脂。倭言须尼。（第五十三卷，石

6－9,来46－9)

　　髓饼　思累反。释名云:蒸饼,索饼,髓饼等,各随形以名之也。律文作餚。思累弋累二反。字书:餚,䉼也。方言:饴或谓之餚。と非此义。䉼音一月反。豆饴也。(玄应,卷第十五,第五帖26表)

　　隋　先累反。髓脂也。(万象名义,第二帖61里)

　　7.“玉篇”不一致、玄应音义无　23例

　　虎豹　……下:方効反。豹似虎而小冄文有亦黑异也。(第五十三卷,石8－6,来48－9)

　　豹　补教反。(万象名义,第六帖55里)

　　8.玄应音义不一致、“玉篇”无　3例

　　涎泆　上:古文次㳄哑涎四形同。祥延反。慕欲口液也。亦小儿唾也。(第五十三卷,石7－7,来47－10)

　　涎㳄　诸书作次㳄哑涎四形同。详延反。字林:慕欲口液也。亦小儿唾。(卷第二十五,第七帖65表)

　　9.玄应音义、“玉篇”均无　3例

　　株杌　……下:五骨反。古文作柮。𣑃字。柮断也。(第三百三十卷,石25－5,来71－1)

　　合计　339例

　　接下来,将用和大治本《新音义》相同的方法对《信行音义》的6~8进行探讨。其中6中,首先将表4.8中的4例归入2中。

表4.8　2玄应音义一致、“玉篇”不一致(追加)

	信 行 音 义	玄 应 音 义	万 象 名 义
齇	则加反(第五十三卷,石8－8,来49－4)	侧加反(卷第六,第三帖18表,揸)	子加反(第二帖48里,揸)
顽	侯鳏反(第百八十一卷,石18－8,来62－7)	吴鳏反(卷第三,第五帖110表)	误鳏反(第一帖82里)

	信 行 音 义	玄 应 音 义	万 象 名 义
勃	蒲溃蒲没二反(第三百三十七卷,石26-6,来72-9)	补溃蒲没二反(卷第十八,第六帖16里)	蒲没反(第二帖78里)
埑	直尔勑纸二反(第三百十一卷,石35-4)	直纸勑尔二反(卷第六,第三帖14里,襬)	直纸反(第六帖 154里,襬)

表 4.9 中的 1 例归入 3 中。

表 4.9　3 玄应音义、"玉篇"一致(追加)

	信 行 音 义	玄 应 音 义	万 象 名 义
慨	可载反(第三百三十五卷,石26-2,来72-3)	可载反(卷第十二,第4帖58表)	可戴反(第二帖81里)

表 4.10 中的 3 例归入 5 中。

表 4.10　5"玉篇"一致、玄应音义不一致(追加)

	信 行 音 义	玄 应 音 义	万 象 名 义
册	先案反(第五十三卷,石7-9,来48-3)	安反(卷第三,第二帖6表)	先安反(第二帖73里)
膜	忘各反(第五十三卷,石8-2,来48-4)	茫各反(卷第二十,第六帖43表)	亡各反(第二帖66里)
糂	自感反①(第百二十九卷,石16-7,来59-5)	桑感反(卷第十九,第六帖26表)	先感反(第五帖4表)

7 中的表 4.11 中的 8 例归入 4 中。

8 中的表 4.12 中的 8 例归入 1 中。

---

① "自"可能为"息"的省写。

表 4.11　4"玉篇"一致、玄应音义无(追加)

	信　行　音　义	万　象　名　义
粮	力羹反(第四十七卷,来 45－2)	力羔反①(第五帖 4 里,粮)
宾	毕民反(第二百九十六卷,石 19－5,来 63－3)	鼻民反(第六帖 106 表)
株	知夫反(第三百三十卷,石 25－5,来 71－1)	猪俱反(第四帖 8 里)
宛	放阮反②(第三百八十一卷,石 32－9,来 80－10)	於院反(第三帖 64 表)
辐	甫鞠反(第三百八十一卷,石 33－4)	甫菊反(第五帖 72 里)
辋	无枉反(第三百八十一卷,石 33－5)	无往反③(第五帖 75 里)
伴	蒲旦备但二反(第三百三十七卷,石 26－5,来 72－7)	蒲旦反(第一帖 51 表)

表 4.12　1 玄应音义一致、"玉篇"无(追加)

	信　行　音　义	玄　应　音　义
涎	祥延反(第五十三卷,石 7－7,来 47－10)	详延反(卷第二十五,第七帖 65 表)

将以上结果整理后,如表 4.13 所示。

表 4.13　玄应音义和"玉篇"的比较

玄应 ＼ 玉篇	一致	不一致	无	合计
一致	83	40	81	204
不一致	89	14	16	119
无	11	2	3	16
合计	183	56	100	339

---

① "羔"可能为"羹"的省写。
② "放"应为"於"的误写。来迎院本为"於阮反"。
③ "往"应为"枉"的误写。

A. 玄应音义一致(1 和 2) 100 例(29.5%)

B. 玄应音义、"玉篇"一致(3) 83 例(24.5%)

C. "玉篇"一致(4 和 5) 122 例(36.0%)

D. 玄应音义、"玉篇"不一致或无(6~9) 34 例(10.0%)

合计 339 例(100%)

在《玄应音义》《玉篇》中都没有一致音注的条目,约占全部的10%。因此可以说和大治本音义一样,《玄应音义》《玉篇》是《信行音义》的主要出典。

对义注进行比较,与《玄应音义》《玉篇》不一致的不到10%,其大部分和《玄应音义》和《玉篇》有关联性。并且 2 中的 80%,3 中的70%都与《玄应音义》一致。除此之外,认为其根据《玉篇》进行了增补,特别是 3,其中出现了从一开始就依据《玉篇》的内容。因此义注部分也和大治本《新音义》具有同样的倾向。

这里将大治本《新音义》和《信行音义》的出典调查结果进行比较,其结果如表 4.14 所示。

表 4.14 大治本《新音义》和《信行音义》出典调查结果的比较

	新 音 义	信 行 音 义
A. 玄应音义一致	102(24.7%)	100(29.5%)
B. 玄应音义、"玉篇"一致	115(27.8%)	83(24.5%)
C. "玉篇"一致	154(37.3%)	122(36.0%)
D. 玄应音义、"玉篇"不一致或无	42(10.2%)	34(10.0%)
合计	413(100%)	339(100%)

在表4.14 中,从 A 到 D 的各项,两部音义的数值都出现了很相似的分布规律。从出典方面来考察,可以认为是两部音义的共通点。

那究竟该如何解释这种现象,笔者猜想是作者不但利用了相同的出典,并且在注释的构成方法采用了同一种方法。仔细考察的话,虽有一些相异点,但是相对而言共通点具有更加重要的意义。

沼本克明(1978a)中认为石山寺藏本所据的玄应的音义,并非《一切经音义》而是《大般若经音义》。但是如上所述,在考察大治本《新音义》和《信行音义》的共通点时,他们与玄应的《大般若经音义》之间的引用关系就出现了疑点。信行如果依据的是玄应的《大般若经音义》,那么可能会出现稍微不同的结果。当然如果依据的是玄应的《大般若经音义》也有可能为目前的结果,但是这样的两部音义出典调查的结果就无法和现在的数据相对应。另外,是否真的有玄应《大般若经音义》这部书目前还存疑。所以可以说,其所据本是玄应《一切经音义》才能推导出现在的结果。

关于玄应《大般若经音义》并不存在,目前有以下三个理由。

第一,关于玄应《大般若经音义》的记录在中国文献中并未发现。《新唐书·艺文志》《开元释教录》中仅仅举出了《一切经音义》,并未发现关于《大般若经音义》的记录。慧琳《一切经音义》一百卷(唐建中末年[783]至元和二年[807])中,收录了玄应《一切经音义》的绝大部分。其中关于《大般若经》的音义内容,并非玄应所撰而是慧琳所撰。如果存在玄应《大般若经音义》这部书的话,中国文献中应该有所记载,慧琳的《一切经音义》也应该收录其中的内容。

第二,玄应的生卒年与《大般若经》翻译的时代关系。一说是玄应《一切经音义》成书于贞观末年(650)[①],但是因为翻译于贞观末年之后的《阿毗达磨俱舍论》三十卷(玄奘,永徽二年[651]至永徽五年[654])也被《一切经音义》所收,所以对于这一点,笔者认为神田喜一郎(1933)的研究为妥。也就是说,玄应《一切经音义》的序文中"贞观

---

①　《佛书解说大辞典》(大东出版社,1933),《国语学研究事典》(明治书院,1977)。

末历,勅召参传。"是指"贞观十九年开始奉命于玄奘的译场开始译经"。《开元释教录》等记载"恨叙缀才了,未及覆疏,遂从物故。惜哉。"是指玄应"在完成书稿的同时圆寂"。因此其生卒年根据佛典后面附载的"译场列位"来推断,大概应该在显庆年间(656—661)。《大般若经》的翻译是在龙朔三年(663),因此根据神田喜一郎(1933)的研究,玄应为《大般若经》编纂音义是不可能的①。

第三,日本对于玄应《大般若经音义》的记录。在日本关于玄应的音义的记载,几乎都是关于《一切经音义》的记录。关于玄应《大般若经音义》的记录只见于《东域传灯目录》《注进法相宗章疏》《诸宗章疏录》。其中《诸宗章疏录》是宽政二年(1790)谦顺根据《东域传灯目录》《注进法相宗章疏》等目录所编纂刊行的。那么问题集中于《东域传灯目录》《注进法相宗章疏》。

《注进法相宗章疏》②中,这一部分可以看到玄应的"大般若经音义三卷"的记载。

大般若经幽赞一卷　义寂撰
同经略记□卷　遁伦撰
同经玄文二十卷　东大寺法藏撰
同经籍目二卷
同经音义三卷　玄应
同经音义三卷　元兴寺信行
同经音义四卷　兴福寺真兴
同经略颂　仲算
同经十六会序一卷　玄测

另外,《东域传灯目录》③这一部分可以看到玄应的"大般若经音义三卷"的记载。

大般若经关一卷^{唐三藏珍录出之南都本理趣分慈恩}

大般若经关一卷^{出円仁录与上}_{下同异可寻之}

（中略）

大慧度经宗要一卷^{元晓撰依}_{大品等}

（中略）

同经音义三卷^{玄应撰}_{有私记}

同经音义二卷^{元兴寺信行}

同音训四卷^{兴福寺}_{真兴撰}

当中有"大慧度经音义"字样，根据《佛书解说大辞典》的解说①，这是为鸠摩罗什所译的《摩诃般若波罗蜜经》四十卷所作的音义书。《摩诃般若波罗蜜经》的音义收录在玄应《一切经音义》的第三卷中。所以，《东域传灯目录》所指的是这一部分内容。这里都是关于般若部佛典的记述，并将相应的音义书列在后面。由此可知，后世学者将《大般若经》和《摩诃般若波罗蜜经》搞混了。

此外，《注进法相宗章疏》的作者藏俊（1112—1180）与《东域传灯目录》的作者永超（1113—1195），同为法相宗学僧，比如根据吉田金彦（1955b）研究所示，东大寺图书馆藏《三宝聚集抄》《因明论私记》的脉络图如图4.1所示。

永超和藏俊有着非常密切的关系。因此，玄应的《大般若经音义》三卷很有可能是藏俊的臆改。

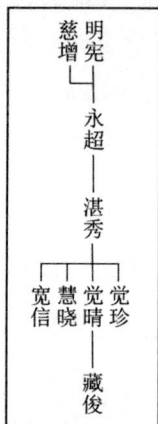

图 4.1　《三宝聚集抄》《因明论私记》的脉络图

---

①　"《玄应音义》卷第二中有《摩诃般若波罗蜜经音义》，《慧琳音义》卷第九引用这部分内容"（第七卷，216页）。"大慧度经音义"前面是元晓"大慧度经宗要一卷"并有稻叶圆成的署名"本书是《摩诃般若波罗蜜经》的要义，《大慧度经》是其别名"。

因为没有确切的证据,所以无法证明玄应的《大般若经音义》曾出现在中国或日本。

综上,根据出典调查的结果,通过其与大治本《新音义》之间的共通点,可以推断信行所据《玄应音义》并非《大般若经音义》而是《一切经音义》。

四、作为出典的玄应《一切经音义》的地位

最后,探讨为什么《玄应音义》成为这两部音义的第一手资料。

如果将《玉篇》作为第一出典,其实也完全可以完成大部分注释的撰写,这样的话就没有必要再利用《玄应音义》了。但是为何《玄应音义》先于《玉篇》被使用在该书的撰写工作呢?这取决于《玄应音义》和《玉篇》的特点。从较大的方面来说,是内典和外典的区别,从形态上来说,是卷音义和部首分类体辞书的差异。《玄应音义》是以二字词组为主的具有辞书特点又同时兼具佛典注释书特点的一部音义。作为佛典音义最典型也最具有广泛传播的也是《玄应音义》。因此,对于作者而言,《玄应音义》可以说是音义书撰写的典范,因此将《玄应音义》作为第一出典,将《玉篇》作为第二出典进行补充。

从与教学背景的关系上来看,《玄应音义》之所以成为两部音义撰写的典范,笔者有以下推测。

《华严经》和《大般若经》是奈良时代佛教界最为重视的佛典。在《续日本纪》,"正仓院文书"以及现存的写经中,还有东大寺的大佛建造,以及《大般若经》在《续日本纪》中是最常见的书名中可知。但是两部佛经作为新译佛经,其音义书在玄应《一切经音义》中并未收录。所以基于以上两点,即作为佛典的重要性和玄应《一切经音义》中未收来考虑,当时的学僧为这两部佛经撰写音义书是顺理成章的。并且,在 8 世纪中叶,书名或佚文留存至今的还有行信的《最胜王经音义》、信行的《法华经玄赞音义》、法进的《最

胜王经音义》①等所谓的新译佛经的音义。所以不可否认的是,在当
时《玄应音义》中未收,是成为撰写其音义书的一个契机。在撰写音
义时,《玄应音义》成为一种规范。

　　田村圆澄(1975)将持统朝以前(旧译经典时代)和文武朝以后
(新译经典时代)进行区分。"法相宗、华严宗的新译佛教被新时代所
接受","奈良时代是新译佛教替代旧译佛教的璀璨时代"也表明在佛
教的发展时代,音义书的编纂成为时代的需要。

　　综上,将作为上代佛经音义的大治本《新华严经音义》和信行《大
般若经音义》,与玄应《一切经音义》进行比较研究,并依次对上代音
义编纂的方法和大背景进行探讨。由此可以一窥上代佛经音义的
特点。

　　以上是基于池田证寿(1980)最早的相关研究论文进行的探讨,
下面将就未来的研究发展进行整理说明。

五、其后的研究发展

(一)大治本《新华严经音义》相关研究

　　在汲古书院刊行的《古辞书音义集成》第 7 卷、第 8 卷(1980 年 7
月)中收录了大治本《一切经音义》的影印,第 9 卷(1981 年 7 月)中
收录了广岛大学藏本的卷第二~五共 4 卷和天理图书馆藏本的卷九、
十八这两卷的影印(古典研究会 1980—1981)。其解题由小林芳规
(1980)撰写,大治本《新华严经音义》和《玄应音义》的关系在冈田希
雄(1939)和三保忠夫(1974b)中均有介绍,另外池田证寿(1980)中关
于大治本《新华严经音义》和《玄应音义》两者的比较集中于音注方
面,主要依据了高丽本,同时也参考了大治本和石山寺本。

　　井野口孝(1992、1993)中对所引《玉篇》进行了详细的考察,其中

_____

　　①　三保忠夫(1974b)中所举例。《最胜王经》为义净(635—713)所译,《法华经玄赞》
为慈恩大师基(632—682)所撰。

举出了 166 条目。在论文开头，对冈田希雄（1939）、三保忠夫（1974b）、池田证寿（1980）进行了如下的阐述。

这些研究中，"大治本"在为汉字进行形音义的注释时，依据了玄应《一切经音义》、原本《玉篇》以及《桂苑珠丛》等工具书。其中部分内容忠实地引用了玄应音义（本章使用《大日本校订大藏经音义部为六》所收高丽本），另外引自《玉篇》的注释据笔者的调查，达到了 160 例之多。

2006 年 3 月，国际佛教学大学院大学学术フロンティア实行委员会将新发现的七寺藏本、金刚寺藏本、西方寺藏本、东京大学藏本、京都大学藏本影印出版（国际佛教学大学院大学学术フロンティア实行委员会 2006）。其中，金刚寺藏本与大治本同属一个系统，其卷第一末尾也附载了《新华严经音义》。其相关诸本书志可参箕浦尚美（2006）。

梁晓虹所著《日本汉字资料研究——日本佛经音义》（2018）的第二章华严部音义中举出《新华严经音义》，简单介绍了冈田希雄（1939，1943）、川濑一马（1955）、三保忠夫（1974b）、池田证寿（1980）、井野口孝（1992,1993）的相关研究。关于大治本《新音义》资料价值，其就则天文字研究和《华严经》俗字研究这两点，在与金刚寺本的比较下进行探讨。比如，则天文字"瓩"楷书化为"而"这样的观点，可以为日本国语学研究者提供参考。

梁晓虹（2018）中提到池田证寿（1980）中《玄应音义》为第一出典，《玉篇》为第二出典的见解，并指出了其作为《玉篇》佚文传世文献的价值，也评价了井野口孝（1992、1993）为《玉篇》佚文提供了新数据。

（二）信行《大般若经音义》和玄应《大般若经音义》的相关研究

信行《大般若经音义》所依据的玄应《大般若经音义》是否真的存在，以下对这一问题进行补充说明。

在本节中,池田证寿(1980)中提到"其卒年根据佛典后附载的译场列位的记述来看应该是显庆年间(656—661)",在本节中也依然这样写。最早看到这个记述是在神田喜一郎(1933),但是在神田(1948:161—200)和神田(1986:161—197)却有了大幅修改。由于其重要性,现将神田(1933)最早的记述引用在这里。

玄应的《一切经音义》究竟何时成稿,现在不得而知。但是在《大唐内典录》卷五、《开元释教录》卷八、《贞元新定释教目录》第十二中关于一切经音义的记述都是:

恨叙缀才了,未及覆疏,遂从物故。惜哉。

也就是说在成稿不久玄应便圆寂了,所以玄应何时圆寂成了很自然的问题。笔者认为是显庆元年(656)以后,龙朔元年(661)以前,也就是显庆年间。为什么这么说,是因为在上文举出的大毗婆沙论的显庆元年七月的译场列位中还能见到玄应的名字,也就是至少在这时玄应还在世。然而在彻定上人所辑录的译场列位,《大般若经卷》三百四十八的龙朔元年十月的译场列位中看不到玄应的名字了。《大般若经》是当时玄奘奉唐高宗之命翻译的佛经,如果这时玄应还在世的话,理应参与其中。由此可以推知,在这时候玄应已经圆寂。这也是笔者认为玄应圆寂在显庆年间的原因。

神田(1933)中并未提到玄应《大般若经音义》,所示这篇文章再录时神田(1948)加上了关于玄应《大般若经音义》的考证。神田(1933)中增加了"译场列位"3份①资料,神田(1948)中增加了1份②资料,共4份"译场列位"的相关资料。

并且,神田(1948)的复刻本神田(1974)中增加了新发现的天平

---

① 《大菩萨藏经》卷第二十有"贞观十九年五月二日"的记载,《瑜伽师地论》卷第一百有"贞观廿二年五月十四日"的记载,《大毗婆沙论》卷第一有"显庆元年七月廿七日"的记载。

② 《大乘大集地藏十轮经》卷第一有"永徽二年正月廿三日"的记载。

写经《说一切有部发智论》卷一末尾的"译场列位"照片。从"大慈恩寺沙门玄应正字"的记述来看,至少到显庆二年正月玄应还在世。也就是神田前后共发现 5 份"译场列位"。

神田(1948,1974,1986)的多篇文章并未否定玄应《大般若经音义》的存在,恐怕是认为这时候还并未完成,"也就是说,玄应的卒年应该是还没有看到《大般若经》完成时候,龙朔元年秋,或者最晚龙朔二、三年间"。

这样一来,不依照神田(1933)而根据神田(1948,1974,1986)的记述,显庆六年(661)改元为龙朔元年,则玄应的殁年和《一切经音义》的成书时期有以下的论述:

> 玄应的殁年根据佛典后面所载"译场列位",可推断为龙朔元年(661)秋到龙朔二、三年(662—663)之间。所以《一切经音义》成书大概在那之前的显庆年间(656—661)。

筑岛裕(1959a)和沼本克明(1978a)并未引用上述神田喜一郎的观点。那么如果参考了的话,这样的现象该如何解释? 筑岛、沼本两位根据日本古目录(《东域传灯目录》)的记载认为佚书(玄应《大般若经音义》)原本存在。

高田时雄(1996)认为玄应《一切经音义》的编纂时期应为"贞观(627—649)末年到显庆年间(656—661)",高田时雄(2006)中依据神田喜一郎(1948)之后收录的"缁流の二大小学家"认为《大般若经》翻译是在龙朔三年(663)前后。所以玄应《大般若经音义》是一部未完之书,其圆寂也是在龙朔元年秋或最迟在龙朔二、三年间。"最终确切的卒年不得而知,但是至少因为新材料并未出现,所以目前可以这样来判断。"

关于信行《大般若经音义》,小林芳规(1980)中对于"信行《大般若经音义》依据的是玄应的《大般若经音义》"(沼本克明 1978a)和"信行《大般若经音义》依据的是玄应的《一切经音义》"(池田证寿

1980)这两种观点都进行了介绍,但并未表明究竟支持哪一种观点。

　　沼本克明(1997)再录沼本克明(1978a),但其中"信行《大般若经音义》依据的是玄应的《大般若经音义》"这一观点并未更改。

　　张娜丽(2011)探讨了玄应的一部分事迹和其圆寂时间,并根据新发现的"译场列位"资料探讨了作为玄应著作的《大般若经音义》(《大慧度经音义》)三卷是否真的存在。关于玄应在玄奘译场的活动,从日本古写经,敦煌所出译经关系资料等搜集了 13 份"译场列位"资料。贞观十九年(645)五月到显庆二年(657)正月间,玄奘译场中玄应一个人承担起"正字"的任务。也就是说在神田(1974,1986)资料中所介绍的《说一切有部发智论》卷一所记载的显庆二年正月的"译场列位"中可见"大慈恩寺沙门玄应正字",龙朔元年十月译出的《大般若经》卷第百九十八,同卷第二百四十二,翌年龙朔二年同第三百四十八的"译场列位"未见玄应的名字,所以"玄应在龙朔元年的夏天圆寂的可能性较大"。

　　张娜丽对神田喜一郎(1974)中介绍的《说一切有部发智论》的"译场列位"进行翻刻收录。"译场列位"如下所示。

　　　　说一切有部发智论卷第一
　　　　　　显庆二年正月廿六日于长安大内顺贤阁三藏法师玄
　　　　奘奉　诏译
　　　洛州天宫寺沙门玄则笔受　　弘福寺沙门嘉尚笔受
　　　西明寺沙门神察执笔　　　　大慈恩寺沙门辩通执笔
　　　同州魏代寺沙门海藏笔受　　大慈恩寺沙门神昉执笔
　　　大慈恩寺沙门大乘光笔受　　大慈恩寺沙门栖玄缀文
　　　大慈恩寺沙门静迈缀文　　　西明寺沙门玄则缀文
　　　西明寺沙门慧立缀文　　　　大慈恩寺沙门义褒正字
　　　大慈恩寺沙门玄应正字　　　大慈恩寺沙门惠贵证义
　　　大慈恩寺沙门法祥证义　　　西明寺沙门慧景证义
　　　大慈恩寺沙门神泰证义　　　大慈恩寺沙门善乐证义

大慈恩寺沙门普贤证义 　　大慈恩寺沙门明琰证义

　　经名和卷数后用小字书写日期和译僧名,之后分两段书写,笔受五名,执笔三名,缀文三名,正字二名,证义七名的僧名。这样的体裁便是"译场列位"。玄应在正中间的上段。

　　并且,张娜丽(2011)针对玄应所作《大般若经音义》(《大慧度经音义》)三卷进行探讨,新罗僧元晓《大慧度经宗要》中可见"所言《摩诃般若波罗蜜》者皆是彼语。此土译之'大慧度'……"的记载,义译"大慧度"也就是音译词的"般若波罗蜜",并未发现玄奘新译《大般若经》的内容,因此有较高可能性是指《玄应音义》卷第三所收《摩诃般若波罗蜜经音义》。还有《东域传灯目录》中《大慧度经音义》的书名,有《大般若经音义》,但在前面记录了《大慧度经宗要》。《大慧度经音义》是通行的书名,但推测其内容是旧译的《摩诃般若波罗蜜经》音义。

　　此外,张娜丽根据徐时仪(2009：35)后晋可洪《新集藏经音义随函录》的《大般若经》卷第五百五十所引"应和尚音义曰"的内容推测《慧琳音义》卷第一到卷第三收录的《大般若波罗蜜经》音义的第一卷到第三百四十九卷的部分是玄应所作。根据这个推测认为,可能玄应《一切经音义》是别经音义而并不能成为《大般若经音义》存在的证据。

　　张娜丽(2017)较张娜丽(2011)更加深入,玄奘译场和其中玄应的活动逐渐明晰。关于《大般若经音义》(《大慧度经音义》)三卷是否真的存在,与张娜丽(2011)并无相异的结论,但进行了更加详细的探讨。

　　张娜丽(2011,2017)中通过严密的分析论证,证明了玄应并未作《大般若经音义》。这与池田证寿(1980)的观点不谋而合。

　　梁晓虹(2018)中引用了桥本进吉(1940)、筑岛裕(1959a)、沼本克明(1978a)中关于石山寺本的介绍,但并未言及玄应《大般若经音义》,也未提到池田证寿(1980)、张娜丽(2011,2017)。对信行的《大般若经音义》作为俗字研究、异体字研究的重要资料的价值进行了详细探讨。

(三)玄应《一切经音义》的相关研究

首先对玄应《一切经音义》的诸本和在日本的利用情况的相关研究进行介绍。

小林芳规(1980)在宫内厅书陵部藏大治本的基础上,加入广岛大学藏本卷第二~五共4卷和天理图书馆藏本的卷九、十八及其解题。上田正(1981b)中,将碛砂本、高丽本、大治本、敦煌本作为研究对象,对诸本系统进行了探讨。其中大治本较碛砂本更加接近高丽本。《玄应音义》诸本的相关研究还有石塚晴通、池田证寿(1991),石塚晴通(1995b),张娜丽(2006a,b),佐佐木勇(2014,2016b)。李乃琦也有诸多相关研究,见李乃琦(2016,2017b,2019a,2019b)。

在这之中,笔者先对张娜丽(2006b)关于大治本《新音义》的研究进行简单介绍。

张娜丽在论文开头针对《一切经音义》大治本与其他诸本的比较,指出了以下3点差异(编号为笔者所加)。

1. 有《新华严经音义》的增补。
2. 缺少道宣的《大唐众经音义序》。
3. 卷二十二是否有大幅的增补。

关于问题1,山田孝雄、小林芳规、三保忠夫及笔者已有论述,现关于2和3中还未言及的问题进行详细的探讨。

道宣《大唐众经音义序》是在玄应圆寂后,为了宣传该书的价值而写在卷首的,目前推测抄写者因为某种原因将其省略。

卷二十二《瑜伽师地论》音义出现大幅增补,是《玄应音义》卷二十三到二十五之间各经的音义内容。这与卷二十二的抄写者隆暹自己或者他的门生学僧有着密切的关系。也就是说,在阅读钻研《瑜伽师地论》时,将《玄应音义》卷二十二音义中未见的难字难词补充上去。

卷二十二《瑜伽师地论》音义的增补,可能在大治本抄写时或者相近的时期,这在日本佛典音义编纂史上是非常重要的事件。

与张娜丽(2006b)同时,除大治本以外的《一切经音义》古写本由国际佛教学大学院大学学术フロンティア实行委员会(2006)收录公刊。但是可惜的是《玄应音义》卷二十二,除了大治本外其他写本中未存。

大治本《一切经音义》中,卷二《大般涅槃经》第十一卷的"习习"条目中可见"和言加由之"的和训(小林芳规1980)。大治本《一切经音义》还有很多需要探讨的问题。

(四) 顾野王《玉篇》的相关研究

顾野王《玉篇》的相关研究在第5章已有论述,在这里仅介绍音义书和注释书对于《玉篇》的利用。

《玄应音义》对于顾野王《玉篇》的利用有北山由纪子的毕业论文和太田斋的研究刊载于《开篇》。太田斋(2007),北山由纪子(2007),北山由纪子、太田斋(2007)。此外,太田斋加深这项研究,发表太田斋(1998),并且继而探讨《玄应音义》和《切韵》的关系(太田2019)。

池田昌广在针对新罗僧憬兴《无量寿经连义述文赞》所引的小学书的论述中,认为《玄应音义》是主资料,《玉篇》是补助资料(池田昌广2012)。

推测《玄应音义》在传入日本时,途经新罗的可能性较大。

河野贵美子针对善珠撰述佛典注释书的相关研究较多,其中,将善珠和憬兴的注释书进行了比较(河野贵美子2012)。与池田昌广不同,河野否定了《无量寿经连义述文赞》关于《玉篇》的利用,对伊藤重祥、李丞宰根据韩国语资料(汉字音)的研究也加以介绍。

李乃琦将《无量寿经连义述文赞》对于《玄应音义》《玉篇》《切韵》的引用进行了更加详细的探讨,并指出了其对《玄应音义》的重视,以及没有发现能够确切证明引用了《玉篇》的例子,与池田昌广的观点相异(李乃琦 2017a)。

六、结语

关于上代佛典音义的研究,除了对小川本《新译华严经音义私记》的研究外,目前并不多。目前主要有三保忠夫(1974ab)、池田证寿(1980)、井野口孝(1992,1993)。但是进入 21 世纪后,梁晓虹从汉语史研究和俗字研究的观点对佛典音义进行探讨(梁晓虹 2008,2015),张娜丽根据敦煌本,日本传世资料对神田喜一郎(1933)、筑岛裕(1959a)、沼本克明(1978a)、池田证寿(1980)等先行研究进行再探讨,发表了诸多成果(张娜丽 2011,2017)。

上代佛典音义研究的加深,与《古辞书音义集成》等复制本的刊行,及作为上代佛典音义的材料的《玄应音义》《玉篇》《切韵》相关研究的发展息息相关。

第三节　《新译华严经音义私记》
的体例特点

一、前言

音义书是为解读汉籍、佛经中字、词、句而编的古辞书。小川家本《新译华严经音义私记》①是为解读唐代实叉难陀《新译华严经》(80 卷)而编的音义书。所谓"新译"是相对东晋佛驮跋陀罗《旧译华严经》(60 卷)而言的。

唐代玄应曾编过"旧译华严音义",该书收录于玄应《一切经音义》卷一卷首。唐代慧苑编的则是"新译华严音义",我们称其为"慧苑音义"或"慧苑"。《慧苑音义》版本众多,我们用的是碛砂藏本(影

---

①　日本奈良末期写,上下两卷。

印本)、高丽藏本(东国大学校刊印本)、《慧琳音义》所收本(东国大学校刊印本)三个本子。另外,日藏文献中另有一部"新译华严音义",录于大治本《一切经音义》①卷一卷末,我们称其为"新音义"或"大治本"。《新音义》的版本主要有山田孝雄编《一切经音义》和《古辞书音义集成 7》两种。《新译华严经音义私记》就是以《慧苑音义》《新音义》②为主要参考数据编撰而成的,我们称其为"私记",用的是《古辞书音义集成 1》所收本③。

早在 80 年前,冈田希雄连续发表两篇学术论文④,自此《新译华严经音义私记》的价值开始为世人所知。该书书名亦是由冈田希雄(1939)中"据元禄六年英秀题签冠名曰'新译华严经音义私记'较为妥当"(第 6 页)一句而来。

音义书是为解读汉籍、佛经中的字、词、句而编的古辞书。值得注意的是,《私记》所录许多条目都与《华严经》没有直接关联。学者们为求合理解释,常常会为其贴上"前后不一""体例各异""编写失当""未加整理"等标签。不过,与《华严经》存在直接关联的条目同样会呈现出"体例各异""未加整理"的现象,因此将其一并解释作"编写杂乱"当然是比较容易的。不过,笔者的观点与此不同,我们认为这种情况正反映了《私记》具有多重体例的特点。下面,我们就来具体谈谈上述问题,同时探讨一下解读音义书的体例时应持有的视角和方法。

二、音义的复杂性

一般来说,所谓"注释书的体例特点""字书的体例特点"本来是一个抽象的、相对的概念,而"音义书的体例特点"则结合两者,本就

---

① 日本大治三年(1128)写,宫内厅书陵部藏。
② 严格说应该是《新音义》的祖本。
③ 古典研究会(1978b)。
④ 冈田希雄(1939)、冈田希雄(1943)。

并不单一。不过,我们若将某书认定为音义书,恐怕要考虑以下几个
方面:

- 条目的多寡
- 条目的单位、长度
- 条目、释文的体例,以及条目的排列
- 撰写的方法(汉字、假名、梵语、训点等)
- 释文的出处(引经据典、口耳相传)
- 援引文献的体例特点
- 援引文献的方法(援引文献的频率、是否写明书名等)
- 释文的内容(是否如实援引文献等)
- 释文的类型(是否解释字形、字音、字义、和训等)
- 是否校对经文、划分段落、解释品名等
- 随函注释还是按部首、四声分类注释
- 所附图表,其他

以上所列虽不免有疏漏之处,但大体应当如此。我们可以据此
将与《法华经》有关的典籍进行分类,如图 4.2。

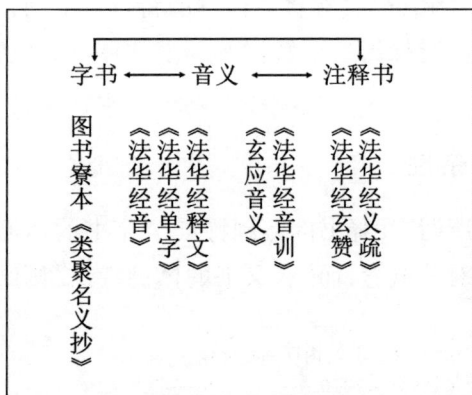

字书 ←—— 音义 ——→ 注释书

图书寮本《类聚名义抄》　《法华经音》　《法华经单字》　《法华经释文》　　《法华经音训》　《玄应音义》　　《法华经音训》　《法华经玄赞》　《法华经义疏》

图 4.2　音义书的体例特点

图 4.2 中《玄应音义》是指该书第 6 卷所收的《法华经音义》。图书寮本《类聚名义抄》（原撰本系统）当然不可能只引用了与《法华经》有关的注释书、音义书，该书还援引了慈恩大师的《法华经玄赞》《法华经音训》，以及中算的《法华经释文》，故而将其列入其中。《法华经音》是依音分类的音义书。《法华经音训》《玄应音义》《法华经释文》《法华经单字》都为随函注释，分类如上。《法华经义疏》是指圣德太子抄写的《法华经义疏》。

下面，我们将从三个方面逐次探讨《私记》的体例特点。

1. 注释书的体例特点；
2. 音义书的体例特点；
3. 字书的体例特点。

三、注释书的体例特点

（一）摘录经文字句的原则

解说品名、比对新译《华严经》和旧译《华严经》之类，显然是注释书的体例特点，不再赘述。我们先从《私记》摘录经文字句的方法入手，探讨《私记》注释书的体例特点。

《私记》在摘录经文字句时，一般会将条目写成粗笔大字，释文写成双行小字，如（1）（2）①。

（1）匪 方尾反非也 不也无也（序）

（2）游览 下吕敢 反见也（三）

（二）粗笔大字与细笔小字

《私记》在摘录条目时与（1）（2）不同之处颇多。比如，《私记》中有条目、释文都写成细笔小字的例子。冈田希雄（1939）对此论述比

---

① 由于本章只涉及体例问题，举例时不另加标点，换行亦不据原文，括号内仅标卷数。

较完备,我们再补充一些新的例子①,如(3)—(9)②。

(3) 明法品(1行略)**普光明藏**者帝释妙胜殿也/置着也谓安着于其藏中也(十六)

(4) 而生于智慧………**暗冥**/上闇也下又同也(十九)

(5) 币爪币万字耳为/竿先记了(二十二)

(6) 众苦大壑(2行略)之去也又至也/………(二十三)

(7) 经第卅卷十定品第廿七之一(10行略)……………/**那伽慧**者那伽此 云龙也(四十)

(8) 醒悟………/……**吞**灭也(五十八)

(9) 坦荡自心…………………/……**畔**蒲舘反厓也厓又田界也(六十三)

(8)中的"吞"与(9)中的"畔"可以看作条目存在缺失。

下面是条目和释文都写成粗笔大字的例子③,如(10)。

(10) 海中**在于大海**/中时者如雨山相打音(十五)

与(10)对应的经文作"海中两山相击声"(《大正藏》第10卷),《私记》写作粗笔大字的"如雨山相打"不见经文。"如雨山相打"应是释文,书中所列条目"海中"应有欠缺。

(三)"经云……"等体例

在《私记》中还能找到"经云……""经文……""……乃至……"等条目摘录方式,如(11)(12)(13)④。

(11) **经文**愿一切众生所见顺惬心无动乱**旧经云**令一切众生未曾散乱具足一切清净行业(二十五)

(12) **经云**深观行身旧经云条/习行身(二十七)

(13) 尔时金刚藏菩萨**乃至**欲入第五难胜地古经第廿/六卷初耳

---

① 校对经文的例子除外。

② 我们在写成细笔小字的文字上方或下方加上标点,如"普光明藏"或"那伽慧"。"1行略"或"……"则表示省略。

③ 其中也有释文的一部分内容写作粗笔大字的情况。

④ 我们把与之对应的注释"旧经""古经"加上标点。

　　　（三十六）

　　这些是佛经注释书常见的经文摘录方式。白藤礼幸（1969a）指出，智光《般若心经叙义》有"经……者"，善珠《因明论疏明灯抄》有"文……至……者"。《私记》的例子如下。

　　（14）乃往者语助也乃往也（十一）
　　（15）无如名字等者古云无作灵谁/不真实谁误（十六）
　　（16）频婆果者其菓似此方材橹亦极鲜明赤/楮也……………（六十五）

　　经文中均不见（14）（15）（16）中的"者"。冈田希雄（1939,27页）将（16）的"者"视为衍字，而石塚晴通（1967）和白藤礼幸（1969a）指出，这种注释方法在注释书中很常见。

　　"乃往"是将释文写成粗笔大字的例子，在此稍作补充。我们认为，有必要考虑条目和释文的文字大小是否原本就相同的可能性。石塚晴通、池田证寿（1991）指出，古写本《玄应音义》采用的就是此类体例。观静《孔雀经音义》（《古辞书音义集成10—11》等）亦是如此。《孔雀经音义》暂且不论，我们推测《玄应音义》条目释文的文字大小也许本来相同，只是后人就将释文改作双行小字罢了。目前尚不知晓《慧苑音义》的体例本来如何，《私记》与该书是否有直接的承袭关系也无法断定。但是，相较将释文写作双行小字，《私记》将条目、释文一律写作粗笔大字或者细笔小字似乎更能反映注释书的体例特点。顺带一提，冈田希雄（1939,25页）曾说"品名写作细笔小字也不会有什么问题"，可见冈田希雄其实也认为《私记》具备注释书的体例特点。

（四）疑问助词

　　以下几例亦反映了《私记》注释书的体例特点。

　　白藤礼幸（1967）指出"疑问助词'耶'多见于上代汉字文献（佛经注释书等）"，《私记》亦是如此，如（17）—（22）①。

---

　　①　"耶"均加上标点。

（17）此积集宝香藏香水海右施次有水海此文二本同然/疑若香字堕/**耶**

有本在香字/可此本耳（九）

（18）生贵若疑受/生处**耶**（二十四）

（19）威德广彼ᷱ字若被有疑**耶**旧经/云功盖天下德覆十方（二十五）

（20）不随世间流不住法流者古经云亦不随顺世间流転亦不受持正/法流転

私思言流转者云不生灭意耶（四十四）

（21）一世论师子所行相续满旧/云菩萨论师王所行无断绝种ᷱ皆无

量于一尘不知云一中知无量无量中知/一上于一尘不知者言不知一尘限许

善离分别者者/文字若疑/着字**耶**（四十九）

（22）经第六十一卷入法界品第卅九之二旧经第冊五卷/末余一枚半在

品/名同身云等广数充遍一切刹旧云如来身覆/一切诸佛刹新云广字者**疑**是

若庆字**耶**（六十一）

以上注释均与《慧苑音义》《新音义》无关，系《私记》作者所书，第44卷"不随……"中的"私思"就是明证，"言……者云"的语序也相当日语化。除此之外都是辨析经文中文字正讹的例子。另外，"若疑……耶"也是一种相当典型的表达方式，而即便没有"耶"，《私记》也会采用类似的注释方法和表达形式，如（23）（24）。

（23）循身观（1行略）……………………………………生死涅盘刹等/业古云生死

涅盘异刹字者若际字疑**耳**（三十六）

（24）茎業上又幹/字业字/若葉/字疑（四十三）

（五）条目的排列

还有一些例子可能与注释书或佛经批注有关。

《私记》第59卷的条目排列情况如（25）所示①。

（25）7－8－9－12－13－14－10－15/1－2－3－4－5－6－7－11－

16－17－18－19－20－21－22

---

① 我们将《私记》中的条目按照经文中的出现顺序附上编号。另外，我们根据《慧苑音义》合并了一些条目，如"弧矢剑戟"。

我们姑且将"/"之前称为"前半部分","/"之后称为"后半部分"。此处整体显得杂乱无章,可能是《私记》作者尚未整理。后半部分的释文多引自《慧苑音义》,前半部分如下所示:

(26) 劬劳^{即同卷 下具注}曲身低影^{上可ㄟ末利 低可多夫久}五度为繁蜜^{旧经云五卷 度为枝橘也}为墙^{ㄟ可 岐}

塹美^{却敌 序也}穀輀^{矢仓 下 矢也}俦匹^{上已之岐 也}俦匹^{上直由反 类 也}

(26)中"俦匹"的释文可能是引自《慧苑音义》第 20 卷的"靡所俦",其他可能引自《慧苑音义》《新音义》,或是《玉篇》《玄应音义》等数据。三保忠夫(1973)认为不冠以"倭言""训"的例子应"引自经典(新译经典)的批注或相关注释书",(26)中的和训条目也属于此类。另外,"劬劳"在经文中只出现一次,但后半部分又再次列出("能忍劬劳")。或许《私记》认为《慧苑音义》该条注释尚可,在解释前半部分的"劬劳"条时,写作"即同卷下具注",省略了相关注释。

以上,我们基于前人的研究成果,探讨了《私记》注释书的体例特点。

四、音义书的体例特点(一)

(一)根据所据文献考察《私记》音义书的体例特点

《私记》本系佛典音义,当然具备音义书的体例特点。不过,音义书的体例特点本来就很复杂,且《私记》内容虽多依据《慧苑音义》,但未全盘承袭其体例,因此需要深入探讨。具体来说,应该考虑以下三个问题:

1. 批注所据文献的释文;

2. 取舍所据文献的条目;

3. 安排条目的单位。

(二)批注所据文献的释文

第一,我们来谈谈《私记》是如何批注所据文献[①]的释文的。

———————

① 主要指《慧苑音义》《新音义》。

（27）**妓乐**上渠倚反女乐也妓美女也因以美女/为乐谓妓乐也经本作从才支者此乃/技艺字也或从立人者音/章伤反害也非此经意也**技艺**上渠绮反艺也又巧技也艺/六艺也音技伎之跂反忮也技（十一）

（27）的条目"妓乐"见于经文，释文引自《慧苑音义》。而条目"技艺"不见经文，《慧苑音义》《新音义》亦不见该条。《私记》若是批注《华严经》的话，就应当把"技艺"写作细笔小字，置于"妓乐"文末。上述例子既体现了《私记》体例的复杂性，又可以看作《私记》是在摘录所据文献语句进行"二次注释"。此类例子有很多，具体见表 4.15①。

由此可知，《私记》进行"二次注释"时使用的多是《玉篇》。另外，有些例子没有释文，可能是《私记》原本想要参照《玉篇》但尚未着手。当然，《私记》中不列条目直接进行批注的例子也很多，下面试举几例。

（28）**依怙** ㇑恃也赖/也赖依也（十一）

（28）中的"㇑恃也赖也"引自《慧苑音义》。《私记》作者解释了其中的"赖"字，作"赖依也"（出处不明）。

（29）**僻见**孚赤反避也或/不正也或曰耶僻/也避襌跂行也/回也去也跂也（十八）

（30）**四维** ㇑隅也/隅角也（六十二）

（29）（30）中的画线部分是在解释释文中的字，前者引自《玉篇》，后者引自《慧苑音义》。井野口孝（1974）指出，《私记》引用《玉篇》的"目的在于补充释文或对释文再次注释"。

表 4.15　《私记》释文中的被注释字及出处

卷	条　目	释　文	出　处	次条目	次条目出处、备注
11	妓乐	此乃**技艺**字也	慧苑	技艺	玉篇
15	须臾	六十怛刹那为臘溥	慧苑	臘	玉篇

---

① 表 4.15 仅列出了释文的主要内容，并参考了井野口孝（1985）的见解。

续 表

卷	条 目	释 文	出 处	次条目	次条目出处,备注
19	无屈挠行	谓勇捍精进	慧苑	勇捍	玉篇
21	特垂矜念	預①怜也……惩改也	慧苑、不明	怜惩	不明
26	翼从	辅也	慧苑	辅	玉篇
26	木锵	木两端鋭曰枪也	大治本新音义	鋭	无注
28	毒虐	酷也……谑鋅虐反	大治本作"许虐反"	鋅酷	无注
39	嶷然住	崱嶷也……峙立也	慧苑	崱峙	无注
43	嶷然高出	谓嶷崱也	慧苑	崱	无注
48	伊尼延鹿王腨	其毛色多黑腨形臁纖长短得……	慧苑	臁纖	不明[1]
58	难处受生	难处谓八难中五也	慧苑	八难	不明
62	沙罗林	其林木〻林竦……	慧苑	森竦	无注
62	谄诳为辔勒	勒谓马头鑣銜也	慧苑	鑣銜	
66	不惮	谓忌难艰辛也	慧苑	艰难	无注

(三) 取舍所据文献的条目

第二,从《私记》对所据文献②的条目取舍可以得到以下结论。

《慧苑音义》《新音义》《私记》三个本子中,只在《慧苑音义》中出现的条目有193条,以下仅列经序和第1卷的例子。

(31) 隆(序) 摩竭提国 阿兰若法 菩提场中 正觉 摩尼 雨无尽宝 靡不咸覩 不思议劫 金刚脐 毗卢遮那

---

① "預"依照原文。

② 特别是《慧苑音义》。

　　尊严　那罗延　旃檀　彩云　树杪　阿修罗　罗睺毗摩

　　质多罗　迦楼罗　紧那罗　摩睺罗伽　夜叉　毗沙门

　　毗楼博叉　婆竭罗　德叉迦　鸠盘茶　乹闼婆　释迦因

　　陀罗　须夜摩　兜率陀　尸弃(一)

　　上述例子中属于梵汉对音的佛教词汇比较多,但这些佛教词汇都未收入《私记》之中。由此可见,《私记》更关注的是汉语词汇。《慧苑音义》共有条目 1 287 条①,除去第 71 卷以后的部分②,我们就《私记》第 70 卷以前的 1084 条进行了调查③,结果如表 4.16 所示。

表 4.16　《私记》收录《慧苑音义》条目的数目

	采　用	不采用	计	采用率
音译汉字	202	76	278	72.7%
音译汉字以外	710	96	806	88.1%

　　需要注意的是,表中所谓"采用"关乎条目的有无,与释文的引用情况无关。通过逐卷比对,我们发现两者存在大概 15% 的差距。虽说这个差距并不明显,但《私记》不引用佛教词汇的比率还是较高的。

　　我们认为,《私记》与《慧苑音义》对于佛教词汇的关注程度是有所差异的。比如,《私记》第 16 卷在引用《慧苑音义》时不引用具体释文,仅作"十佛名翻如唐音义"。又如《私记》第 45 卷"俱珍珍那城"删减了《慧苑音义》的一部分内容,仅在释文末尾注"如音义具记"等。

　　《私记》音义书的体例特点的第三点比较复杂,我们另列一节详细论述。

----

　　①　各版本之间条目数量有所出入,我们的考察对象选定碛砂藏本的 1 285 条和仅见于慧琳本的 2 条(第 51 卷"把",第 59 卷"种德")。

　　②　《私记》第 71 卷以后的部分全部誊抄自《慧苑音义》。

　　③　由于《新音义》列出的此类佛教词汇仅有 7 个,此处暂不讨论。

五、音义书的体例特点（二）

第三，《私记》与引用文献的条目并不相同，比如引用文献列出的是短句、词组，《私记》列出的却是词组、单字。本节的讨论对象大体如下①。

a.《慧苑音义》《新音义》《私记》共通的条项……224

b.《慧苑音义》《私记》共通的条项……868

c.《新音义》《私记》共通的条项……91

其中，a 模拟较复杂，c 类例子很少，b 类是调查的重点②。

我们发现，《私记》条目有简短、重复、分割三个特点，具体如下：

1. 简短：相较所据文献，条目的单位比较简短；

2. 重复：重复列出同一条目；

3. 分割：所据文献为 1 条、《私记》分列 2 条（或以上）。

此外，我们还发现《私记》在引用所据文献时会改变释文的排列顺序。以下就上述问题分述之。

（一）简短

我们先围绕《慧苑音义》《私记》共通的条项具体谈谈这个问题。除去《慧苑音义》各个版本间存在差异的 3 例③，《私记》与《慧苑音义》释文无关的 7 例，再去除涉及误写、衍字等问题的例子④，调查结果如下：

· 条目比《慧苑音义》繁冗的例子　20 例

· 条目比《慧苑音义》简短的例子　153 例

《私记》虽参考了《慧苑音义》，但所列条目相较《慧苑音义》显得比

---

① 右边的数字是指条目数，a 和 b 主要参考的是《慧苑音义》，c 主要参考的是《新音义》。

② 除去条目写作细笔小字的例子（a14 例，b26 例，c11 例），以及条目逸脱的例子（a16 例）。

③ 具体为"龟竜繁象"（序）、"且置"（十七）、"良臣猛将"（七十七）。

④ 此类数量较多，其中的若干例子会在后文提及。

较简短。有可能是《私记》参看经文之后列出了这些条目,如(32)①。

(32)

① 条目为短句的有9例

城邑宰官**等**(十一) 释提桓**因有象王**(十五) 迦尸国王
(二十七) **如来口右辅下牙**(四十八) 因陀罗尼罗宝(四十
八) 牟萨罗**色云**(五十一) **欲界主**天魔波旬(五十八) 波楼
那瓶佛**所**(六十四) 令过佥焰海(七十七)

② 条目为两个字的有9例。

開鐍(十二) 植坚(十八) **得脯**(二十七) **捶楚**(六十九)

③ 条目字数变长的有5例。

词**馨**(序) **腾踯**(十三) **如阿逸多菩萨**(二十六) 二行
相行**悉不现前**(三十八) **信乐不因诚敬**(四十七)

④ 条目与佛典音义不同,但与经文相符的有1例。

身毛上靡(七十五)

⑤ 条目与佛典音义不同,且与经文相左的有1例。

时臻而岁洽(序)

冈田希雄(1939:28)指出这些条目"存在欠缺",甚是。《私记》
所列条目比所据文献简短,导致在引用释文时出现了一些失误,共计
20例,如(33)。

(33) a. 遐畅上远也下达/也及至也(私记,一)

b. 妙音遐畅无处不及尒雅曰遐远也广雅/曰畅达也及至也(慧苑,一)

(33a) 释文②所指不知为何,但参照《慧苑音义》(33b)可知《私
记》的"及至也"其实是在解释经文中的"及"。此类属于
单字条目、词组条目的引用,例子仅有3例,如(34)。

---

① 加圈点的是仅见于《私记》的条目。
② 指的是标点部分。

（34）遐畅（一） 楼橹（十一） 博弈（五十九）

而多数则属于短句条目的引用失误，如（35）。

（35）a. 寻乀续也言续/后去也续（私记，十一）

　　　b. 寻亦去世杜注左传曰寻续/也言续后去也（慧苑，十一）

标点部分（35b）是《慧苑音义》解释"寻亦去世"的释文，但《私记》只列出"寻"却引用了上述释文是不恰当的（35a）。此类例子在某种意义上也可以被认为是单字条目的引用失误，共计14例，如（36）。

（36）寻（十一） 迈（十二） 晓悟（十三） 罪轭（十四）
　　　逮于（十七） 身婴（二十一） 志侣（二十三）
　　　超然（二十五） 弥广（二十五） 寻即（二十七）
　　　念务（三十八） 鉴彻（四十二） 善轭（四十四）
　　　渊（六十五）

此外，《私记》所列梵汉对音条目也比引用文献简短，共有3例，如（37）。

（37）檀等（十四） 天牟罗（二十二） 枳（六十四）

《私记》在引用《慧苑音义》时，有时会略去一些解释短句的释文。如此，《私记》列出的即便是单字、词组，也不会出现引用失误。比如，画线部分是《慧苑音义》解释短句的释文（38b），但《私记》并未引用（38a）。

（38）a. 主稼稼加暇反论语云五/谷云稼也主守也（私记，一）

　　　b. 主稼神稼加暇反广雅曰主守也马融注论语云树谷曰/稼言五谷苗稼植之在田此神守护不令有损也（慧苑，一）

这样的例子共有9例，如（39）①。

———————

① 认定方法不同，可能存在一些出入。

　　(39) 佑物(一)　主稼(一)　阿鼻(十九)　顾复(二十三)

　　　　奉(二十六)　水族(五十)　恃怙(六十三)

　　　　悉得宣叙(六十八)　其已久如(六十九)

　　余下的是《慧苑音义》解释单字或词组的条目。《私记》在引用这些释文时并未误引,是因为原本《慧苑音义》就是在解释单字、词组。

　　值得注意的是,《私记》的条目相较《慧苑音义》比较简短,或许《私记》是在将《慧苑音义》编成一部以单字或词组为单位的音义书。当然,我们不能说《私记》有意识地改编《慧苑音义》,但下面这些例子需要引起注意。

　　《新音义》和《私记》共通的条项(c类)中,存在《私记》条目与《新音义》不尽相同的例子。我们虽不能基于这样少的样本得到有说服力的调查结果,但《私记》在引用《新音义》的释文时没有引用失误。

　　·条目比《新音义》繁冗的例子　2例
　　·条目比《新音义》简短的例子　4例

　　《私记》与《慧苑音义》《新音义》共通的条目(a类)如下所示。

　　·条目比《慧苑音义》《新音义》繁冗的例子　1例
　　·条目比《慧苑音义》《新音义》简短的例子　12例

　　由于《私记》条目比所据文献简短而造成释文引用不当的有3例,如(40)。

　　(40) 幄(十)　乘巾(五十九)　廛(六十七)

　　我们推测,《慧苑音义》和《私记》共通的条项(b类)应该情况大体相同。

　　当然,对于《慧苑音义》《新音义》《私记》共通的条项,有必要深入探讨《私记》引用、改订释文的具体情况,现仅论述至此。

(二) 重复

　　同一条目("捕")重复出现的情况,我们称其为"同一条目重复列出”,如(41)。

(41) 捕獵放牧^{莫六反取鱼也獵力涉}捕(六十)_{食也臥也反训等何利须}

在音义书中重复列出同一条目不大妥当,“捕”应该写成细笔小字,或者将条目分为“捕獵”和“放牧”两项。但《私记》并没有采用这种体例,可能是因为前后两条释文所引文献并不相同,需要加以区别。“捕獵放牧”的释文引自《慧苑音义》,而“捕”的释文则引自其他数据(出处不明)①。我们认为,可以把其视为《私记》将条目拆分为“捕獵”“放牧”之前的某个阶段,这也可以证明《私记》正在编纂一部以单字、词组为单位的音义书。

下面再举几例。《慧苑音义》《私记》共通的条目(b 类)中有以下例子,如(42)。

(42) 延袤远近延,袤(三十三) 𢓜攉,攉(三十三) 孤,矢劒
载,劒,载(五十九) 捕獵放牧,捕(六十)

上述例子中,(43)的释文都是在解释“旷”。

(43) 曠劫^{上久也旷广远}_{古谤反㒵也}(三)

我们认为,这是《私记》在力图解释“曠”和“旷”的区别,当然也可能存在误写。比如,第 6 卷的“普振”和“振”,在“普振”的释文中有“正为震”,这里可能是《私记》在解释“振”与“震”的区别。第 27 卷的“辍身要用”和“辍”,下一条项中的“辍”没有释文,无从考察。《新音义》和《私记》共通的条目(c 类)中仅有 1 例(44)。

(44) 输税^{上新经作税诗锐反诗烧反}_{轮字未定舍也舍也收也}(二十八)

《慧苑音义》《新音义》《私记》共通条目(a 类)有以下例子(45)。

(45) 澄渟②其下,渟(八) 缭绕,又缭(八) 十方东萃止,止匕
(十一) 㩧独羸顿,羸,……,顿(二十二) 接我唇吻,吻

---

① 解释了“捕”“猎”。
② “渟”依照原文。

（六十八）

此外，条目不见所据文献的例子如下。

（46）苞括,括栝（序）　一抟一粒,粒（二十四）　心肾肝脯,脯
　　　（二十五）　辛酸醎淡,醎（二十五）　经文……顺悕……,
　　　顺悕（二十五）　机关,关閞（六十七）　栄茂,茂（七十）

（三）分割

《私记》有时会将条目分作几个部分，与所据文献不大相同，如（47）。

（47）a. 鹫岩西峙鹫岩谓灵鹫山也西峙者广雅云峙立/也谓彼鹫峯亭亭然正立
　　　　于西域也（慧苑,序）

　　　b. 鹫岩灵鹫山/谓之也西峙峙/立/也谓彼鹫峯亭ㄷ杀止/立于西域也域外
　　　　故云超（私记,序）

这可以看成"同一条目重复列出"整理之后的例证。另外，（47）
的画线部分是对"鹫岩西峙"的批注，这种注释方法在《法华音训》中
比较常见，但在《私记》中却是例外。

当然，也有所据文献是几个条目，《私记》合并为一个条目的例子。

下面，我们来整理一下《私记》和所据文献（《慧苑音义》《新音义》）
之间的对应关系。表4.17 总结了《慧苑音义》《新音义》《私记》共通条
目的对应情况①。表4.18 总结了《慧苑音义》《私记》共通条目的对应
情况。表4.19 总结了《新音义》《私记》共通的条目的对应情况。

表 4.17　《慧苑音义》《新音义》《私记》共通的条目

卷	慧　苑	新音义	私　记
序	架险航深	架 航	架险航深

---

①　引用不恰当的例子标注"×"。

卷	慧 苑	新 音 义	私 记
1	阶砌户牖	阶砌	阶砌 户牖
4	霈泽清炎暑	霈泽	霈泽 清炎暑
8	珍草罗生悉芬馥	芬馥	珍草罗生 芬馥
8	垣墙缭绕	缭绕	垣墙 缭绕 × × 又缭
10	崇饰宝㜹㙪	俾倪	崇 俾倪
13	湍流竞奔逝	湍流	湍流 竞 × × 奔逝
26	永诀 砧 屠割	悉将永诀置 高砧上以刀 屠割	悉将永诀 砧上 屠割
36	易诲 无愠暴	愠暴	知恩易诲无愠暴
66	雉堞崇峻	雉堞崇峻	雉堞崇峻
67	晨晡 晷漏延促	昼夜晨晡暮 漏延促	晨晡 晷漏延促

表 4.18 《慧苑音义》《私记》共通的条目

卷	慧 苑	私 记
序	鹫岩西峙	鹫岩 西峙

续　表

卷	慧　苑	私　记
7	三维及八隅	三维 八隅
59	弧矢剱戟	弧 矢剱戟 剱 戟
64	伊那跋罗龙王	伊那 跋龙王
65	唇口丹洁如频婆菓	唇口 丹洁 频婆菓者

表 4.19　《新音义》《私记》共通的条目

卷	新 音 义	私　记
序	朕囊	朕 囊
序	添波瀾	波瀾 添
序	吏 吏	吏吏
8	隅角	四隅 角
33	八楞宝线	八楞 宝线

在引用不当的例子中,第 64 卷的"伊那"是混入了其他条项的释文。第 7 卷的"三维""八隅"和经序的"波澜""添"的注释与所据文献无关。第 33 卷"八楞"没有注释。

第 36 卷"知恩易诲无愠暴"对新旧两经进行了校勘,补充了《慧苑音义》《新音义》的注释,如(48)。

(48) 知恩易诲无愠暴……………………………/…古经云知恩报恩者易化/无瞋恨……/……(三十六)

不见于所据文献的条目,虽仅能找到 1 例,但值得重视,如(49)。

(49) 素乀苏/故/反白采也又食菜粗食/也**今云**粗衣服兑也服(六十五)

"今云"(加粗部分)应是"合云"的误写,画线部分引自《玉篇》①。我们推测,在引用《玉篇》之前,该条可能写作(50)②。

(50) *素服合云粗衣服兑也

《私记》没有解释"服",或许是作者打算以后再添加注释。相反,如果认为引用《玉篇》在前的话,则很难解释《私记》这里为什么会解释"素服"。

(四) 注释排列以及其他

上文提到,《私记》可能正在编纂一部以单字条目、词组条目为主的音义书,这个问题也涉及注释方面。

首先,《私记》会有意识地改变所据文献(特别是《慧苑音义》)注释的排列顺序。《慧苑音义》注释的排列顺序是音注→义注→字体注,如(51)③。

(51) a. 觐谒　觐1渠恡反谒2于歇反①珠丛曰觐谓就见尊老也②杜注左传曰谒白也谓启白温清起居之事也(慧苑,十七)

---

① 井野口(1985:125)编号 84 条下有详细考证。
② "*"表示推断部分。
③ 为求方便,我们没有采用原文双行小字的注释体例。

　　b. **身心憺怕**　憺1徒敢徒滥二反怕2普白反①王逸注楚辞曰憺安也②广
雅曰怕静也憺字又作淡澹二体也（慧苑，五十七）

"觐谒"（51a）的 1 和 2 是音注，①和②是义注。在注释中，"觐"
"谒"的音为"渠悋反"（1）、"于歇反"（2），"觐""谒"的义为"珠丛
曰……"①、"杜注左传曰……"②。"身心憺怕"（51b）与此相同。

《私记》在引用《慧苑音义》时，有时会将所据文献的注释由逐词
注释改为逐字注释，如（52）①。

（52）a. **觐谒**　上1渠悋反谒①就见尊老也2下于歇反②白也谓启白温清起居之
事也（私记，十七）

　　b. **身心憺怕**　憺1徒敢反①安也怕2普白反安也（私记，五十七）

以上情况可归纳如下（53）②。

（53）慧苑〔音1　音2　义①　义②〕　→　私记〔音1　义①
音2　义②〕

因为《慧苑音义》的注释排列比较固定，所以《私记》改变注释顺
序的例子是很容易找到的。与此相对，《新音义》基本是采用逐字注
释方式的，《私记》改变注释排列顺序的例子极少，如（54）。

（54）a. **顽嚚**　上1侯鳏反下2鱼巾反①顽钝也②嚚恶也（大治本，二十）
　　b. **顽嚚**　上1侯鳏反①钝也嚚2鱼巾反②恶也（私记，二十）

下面谈谈《私记》指称被注释字时使用的用语"上""下"，以及解
释短句的注释较少③等问题。《私记》在逐字解释条目时经常会使用
"上""下"（如"觐谒"）。而《慧苑音义》也会使用"上""下"（第72卷
"皴裂"），但这样的例子是相当少的。另外，在《私记》添加的注释中，

---

①　《私记》没有引用"怕"的义注（②）。
②　由于《私记》的解释汉字形体的情况比较复杂，本节暂不讨论。
③　校勘新旧两经的注释除外。

解释短句的例子如下。

（55）不令其下谓上大金刚等/不令降雨也（四十七）

（56）后悔 海（抹消符） 无及乃智久矣/与保须奈（五十一）

（57）于此已往从此/已去（六十四）

上述注释是否是在解释短句还很难说，但相较《慧苑音义》这样的例子在《私记》中并不常见。

当然，还可以从不同角度考察《私记》音义书的体例特点，本章主要是通过与所据文献进行比较来进行相关探讨。

六、辞书的体例特点

辞书可以按汉字的字形、字音、字义分成字书、韵书、训诂书。《私记》一般会按照经文排列条目，并解释汉字的字形、发音、含义，此外还有一些特例。其中，通过分析那些辨析汉字形体的例子，可以看到《私记》辞书的体例特点，以下分述之。

（一）形近字

第一，是《私记》将形体相近的汉字列为同一条项或另立条项的情况①。

例如，条目"幅"（标有"×"）不见经文，比较奇怪。

（58）擁權上布左具下/方便也功也（二十七）

冈田希雄（1943：54）论述如下：

"權"和"擁"形体相近，据"方便也"可知该字为"權"。经文作"一切聪达无所壅滞"（123页背面上八），不见字组"擁權"，亦不见"權"。可能是"擁"的某种异体与"權"形体相似，因此一并解释了"權"也未可知。

----

① 我们把这些形体相近的字简称为"形近字"。

通过调查,我们认为这些应是《私记》将形近字合并为同一条项的例子。这些例子虽不符合音义书的基本体例,但能反映《私记》实际的编写状态。其中比较有特点的是(59)。

(59) 羸力为反正/为赢字　赢利也　赢姓也/普盈　赢姓也又/作蠡　赢又作/骡　赢禾十束也三/并力义反(二十一)

除此之外,还有(60)—(66)。

(60) 肇啓上超绕反始也/下开也音白(序)

(61) 覺學並正(六)

(62) 举與並正(六)

(63) 无遗遺遭下二字同渠愧/反乏也竭也乏/小也竭/尽也　遗胡蔡反忘也脱也余也加/也赠也与也在辵部(七)

(64) 逮於上为建兴也古之/预字今经意/谓得预无上菩提果也逮徒戴/反及也又逯字力足反人姓也　逮音斤川/立也(十七)

(65) 皆修修妙供修习也餝/也在彳部　脩长也脯也脯助也/在肉部(略)(三十三)

(66) 𠂔古天/字冊冊上正字楚革反书也又云天书也/又扎也扎书也或云国乀扎也扎(六十)

以下条目中的一些字不见该卷经文,而见于他处。《私记》将这些形近字合并为一项。

(67) 辩辨上词/下具(三)

(68) 榮瑩敷上二字上第/六卷记了(八)

(67)对应的是经文第3卷"得成辨化一切众生神通丛解脱门"(《大正藏》卷10,14c),"得入一切诸法宝相辩才海解脱门"(《大正藏》卷10,15b)。

(68)对应的是经文第8卷"敷荣水中"(《大正藏》卷10,40b),

"莹"对应的是经文第 6 卷"庄莹其台"(《大正藏》卷 10,29c)以及《私记》的"疟莹"。

(69)没有注释。(70)似乎混同了"裛"(莫候反)和"袞"(古本反)①,经文作"广裛远近"(《大正藏》卷 10,174c)。

(69)磨魔(五十一)

(70)延裛"裛"遠近延长/也裛又为/袞哀袞"裛" 莫候反"又"古/本反广也(三十三)

释文也有与形近字相关的注释,如前所列第 17 卷"逯於"的"逯"(64)。另外,(71)的"瑩""榮"是形近字关系。

(71)疟瑩下乌定反摩也谓摩拭玉令發光明也瑩犹荣然照明之皃又光润也滋润也长也(六)

(二)异体字

第二,是《私记》将条目中的异体字合并为同一项的情况,具体有二。一是注释作"正"如(72)—(78),二是注释作"同",如(79)—(84)。

(72)流流上/正(八)

(73)暎映下正/光也(八)

(74)一切切下正(八)

(75)召名凸上正/下通用(十一)

(76)窨寤下正/觉也(十三)

(77)暂蹔上/正(六十)

(78)關開上/正(六十七)

(79)无遗遭遣下二字同/…………(七)

(80)徽徽二同音/天智反通也(八)

(81)㞢止二同宿也住也/夜牟又制也(十一)

---

① 原文本有批注,请参考""内容。

（82）啓啟_{同开也古／作启字}（五十四）

（83）修髰髲_{……／下二字同}（六十六）

（84）邜夘_{同／字}染涤_{同／字}（七十）

是没有注释的例子。

（85）犮友（二十六）

下面是《私记》（86a）基于《慧苑音义》注释的例子（86b，画线部分）。

（86）a. 醫瞖_{二同／薬师}（十四）

　　　b. 良瞖_{毛诗传曰良善也／**瞖字或作醫也**}（二十六）

类似的例子还有（87）。

（87）鼓皷_{上皷公戸反擎也扇动捶也皷字／经本有从壴辺作皮者此乃钟皷字也}（十三）

此处注释引自《慧苑音义》，而《慧苑音义》的条目为"鼓扇"。

以上是将异体字合并为同一条目的例子。而在注释中解释异体字的例子更多，体例也比较常见，如（88）—（90）。

（88）无暫巳_{と止也暫／又为蹔字／之麻良}（七）

（89）娆亂_{上……………／…………下乱同}（二十一）

（90）暎徹_{上正为映字照也／下………}（二十二）

（88）在"止也"与"巳"的字义说明之后，记录了"暫"的异体字"蹔"，再其后的内容，是对其字义的万叶假名和训"之麻良"（即现代日语"しばらく"在古日语中的形式）的说明。

（三）义近字

第三，是《私记》将字义相近的字合并为同一条项的情况，这类例子很少。

（91）煎[×]羹_{前子连反尽／也火干羹／之与反亭也／二伊流曽}（十）

（92）惜愹上乎之牟下／夜比左之（二十一）

在经文中找不到（91）的"袁"和（92）的"愹"①。

另外，（93）（94）（95）也可以视为《私记》将在经文中出现的义近字合并为同一条项的例子。

（93）a. 扇扒上安布／伎下波／閇良比（私记，二十二）

　　　b. 持百万亿宝扇。执百万亿宝扒。（大正藏 10 卷，116a）

（94）a. 唇颈上口比流／下久鼻（私记，四十八）

　　　b. 如来唇。（43 字略）如来颈。（大正藏 10 卷，253b）

（95）a. 怖畏恐上／音／布训／畏也（私记，五十五）

　　　b. 亦不惊亦不怖。亦不畏。（大正藏 10 卷，289c）

当然，《私记》在释文中解释形近字的例子也有很多。

（96）俯弗武反下首也曲也／俛无卷反低头也（序）

（97）臂音比训多太牟／枝肘比地（六十六）

（96）的"俛"，（97）的"肘"字分别是"俯""臂"的义近字。

音义书本应在注释中解释形近字、异体字、义近字，但《私记》中例外颇多。究其原因，可能是因为《私记》直接誊抄辞书内容所致，尤其是将异体字合并为同一条项的情况。另外，"𠬝友""磨魔"虽无注释，但《私记》很有可能打算将其合并为同一条项。《私记》列出这些形近字、义近字，也是应该深入探讨的。我们认为，可以理解为《私记》的体例本来比较复杂，或者解释为该书作者别有考虑。如果将《私记》视为音义书，那前一种解释就比较容易理解。但情况并非如此简单，《私记》作者可能本来就不想将该书编纂为一本音义书，而是采用了一种比较自由的编写方式。笔者认为这是《私记》具备辞书体例特点的主要原因。

① 带有"×"标记。

七、结语

　　《私记》是一部音义书,主要参考的是《慧苑音义》,但我们并不能认为《私记》是以《慧苑音义》作为体例规范来编写的。假如《私记》是以《慧苑音义》为体例规范来编写的话,上述例子只能说明作者的编撰水平比较稚嫩。《私记》呈现的多重体例特点,在某种意义上是具有一定价值的,我们可以将该书视为当时日僧学习经典的真实记录。本节通过将《私记》与经文、所据文献进行比较,分析了《私记》的体例特点。另外,我们还考虑到《私记》释文有无标注对象等问题,分三个方面探讨了《私记》的体例特点。需要说明的是,《私记》中错字、衍字、漏字虽然很多,但我们不能简单论之,而要深入理解作者的编写意图。总之,通过本节的考察,我认为可以厘清前人很少论及的《私记》体例多样性的问题。

第四节　高山寺藏《新译华严经音义》与宫内厅书陵部藏宋版《华严经》

一、前言

　　镰仓时代初期(13 世纪),京都高山寺的喜海所撰述的《新译华严经音义》的内容虽以反切为中心,但一直以来其典据都尚未得以明确。此《新译华严经音义》是相对较新式的佛经音义。本节对《新译华严经音义》(喜海)利用了宋版《华严经》(单刊)及宋版《一切经》的附录音释这一事实进行论述。

二、高山寺藏《新译华严经音义》的书志和先行研究

　　高山寺藏《新译华严经音义》的书志在高山寺典籍文书综合调查团(1973)的重书类文献中有记载,以下是对其内容的引用。

14 新译华严经音义　　　一帖

○镰仓时代安贞二年写,粘叶装,方便智院朱印,押界,朱点(假名,镰仓中期),墨点(假名,镰仓中期)、焦茶表纸(本纸共纸继题签)

(表纸)"章疏下""东第十四箱"

(奥书)嘉禄三年^{丁亥}六月二日^{酉克}于西山

　　　栂尾之禅房　集两三本之音义

　　　抄写之偏为自行转读敢不

　　　可及外见矣

　　　花　巌^(ママ)①宗沙门喜海(以上本奥书)

(追笔)"交了"

(别笔)"宽喜元年八月十八日写"

　　　　五六辈交合再治了

　　　　宽喜元年八月廿七日^{子刻}

　　　　点并假名数度检交毕

(里表纸内奥书)

　　　安贞二年四月廿四日于高山寺草室书写了

此音义的影印版收录在《高山寺古辞书资料第二　高山寺资料丛书第十二册》(高山寺典籍文书综合调查团,1983)中,其价值在同书刊载的白藤礼幸的"解说"中有简要说明。以下是对其内容的引用。

本册中,作为《高山寺古辞书资料　第二》,收录了高山寺所收藏的有关《华严经》的音义《新译华严经音义》、《贞元华严经音义》、《华严传音义》三部。高山寺是明惠复兴华严教之处,藏有许多与《华严经》相关的书籍。在这样一个探究华严之处,在华

---

① "ママ":日语。意思是"依照原文"。

严的血统上继明惠之后的义林房喜海所编著的为两部《华严经音义》。此外,同样在这样一处研究华严的地方流传下来的是《华严传音义》。在此意义上,可以说这三部著作是最能代表高山寺的辞书类典籍。(后略)

后记①如下。(略)

在这四种后记中,可确认嘉禄三年(1227)的后记与本文为相同的笔迹。据此后记的内容可知,喜海边参照两三本的音义,同时抽出难字,并注以反切从而编纂成书。此外,通过后记的内容可知,此书的本文内容是于安贞二年(1228)誊写,而于次年宽喜元年(1229)进行了声点及假名(字音)的再探讨。正如宽喜元年的后记中所记述的"与五六辈"一般,此校合探讨是共同进行的,而绝不是喜海后记中所记载的"偏为自行转读"那样的个人行为。这一点与当时在高山寺盛行的与《华严经》有关的活动(后述)应同时加以注意的。进一步来讲,其中"再治了"一文,可考虑是由编纂者自身所加,所以虽然宽喜的后记中没有署名,但仍可以将此书看作是喜海著作。此外,关于本音义的假名点和反切的意义等内容,沼本克明氏已有论著,在此不作赘述。

此处提及的沼本论文,即沼本克明《高山寺藏字音资料について》(《高山寺典籍文书の研究》东京大学出版会,1980)。相关内容引用如下(省略表格):

那么,喜海依据的两三本的音义是何种书籍?其反切、同音字注又有着怎样的特点呢?在喜海(嘉禄三年,时年五十岁)的时代已经出现了像"九条本法华经音""法华经单字"这样包含脱离了中国(传统内容)的反切,即含有日本特有反切的音

---

①　日本的研究中称为"奥书"。

义。因此,即使采用了反切的形式,也须注意其有可能承袭了
上述这种和风反切(即用于《华严经》音读时所作的吴音用的
反切)。

　　因此,为了探析其反切、同音字注的出处及其特点,笔者将
《慧苑新译华严经音义》《切韵》《玉篇》《玄应一切经音义》进行
了比较,结果后述(省略表格)。为方便起见,仅限于"卷第一"的
范围。

　　从此表的反切形的对应关系来看,可证实其确实利用了慧
苑的《新译华严经音义》及《切韵》。但是现在还不能确定其所利
用的《华严经音义》《切韵》属于哪个系统。此外,除《慧苑音义》
《切韵》之外就没有其他文献了吗? 很可能还有一本其他的典
据。这部典据应是包含了在比较表中下栏加了×标记的音注内
容。但是还不能确定这是何典据。如上表所示,应不可能是《玉
篇》(《篆隶万象名义》)、《玄应音义》系统中的内容,而且和《新
译华严经音义私记》、大治本《新华严经音义》这样的日本撰述的
《华严经》古音义也不一致。与《新撰字镜》《经典释文》《法华经
释文》《类聚名义抄》的内容也不一致。

　　不一致的反切形中"柔奥　而周反"与慧琳《一切经音义》卷
第四《大般若经》卷第三百九十二卷"柔奥上:而周反。《说文》:
木曲直曰柔。……"的内容一致。因此可设想这些上表中加了×
标记的反切群应是参考了何种典据。又或者是玄应的《大般若
经音义》(逸书)①之类的著作,但现在都不得而知。但是,加了×
标记的内容当中值得引起注意的是"飘擎 普照反/古力反"的二反切形。从
《切韵》音来看,内容如下所示。

飘 滂母宵韵四等平声/并母宵韵四等平声　普 滂母　照 宵韵三等去声

擎 见母锡韵　　　　古 见母　力 职韵

---

① 关于笔者的意见,参照本书第四章第二节。

前者的反切形与九条本《法华经音》的"不照反"相近,不能否认其为和式反切的可能性。后者的反切形更不可解,又或是在编辑阶段的误写(错误)被原样留存了下来。若如此,本音义中就存在典据的原形没有得到真实反映的情况,为此,必须考虑为作为结果,是也存在上表中加×标记的内容。

沼本的论文中重要的论点有很多,可将其结论总结为如下两点。

1. 利用了慧苑《新译华严经音义》和《切韵》,其他还有一种典据数据,但具体情况不明。

2. 可推定和式反切、在编辑阶段存在误写的可能性。

"其他还有一种典据资料",是最大的问题所在。探明这一问题,或许可以对和式反切及误写的可能性给出相应的结论,最终可以明确在高山寺华严教学中音义究竟处于何种位置。下面要介绍的宫内厅书陵部藏宋版《华严经》及宋版《一切经》的卷末音义,可推定为其所依据的典据资料。下面就此展开论述。

三、宫内厅书陵部藏宋版《华严经》和宋版《一切经》的卷末音义

(一)宫内厅书陵部藏宋版《华严经》的书志

宫内厅书陵部藏宋版《华严经》八十卷二十册(450 函 1 号)是《图书寮汉籍善本书目》(宫内省图书寮 1930)中著录的善本,是附有绍兴十二年(1142)僧清了的跋文的南宋版,各册的起首处有"高山寺"之印,可知为高山寺旧藏本。折本装,天地单边,19.5 厘米×8.8 厘米,界高 13.6 厘米,一纸七面,一面九行十五字(第一册)。可确认下切口处有墨书"乙　六十九箱",这与《高山寺藏高山圣教目录》(第一部 244 号一帖、建长年间成立、即《建长目录》)的"第六十九乙"的"唐本八十经一部小双纸"相对应。此宋版《华严经》各卷末附

载音注①。卷首如图 4.3、序及卷第一的卷末音义如图 4.4 所示。

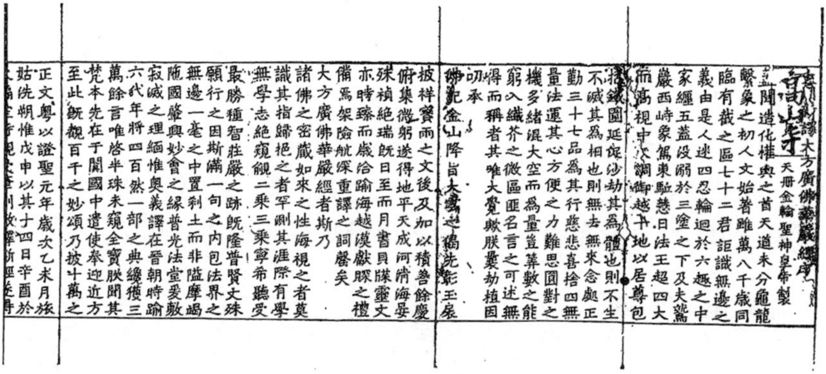

图 4.3　宫内厅书陵部藏宋版《华严经》(卷首)

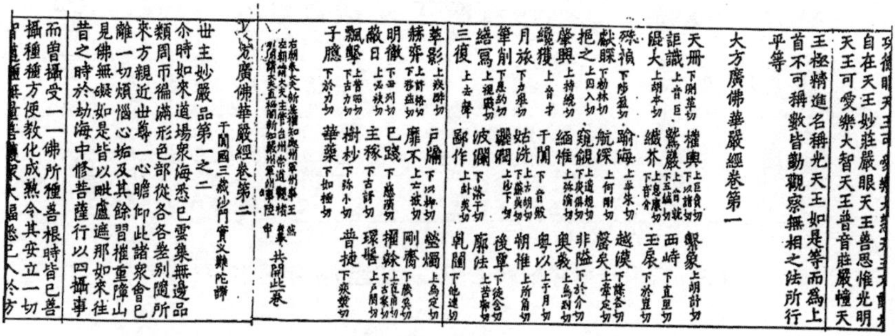

图 4.4　宫内厅书陵部藏宋版《华严经》(卷第一卷末)

(二) 宋版一切经的卷末音义

高山寺经藏中曾存有宋版《一切经》,可从《高山寺圣教目录》的记述"一切经之内一部　唐本纳西经藏　刑部入道渡进"及《唐本一切经目录》(第四部 208 函 7 号)的存在得到证实。此宋版《一切经》现虽不存,但根据明惠自笔题签中记载有"唐本一切经目录上(下)

---

① 参见池田证寿(2005a,2006a)。

高山寺　福州"可推定为福州版(石塚晴通 1998)。福州版《一切经》的东禅寺版(东禅等觉院版)中存有整理汇总了卷末音义的字音帖。以下使用宫内厅书陵部藏宋版《一切经》(406 函 56 号)。折本装,天地单边,30.2 厘米×11 厘米,界高约 24 厘米,一纸五面,一面六行十七字。拱字函音释的起首处如图 4.5 所示。

　　此外,据大藏会编《大藏经-成立と编纂-》(百华苑,1964 年),福州版一切经中开元寺版也缺失字函音释①,但未经详细调查。

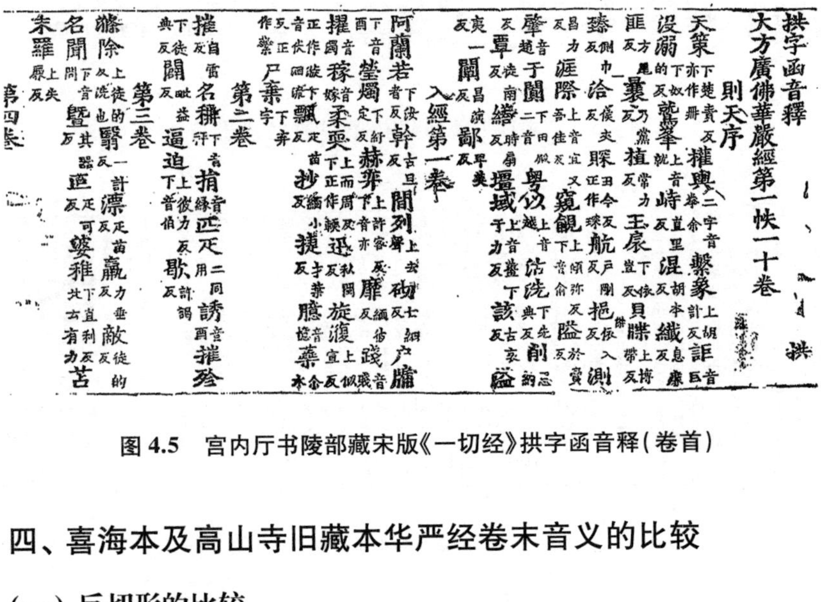

图 4.5　宫内厅书陵部藏宋版《一切经》拱字函音释(卷首)

四、喜海本及高山寺旧藏本华严经卷末音义的比较

(一) 反切形的比较

　　首先,关于喜海本的序和第一卷范围内的反切形全 73 例,将宫内厅书陵部藏(高山寺旧藏)宋版《华严经》(略为高山寺旧藏本,也称"小双纸本")、宫内厅书陵部藏宋版《一切经》(东禅寺版)的《华严经》字音帖、《慧苑音义》、《广韵》这四部典籍进行对照。

---

①　关于这一点,之后的佐佐木勇(2016a)进行了详细调查,详情后述。

表 4.20　喜海本序和卷一内的反切形与四部典籍之比较

		喜海本	高山寺旧藏本	东禅寺版	慧　苑	广　韵
1	天册	测革反	○测革切	×楚责反亦作栖	×则革反(琳麗作测)	×楚革切
2	权与	巨员反	○巨员切	×二字音拳余		○巨员切
3	权与	以诸反	○以诸切	×二字音拳余		○以诸切
4	系象	胡计反	○胡计切	○胡计反	○胡计反	○胡计切
5	没溺	奴的反		○奴的反		×奴历切
6	鹫严	五缄反	○五缄切		×语輴切	
7	西峙	直里反	○直里切	○直里反		○直里切
8	混大	胡本反	○胡本切	○胡本反	○胡本反	○胡本切
9	纤芥	息廉反	○息廉切	○息廉反		○息廉切
10	匪名	方尾反		○方尾反		×府尾切
11	曩劫	乃党反		○乃党反		×奴朗切
12	植因	常力反		○常力反		×常职切
13	玉宸	於岂反	○於岂切	×依岂反	×依岂反	○於岂切
14	殊祯	陟盈反	○陟盈切		○陟盈	○陟盈切
15	贝牒	博带反		○博带反	×北盖反	×博盖切
16	时臻	侧巾反		○侧巾反	×侧诜反	×侧诜切
17	岁洽	侯夹反		○侯夹反	○侯夹反	○侯夹切
18	踊海	羊朱反	○羊朱切			○羊朱切
19	越漠	谋各反	○谋各切		○谋各反	×慕各切
20	献踝	勒林反	○勒林切	×丑今反正作琛	○勒林反	×丑林切

		喜海本	高山寺旧藏本	东禅寺版	慧　苑	广　韵
21	航深	何刚反	○何刚切	×户刚反	○何刚反	×胡郎切
22	馨矣	牵定反	○牵定切		○牵定反	×苦定切
23	挹之	囚人反	○囚人切	×依人反	○囚人反	×伊人切
24	罕测	昌力反		○昌力反		×初力切
▲25	涯际	又五佳反		×又吾佳反		○五佳切
26	窥觎	遭规反	○遭规切	×倾弥反	○遭规反	×去随切
27	窥觎	庚俱反	○庚俱切	×音俞	○庚俱反	○羊朱切
28	非隘	於介反	○於介切	×於卖反	×於懈反	×乌懈切
△29	肇兴	持逸反	×持绕切	×音赵	×持绕反	×治小切
30	缅惟	弥演反	○弥演切		○弥演反	×弥兖切
31	奥义	乌到反	○乌到切			○乌到切
32	粤以	于月反	○于月切	×音越	○于月反	×王伐切
33	月旅	力举反	○力举切			○力举切
34	沽洗	古胡反	○古胡切			○古胡切
35	沽洗	苏典反	○苏典切	×先典反		○苏典切
36	朔惟	所角反	○所角切			×所角切
37	笔削	息约反	○息约切	×思约反		○息约切
38	洒润	沙下反	○沙下切			×砂下切
39	后覃	徒含反	○徒含切	×徒南反		○徒含切
40	缮写	视战反	○视战切	×时扇反	○视战反	×时战切

续　表

		喜海本	高山寺旧藏本	东禅寺版	慧　苑	广　韵
41	波澜	落干反	○落干切			○落干切
42	廓法	苦郭反	○苦郭切			○苦郭切
43	堨域	于力反		○于力反		×雨逼切
44	遏该	古哀反		○古哀反		○古哀切
45	庆溢	夷一反		○夷一反		×夷质切
46	方阐	昌演反		○昌演反		×昌善切
47	鄙作	封美反	○封美切	×卑美反		×方美切
48	阿兰若	汝者反		○汝者反	×然也反	×人者切
49	为幹	古旦反		○古旦反	×哥旦反	×古案切
50	萃影	疾醉反	○疾醉切		○疾醉反	×秦醉切
△51	阶砌	七艺反		×七细反	×千计反	×七计切
52	户牖	以柳反	○以柳切	×音酉	○以柳反	×与久切
53	莹烛	鸟定反	○鸟定切	×纤定反	○鸟定反	○鸟定切
54	赫奕	许格反	○许格切	×许客反	○许格反	×呼格切
55	赫奕	移益反	○移益切	×音亦	○移益反	×羊益切
56	靡不	亡彼反	○亡彼切	×缅彼反	×毋彼反	×文彼切
57	刚脔	藏奚反	○藏奚切		○藏奚反（脐）	×徂奚切
58	明彻	丑列反	○丑列切			○丑列切
59	已践	慈演反	○慈演切	×音贱		○慈演切
60	擢幹	直角反	○直角切	×音浊	×除觉反	○直角切
61	擢幹	古案反	○古案切			○古案切

		喜海本	高山寺旧藏本	东禅寺版	慧　苑	广　韵
62	蔽日	必袂反	○必袂切			○必袂切
63	主稼	古讶反	○古讶切	×音嫁	×加暇反	○古讶切
64	柔㮇			○而周反		×耳由切
65	环瞀	户关反	○户关切		○户关切	○户关切
66	迅流	私闰反		○私闰反		○私闰切
△67	漩渡	旬宣反		×似宣反正作漩（旋）		×似宣切
68	飘擊	普照反	○普昭切	×疋苗反		×符霄切
69	飘擊	古力反	○古力切			×古历切
70	树杪	弥小反	○弥小反	×缅少反	○弥小反	×亡沼切
71	普捷	疾叶反	○疾叶切	×才叶反		○疾叶切
72	子臆	於力反	○於力切	×音忆		○於力切
73	华蘂	如捶反	○如捶切	×尔水反正作	○如捶反	×如累切

　　显而易见,高山寺旧藏本与喜海本一致的反切形很多。从总结了与喜海本反切形的一致率的表 4.21 来看,高山寺旧藏本的反切 54 例中有 53 例与喜海本一致。不一致的只有 29 这一例,且有误写的可能性。前述沼本论文所指出的存疑的 68 和 69 也相一致。可以认定这是所依据典据数据的一种无疑。

　　那么,是否可确定喜海本所依据的资料就是《慧苑音义》、《广韵》、高山寺旧藏本这三本呢? 东禅寺版的一致率是四本中最低的。但是,其中与喜海本一致的反切形的分布,偏向于高山寺旧藏本中缺少反切的被注字。上述 73 例中,高山寺旧藏本缺少反切的有 19 例,

表 4.21　与喜海本反切的一致率

	一　致	反切总数	%
高山寺旧藏本	53	54	98.1
东禅寺版	20	53	37.7
慧苑	23	35	65.7
广韵	33	73	45.2

其中 16 例的反切形与东禅寺版一致。不能用高山寺旧藏版和东禅寺版来说明的只有标记了△ ▲的 4 例,且都有误写的可能性。前述沼本论文中所提及的用例中的 64"柔要　而周反"也一致。

《慧苑音义》和《广韵》又如何呢？与慧苑一致的 23 例中有 22 例也与高山寺旧藏本一致。高山寺旧藏本中所缺的 1 例与东禅寺版一致。与《广韵》一致的 33 例中有 29 例也与高山寺旧藏本一致。高山寺旧藏本所缺的 4 例中有 3 例与东禅寺版一致。剩下的只有 25 这一例。也就是说即使不参照《慧苑音义》和《广韵》(切韵),也有可以标示出喜海本的反切形。

(二) 类音注、声调注记、字体注的典据

喜海本利用了高山寺旧藏本和东禅寺版这一点,也可从类音注、声调注记、字体注的一致来论证。序和卷第一范围的内容如下所示。虽没有与《慧苑音义》相一致的例子,但都与高山寺旧藏本或东禅寺版一致。例外的情况就只有加×标记的 1 例而已。

表 4.22　喜海本利用高山寺旧藏本和东禅寺版的情况

	喜海本	高山寺旧藏本	东禅寺版	慧　苑
讵识	音巨	○音巨	○音巨	
鸳严	音就	○音就	○音就	

	喜海本	高山寺旧藏本	东禅寺版	慧　苑
纤芥	音介	○音介		
涯际	音宜		○音宜	
纔获	音才	○音才		
于阗	音殿	○音殿	○下田殿二音	
壏域	音畺		○音畺	
三复	上去声	○上去声		
间列	上去声		○上去声	
×阶砌	上音皆			
柔耎	下正作软		○下正作软	
尸棄	弃字		○下弃字	

五、至喜海本卷第十的比较

　　从序和卷第一的调查来看,虽可推定喜海本依据了高山寺旧藏本和东禅寺版,但卷第二以后如何呢? 由于与东禅寺版调查的关系,尝试比较了至卷第十的内容。除虫损之外的 181 例的反切为对象,加入《慧苑音义》及高丽版《大藏经》的《华严经》卷末音义,调查的结果如表4.23所示。高山寺旧藏本的一致率最高,可以确定其是喜海本的基本数据。其他三本的一致率差别不大,从比率上不能得出任何结论。

表 4.23　与喜海本卷第十为止的反切的一致率

	一　致	反切总数	%
高山寺旧藏本	134	141	95.0
东禅寺版	54	120	45.0

	一 致	反切总数	%
慧苑	23	55	41.8
高丽版	65	148	43.9

表 4.24 是对包含喜海本的 5 本对应结果的整理。"喜"为喜海本，"高"为高山寺旧藏本，"东"为东禅寺版，"慧"为《慧苑音义》，"丽"为高丽版。"〇"为一致，"×"为不一致，"－"为欠缺。表 4.24 左侧 3 列是可以用高山寺旧藏版及东禅寺版记述的喜海本的反切。表 4.24 的右侧 1 列是不能用这两本记述的喜海本的反切。与高山寺旧藏本及东禅寺版不一致的喜海本的反切中，卷第二以后的用例有以下 3 例（表 4.25）。前面的 2 例有依据了东禅寺版卷第十一以后反切的可能性，但因未作详细调查，故不能确认。最后的 1 例为误写。

表 4.24 对应的整理

喜高东慧丽	例数	喜高东慧丽	例数	喜高东慧丽	例数	喜高东慧丽	例数
〇〇〇〇〇	5	〇〇×－×	4	〇×〇××	4	〇××××	1
〇〇〇〇×	2	〇〇×－－	1	〇×〇－×	1	〇×－－×	1
〇〇〇－〇	4	〇〇－〇〇	4	〇－〇〇〇	1	〇－×××	1
〇〇〇－×	1	〇〇－〇×	12	〇－〇××	3	〇－×－－	2
〇〇×〇〇	5	〇〇－×〇	1	〇－〇××	3	〇－－××	1
〇〇×〇×	23	〇〇－××	3	〇－〇×－	6	〇－－－－	1
〇〇××〇	5	〇〇－－〇	22	〇－〇－〇	3	合计	181
〇〇×××	6	〇〇－－×	14	〇－〇－×	3		
〇〇×－〇	15	〇〇－－－	5	〇－〇－－	20		

表 4.25　不一致的 3 例

	喜海本	高山寺旧藏本	东禅寺版	慧　苑	高丽版
填饰	徒季反			×唐贤反	×田音
轨度	徒故反				○徒故反
迫隘	方戒反	×於戒切			×乌懈切

此外,虽喜海本中未见,但用于比较的他本中可见的反切的例子数量如下所示。

1. 喜海本中无,但可见于高山寺旧藏本的反切　8 例
2. 喜海本中无,但可见于东禅寺版的反切　6 例
3. 喜海本中无,但可见于《慧苑音义》的反切　39 例
4. 喜海本中无,但可见于高丽版的反切　54 例

关于《慧苑音义》,从 3 的数量之多与表 4.23 中的一致率之低来看,可以判断喜海本或未对其进行参照,或即使参照也并未特别重视。虽然高丽初雕本是由显宗(1010—1031)所推进的,高丽再雕本与高宗二十三年(1238)到三十八年(1252)的成果相关,但从 4 的数量之多和表 4.23 的一致率之低来看,不能得出喜海本对其进行了参照的结论。

六、结语

本节笔者通过推定得出高山寺本《新译华严经音义》的编纂,是依据了宫内厅书陵部藏(高山寺旧藏)宋版《华严经》绍兴十二年的卷末音义及东禅寺版《一切经》的《华严经》字音帖的这一结论。若编纂方针得到认可,那么对于从高山寺本《新译华严经音义》来推测当时的高山寺华严教学和字音学习的状况这一点,应持慎重的态度。即教学其实并未反映高度的字音学习结果,而只不过利用了手头方便

利用的卷末音义的字音注而进行的再编而已。

　　另一方面,在日本还有没有依据中国撰述的卷末音义来撰述的音义、辞书,今后还需进一步地探析。引用《宋本法华奥释音》的图书寮本《类聚名义抄》值得我们注意。

　　以上是以池田证寿(2005b)为基础,并进行添加和修改的内容。之后,佐佐木勇(2016a)对宋版一切经的东禅寺版、开元寺版、思溪版进行了详细调查,确定了高山寺本《新译华严经音义》利用的音义(音释)是开元寺版。此外,利用了高山寺旧藏本(小双纸本)和开元寺版的音义中尚有无法确认典据的例子,至此推测这些用例是利用了与《大广益会玉篇》音注相近的宋代音义。此外,山田健三(2009)是论及关于福州版《一切经》附载音释形成过程的论考。

　　《一切经》所附的音义(或是音释),由于较难进行阅览,导致了对其调查及分析的推迟。但近年来总本山醍醐寺《醍醐寺藏宋版一切经目录》(2015)得以刊行,通过其中山本秀人的解题,更是可以了解其所附音义的整体情况。

　　在中国语学(汉语)研究的方面,丁锋(2020)对宋版华严经卷末音义中收录的音注内容进行了音韵分析,丁锋(2021)则对《福州藏》(对在福州刊刻的《崇宁藏》与《毗卢藏》的总称)中的随函音义,进行了音义校异、版本比较、音韵研究及文献辑录等方面的研究。今后,也期待着日中研究者中涌现更多的研究成果。特此追记以结本章。

第五章

字　　书

第一节　《玉篇》与日本古字书

一、前言

依部首分类、整理的字书经过了怎样的日本化的进程呢？本节选取《篆隶万象名义》《新撰字镜》《类聚名义抄》，考察这些字书与梁顾野王于梁大同九年（543）所编纂的原本《玉篇》之间的关系。关于日本奈良平安时代的辞书，应言及之处虽多，但这里仅将焦点集中于日本古辞书与《玉篇》之间的关系，论述如下种种问题：即僧侣之间信息源的位置，与部首相关的问题及部首内文字的排列方法等，并阐述《玉篇》是如何被改编的①。

二、汉字形、音、义的辞书分类和日本古辞书的成立

以现存的辞书②来看，最早的是按部首分类的部首分类体字书（形），其次是按意思分类的意义分类体辞书（义），最晚的是按音序检索的辞书（音）。

---

① Ikeda（2011）是本节内容的英文版。
② 根据日本国语学、日本语学的一般用法：辞书并不单限于按部首分类的部首分类体字书，其他如韵书、类书、音义书亦包括在内。而字书则泛指按字形特征检索之部首分类体字书。因此本篇论文亦按照此种思考模式，将辞书与字书作一区别。

现存最古老的部首分类体字书是由弘法大师空海(774—835)所撰的《篆隶万象名义》(六帖,高山寺藏本,永久二年(1114)写,后半二帖由后人续撰)(参照图5.1)。其次是在昌泰年间(898—901)由昌住所编纂的《新撰字镜》(十二卷,天治本,宫内厅书陵部藏)(参照图5.2、图5.3),以及院政初期即1100年左右由法相宗学僧所编纂的《类聚名义抄》(原撰本系,图书寮本,宫内厅书陵部藏)(图5.4)。后者在院政末期或镰仓初期由真言宗的学僧改编,称为改编本系或广益本系。其中以观智院本十卷最为著名(图5.5、图5.6,天理图书馆藏)。

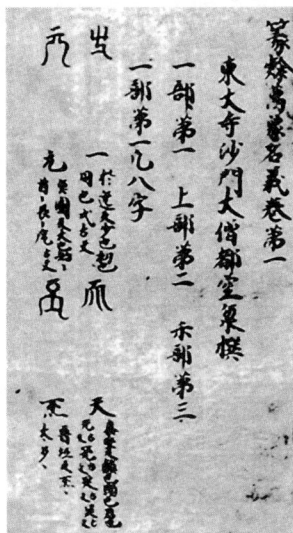

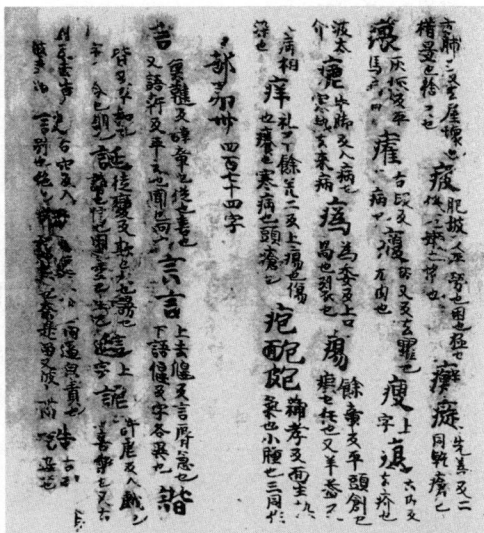

图5.1 《篆隶万象名义》   图5.2 《新撰字镜》(天治本,卷3言部)
   (本文开头)

不过,从实用层面来看,有迹象显示被称为《汉语抄》的意义分类辞书出现得更早。以意义分类著称的辞书《倭名类聚抄》(由源顺[911—983]撰写,大约在承平四年[934年]左右完成)是这类辞书的集大成。其中可以看到标有"汉语抄"之汉语及和训的对应,因为

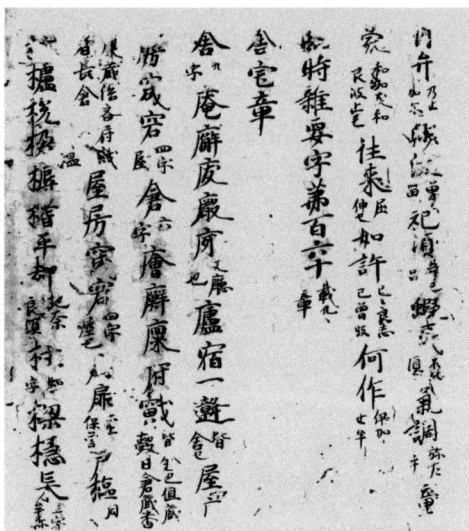

图 5.3　《新撰字镜》(天治本,临时杂要字)

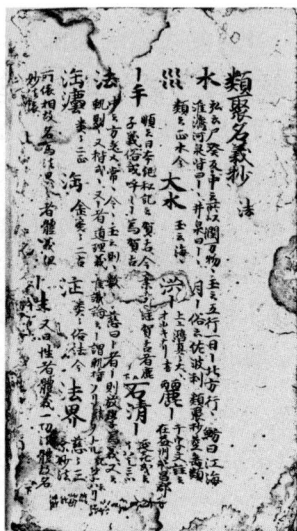

图 5.4　《类聚名义抄》(图书寮本,本文开头)

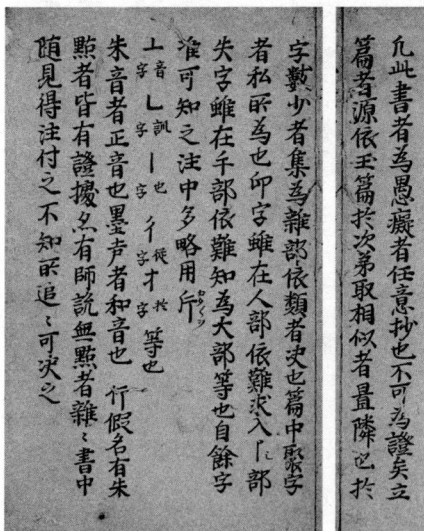

图 5.5　《类聚名义抄》(观智院本,凡例)

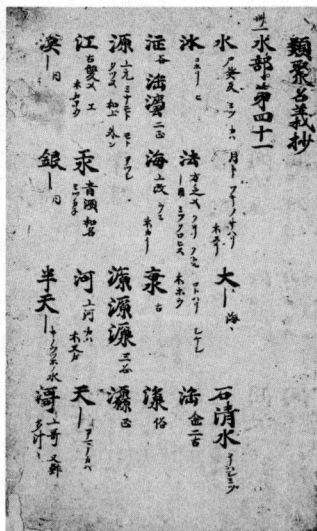

图 5.6　《类聚名义抄》(观智院本,水部开头)

记载有汉籍的原文,这显示了其内容是基于中国的正统汉语,具有可靠的依据①。《新撰字镜》的临时杂要字也是和《汉语抄》同属一类。

伊吕波(いろは)音序检索辞书是按日本音序检索的字书,其中一个具体的例是院政期成立的《色叶字类抄》(橘忠兼撰)。主要是依和训(日本语)的第一音节按伊吕波排列,有 47 篇,各篇再依意思细分。

然而,部首分类体字书(形体字书)主要是如何从中国的字书中采撷和借鉴的?以下就《篆隶万象名义》《新撰字镜》《类聚名义抄》这三部字书和中国南朝梁顾野王(519—581)所撰述的原本《玉篇》(三十卷,543 年,参照图 5.7,卷第 27,宫内厅书陵部藏)之间的关系来探讨这个问题。

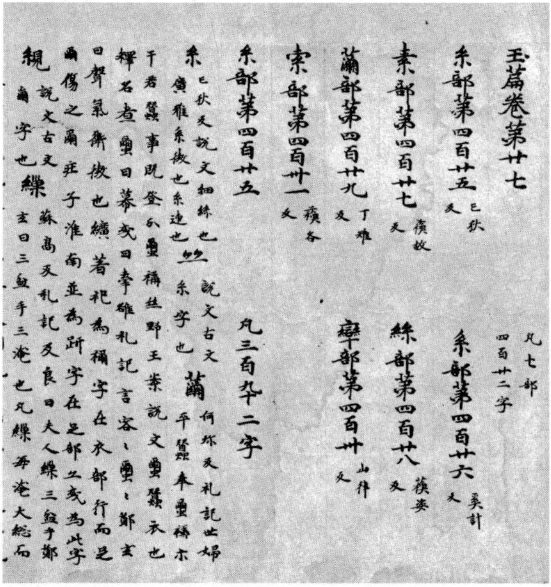
玉篇卷第廿七
糸部第四百廿五
素部第四百廿七
䋣部第四百廿九
索部第四百卅一
糸部第四百卅五
凡七部
系部第四百廿六
絲部第四百廿八
率部第四百卅

图 5.7　《玉篇》(卷第 27,糸部开头)

① 关于《汉语抄》之最新议论及参考文献请参照大槻信(2004,2019)。

三、论《玉篇》和《篆隶万象名义》《新撰字镜》《类聚名义抄》关系之观点

首先,必须先思考佛教界编纂《篆隶万象名义》《新撰字镜》《类聚名义抄》这三部字书的意义①。

其次再探讨《玉篇》这部典据在佛教界占有什么样的地位。方法是观察《玉篇》和其他小学书之间的关系,具体来说,便是观察《玉篇》和以玄应撰的《一切经音义》为代表的佛典音义或《切韵》系韵书之间的优先级。从注文的构成方式来思考《玉篇》这部典据的地位。

另外,从《玉篇》这部典证的使用方法来探讨《篆隶万象名义》《新撰字镜》《类聚名义抄》这三部字书间的相异处也是论点之一。本章就《新撰字镜》和《类聚名义抄》部首内的排列方式发表个人意见。

四、佛教界编纂部首分类体字书之意义

《篆隶万象名义》是由真言宗开山祖师空海所撰述的。文本的开头处可以看到"东大寺沙门大僧都空海撰"等字。空海于延历二十三年(804)到中国,大同元年(806)回国。天长四年(827)五月二十七日任大僧都(一说天长七年),承和二年(835)逝世。该书是空海在归国后至去世年间所撰述的,可以看成一部在东大寺的学问环境中所完成的一部字书。

《新撰字镜》是出自传记不详的僧昌住之手,从天治元年(1124)古写本内有法隆寺《一切经》之印来判断,该书是在南都古宗的学问环境下所编纂的应该是毫无疑问的。宽平四年(892)夏,以玄应《一切经音义》为主要材料做成三卷。昌泰年中(898—901),再加上《切韵》《玉篇》等成为十二卷。

---

① 望月郁子(1999)意图从社会背景的角度探究这个问题。笔者则是着重于汉文的具体学习现状,详参池田证寿(1991)。

　　《类聚名义抄》有原撰本系和广益本系两大系统(也称为原本系和改编本系)。院政初期的原撰本系(图书寮本)虽然是不成套的零本,但判断应该是出自法相宗学僧之手;而广益本系(观智院本等)则是完成于院政末期或镰仓初期,从其内容有真言宗的要素、残存文献的传存、流传状况来看,推测它的完成应该是和真言宗的学僧有很大的相关性。

　　可是,佛家以外编纂古辞书的情况又是如何？除了在《日本书纪》卷二十九,天武天皇十一年(682)项目内可以看到的《新字》(四十四卷,境部连石积等撰),因目前散失不传于后世之外,还有《倭名类聚抄》和《东宫切韵》(菅原是善[812—880]撰,逸书)。《倭名类聚抄》是意义分类体辞书。《东宫切韵》则是《切韵》系韵书的集大成,用"今案"的方式加注《玉篇》之注文所编成的韵书。就现存的辞书来看,在平安时代并没有佛家以外编纂部首分类体字书。

　　若提到佛家以外的学问环境,那便是大学寮里汉籍的教授与学习,例如学习《周易》《论语》等经书时所使用的注释书《经典释文》(三十卷,唐·陆德明撰)。学习《史记》《汉书》等史书时所使用的注释书司马贞《史记索隐》、《汉书》颜师古注。在学习汉籍上,利用注释书音读、训读,以求对其内容的理解,这现象经由近四十年来对汉籍训点资料的研究显得更加明确①。

　　在佛典的音义书中,以唐代玄应撰《一切经音义》(二十五卷,656—661 年左右)和慧琳撰《一切经音义》(一百卷,720 年左右)最为著名。前者不含玄奘(602—664)之后译经之音义,后者在日本的平安、镰仓时代并没有被参考利用的迹象。另外也有为了弥补玄应所撰的《一切经音义》之不足而编的音义书,例如信行所撰的《大般若经音义》(三卷,石山寺本)、《大乘理趣六波罗蜜经释文》(一卷,撰者不详)便是。

---

　　①　关于这个问题的参考文献和议论的要点请参考小助川贞次(1990)。

佛家之所以编纂部首分类体字书,推测可能是因为对特定的经典只编纂音义书无法顺应当时之需求,所以才对具有一般性的字书产生了需求。在《新撰字镜》的序言里有这样的记载:"多卷之上不录显篇部披阅之中徒然晚日",即说明《一切经音义》虽可得正确的音训注释,但却有检索上不便之叙述。

《类聚名义抄》内虽有相当于凡例之部分,但却不见这样的记载。只是原撰本系的图书寮本所采用的主要资料是慈恩(632—682)的《法华音训》、玄应的《一切经音义》、真兴的《大般若经音训》、中算的《法华释文》,这些音义书的部分则被改编为部首分类体的字书。

《篆隶万象名义》则彻底省略了原本《玉篇》。《玉篇》的外典出处注记一律删除,而删除外典(汉籍)出处之注记可以看成是从依存在特定原文的训注(意义注),到成为解读、学习内典(佛典)的一种转换。

五、出典《玉篇》之地位

(一) 注文的构成方式

虽然《篆隶万象名义》抄录并删减了原本《玉篇》的长篇注释,但它全面收录了原本《玉篇》中的所有字头,因此具有重要的价值。因为原本《玉篇》在中国已经散逸,而在日本只保存有第八、九、十八、十九、二十二、二十四、二十七卷的残卷。

从《篆隶万象名义》之书名亦可得知,该书主要是为标示"篆体"和"隶体"所编的。"隶体"是指楷书①,用来标示所有的标出单字。但根据白藤礼幸(1977)的调查,"篆体"在第一帖有 539 字,第二帖342 字,第三帖 19 字,第四帖 115 字,第五帖 15 字,第六帖 5 字,共计1 035 字,只不过占全体标出单字的 6 个百分点。

---

①   有关唐人曾有以楷称隶之说,在"第三届日本汉学国际学术研讨会"口头发表之际承蒙受教于张宝三教授。因此有关空海所指之隶书与楷书是否与此有关,将列为今后之研究课题。

所有的标出单字原本全部是否都标有"篆体"一问,曾被探讨、议论过,但为什么要加入篆体却似乎尚未被探讨。当然,《玉篇》标出的单字全是以楷书标示,并未以篆体标示。《篆隶万象名义》的篆体无疑是依据《说文解字》。

删除《玉篇》中的外典出处注记也会连带地删除该汉字的根据。因此可以推测的是,为了规避这样的缺失,才利用《说文解字》标示篆体以表明该字有正统典据。

从收录字数的观点来看,要用约一万字的《说文解字》对约有一万六千字的《玉篇》所有的标出单字逐一追加标示篆体是不可能的。所以所有的标出单字是否本来全部都标有篆体,是无法轻易下结论的。但该书要对标出单字标示篆体之意图,从其《篆隶万象名义》之书名是容易明白的。所以探讨为什么要用篆体标示是很重要的。

那么在《新撰字镜》和《类聚名义抄》中,《玉篇》究竟占有什么地位呢?

属原撰本系《类聚名义抄》的图书寮本虽然是零本,只有法部一帖,但属院政期的写本、逐一标注出处且引用忠于原著是众所周知的。虽然引用了为数不少的内典、外典,但关于引用频率最高的八个来源典籍,相同注文内容的处理方式,经由宫泽俊雅(1977a)的调查,解开了引用典籍间的优先顺位之谜。若再佐以山本秀人(1990)或池田证寿(1993,本书第五章第六节)的调查,出典选录的优先级则可如下列出:

> 慈恩撰书、《篆隶万象名义》、玄应《一切经音义》、中算《法华释文》、真兴《大般若经音训》、《玉篇》、《东宫切韵》、源顺《和名抄》

《玉篇》排名第六,它的省略本《篆隶万象名义》排名第二。若单纯地只将《篆隶万象名义》看成《玉篇》的省略本的话,按照道理来说《类聚名义抄》的作者应该优先选录《玉篇》,可是事实上并不然。从八个主要典籍的引用顺位来看,占上位的是慈恩、玄应、中算、真兴等佛教系列的典籍,而且都是和法相宗有密切关系的典籍。而《篆隶万象名义》因为是空海所撰述的,所以倒不如也可以将它看成佛教系列的典籍。其次,再举一例。

> 惇直　弘云:丁昆反。厚也,大也,信也。•应云:古敦。扑也。(图书寮本《名义抄》240 页)
>
> 惇直　《苍颉解诂》云:古文敦同。都屯反。《说文》:惇,厚也。《方言》:惇,信也。谓诚㒵也。亦扑也,大也。(玄应《一切经音义》卷一)
>
> 惇　　丁昆反。厚也,大也,信也。(《万象名义》二帖 81 里 3)

《玉篇》并没有比佛书优先被引用。相同内容的注文,反而是慈恩、玄应等优先被引用。以现在的想法来思考,初出例通常会被优先引用,像图书寮本这样的引用方式,对现在的我们而言是非常难以理解的。所以可以想见,当时的学僧透过慈恩、玄应等人将《玉篇》所代表的外典小学书注文权威化了。

广益本系的《类聚名义抄》则是将所有引用的来源典籍注记全部省略。这就类似《玉篇》和《篆隶万象名义》之间的关系。一旦按内典、外典先后顺序标出引用来源典籍来编纂字书的话,这本字书的存在便会成为根据而被简略化、实用化。

而《新撰字镜》又如何?根据其序言和后记,它的编纂过程如下。

> 宽平四年(892)夏,以玄应《一切经音义》为主要材料作成三卷。昌住六十余岁。
>
> 昌泰年中(898—901),再加上《切韵》《玉篇》等成为十二卷。昌住七十三岁。

这个编纂过程反映在它的部首排列和注文构成上。笼统地说,部首内的前半,含《一切经音义》部分,约中段开始至后半的引用按

《切韵》部分和《玉篇》部分的顺序编排①。至于注文的构成,引用《切韵》的部分有《玉篇》的训注(意义注)②,但引用《玉篇》的部分却并未有《切韵》的训注。

《新撰字镜》是部首分类体的字书,所以可以想见的是,对相同类型的字书《玉篇》依存度应该相当大,但在注文的构成上,《玉篇》却没有比《一切经音义》和《切韵》更受重视。

(二) 部首内的排列方式

如山田健三(1995)所述,探讨、议论部首分类体字书之部首问题时,必须将下列四点分开讨论:

- ·部首的编立(要编立什么样的部首)
- ·部首的排序(部首按什么样的顺序排序)
- ·部首的分配(汉字要分配到哪一个部首)
- ·部首内的排序(同部首中的汉字要怎么样排序)

在《篆隶万象名义》中,上述各要素,原则上和《玉篇》相同。部首的数量是542部。

而《新撰字镜》严格地来说是一部单字依部首、熟字(复合词)按意思分类的部首、意思混用的字书,部首数有160部,意思分类部分有亲族、本草、临时杂要字等。关于部首的编立和部首的排序部分,受《玉篇》的影响稍弱。因为在文下一点、品字样、杂字等处可以看到《玉篇》所没有的部首。

《新撰字镜》是分两阶段所编纂而成的。《玉篇》是第二次编纂时的主要参考书,这恐怕也对部首的编立和排序产生了些许的影响。

《类聚名义抄》的原撰本系因为只有零本,所以只用广益本系(观智院本)进行观察,其部首数有120部。除末尾另置杂部外,其余部分受《玉篇》的影响非常浓厚。关于要编立什么样的部首一事,可从

① 请参考贞苅伊德(1998)。
② 请参考上田正(1981a)。

相当于《类聚名义抄》的凡例中看到表明其根据《玉篇》趣旨的记载：
"立篇者源依《玉篇》，于次第取相似者置邻也。"

《类聚名义抄》对《玉篇》部首中相似的部分进行了统合、整理。
例如，行部纳入了人部；止部、比部、卤部纳入了卜部；士部纳入了
土部。

部首的排序是根据意思而定的。以下是《类聚名义抄》的部首
一览。

> 人亻辵匚走麦一丨十身耳女舌口目鼻见日田肉舟骨角贝页
> 彡彭手木犬牛片豸乙儿収八大火黑水氵言足立豆卜面齿山石玉
> 色邑阜土心巾糸衣示禾米丶宀穴雨门囗尸虍广鹿广歹子斗敖寸
> 艹竹力刀羽毛食金亼爪网皿瓦缶弓矢斤矛戈欠又攴殳皮革韦车
> 羊马鸟隹鱼虫鼠龟鬼风酉杂

其中一部分有将字形纳入考虑的迹象。例如：耳部之后是女部，
火部之后是黑部。耳女相连也许是意外，但那是因为行书、草书相似。

部首的分配也有其独特性，可从《类聚名义抄》的凡例得知。其
中载有弔①字在《玉篇》虽属人部，但因不易了解所以编入丨部之记述
（参照图5.5）。这是以楷书为基准，重视实用性的结果。

同部首内的排序，大致上前半是依字形，后半是依《玉篇》的字
序②。这种倾向在所收字数较多的部首中更是明显。推测这是因为
一方面用《玉篇》作为作业平台，另一方面又汇整佛典或汉籍中常出
字的音注、释义，借以辨识类似之字形。后半部按《玉篇》字序编排之
字群内有许多难字，这是因为残留了一些一般佛典、汉籍内所无法见
到的汉字之故。

以上虽然是对广益本系（观智院本）所进行的观察，但前半依字
形、后半依《玉篇》字序排序这一现象，也可以在原撰本系（图书寮本）

---

①　原作"印"，据山田健三（1994）改。
②　参见酒井宪二（1967），贞苅伊德（1998：297—316）。

中得到确认①。

虽然在《新撰字镜》中也可以看到同部首内的排序是按字形的类似度的现象，但其程度不如《类聚名义抄》来得显著。若单就《玉篇》的同部首的排序问题来看，《类聚名义抄》和《玉篇》间的差距，可以说是比起《新撰字镜》和《玉篇》两者间的差距来得大。

由此，我们可以得出这样的结论：《新撰字镜》和《类聚名义抄》虽然有相当程度是参考《玉篇》，但以典籍引用的观点来看——虽只限注文的构成和部首内的排序，还是比起参考佛书的程度来得低。

从《玉篇》在中国早已散逸，其中一部分流传到日本并被保存下来等观点来看，《玉篇》及其逸文的资料价值一直是备受肯定的。其结果，却也产生了过度重视《玉篇》逸文的倾向。②《玉篇》给予日本古字书深远的影响是不争的事实，而且在传达《玉篇》逸文的这一角度上，日本古字书的价值性亦是不容置疑的。但若就日本古字书实际参考《玉篇》的编纂情形来思考的话，对日本古字书的编纂者而言，它是否是一部具有绝对权威性的参考典籍？事实显示并非如此。因此在思考《玉篇》和日本古字书之相关性时，这一点是必须格外留意的。

六、结语

关于日本的古辞书值得探讨的地方有许多。这次仅就以和《玉篇》的相关之处为中心，就典籍引用的角度而言，论述《玉篇》在佛家所占之地位。此外对其部首的处理方式，特别是部首内的排序和《玉篇》两者间相异之处等问题，也进行了探讨。

---

① 请参考前引池田证寿（1993，本书第五章第六节）。
② 宫泽俊雅（1998b）曾提出以下警讯："比起保存完整之《篆隶万象名义》，《玉篇》的研究动向几乎是倾注于它被其他文献引用之逸文上。（略）逸文、引文是必须先确立它所存载的版本和它的其他版本间的相互关系之后，再对它在该版本上所存的价值进行定位。但立论于'传本有误抄，逸文保有旧形'之论证却不多。"

第二节　《篆隶万象名义》的书写 用纸与文字修订

一、前言

（一）《篆隶万象名义》与《玉篇》

　　《篆隶万象名义》是由日本僧人空海，依据梁顾野王的原本《玉篇》三十卷摘录而成的字书①。成书时期大概为空海由唐朝归国后的 9 世纪前叶。原本《玉篇》在中国早已失传。本书作为原本《玉篇》的节略本，是获知原本《玉篇》内容的重要资料②。此外，原本《玉篇》是一部楷体字书，仅以楷书立字头项，而《篆隶万象名义》中则追加了篆书字头。但现存高山寺本《篆隶万象名义》中所见篆书字头数较少，仅千余字（约占全体的 6%）。篆书字头应是依据《说文解字》所追加。

（二）《篆隶万象名义》的古写本及其影印、翻刻

　　书写于永久二年（1114）的高山寺本为现存唯一的古写本。高山寺本由六帖构成。从本文起首处的记述可判断，前半的第一帖到第四帖是由空海本人所撰（参考图 5.8）。而后半的第五帖及第六帖则经手他人，这一点从第五帖起首处的记述可明确得知（参考图 5.9）。

　　基于高山寺本的影印本屡次出版。在日本，由东京大学出版会所刊行的影印本（1977）③的使用最为广泛。在中国，以崇文丛书本（1926）④为基础而重排再版的中华书局本（1995）⑤则流传最广。近年，相关的

---

　　①　关于《篆隶万象名义》的解说，日本学者方面，可参考如下著作：神田喜一郎（1966）、白藤礼幸（1977）、筑岛裕（1984）、高田时雄（1995）。
　　②　关于《玉篇》的研究，日本学者方面，可参考如下著作：冈井慎吾（1933）、贞苅伊德（1957）、上田正（1970）、上田正（1986）。
　　③　高山寺典籍文书综合调查团编，《高山寺古辞书材料第一》（高山寺资料丛书第六册），东京大学出版社，1977。
　　④　崇文院编，《崇文丛书》第 1 辑第 27 册—第 43 册，崇文院，1926。
　　⑤　〔日〕释空海编，《篆隶万象名义》，中华书局，1995。

研究及翻刻本文①相继面世,可参考吕浩(2007)及臧克和(2008)。

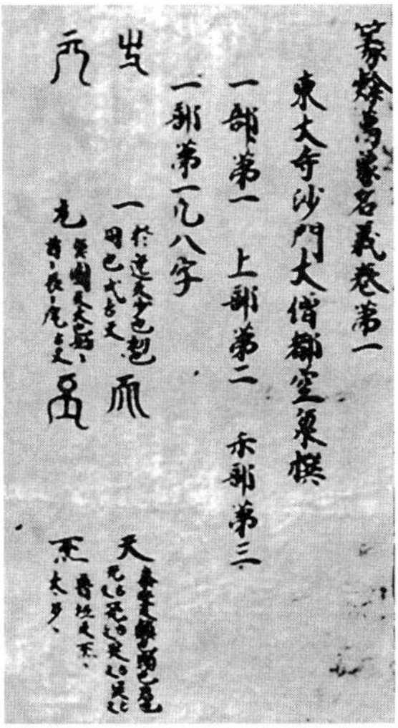

图5.8　第一帖本文起首处 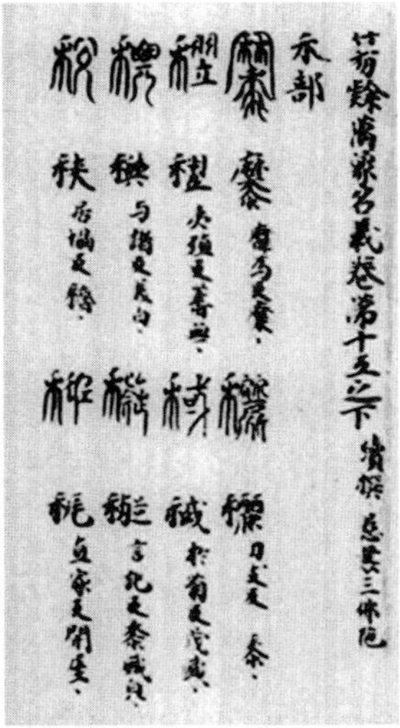　　图5.9　第五帖本文起首处

　　本书作者池田证寿,作为高山寺典籍文书综合调查团团员,致力于高山寺本《篆隶万象名义》的研究达三十余年。近年与京都大学的研究者李媛协作,共同完成了基于 Unicode 的电子文本的翻刻,并已实现全文公开(http://hdic.jp/)②。

二、高山寺本《篆隶万象名义》本文中的问题点

(一)误写与古态并存

　　高山寺本《篆隶万象名义》中字体的误写与古态并存,白藤《篆隶

----

①　吕浩,《篆隶万象名义校释》,学林出版社,2007;臧克和,《中古汉字流变》,华东师范大学出版社,2008。

②　参看池田证寿(1994,2016c,2016d,2018a),Ikeda(2017),池田证寿、李媛、申雄哲、贾智、斋木正直(2016),池田证寿、李媛(2017),Li and Ikeda(2018),池田证寿、刘冠伟、郑门镐、张馨方、李媛(2020)等。

万象名义揭出字索引、校勘记》(1977)及臧克和《中古汉字流变》(2008)中均对本书这样的两面性有所提及。由于传抄等原因,《篆隶万象名义》中不乏误写、脱漏之处,而另一方面,书中也保存了六朝以来较早时期的文字形态,因此对于本文内容的研究更需要谨慎探讨。

(二)高山寺本中所见"队"字

在高山寺本的第六帖中有以"队"字为字头的条目(图 5.10),因其字形与现行"队"的简体字相同而受到关注。

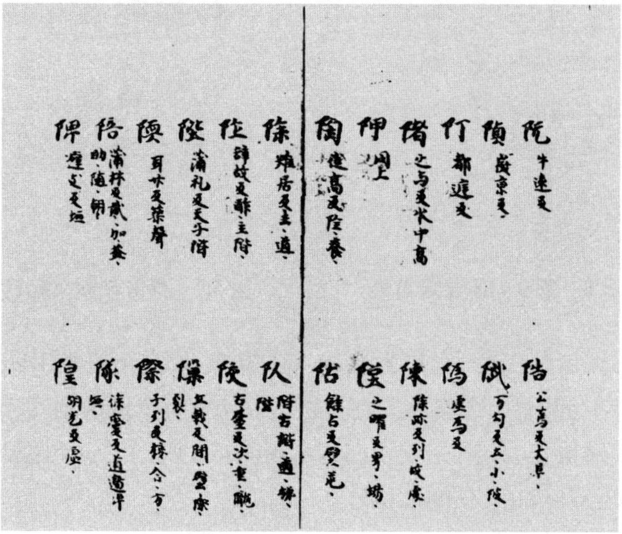

图 5.10　篆隶万象名义　阜部("队"字)

(三)原本《玉篇》中未见"队"字

原本《玉篇》在日本有八分之一的残卷得以留存。其中"阜部"整部尚存于残卷的第二十二卷,但并未见"队"这一字头(图 5.11)。

(四)《大广益会玉篇》中未见"队"字

《大广益会玉篇》(亦称宋本《玉篇》)中也未见"队"这一字头(图 5.12)。

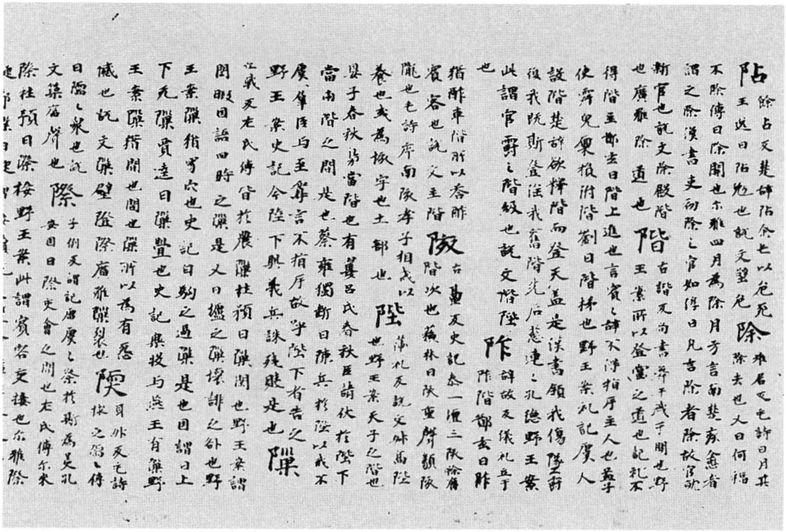

图 5.11　原本《玉篇》　阜部

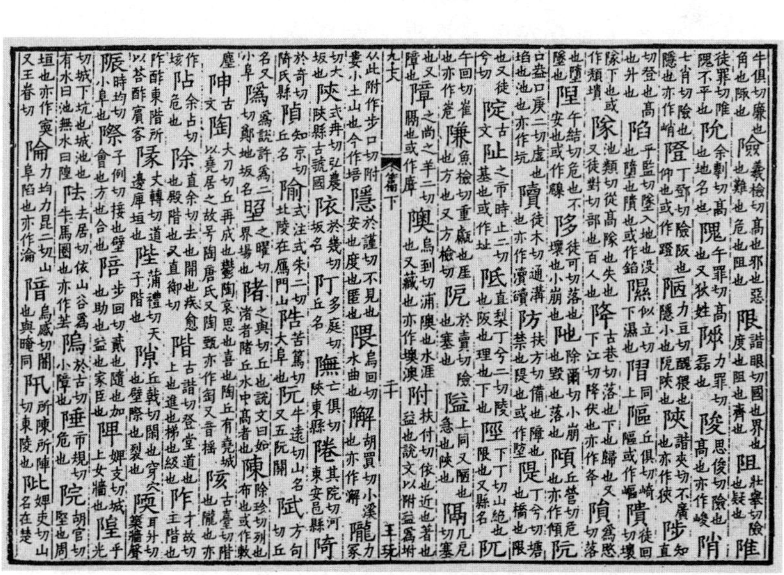

图 5.12　《大广益会玉篇》　阜部

(五)"队"字误写及未修订的原因

首先确认先行研究中对此字条是如何翻刻的。

吕浩《〈篆隶万象名义〉校释》(2007)以"队"为字头,并示意该字头的内容脱漏。而注文内容则以"阶"另立字头。

> 按:此字音义脱。

臧克和《中古汉字流变》(2008)中对于"阶"字的论述如下。

> 按:《说文》:"阶,陛也。从𨸏皆声。古谐切。"《名义》该字头字形误抄为"队",这应是迄今所能见到最早的楷体简化"队"字。(下略)

队　阶古谐也。道也,梯也,陛。
(篆隶万象名义第 6 帖 24 表)

在形式上来看,这不过是《篆隶万象名义》中寻常的字条。但是,仔细确认注文内容,便会发现其中的矛盾之处。下面,通过**内容**、**字序**、**字形**等三方面来进一步分析。

内容:首先,通过与原本《玉篇》及宋本《玉篇》的比较可知,注文的内容与"阶"相符。即注文中第一字"阶"为字头。而"古谐也"实为反切部分的误写。由此可判断,此字条"队"置于字头位是不合理的。

字序:如下列出原本《玉篇》残卷,宋本《玉篇》及《篆隶万象名义》中,关于此字条处的前后的字序来作比较。可知,此处三书的字序是一致的。

原本《玉篇》 ：……阽、除、阶、阼……

宋本《玉篇》 ：……阽、除、阶、阼……

《篆隶万象名义》：……阽、除、队（阶）、阼……

字形：现在，"队"作为"隊"的简体字被使用，但"队"的字形是从何时开始出现的并不明确。《说文解字》、原本《玉篇》残卷、宋本《玉篇》、《新撰字镜》等古辞书中未见。

综上，可判断"队"字为衍字，属于误写的一种。那么，为什么会产生这样的误写？又为什么并未对其进行文字修订而原样保留？

考虑"队"字出现在此处的原因，观察到其前后的字头"除"及"阼"的偏旁部分"余"和"乍"，最初的笔画均与"人"相似，从而作如下推测：此字头先是误写为"队"，大概是为保持纸面的整洁，之后未修订字头，而是在注文第一字处加写正确的字头"阶"。由此"队"为衍字，而此字头项应为"阶"字。本章中，将根据近年对于高山寺本的书写用纸的研究成果，结合高山寺本中文字修订的状况，来试着进一步对其误写及未修订的原因进行说明①。

（六）关于发生误写的时期

更进一步考虑，这样的误写又是于哪个阶段所产生的？从"队"字的存在位置来看，它出现于经他人之手编撰的《篆隶万象名义》第六帖。由此可知，此处的误写，应是属于下列三种情况的一种：1. 后人参照的原本《玉篇》中已经存在此误写；2. 后人撰写过程中发生了误写；3. 传抄过程中发生了误写，即此误写必是产生于后人撰写《篆隶万象名义》后半之后。那么时间的上限可推测为空海出任大僧都的 827 年（一说为 830 年），下限可推测为书写高山寺本的 1114 年。综合高山寺本的文字修订状况来考虑，情况 1 后人参考的原本《玉篇》中已存在此误写的观点不容易成立。

---

① 本文主要着眼于高山寺本《篆隶万象名义》中的文字修订情况。论题以"队"字发端，但文中对"隊"及"队"的关系不作深入探讨。

三、书写用纸与文字修订

(一) Codicology

近来,石塚晴通教授从 Codicology[①] 的角度,利用高倍电子显微镜对书写用纸进行检测的方法,对多种典籍进行了分析[②]。他将综合运用文理结合的研究手法,研究文献的文字、构成、文本、流变等问题称为 Codicology,并强调其重要性。本研究选取了高山寺宋版《法藏和尚传》,东洋文库本《梵语千字文》,高山寺本《冥报记》,高山寺本《弥勒上生经》,守屋本《内典随函音疏》,高山寺本《篆隶万象名义》等文献,采用依据高倍显微镜所拍摄的照片等光学方法,对上述文献的书写用纸进行分析,极具说服力。

(二) 书写用纸与书籍的性格

结合石塚晴通《从 Codicology 的角度看汉文佛典语言学数据》(2015),关于书写用纸与书籍的特点,以高山寺本《篆隶万象名义》为例可作如下分析:不同书籍所采用的不同书写用纸,也反映了其相应的特点。比如,书写用纸若为普通的树皮纸(中国为构(榖)纸,日本为楮纸),则书籍本身的特点偏向于实用性;而若书写用纸为精制的树皮纸,则书籍本身的特点更为郑重;若书写用纸为雁皮纸,则其应多为用于进献及供显贵之人阅览的官方的书籍,而非实用书一类,场合最为正式。高山寺本《篆隶万象名义》的书写用纸为雁皮纸,可判断此书并非实用书籍,并且自 12 世纪书写以来,也未被施以训点,更无再次传钞。

本书著者于 2016 年 9 月 17 日至 20 日,2017 年 3 月 18 日至 21日,历时 8 日,对高山寺本原本进行了文献调查。调查的结果如上所述,确认了原本中并无训点标记。

---

① Ishizuka (2014),石塚晴通(2020)。
② 石塚晴通(2015)。

（三）训点及见消

　　所谓训点,即在汉字的轮廓周边,抑或是与汉字的笔画相重叠处所加写的星点、圈点、直线及钩形符号。更进一步,亦有标注片假名、句读、专有名词、日本汉字音及日语中的和训等方式。通过调查中的仔细查证,虽无上述训点类注记,但确认了抹消符(日语称见消)、补入符及颠倒符的使用。所谓见消,是用于修订毛笔书写的字句的一种方法。在修订之前的字句清晰可见的同时,使用钩、线、点、"ヒ"、"止"等抹消符(又称删字号或灭字符),表示将该字句删除。修订误字时,抹消符标于该字句左侧,而将修订后字句标于右侧的情况居多。修订衍字时,抹消符则会不定地标于原字句的左侧或者右侧,以示删除该字句。使用抹消符而对误字进行订正的这种方法——见消,与衍字及脱字的订正一体化,可以说非常之巧妙。关于中国古文献中的抹消符①及日本古写本文献中的抹消符②均有详细的研究可进一步参考。

（四）高山寺本中的文字修订

　　高山寺本中使用符号对内容进行修订的实例极少,经原本文献调查确认,共计29例。具体归纳如表5.1。符号种类分为三种:抹消符、补入符、颠倒符,主要针对字条整体、字头及注文部分进行修订。字头是构成字书的基本要素,本文中主要以对字条整体及字头进行修订的实例进行分析③。

　　1.　删除字条(抹消符)

　　《篆隶万象名义》中,使用抹消符来对字条整条删除的只有如下所示的第五帖中"大部"的"查"字。吕浩《篆隶万象名义校释》(2007)及臧克和《中古汉字流变》(2008)中,均翻刻为"衾"字,并提

---

　　①　张涌泉(2013),袁晖、管锡华、岳方遂(2002)。
　　②　小林芳规(1987)。
　　③　此外,确认了通过小字"イ"来做异本注记的实例。篇首目录共22例,第一帖3例,第二帖2例。由于其与文字修订实例不同,本文中不作具体讨论。

表 5.1　高山寺本《篆隶万象名义》使用符号修订一览

号码	使用符号	构造成分	修订内容	字条数目	字条实例
1	抹消符	字条	删除	1	査
2		字头	删除	2	塯窳
3		注文	删除	7	傀姐嫪蕾蔬施犬
4	补入符	字条	移动	5	佸傮傤隒陯
5		注文	追记	11	偺偲詃趆楔籆蓻则錾 敷蟷
6	颠倒符	注文	订正	3	佾覒鼗

及其在"大部"中重出。但就笔者的调查,此字在第五帖"大部"中出现三次,详细参考如下:

查　丁计反。大也。(篆隶万象名义　第五帖第 133 表 6)

查　丁计反。大。(篆隶万象名义　第五帖 133 里 2)

查　丁计反。大。(篆隶万象名义　第五帖 133 里 3)

如上,此字条在《篆隶万象名义》中出现三次。而第二处全字条右侧均标有抹消符,意为将整字条删除。

2.　删除字头(抹消符)

《篆隶万象名义》中,只有如下"塯"及"窳"两字条是利用抹消符来对误写字头进行删除的。作为一部收录 16 000 余字头的字书,对于字头进行删除的字条仅有两例,可以说其对于字头项的修订是极其谨慎的。

塯　普力反。块字(篆隶万象名义　第一帖30 表)

此处为双字头,上字"塯"的右侧标有抹消符,以示将其删除。吕浩《篆隶万象名义校释》(2007)

中附按语"此处字头双出"，对抹消符并未言及。臧克和《中古汉字流变》（2008）则未特别提及字头双出一现象。

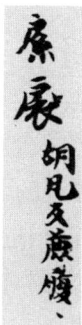

> 㢈　胡瓦反。麃履也。（篆隶万象名义
> 第六帖 137 里）

此处为双字头。下字"㢈"的右侧标有抹消符，以示将其删除。吕浩《篆隶万象名义校释》（2007）中附按语"'㢈'为误字，其上'㢈'字盖为校者加"，但对抹消符并未言及。臧克和《中古汉字流变》（2008）则未特别提及字头双出这一现象。

3. 移动字条（补入符）

《篆隶万象名义》中，利用补入符来指示字条移动的字条共有五例。

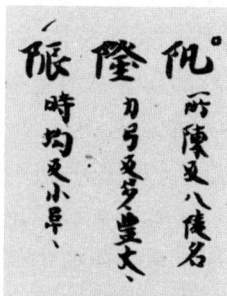

> 阠　时均反。小阜也。（篆隶万象名
> 义　第六帖 24 里）

此处通过标注补入符，而表示将"阠"字条移动至"阢"之前。吕浩《篆隶万象名义校释》（2007）及臧克和《中古汉字流变》（2008）对此处的补入符均未有言及。补入符除指示字条之间的移动之外，还有将补入字条书写于上栏的实例。

（五）高山寺本误写留存的原因

高山寺本由六帖构成，虽然每帖末尾都标有"一校了"的标记，显示其内容已经过校对，但书中实际进行文字修订之处并不多见。其中，字条整体修订有 6 例，对字头项的修订有 2 例，计 8 例。对于注文的修订有 21 例。此外，原本调查中也观察到有数十例的擦消修正之处，但现行影印本图像较难辨别。关于擦除修正的实例分析，将留待其他机会再详细说明。

如此可见，高山寺本作为进献用的官方书籍，为保持纸面的整洁,从而采用了将对文字修订控制在最低限度的方针。可以推测正也是由于此原因,前述误写的"队"字被原样保留。

四、日本古辞书中的文字修订

(一) 文字修订的比较

　　然而,《篆隶万象名义》中文字修订的多寡,单就其本身而言较难判断,需要进一步比较其他日本古辞书中又是如何进行文字修订的。作为比较对象,我们选取了与 12 世纪书写的高山寺本成书时期相近的天治本《新撰字镜》及图书寮本《类聚名义抄》。下面将结合实例对两书中的文字修订进行说明。

(二) 天治本《新撰字镜》

　　《新撰字镜》①十二卷,成书于昌泰年间(898—901),编撰者是名为昌住的僧侣。本书有完本及抄录本两个源流。其中完本一支,以宫内厅书陵部所藏的天治元年(1124)的写本而著称。其部首构成,始于"天、日、月、肉、雨",终于"临时杂要字",共 160 部。全书的基本构成基于部首分类,其中一部分遵循意义分类。本书最初是由《玄应音义》改编的"三轴"构成,其后依据《玉篇》《切韵》及《私记》②进行增订,并引用《小学篇》及《本草》,遂增补为十二卷。虽然明确标示出典的内容仅为一部分,但通过各条目的排列顺序及注文的相似度等方面可判断各部分所据出典。第一卷的卷末处可见如下记述。由此可知,在法隆寺书写《一切经》之际,为做参考之便,由五名僧侣分担书写而成。

　　　　天治元年甲辰五月下旬写之毕/法隆寺一切经书写之次为

---

　　① 　关于《新撰字镜》,请参考如下研究: 贞苅伊德(1998)、池田证寿(2005,本书第五章第一节)、池田证寿(2006,本书第三章)、池田证寿(2015,本书第四章第一节)、张磊(2012)。

　　② 　应为关于特定典籍的音义或注释书。此外,虽有《日本纪私记》及《新译华严经音义私记》等传世,但与此处记载未确认有直接关联。

字决诸人各一卷书写之中/此卷是五师静因之分以曚笔所写了

　　笔者虽尚未对天治本的文字修订状况进行详细的调查,但其文字修订数量远在《篆隶万象名义》之上这一点是毋庸置疑的。例如,仅就字条补入来看,在天治本全体约 20 000 字条之中,即可确认 120 条以上之多。其中以抹消符及颠倒符作标记的居多。另外,又可见用片假名标示的和训,但这并不是《新撰字镜》编撰之初已有的内容,应是由后世所加写。此外,并不见声点、乎古止点、句读符等标记。

(三) 图书寮本《类聚名义抄》

　　《类聚名义抄》分为原撰本和广益本。原撰本为 1100 年前后由法相宗的僧侣所编纂,而广益本则为 12 世纪前叶由真言宗的僧侣所编纂而成。总分佛、法、僧三部,基于部首分类,共立 120 部。原撰本仅存宫内厅书陵部(图书寮本)的零本。由于图书寮本为零本,未见关于编撰者及书写者的相关记述,但可推测其书写年代为院政时代(12 世纪)。广益本则以天理图书馆所藏镰仓初中期写本(观智院本)著称。关于图书寮本的文字修订状况,仅就字条补入来看,全部 3 676 字条中,字条补入共有 16 条,大体与天治本《新撰字镜》相当。此外,依据抹消符、补入符、擦消进行的文字修订量颇多,可见图书寮本的草稿特征显著。申雄哲《图书寮本〈类聚名义抄〉の翻字と校注(言部)》(2014)的翻刻与校注及申《图书寮本〈类聚名义抄〉の基础的研究》(2015)中,有明示其具体实例。

　　从 Codicology 的观点来比较天治本及图书寮本,两方均以楮纸书写,可判断其均为实用书。依据抹消符、补入符等文字修订之多,也显示其为实用书的特点。相异之处在于,于天治本中虽不见训点,但在图书寮本中则详细加写了声点、乎古止点、句读等训点标识符。而训点,正反映了汉字汉文的学习结果。此外,图书寮本的目录中,虽列有“面”部、“齿”部、“色”部,但本文内容均欠缺,想必也与图书寮本为草稿这一原因相关联。

五、结语

综上所述,本节以高山寺本《篆隶万象名义》中所存的"队"字为切入点,对日本古辞书的书写用纸及文字修订的关系进行了考察。对于高山寺本中的文字修订状况,基于原本调查,列举了调查中收集到的全部实例。高山寺本中误写情况较多,而这也是其作为进献用的官方书籍,为保持其纸面整洁将文字修订控制在最低限度的方针的反映。今后,也必须立足于这一点,继续深入对《篆隶万象名义》的研究。

第三节　《篆隶万象名义》的
和训与二反同音例

一、前言

本节中,对《篆隶万象名义》的唯一古写本高山寺本(1114 年)中所确认的和训等后人所追加的部分作分析,阐述这些部分应是由第五帖的续撰者所作的追记。同时,由两音注记中散见有同音字例这一点,推想《篆隶万象名义》的编纂过程中依据了数种《玉篇》的可能性较高。

二、《玉篇》与《篆隶万象名义》

日本空海所撰述的《篆隶万象名义》,作为梁顾野王所编纂的《玉篇》(543 年)的节略本有着极大的研究价值。按第一帖起首处所记载的"东大寺沙门大僧都空海撰"的内容推测,本书的成书年代应在空海(774—835)担任东大寺大僧都的 827 年到其卒年 835 年之间的这段时期。高山寺本(1114 年誊写)是《篆隶万象名义》唯一的古写本,全书由六帖构成。第五帖的起首处记载有"续撰惹曩三佛陀"的字样,本书前半部分的第一帖至第四帖为空海原撰,后半部分的第五帖、第六帖为后人的续撰。

顾野王《玉篇》,在中国早已散逸,而西域出土写本也仅存残片①。但是,在日本,有第八卷、第九卷、第十八卷、第十九卷、第二十二卷、第二十四卷、第二十七卷古钞本的《玉篇》残卷留存。冈井(1933)中指出,在这些残卷中,从卷首尚存的第十八卷、第二十二卷、第二十七卷中目录的记载形式来看,记录了部首字反切的第十八卷及第二十七卷留存了《玉篇》更早期的形态。其后,贞苅伊德(1957)则通过对反切用字的探讨,指出《篆隶万象名义》所依据的《玉篇》与残卷的第二十七卷最接近,而除此以外的残卷则均与空海所据《玉篇》有所出入。更进一步地,上田正(1970)中细致地比较讨论了《玉篇》残卷、宋本《玉篇》及《篆隶万象名义》的反切用字,得出可将残卷作如下分类的结论:首先二分为留存了更早期形态的 A 类第十八卷、第十九卷,及反映了较新形态的 B 类第九卷、第二十二卷、第二十七卷,并且,将 B 类三分为最接近于《篆隶万象名义》的 b 类第二十七卷,比较接近于《篆隶万象名义》的 c 类第二十二卷,及与《篆隶万象名义》差异最大的 d 类第九卷。

《篆隶万象名义》留存了原本《玉篇》本来的面貌,是文字学、音韵学、训诂学史上的重要资料,围绕着本书迄今为止有着众多的研究成果。在日本国内的研究成果来看,在文字学领域,有福田哲之(1994)、大柴清圆(2008,2009,2011,2015)等研究。在音韵学领域,有周祖谟(1996)、河野六郎(1997)、上田正(1986)等研究。在训诂学领域,有小岛宪之(1991,2019)、岸田知子(1992)等研究。

近年,吕浩(2007)对《篆隶万象名义》的校订本文施以注释,而臧克和(2008)则通过将《说文解字》、原本《玉篇》残卷、宋本《玉篇》及《篆隶万象名义》进行对照而加以校注,十分有益于本文内容的研究。

———————————

① 关于 S6311,Dx1399,TID1013,参照高田时雄(1987,1988),关于 Ch1744,参照泽田达也(2008)。

三、《篆隶万象名义》的内部差异

如前所述,《篆隶万象名义》前半部分的第一帖至第四帖为空海原撰,后半部分的第五帖、第六帖为后人续撰。上田正(1970)中指出,《篆隶万象名义》的前半部分依据更早期的《玉篇》,而后半部分则依据较新的《玉篇》。并且,从第五帖中所使用的特殊的反切上字"菩",第五帖与第六帖中部首字的标示方法,及对重文的处理上的差异为依据,推测第五帖与第六帖应该是由同一学派集团内部的编纂者分担续撰而成的。白藤礼幸(1977)指出(第一帖的)"'人'部的一部分与'女'部中所包含的两音注记与第五帖相仿,数量很多"这一事实。更进一步地,井野口孝(1986)则详细地分析了第五帖,推测编纂者 X 补充修订了编纂者 Y 的本文内容,之后将完成《篆隶万象名义》编撰的任务委托给编纂者 Z。在对第五帖的分析中,井野指出了如下事实"即在书名的引用、重文的处理、字头的重复等方面,确认第一帖与第五帖确实有着共通之处",并推测"边参照《玉篇》,边对第一帖进行补充修订的即为第五帖的编纂者 X 的可能性非常高"。如此,井野口孝(1986)的研究虽然非常值得注目,但也由于《篆隶万象名义》是真言宗的开山之祖弘法大师空海所撰述的缘由,到目前为止尚未有从正面论及编纂者问题的研究。此外,井野口孝(1986)的论考是以第五帖为中心,对第一帖的内容尚未进行具体的分析。笔者从另外的视点意识到第一帖"人"部中的特异之处,以下针对其内容做具体叙述。

四、高山寺本《篆隶万象名义》中的和训

在高山寺本《篆隶万象名义》第一帖的"人部"中可见以片假名标注的和训,其内容与改编本《类聚名义抄》相同这一点广为所知。

　　　　㑊　尹世反　合板除也　或篦　ヘク　ヒユ(高山寺本第一帖 64 里)

忯　君世反　ヘク　ヒユ(观智院本《类聚名义抄》佛上
16 里)

忯　尹世反　ヘク　ヒユ(高山寺本《三宝类字集》卷上 15
表、西念寺本亦同文)

最早言及此处和训的是白藤礼幸(1977),文中指出在同为改编
本《类聚名义抄》的观智院本《类聚名义抄》和高山寺本《三宝类字
集》中均可见此同一和训,并陈述了此和训应为后人所追记的意见。

　　当然,很难考虑为此和训由空海所附,想必当是抄写过程中
由何人所加。

其后,又有山田健三(1995)提及此和训,"当是转写过程中所混
入的内容"这一观点与白藤礼幸(1977)一致。并且在此之上,推想高
山寺本《篆隶万象名义》与改编本《类聚名义抄》应是参照了共同的典
据文献。

　　这想必应是撰写时所混入的内容,与字头相对可见和训"ヘ
ク、ヒユ"(第一帖 64 里)。此记载内容与改编本《类聚名义抄》
中的和训、音注相一致,由此可窥知两者(高山寺本《篆隶万象名
义》的编纂者与改编本《类聚名义抄》的编纂者)应当属于共同的
学派集团,是一处颇有意趣的例子。

关于高山寺本《篆隶万象名义》有如下的解说、解题:山田
(1928a)、神田喜一郎(1966)、筑岛裕(1984)、贞苅伊德(1989)、高田
时雄(1995)等,但均未言及此处和训。

山田健三(1995)中指出"两者应当属于共同的学派集团",这实
际是指高山寺本《篆隶万象名义》的书写时期与改编本《类聚名义抄》
的成立时期应是相关联的。高山寺本《类聚名义抄》于 1114 年抄写,
而改编本《类聚名义抄》的成书,筑岛裕(1969a)推测应该在 1178 年
以前。这一意见是以高山寺本《菩提场所说一字顶轮王经》中有高野

山僧人玄证的加注,其内容与改编本《类聚名义抄》相一致为根据的。

若高山寺本《篆隶万象名义》引用了改编本《类聚名义抄》的和训,则改编本《类聚名义抄》的成书应在 1114 年之前,比以往的学说提早了 60 年以上。如此,"两者应当属于共同的学派集团"的见解,与高山寺本《篆隶万象名义》的书写时期与改编本《类聚名义抄》的成立时期之间并无矛盾,是很稳妥的意见。但此和训,像本文后面会提到的一样,其内容与《篆隶万象名义》的注文相对应,通过探究其内容,笔者意识到,像"后人的追记,撰写时的混入及编撰团队相同"这样用以往的观点来说明的意见还有很多不足之处,应可以用此和训为线索,更积极地对两者的编纂过程作进一步的分析。

五、《篆隶万象名义》续撰部的成书与《类聚名义抄》的成书

接下来涉及非常细微的论述,关于《篆隶万象名义》续撰部的成书与《类聚名义抄》的成书,有着各种各样的意见,下面先简略地作一下梳理。

首先,关于《篆隶万象名义》续撰部的成书、高山寺本的书写时期及续撰部的编纂者等问题,有如下几种意见。

1. 永久二年(1114),高山寺本誊写于这一年,其中记载了与改编本《类聚名义抄》相同的和训(白藤礼幸,1977)。
2. 高山寺本,是用雁皮纸书写而进献给贵族的书籍(石塚晴通,2015),文字修正之处很少(李媛,2019)。
3. 设想续撰部分的编纂者"慈曩三佛陀"应为醍醐寺三宝院开山祖师胜觉(1057—1129)(马渊和夫,1978)。

另一方面,关于原撰本《类聚名义抄》与改编本《类聚名义抄》的成书,有如下几种意见:

4. 永保元年(1081)之后,原撰本《类聚名义抄》成书(筑岛裕,1969b)。

5. 推想原撰本《类聚名义抄》的编纂者为觉印(1097—1164)(筑岛裕,1969b)。

6. 治承二年(1178)之前,改编本《类聚名义抄》成书(筑岛裕,1969a)。

7. 原撰本《类聚名义抄》中,关于《篆隶万象名义》的前半部分的第一至第四帖的内容冠以"弘云"来引用,而关于其后半的续撰部分的第五、第六帖则冠以"玉云"来引用(宫泽俊雅,1973)。

上述 1~7 的观点中,关于编纂者的 3、5 还停留在推测阶段,而其他的几点都为确定的观点。

立足于以上的观点,关于高山寺本《篆隶万象名义》中的和训与《类聚名义抄》(原撰本、改编本)的引用关系,考虑有以下五种可能性。

1. 原撰本《类聚名义抄》引用了《篆隶万象名义》的和训(1081 年之后)。

2. 改编本《类聚名义抄》引用了《篆隶万象名义》的和训(1178 年之前)。

3. 《篆隶万象名义》引用了原撰本《类聚名义抄》的和训(1114 年之前)。

4. 《篆隶万象名义》引用了改编本《类聚名义抄》的和训(1114 年之前)。

5. 《篆隶万象名义》与改编本《类聚名义抄》分别独立地引用了某书的和训。

山田健三(1995)的"两者应当属于共同的学派集团"这一观点即与上述的第 5 种情况相符。这种情况下需要设想两者有着共同的典据,而这一问题尚悬而未决。笔者则根据《篆隶万象名义》为原撰本《类聚名义抄》的主要编纂资料,在改编本《类聚名义抄》的编撰过程中也应该利用了《篆隶万象名义》作字头增补等情况为依据,推测应为上述 1 或 2 的情况。1 的情况,原撰本《类聚名义抄》利用了《篆隶万象名义》的话,则和训的引用时期的上限即 1081 年,而如果其所利用的即为高山寺本的话,则和训的引用时期应在 1114 年之后。2 的情况,改编本《类聚名义抄》所利用的《篆隶万象名义》即为高山寺本的话,则和训的引用时期可被限定为在 1114 年之后、1178 年之前。另一方面,3 与 4 为《篆隶万象名义》利用了《类聚名义抄》的情况,可能性较低。

六、《篆隶万象名义》中和训注记的意图与"ヘグ""ヒユ"的词义

将高山寺本《篆隶万象名义》中包含和训的字条再标示一次。

　　　 㭊　尹世反　合板除也　或笧　ヘク　ヒユ(高山寺本第一帖 64 丁里)

和训的"ヘク"正是"削薄表面"之意的"ヘグ"无误。关于"ヒユ",虽然也可以考虑为"变冷"之意,但作为"削掉"之意的"ヒウ"(ワ行下二段活用动词)曾被用于《古事记》歌谣("许纪志斐惠泥"[コキシヒヱネ])中,即为"削掉"之义,是与"ヘグ"(剥)同义的"ヒユ"(ヤ行下二段活用动词)。

然而"㭊"字并没有"削掉"的字义:

　　　 㭊　夷世切。亦作笧。所以合版際也。(宋本《玉篇》上 29 表)

宋本《玉篇》中可见的"所以合版際也"即为"つぎあわせる(中文:拼接)"之意。"㭊"字的异体字的"笧"也有同样的字义①:

---

① 《广韵》中也可见"所以合版際也""合版际也"之外的字意说明。
㭊　合板㭊缝。(《广韵》去声祭韵,曳＝余制切)/　笧　长也。
(与《广韵》相同、王一王三中无"㭊""笧"的注文为"各板際")
㭊　㭊㑂。(《广韵》去声祭韵,跩＝丑例切、"きざむ　中文:刻"之意)

　　笢　尹世反。合板際。術字。(《篆隶万象名义》第四帖 67
里、"術"为"㑳"的误写)

　　笢　移世切。合板際。(宋本《玉篇》中 37 表)

　　此处需要注意的是《篆隶万象名义》的字义注释中的"合板除
也"。"除"应为"際"的误写,而若将误写的注释按着日语的语序进行
训读,即为"合板を除く"是"张り合わせた板を剥がす　中文:剥下
贴合的板"之意,正与"削掉"之意的"ヘグ""ヒユ"相一致。也就是
说,此处的和训是根据《篆隶万象名义》的"合板除也"这一字义注释
生发而出的,即所谓的"误训"。如果这个解释正确的话,那么此处的
和训并不是对其他先行资料的引用转载,而可理解为是记入此处和
训的人,在看到《篆隶万象名义》的注文"合板除也"之后,将自己的理
解写入书中之故。此处的和训,在双行小字注文"尹世反　合板除也
　或笢"之下,且以更小的双行小字记入这一点,也可以反过来印证
上述推测。

七、《篆隶万象名义》"人"部中应加以注意之处

　　白藤礼幸(1977)中指出,第一帖"人"部的一部分与"女"部中所
包含的两音注记与第五帖相仿,数量很多,也就是指出了第一帖与第
五帖的相似性。此外井野口孝(1986)则以书名引用、重文、字头的重
复等为根据,做出第五帖的编纂者也同时对第一帖进行了补充修订
的推测。由此想见,在高山寺本《篆隶万象名义》中写入和训的人,正
应是对《篆隶万象名义》第一帖进行补充修订的人物,而此人当为第
五帖的编纂者。

　　在《篆隶万象名义》第一帖"人"部中,除和训以外还有可以判断
为由后人追加的内容,并且在这些内容中存在着不见于他处的注记
形式。具体来说,即"两音字"注记、补入注记、字体注旁记、对字头存
疑的字体标记"可求"的注记及"或"注记等五点,现按此顺序进行
说明。

第一点的"两音字"注记,在"佃"字的注文末尾处可见"自此以外犹可书两音字"的注记。此处的标记,即关于"佃"字之后的"两音字"所注记的内容。

> 佃　同见同年二反。中也。自此以外犹可书两音字。(《篆隶万象名义》第一帖 56 表)

《篆隶万象名义》的本文,将字头以大字,注文则以双行小字进行书写,但此处的注记,是以比注文的双行小字更小的双行小字进行书写的。吕浩(2007)对此处内容的"后人所加"的评语是妥当的。并且,此处所用的比注文的双行小字更小的双行小字的书写形式,与前述的和训的记载形式是相同的。

"佃"字,在《广韵》中有"徒年切"(平声先韵定母,小韵字"田")与"堂练切"(去声霰韵定母,小韵字"电")两音,"同见"为去声霰韵,"同年"为平声先韵。确为"两音字"。

第二点的补入注记,在"傺"字(第一帖 64 里)之前有"此次可入之处有奥"的注记,这是指示将从"傺"字至"金"字(第一帖 64 里~65 表)的 16 个字移动以作补入修订之意。"此次可入之处有奥"是明显的变体汉文。其文意是指,这之后的字条群("傺"字至"金"字)应移至 65 里"倐"字之后补入。《篆隶万象名义》在书写上,是以一叶分左右六行、上下两段、十二字条为原则的,但此补入注记及其前后的内容则打乱了这一原则。

前述和训,出现在"此次可入之处有奥"的补入注记之后的 64 里、65 表的部分。而补入注记与记载了和训的部分都为每叶左右四行书写,并未遵循《万象名义》的一般书写体例。推测这种相异的体例,应是与这一部分曾经在传承的过程中发生过脱落相关。而进一步推想,脱落应该发生在从空海原撰到高山寺本誊写之间,而明确的补入注记则明示了这一部分为脱落部分的补入。而作此补充修订的人物,正对第一帖进行了补充修订,也即为第五帖的编纂者。

第三点的字体注旁记,在"侮"字的字头右侧可见"又侮"的标记。推想此内容是由第五帖的编纂者在补充修订第一帖时,对照所参照的《玉篇》,将相异之处所作的追记。

　　侮 ^又侮　妄甫反。侵也,轻也,伤也。(第一帖 57 表)

第四点的"可求"的注记,见于笔画不清晰的字头之下。这应当是指示需要参照其他别本《玉篇》之意。

　　傻　子閞反。可求。(第一帖 61 里)

第五点的"或"注记,如下例所示,在注文末尾以"或逼"的格式标示异体字的"或"注记集中在第一帖。

　　偪　鄙力反。迫也,近也。或逼。(第一帖 60 表)

这样标示异体字的"或"注记,在第一帖中存在 18 处。并且,在前述的补入注记部分(64 里~65 里)中集中了 9 处。

上述五点特殊注记形式的存在,可以确证有后人对第一帖进行了补充修订。

八、两音字的反切形式与二反同音例

两音字通常以"○○○○二反"的形式来标示。以三个反切来标示的"三反"的用例也包含在两音字中。《篆隶万象名义》的两音字,在此之外还有"○○反……○○反""○○○○反"等 9 种形式,总计 221 例。表 5.2 中,整理了两音字的标记形式及每帖中出现的用例数。反切的标记形式分别省略表示如下,"○○○○反"略为"反","○○○○○三反"略为"三反","○○○○二反"略为"二反","○○反○○反"略为"反反","又○○反○○反"略为"又反反","○○反……○○反"略为"反……反","○○反○○二反"略为"反二反","○○反又○○反"略为"反又反","○○反……又○○反"略为"反……又反"。

表 5.2　两音字的标记形式与每帖中出现的用例数

帖	反	三反	二反	反反	又反反	反……反	反二反	反又反	反……又反	计
一	6	4	70	3	0	3	3	0	1	90
二	0	0	0	0	0	1	0	0	0	1
三	2	0	5	3	0	0	0	0	1	11
四	0	0	0	2	0	1	0	0	0	3
五	37	1	6	47	1	4	0	4	3	103
六	2	0	2	4	0	2	0	1	2	13
计	47	5	83	59	1	11	3	5	7	221

　　由表 5.2 可知,第一帖中有 90 例,第五帖中有 103 例两音字,很明显两音字主要集中在这两帖中。通过更进一步仔细观察可发现,第一帖中"二反"的形式多达 70 例,第五帖中"反反"的形式为 47 例,"反"的形式为 37 例,这两帖在两音字的标记形式上是有区别的。

　　《篆隶万象名义》的原撰部分,即使所依据的《玉篇》中有两个反切,也只采用一个反切,是其编纂方针之一。但是,续撰部分的编纂者则选取了采用两个反切的方针,并以此整理记述了第五帖的本文内容。第五帖的编纂者之后进一步在对第一帖的补充修订的工作中,对《玉篇》中为二反,而《篆隶万象名义》中只有一个反切的字条,追加了反切注记。第五帖中"○○反"与"○○反○○反"的形式很多,是因为并没有贯彻前述整理记述本文的方针的缘故。之后,在对第一帖作补充修订的工作时,整理为"○○○○○二反"的形式进行注记。这样的推测是可能的。

　　表 5.3 是从表 5.2 中找出的二反同音例。虽然反切有两个,但因为所表示的字音相同,严密地来说不应算在"两音字"之内。

表 5.3　二 反 同 音 例

号码	字头	注　文	所在位置	上田(1986)分类	声	韵
1	回	思緣反。求宣也。小全反。谓亘也。	一 21 表	二反同音欤	心合 C	平仙
2	甕	一弄反。於贡反。鼻病也。	一 91 表	二反同音欤	影一	去送
3	瞥	且感反。曾也。又千感反。	三 23 表	（二反同音）	清一	上感
4	檍	於巇反。初也。於力反。梓也。	四 3 表	（二反同音）	影开 B	入职
5	藪	桑后反。苏走反。大泽也。	四 36 里	（二反同音）	心一	上厚
6	甋	鱼偃反。牛偃（偃）反。无底甑。	五 23 表	二反存疑	疑开 D	上阮
7	缶	方久反。瓦罂。又甫支（友）反。	五 26 表	二反同音存疑	非 C	上有
8	旋	徐治（沿）反。條（徐）缘反。周也、行也、还也、转也。	五 34 表	二反同音欤	从合 C	平仙
9	稍	所卓山卓反。	五 39 表	二反同音存疑	生二	入觉
10	衔	遐衫反。户监反。马口中鐮也。	五 55 里	二反同音存疑	匣二	平衔
11	鉅	渠语泹举二反。	五 56 里	（二反同音）	羣 C	上语
12	铪	公币（原作巿）、公币（原作巿）反。犁铤也。	五 59 表	（二反同音）	见一	入合
13	钏	齿椽（掾）反。昌椽（掾）反。臂镮。	五 60 里	二反同音存疑	昌合 C	去线
14	敞	齿掌反。昌两反。高显。	五 63 表	（二反同音）	昌 C	上养

号码	字头	注　文	所在位置	上田(1986)分类	声	韵
15	梻	扶园扶袁反。	五70表	二反同音	奉D	平元
16	轼	诗弋舒翼二反。	五71里	(二反同音)	书C	入职
17	河	户多贺柯反。	五80里	二反同音	匣开一	平歌
18	淀	祀椽反、似缘反。迴流也。	五90表	二反同音欤	从合C	平仙
19	滨	补民反。渥也。卑辰反。水涯。	五100里	二反同音	帮A	平真
20	罂	麾城(域)反、摩城(域)反。方、大。	五134表	又反存疑	晓合B	入职

　　表5.3中,以号码、字头、注文、所在位置、上田正(1986)分类、声、韵的顺序整理了"二反同音"用例的信息。由于注文中误写较多,在括号中标出修订后的字。上田正(1986)分类的栏中以圆括号标示的内容,是依笔者的判定而追加的。声与韵的栏中则原样标示了上田正(1986)中记载的内容①。

　　观察每帖中的字例数,第一帖2例,第二帖0例,第三帖1例,第四帖2例,第五帖15例,第六帖0例,共计20例。从数目上看可以确认二反同音的字例集中地出现在第五帖。

　　为什么会出现二反同音之字例呢? 又为什么第五帖中二反同音的字例较多呢? 在中国编纂的字书韵书中,除却非常草率的编纂情况外,应该不可能出现这样的同音反切注记。添加这些反切的人,一定是没有意识到这些反切所标示的内容其实为相同的字音,而只是因为反切用字不同就全部采用了。这样的话,推测应该是由日本人

----

　　①　上田正(1986)中将等位七分为一等、二等、A类、B类、C类、D类、四等等七类。其中A类与B类为重纽,D类为纯三等韵,其他的三等韵则归为C类。

来添加的这些反切。而用例集中在第五帖，也暗示了进行这一补充修订工作的人正是第五帖的编纂者的可能性很高。同时，第五帖中二反同音字例很多这一点，也说明了当初编辑《篆隶万象名义》本文时所参照的《玉篇》，与进行补充修订工作时所依据的《玉篇》之间，在反切用字上差异较大的现象。另一方面，虽然也对第一帖进行了补充修订，但可以理解为由于原撰之时所依据的《玉篇》，与补充修订时候所参照的《玉篇》之间反切用字的差异较小，所以第一帖中的二反同音字例也较少。

在到目前为止的研究中，编纂《篆隶万象名义》时，只参照了一本《玉篇》成为默认的前提。贞苅伊德（1957）中，讨论了《篆隶万象名义》与《玉篇》残卷不一致的用例，推测其起因在于《篆隶万象名义》所依据的《玉篇》与现存的《玉篇》残卷之间存在差异，现在这已成为公认的看法。以此为立足点，上田正（1970）中指出《篆隶万象名义》的前半部分依据了更早期的《玉篇》，而后半部分依据了较新的《玉篇》。两位的见解，均为《篆隶万象名义》的前半所依据的为某一本更早期《玉篇》，而后半则参照了一种较新的《玉篇》。但是，二反同音字例的存在，则暗示了《篆隶万象名义》同卷同帖的内容依据了数本《玉篇》的可能性。

然而，吕浩（2003）中，从《篆隶万象名义》中抽出 100 组重出字并进行了分析。并在最后举出了虽然反切用字不同，但同音的字例，认为这些反切应不是来源自同一本书，指出"《名义》内容不可能仅仅来源于顾野王《玉篇》"。而从本节的观点来看，则是存在空海所利用的《玉篇》，与第五帖的编纂者在补充修订时所参考的《玉篇》不同，即存在过这两种不同的《玉篇》的原因，并由此生发了现存本中的反切用字的差异，笔者认为并没有立证《篆隶万象名义》的编纂中使用了《玉篇》以外文献的积极理由。

九、目录部分的异本注记

若从《篆隶万象名义》依据了数本《玉篇》的观点出发，则《篆隶万象名义》起首的目录部分中的异本注记,存在由补充修订《篆隶万象名义》的编纂者参照别本《玉篇》来进行注记的可能性。目录部分是将部首字及其反切一览而成的内容,是按如下形式对《玉篇》三十卷分卷记录的。

篆隶万象名义卷第一

一	於逸反	上	时让反	示	咒至反	二	如至反
三	苏甘反	王	宇方反	玉	鱼录反	珏	古乐反

第二

土	健咆反	垚	五彫反	墓	故隐反	里	吕拟反
田	徒坚反	昌	记良反	黄	胡光反	兵	去留反

(下略)

所谓异本注记,是在部首字的右侧记入异文,并以小字片假名"イ"作标记。如上所示的"兵"一样,在"兵"的右侧注记了"丘"的异体字"止イ"("兵"为"丘"的误写)。如此,以小字片假名"イ"标记的异本注记共有21例。此外,并没有标记小字片假名"イ",但确认同为异本注记的还有2例(卷第七的79乘及83筋)。在《篆隶万象名义》的目录部分合计共有23例异本注记。

将这些异本注记,与该部首字在《篆隶万象名义》中所出现的帖数,及《玉篇》的卷数、部首号码①、部首字作对照的结果如下。例示内容中同时标记异本注记的异体字略显繁杂,因此省去,只标记部首字的通行字体。

《篆隶万象名义》	《玉篇》			
第一帖	卷第二	16 丘		
	卷第三	24 儿	30 予	
	卷第四	37 频	39 昝	43 囱　44 臣
第二帖	卷第五	58 谷		

---

① 为目录中所记录部首字的顺序,高山寺本中未标出,本书为便于理解及论述所加。

卷第六 68 収 69 虮 75 中

卷第七 78 疋 79 乖 83 筋 87 癵

第三帖 卷第九 97 分 98 号 99 于 103 凵

108 册 118 牟 119 乔

卷第十 124 久

如上所示，很明了地可以看出，异本注记的出现限定在了《篆隶万象名义》从第一帖至第三帖的部首字，而以《玉篇》的分卷系统来看，是从第二卷至第十卷的部首字。

关于高山寺本《篆隶万象名义》起首目录部分的异本注记，以往的研究中并没有从上述观点来进行过论述。历来认为这应当是与《篆隶万象名义》的别本进行对校而将相异之处作标记的结果，这是比较稳妥的解释。但是，《篆隶万象名义》的续撰者（第五帖担当者）将所依《玉篇》的目录与《篆隶万象名义》的目录部分作比较，将两者的异同标记出来这一点也是有非常高可能性的。

十、《篆隶万象名义》续撰部与原撰本《类聚名义抄》

如果可以确定《篆隶万象名义》的续撰者（第五帖担当者）对《篆隶万象名义》前半部分的从第一帖到第四帖作了补充修订的话，那么会作这种补充修订的原因又成为问题。这是与日本辞书史相关联的，宫泽俊雅（1973）中对此作了如下意味深长的推测。他首先指出原撰本的图书寮本《类聚名义抄》中，冠以"弘云"对《篆隶万象名义》的引用内容仅限于前半的空海原撰部分，而冠以"玉云"所引用的《玉篇》，则多与《篆隶万象名义》后半的续撰部分相吻合，然后推测原撰本《类聚名义抄》的编纂者当是以"玉云"来引用《篆隶万象名义》后半部分的内容。

如上所述，若可以确认《类聚名义抄》中所见的"玉云"并不是对玉篇的直接引用，而是对《篆隶万象名义》的引用的话，那么当然可以认为《篆隶万象名义》的后半，即续撰部分，在《类聚名义抄》进行编纂时是已经完成了的。于是，推测《类聚名义抄》的编纂者，在引用《篆隶万象名义》时，只承认其前半部分为空海的原撰并予以尊重，冠以"弘云"，而对于其后半，认为仅仅是《玉篇》的抄录本，因此以"玉云"来作标记。不过，若是将《篆隶万象名义》后半部分以"玉云"来引用的话，那么其内容与从《玉篇》的直接引用难以区分这一点，又是需要进行思考的地方。关于这一点的臆测，现在就不再过多展开了。

宫泽俊雅（1973）中对上述观点未作展开实属遗憾，但白藤礼幸（1977）则（对宫泽的观点）作了进一步的解说："那么如果作更彻底地讨论的话，续撰部分的编纂者与《名义抄》的编纂者应是相距非常近的吧。""相距非常近"应是指在同一学派集团中的意思，也就是说原撰本《类聚名义抄》的编纂者与《篆隶万象名义》续撰部的编纂者应可以视为同一人。

从成立时期的观点来看，宫泽俊雅（1973）的学说，其前提为，在原撰本《类聚名义抄》成书之前，《篆隶万象名义》续撰部分已编纂完成。

笔者对由井野口孝（1986）所提出的《篆隶万象名义》续撰部第五帖的编纂者，对第一帖进行了补充修订这一观点持支持的态度，但如果考虑可使宫泽俊雅（1973）的观点与井野口孝（1986）的观点同时成立的解释的话，大概原因可总结如后。原撰本《类聚名义抄》在编纂中对《篆隶万象名义》的利用上存在两个问题。第一是由于空海的原撰部分中对《玉篇》里即使有两个反切也只采纳了一个，内容上不完整，从而有进行补充修订的必要。第二是《篆隶万象名义》中缺少与《玉篇》的后半部分相对应的内容。对《篆隶万象名义》前半的空海原撰部分的补充修订工作，首先是以第一帖的"人"部为对象开始的。《类聚名义抄》起首的部首即为"人"部，所以首先需要对此部首进行补充修订。其次，是对《篆隶万象名义》第一帖的"女"部进行了补充修订。编纂原撰本《类聚名义抄》的基本数据为中算所编撰的《妙法莲华经释文》，从而有必要对收录了"妙"字的"女"部进行补充修订。补充修订的工作虽是以追加两音注为主要目的，但在完成了对第一帖的"人"部及"女"部的补充修订之后这一工作就中断了。另一方面,对于《篆隶万象名义》空海原撰部分所缺少的,与《玉篇》后半相对应内容,则从《玉篇》中抄录出新的本文内容。虽然第五帖的编纂者遵循了采用两音字的方针,但第六帖的编纂者对两音字却采取了只选用一个反切的方针。井野口孝(1986)中推想第五帖的编纂者存在两个人,遵循此想法,则应存在对两音字也只取一个反切的编纂者 Y,及检查 Y 所作成的本文,并且补充修订了两音字内容的编纂者 X 这两人。关于第六帖,井野口孝(1986)中推测其担当者应为编纂者 Z,但此帖中全然没有编纂者 X 的补充修订。

这是很大胆的推想,想必会受到很多批评。但是我想,若按照此推测的内容进行思考,则高山寺本《篆隶万象名义》的内部差异,甚至于对作为原撰本的图书寮本《类聚名义抄》的草稿本的特征等都可以作出很好的解释。

十一、《篆隶万象名义》所据《玉篇》的种类

针对《篆隶万象名义》的第一帖至第四帖,空海在撰述这部分内容时利用了《玉篇》E①,进一步地,续撰部的第五帖的编纂者 X 在进行补充修订工作时利用了《玉篇》F。

而针对《篆隶万象名义》的第五帖,最初编纂者 Y 在抄录编撰时利用了《玉篇》G,进一步地,在补充修订编纂者 Y 所抄录的本文内容时编纂者 X 利用了《玉篇》H。

而在编纂《篆隶万象名义》的第六帖时,编纂者 Z 在进行抄录编撰时利用了《玉篇》I。如上所述,《篆隶万象名义》所据《玉篇》的种类,从《玉篇》E 至《玉篇》I 共有五种。

《篆隶万象名义》后半的续撰部分利用了两种《玉篇》,《篆隶万象

---

① 由于上田正(1970)中将《玉篇》的种类首先二分为 A、B,再将 B 三分为 b、c、d,为了避免重复,此处将分类标记的字母以 E 开始。

名义》的前半原撰部分,应是与后半续撰部分所依据的《玉篇》相异来考虑的话,《篆隶万象名义》所据《玉篇》的种类最少为三种。若以三种为前提来考虑的情况下,则编纂者 X 在补充修订第一帖至第四帖时利用的《玉篇》F,应与补充修订第五帖时使用的《玉篇》H 相同,而编纂者 Y 在作成第五帖的本文时所利用的《玉篇》G 应与撰者 Z 所利用的《玉篇》I 相同。

　　将上述对于《篆隶万象名义》所依据的《玉篇》进行的推定整理为表 5.4。其中对所依据《玉篇》的推定持保留意见之处以"－"标示。

表 5.4　对《篆隶万象名义》所据《玉篇》的推定

前后部分	帖	编纂者	最初所据《玉篇》	补订者	补订时所据《玉篇》
原撰部	第一帖	空　海	E	撰者 X	F
原撰部	第二帖	空　海	E	－	
原撰部	第三帖	空　海	E	－	
原撰部	第四帖	空　海	E	－	
续撰部	第五帖	撰者 Y	G	撰者 X	H
续撰部	第六帖	撰者 Z	I	－	

　　然而,宫泽俊雅(1973)中对原撰本《类聚名义抄》所据的《玉篇》的种类也有论述。从《类聚名义抄》所引用的《玉篇》反切,与《篆隶万象名义》的后半部分的内容有不一致的例子的情况来看,其所引的《玉篇》应与《篆隶万象名义》前半部分所据本为同一种类,即为更早期的《玉篇》。

<table>
<tr><td colspan="2" align="center">《类聚名义抄》</td><td colspan="2" align="center">《篆隶万象名义》</td></tr>
<tr><td>湮</td><td>诗立反(26－4)</td><td colspan="2">尸立反(第五帖 96 表)</td></tr>
<tr><td>冰</td><td>冀膺反(65－1)</td><td colspan="2">笔陵反(第五帖 110 里)</td></tr>
</table>

蠘　许其反（143－6）　　　　计奇反（第六帖4表）

　　"湿"的反切"诗立反"，在《玉篇》残卷的第十九卷中有同一用字的反切。"诗立反"与"尸立反"是用字相异但同音的反切。如此，《篆隶万象名义》第五帖所据的《玉篇》是与残卷第十九卷不同种类的《玉篇》。残卷第十九卷被认为是更早期的《玉篇》，考虑宫泽俊雅（1973）的推测是正确的。但是，立足于井野口孝（1986）与本章的观点上来看，可将此情况说明为，《篆隶万象名义》的"尸立反"是来源于第五帖的编纂者 Y 所利用的《玉篇》，而《类聚名义抄》的"诗立反"则是来源于第五帖的编纂者 X 所利用的《玉篇》。

　　关于"氷"的"冀膺反"，宫泽俊雅（1973）中标示了判读结果，即应判读为"鱼膺反"。而"氷"与"冫""冰"为同字，在平声蒸韵帮母（《广韵》"笔陵切"）的字音之外，还有平声蒸韵疑母（《广韵》"冰"字"说文本音鱼陵切"）的字音，是于二个反切中选取了一个反切的内容，不能作为判断《玉篇》种类的材料。"蠘"的"许其反"是平声之韵晓母。由"计奇反"应修正为"许奇反"，是平声支韵晓母来看，应考虑为本来在《玉篇》中存在着两个反切。但是，《玉篇》残卷的第二十二卷（延喜抄本）中只有"许奇反"一个反切，可想见其所据《玉篇》或许是彼此相异。

十二、结语

　　以上讨论了高山寺本《篆隶万象名义》中所确认的由后人追加部分的内容，找出了二反同音字例的存在。此二反同音字例，是显示了《篆隶万象名义》所据《玉篇》存在数种的证据。

　　关于《篆隶万象名义》与其成书时期，判断原撰本《类聚名义抄》引用了《篆隶万象名义》的和训较为妥当。从《篆隶万象名义》续撰部分的编纂者与原撰本《类聚名义抄》的编纂者关系非常近这一点来看，认为两书的编纂几乎是同时进行的也并无不妥。

　　从《篆隶万象名义》和训字条与其前后字条的探讨来看，包含和训的部分,应是由第五帖的续撰者所作的补充修订,本来是以别纸来书写的可能性很高。如和训"ヘグ""ヒユ"为"合板際"误写为"合板除"后所生发出的误训。

《篆隶万象名义》的和训出现在"人"部,并不是单纯的偶然,而是与原撰本《类聚名义抄》始于"人"部有着很深的关联。今后,还有必要对原撰本《类聚名义抄》及《篆隶万象名义》之间的关系作进一步的探讨。

第四节　《新撰字镜》与《一切经音义》

一、前言

十二卷本《新撰字镜》的序文中明确指出,玄应《一切经音义》是三卷本《新撰字镜》的主要资料。在贞苅伊德(1959,1960,1961)中,其引用的内容几乎全部被标出。但是,昌住以何种方针对《一切经音义》进行利用,三卷本《新撰字镜》是一部怎样内容和特征的辞书,这些问题并未被解决。还有,关于《新撰字镜》对于《切韵》《玉篇》的引用,上田正(1981a)和井野口孝(1978)进行了探讨,但是关于其与《一切经音义》的关系在贞苅伊德的研究之后几乎无人涉及。

目前三卷本《新撰字镜》已亡佚,其对于《一切经音义》的引用方法,与十二卷本编纂时对《切韵》《玉篇》的引用方法不同,贞苅伊德(1959:69)中曾明确指出,"并未整理后连续编写,而是散见于各处"。因此,即使是作为《新撰字镜》"解剖"结果一览表的作者贞苅伊德(1960:64),也只写到"只指出其中具体部分是非常困难的"。笔者基于此,想要着眼于完本的《一切经音义》。因为《一切经音义》相较于《切韵》和《玉篇》,更接近昌住所利用的文本并且全部存世,便于进行比较研究。

虽然《一切经音义》是完本,但是《一切经音义》究竟有多少条目,

昌住又如何利用这些条目,这是最开始要面临的问题。此外,引自
《一切经音义》的部分,是否能够根据《一切经音义》对大部分条目进
行注释,如果不能的话,那又为何。《一切经音义》是唐代初期从《一
切经》中按照出现顺序,摘出字句并加以注释。其总条目数根据丽藏
本统计约 9 400 条。并且在这之中,有同一个条目多次出现,也有一
些梵语音译字、固有名词等很少被《新撰字镜》所引用的条目。如此,
可以说能够根据《一切经音义》所编写的内容并不是非常多。《一切
经音义》与《新撰字镜》具有怎样的关系,《一切经音义》被利用到何种
程度是我们需要探讨的问题。

对两书进行比较可以发现,昌住并非彻底地利用了《一切经音
义》。也就是说,贞苅伊德所指出的含有《一切经音义》的部分,并非
是从《一切经音义》进行的大量摘抄。为何会出现这样的现象? 我们
需要对引用自《一切经音义》且连续出现的内容进行分析。引用自
《切韵》和《玉篇》的内容,他们的文字排列顺序也与《广韵》和《篆隶
万象名义》相对应。但是同样的倾向是否出现在《一切经音义》这一
部分内容,贞苅伊德(1959,1960,1961)中并未提及。由于后世的增
补改订,引自《一切经音义》的内容与其他内容混合在一起。但依笔
者所见,在《一切经音义》这一部分也可以发现文字排列顺序的相对
应,特别是引用比较集中的那一部分更为明显。但是,在考察文字排
列顺序时,从《一切经音义》卷一到卷二十五全部进行考察并非易事。
在特定的卷中尤为明显,这也与最初阶段的《新撰字镜》的内容和特
点息息相关。

本节中基于以上观点,考察昌住对于《一切经音义》的利用方法,
以及最初阶段的《新撰字镜》,也就是三卷本《新撰字镜》的内容、特
点等。

二、通过《一切经音义》考察《新撰字镜》

如前所述,《一切经音义》和《新撰字镜》无论是内容还是体裁都

具有很大的差异。所以进行单纯的比较是非常困难的,本文将以以下的方法对两书进行比较研究。

《一切经音义》使用缩册藏经所收的丽藏本,引用部分将举出笔者所校订的文本①。另外,宫内厅书陵部藏大治三年书写本(法隆寺一切经)《一切经音义》缺卷三到卷八,与他本共通的卷中,也有很多大治本未见、丽藏本可见的条目被《新撰字镜》所引用,研究时可适当参考②。

其次,在丽藏本中同时标注音注和义注的内容,有可能是《新撰字镜》依据《一切经音义》所作的注解。我们针对《新撰字镜》(天治本、享和本③)除亲族部、本草部、小学篇、重点、连字、临时杂要字以外的部分进行调查,分析这些内容在各部中的哪一部分出现。重点和连字中也有引自《一切经音义》的内容,但是形式和其他部分相异,因此不在本文的讨论范围内。检索利用长岛丰太郎《古字书索引》(1958,1959),条目的字体根据丽藏本及山田孝雄《一切经音义索引》(1925),因此有一些与丽藏本不完全相同。

《新撰字镜》根据《一切经音义》所编写注释的条目,首先至少应为音注、义注均有的条目,因为这个形式占了《一切经音义》的绝大部分。除此之外的条目,比如梵语音译字、固有名词、教学的注解等,也有可能是引用,但仅考察含有《一切经音义》引用的条目。音注、义注均有的条目以外,也有引自《一切经音义》的内容,但这样考虑的话,就无限扩大了研究对象的范围,因此,本文不作讨论。

基于以上方法对两书进行比较,根据《一切经音义》所作注释的

---

① 　根据缩册藏经本,引用部分使用笔者所校订的文本。

② 　从这个方面来讲,昌住所据本接近于丽藏本。但是,与大治本一致但与丽藏本不一致的反切有一些,大治本未见的条目可能在原本中可见,由此昌住所据本可能更接近大治本。虽然大治本与丽藏本属于同一系统也有少许问题。也有卷目不同,其文字排列更接近宋本的情况(卷十二与十三),所以利用了那个系统文本的可能性也不低。所以,关于所据本,必须先选定引用的卷目,在此基础之上再考察增补改订的情况。

③ 　京都大学文学部国语学国文学研究室所编的复制本(增订本)。

条目可分为以下几类。这里所标注的数值是《新撰字镜》的条目数量,而非条目字①。引用了《一切经音义》字体注或注释中部分内容的条目也包含在其中。

  1.《切韵》、《玉篇》引用以外的部分 2 905
    (a)《一切经音义》引用 A 1 315
    (b)《一切经音义》引用 B 260
    (c) 出典不明 1 330
  2.《切韵》引用部分 431
  3.《玉篇》引用部分 338
  4. 仅享和本可见 8
  5. 天治本、享和本均未见 199
  合计 3 881

上面2、3、4、5并无特殊问题,但1的分析较困难。虽说判断其引用自《一切经音义》比较困难,但目前仅列出确定引自《一切经音义》的条目,这些也应称作《一切经音义》引用(部分)。无法判断的例子归到出典不明当中。这样便可以掌握《一切经音义》引用的数量下限。

《一切经音义》引用又分为 A 和 B。A 是贞苅氏标注了"含有一切经音义的内容""依据一切经音义而作的内容",这些能确定引用了《一切经音义》的条目。B 是"无法辨别""出典不明"这一部分,根据注释的内容或者文字排列顺序等,笔者认为也是引用自《一切经音义》的内容。

"4. 仅享和本可见"中,《一切经音义》引用 A 有 1 项,B 有 1 项,出典不明有 6 项。这些可以包含在 1~3 之中,1(a)和1(b)归在表5.5的①《一切经音义》引用,1(c)归在②出典不明,2 和 3 归在③《切韵》《玉篇》引用,5 归在④天治本享和本均未见中,重新调整后的比例如表 5.5 所示。

---

① 贞苅(1959,1960,1961)的"有注释的条目数"。

表 5.5   《新撰字镜》和《一切经音义》的比较

分　类	条 目 数	百 分 比
①《一切经音义》引用	1 577	44%
② 出典不明	1 155	32%
③《切韵》《玉篇》引用	636	18%
④ 天治本、享和本均未见	199	6%
合计	3 567	100%

　　最初排除掉的重点和连字部,引自《一切经音义》的条目共有 102项。所以《新撰字镜》确定引自《一切经音义》的条目,将 1 加上重点和连字的 102 项后,共计 1 679 项,百分比也变为 47%。另外,还有无法准确判断是否引自《一切经音义》的条目先归在 2 中的约有 140,这些也归到 1 中的话,百分比变为约 51%。可以确定地说,昌住虽非彻底利用《一切经音义》,但几乎一半内容引自《一切经音义》。最初阶段的《新撰字镜》如果只参照《一切经音义》的话,那么所收的条目约 1 700 项,约为天治本的十分之一。最初阶段没有利用《一切经音义》以外的书目是非常奇怪的,但是序文中标记的书名只有《一切经音义》。所以认为最初阶段的《新撰字镜》是一部所收项(字)数非常少的小规模的辞书,是极为错误的。而且约 1 700 个条目并又分成三卷本的部首分类体的辞书,从其条目数来看,也不是一部小体量的辞书。

三、文字配列顺序的比较——木部和金部

(一)《一切经音义》利用方针的探讨

　　昌住只有一半的内容引用自《一切经音义》,可以认为这是基于昌住对《一切经音义》的利用方针。下文针对《一切经音义》引用内容比较集中的部首进行探讨,同时比较《切韵》和《玉篇》引用部分的文字排列顺序,综合讨论其对《一切经音义》的利用方针。

（二）木部

首先探讨木部,这是文字排列顺序最整齐的一部分。

下面将天治本《新撰字镜》的条目字和注释标在最前面,将《一切经音义》标注为【玄应】或〔玄应〕。两者一致的部分用下划线表示。【玄应】是《一切经音义》只出现一次或者仅在同一卷中出现的例子。〔玄应〕是出现多次的例子。相应条目用数字表示,最前面的数字是编号,天治本的出现顺序如3、4、5所示。然后比如29"栈栈"这样的异体字,当无法认定其与《一切经音义》有直接的关系时,为了便于印刷则记作"栈栈"。

《一切经音义》按照条目字、注释、所在的顺序标示。所在的卷数为汉字数字,"丁"根据缩册藏经本用阿拉伯数字标示。天治本中的和训,《一切经音义》的注释均有省略。并且在《一切经音义》中为同一项,但在天治本分属不同项的话,统一进行标示。

当文本内容问题较少的时候,则只标注《新撰字镜》的排列顺序和《一切经音义》的条目位置。本章基于池田证寿(1982),详情请另行参考。

（1）3 槲 a 胡木反。入。d 朴也。

4 楸 b 槤 二上同字。c 桑屋反。e 小木也。

【玄应】槲楸 a 胡木反。又作 b 槤同。c 桑屋反。槲槤 d 朴也。e 山木也。（十三57表8）

例（1）是《一切经音义》的同一项出现在天治本不同的条目中。

（2）5 柧柧 二同。a 古胡。棱也。b 木四方为棱。

〔玄应〕八柧 a 古胡反。通俗文：b 木四方为棱。八棱为柧。言珠有八棱也。（同57表11）

（3）6 梓 f 五割 b 即里二反。e 今作萨。g 余也。载也。c 楸也。橛也。……

【玄应】梓棺　又作a榟同b即理反。古者殷人上梓。字林：梓c楸也……（同54里1）

7 d櫼梓　二字d古文。

8 柹梓a榟　皆上同字。

〔玄应〕栽榟　d古文櫼榟不三形同。e今作蘖同。f五割反。尒雅：榟g余也。载也。言木余载生榟栽也。（四13里5）

排列所对应的是，卷十三57里1"梓薪"一条，但这里"又作榟同。资里反。字林：梓楸也。……"，音注并不一致。天治本6的b的反切下字"里"为"理"的略写（井野口孝1978、上田正1981a）。因此无论哪一个，都可以判断是依据卷十三而作。此外，6是由梓和榟的注释合并，7和8是将这些字体注合并。"榟"在卷十八72里11，卷二十一83表5中也有相同的注释，可以判断为依此而作。

(4) 10 格—〔玄应〕格上（十三58表11）

　　11 桅—〔玄应〕桅架（同56里13）

　　12 械—〔玄应〕械篓（同58里4）

　　13 撒藪—〔玄应〕斗撒（十一46表）

　　属于扌部。

接下来举出《一切经音义》卷十二中的例子。

(5) 14 杫—〔玄应〕批那（十二49里7）

　　批和杫合并。

　　15 桎梏—〔玄应〕桎梏（同59里8）

　　16 枏械—〔玄应〕同

　　注"周礼：在手曰桎。在足曰梏。谓枏械也"立项。

　　17 杚—【玄应】杚土（同50表5）

　　18 槩概—〔玄应〕杚土（同50表5）

　　注"今作槩同"立项。

19 构—〔玄应〕诶构(同 51 表 3)

20 龙栊栊—〔玄应〕栊疏(同 51 表 12)

21 枢—〔玄应〕虚枢(同 52 表 10)

接下来与《一切经音义》卷十四相对应的例子较多。

(6) 22 桃桃—〔玄应〕挑取(十四 60 里 15)

属于扌部。

23 椊椊—〔玄应〕椊桃(同 60 里 15)

24 桡桡桡　三形作。如绍反。木曲折也。弱也。橄也。
〔玄应〕挠令　火刀反。字林：挠扰也。汉书：留挚挠酒是
也。(同 61 表 11)

(6)中的 24 在《一切经音义》中未见桡,但可见挠,推测可能是文
字排列顺序对应后所进行的改订。天治本注释接近《篆隶万象名义》
"如绍反。曲本末也。搦也",所以十二卷本在编纂的阶段可能利用
《玉篇》进行了改订①。

接下来继续《一切经音义》卷十四的例子。

(7) 25 椊—〔玄应〕同 62 表 7(椊椊)

26 帐—〔玄应〕同 62 表 10(相帐)

27 桄—〔玄应〕同 62 表 10(作桄)

(8)的 28 到 30 是《一切经音义》卷十五所对应的例子。

(8) 28 柁—【玄应】柁楼(十五 62 里 11)

29 栈栈—〔玄应〕篝栈(同 63 表 2)

30 椊—〔玄应〕椊子(同 63 表 2)

在接下来的 31 楚到 60 的榴榴中,31 楚、32 槁、36 榭、37 栌、39

———————————

① 　上田(1981a)中指出《切韵》引用部分中合并了《玉篇》。《一切经音义》引用部分
中依据《切韵》和《玉篇》进行了增补改订,关于这一点今后将进行全体的调查和考察。

橙、41 楣、44 捆、50 杈、53 棚、54 桷、59 槐是在《一切经音义》可见音注、义注的条目字,但是无法确认他们的引用关系(省略《一切经音义》的具体位置)。

下面的 61 到 79 也与《一切经音义》卷十五相对应。

(9) 61 椓——【玄应】椓杙(十五 64 表 5)

　　62 杙——〔玄应〕椓杙(同)

　　《一切经音义》为同条目,天治本分属不同的条目。

　　63 榛——〔玄应〕深榛(同 64 表 8)

(10) 65 槛　a 胡敢反。b 栊也。阑楯也。纵曰槛。横曰楯。

　　〔玄应〕槛匮　a 胡瓽反。槛 b 栊也。槛圈也。(同 64 表 12)

天治本的反切下字"敢"被认为是"略写"。前一项的 64 楯在《一切经音义》未见,但因为是"槛"的近义字,所以可认为是后世的增补。《切韵》引用部分将近似字以及近义字进行合并连续排列的例子,可以参考上田正(1981a)。

(11) 66 橡橡橡——〔玄应〕橡栋(十五 64 里 10)

　　67 栌——〔玄应〕栌欂(同 64 里 10)

　　68 榛——〔玄应〕深榛(同 64 表 8)

　　70 枅枅——〔玄应〕枅梁(同 65 表 14)

　　71 楣——〔玄应〕枅梁(同)

　　注"今作楣同"立项。大治本脱条目字和注释。

(12)的 72、73、74 中,都是文字排列顺序不那么规整的卷目,《一切经音义》注释中可以确认有这些字句。

(12) 72 楷　徒合反。入。柱上木。……

　　73 枅栟　二同。皮变反。……

　　74 梚　子结反。牖也。裼也。……

　　〔玄应〕栌栱　……一名楷。亦名枅。亦名栭。……楷徒

苔反。栉皮变反。桢音疾。(同 63 里 9)

接下来的 75 窠没有相对应的文字排列,所以认为是增补的近义字。

(13) 76 秦—〔玄应〕作秦(十五 63 里 5)

　　77 檐—〔玄应〕屋檐(十五 64 里 14)

　　78 橺—〔玄应〕同(屋檐)

　　注"又作橺同"立项。

　　79 札柿—〔玄应〕木札(同 64 里 6)

(14)的 80 至 86 与《一切经音义》的卷十六相对应。

(14) 80 桁—〔玄应〕衣桁(十六 66 表 10)

　　81 栋　都弄反。去:屋极也、……

　　〔玄应〕楝木　力见反。楝木子如指白而粘可以浣衣也。

　　(同 66 表 14)

(14)的 81 栋有少许问题。"楝"和"栋"是不同的字,文字配列对应的是"楝"。"栋"的话,比如在卷十五 64 里 10"橺栋 ……都弄反。说文:屋极也。……"音注义注均一致。但是《新撰字镜》有形近字合并的方针,所以推测其为"楝""栋"两字合并,后又进行了改订。"栋"可见于《玉篇》引用部分。

(15) 82 㰏—【玄应】一㰏(十六 66 表 15)

　　83 桸 —【玄应】一㰏(同)

　　注"律文作桸……"立项。

　　84 栅栅—〔玄应〕墨栅(同 66 里 12)

　　85 槿—〔玄应〕木槿(同 66 里 10)

　　86 橑—〔玄应〕撩与(同 67 表 2)

　　属扌部。

(16)是与《一切经音义》卷二十相对应的内容,同时也包含了在

此之外的内容。以下举出可以确定与《一切经音义》卷二十相对应的
例子。

(16) 88　梓—〔玄应〕梓材（二十 80 表 12）

　　　90　橺橺　二形同作。而注奴豆二反。去。又加之反。平。
　　　梁上柱也。构也。又不解事。……

　　　【玄应】旬橺　而注反。或言罗旬喻。梵言讹也。（同 80
　　　表 12）

《一切经音义》依据梵语的注释,《新撰字镜》仅引用其音注。
前项 89 柌为形近字。

91　梱—〔玄应〕梱吞（同 80 表 8）
92　柚—〔玄应〕梓柚（同 79 里 15）
94　樛　b 力周居茅二反。c 来也。下曲也。交勾。

　　　〔玄应〕摎项　又作 a 捌同。b 力周居茅二反。苍颉篇:
　　　摎 c 束也。说文:摎缚煞之也。摎即缠缚之名也。（同
　　　79 表 15）

《一切经音义》关于摎的注释,与樛的义注"下曲也"相合并。

95　劁—〔玄应〕摎项（同）

　　　根据注"又作劁同"立项。

接下来是与《一切经音义》卷十九相对应的例子。

(17) 96　摒—【玄应】摒尘（十九 78 表 9）

　　　属于扌部。

　　　97　槵槸—【玄应】衰槸（同 77 里 2）
　　　98　槸杪—【玄应】衰槸（同）
　　　99　楫—〔玄应〕舟楫（同 77 表 5）
　　　100　麓—〔玄应〕山麓（同 76 里 13）
　　　101　杜—〔玄应〕皆杜（同 77 表 11）

102　榍—〔玄应〕犁榍(同 76 里 7)

103　椀　蒲结于官二反。杯也。小差也。留也。……。

〔玄应〕批椀　又作 a 攌同。b 蒲结反。广雅：攌 c 轉也。左传：d 攌而煞之。杜预曰：手攌之也。经文作……。(同 76 里 6)

104a 椀　上字。b 蒲结薄迷二反。c 轉也。d 攌而煞之也。圜盖也。檐也。

〔玄应〕批椀(同)

根据注"又作攌同"立项。

《一切经音义》引用部分的最后是与卷十八相对应。

(18) 105　相枏　上：亡眉反。平。又自心高反。去。……下：五活反。入。……

106　攢　a 非味反。b 谓相扑为相攢。

〔玄应〕相攢　a 扶味反。南人 b 谓相扑为相攢也。(十八 74 里 15)

108　栝　a 古活反。b 箭进也。桧也。箭 c 末曰栝。即 d 会。……

〔玄应〕箭栝　a 古活反。释名云：b 箭进也。其本曰足。其体曰干。其 c 末曰栝。栝 d 会也。与弦相会也。栝旁曰叉。形似叉也。(同 75 表 2)

　　例(18)的 105 和 106 为天治本分别立项、但《一切经音义》同属一项的例子，但因《一切经音义》是针对词组进行注释，所以原来应为同一项。106 的反切上字是由于误写或者所参照本子的差异造成的，且天治本脱条目字和注释。

　　综上，木部大体上是按照《一切经音义》卷十三、十二、十四、十五、十六、二十、十九、十八的顺序引用。其中，9、31～60、64、69、75、89、93、107 出典不明。其中 64 和 75 为近义字，69 和 89

是形近字。

(三) 金部

接下来列出金部的内容。

(19) 3 钵—【玄应】钵盂(十四 60 里 4)
4 銚銚—〔玄应〕须銚(同 60 里 6)
5 鐎—〔玄应〕须銚(同)
注“古文鐎同”立项。
6 鐟—【玄应】作鐟(同 62 表 12)

例(19)与《一切经音义》卷十四相对应。
(20)省略逐一说明,仅标注出其与《一切经音义》的对应。

(20) 7 钐—【玄应】钐锹(十五 63 表 1)
8 鏇—〔玄应〕鏇师(同 64 表 7)
9 鋘—【玄应】鋘鉄(十六 66 表 10)
10 鉄—〔玄应〕鋘鉄(同)
11 锉鑹—〔玄应〕锉鑹(同 67 里 7)
12 钨錥—〔玄应〕钨錥(同)
13 钴鏻鏻—【玄应】钨錥(同)
14 钶鑚—【玄应】钨錥(同)
16 鍿鍿—【玄应】鍿铢(二十 80 表 15)
17 镦—【玄应】鑯镦(同 80 表 2)
18 錞—【玄应】鑯镦(同)
19 釭—〔玄应〕辋釭(十九 77 里 9)
20 锏—【玄应】轴锏(同 77 里 10)
21 鉏—【玄应】杴鉏(同 77 里 10)
22 铺—【玄应】床铺(同 76 表 5)
23 鍑—〔玄应〕釜鍑(十八 74 里 6)
24 铉—【玄应】有铉(八 36 里 11)

25 锐—〔玄应〕勇锐(六26 表4)

26 钟—【玄应】自钟(八40 表7)

27 刨—〔玄应〕耳刨(同40 表7)

(21)中的294 铰到318 锢,贞苅伊德(1959,1960,1961)并未标注,这里认为是对《一切经音义》的引用。这样的例子记作《一切经音义》引用 B。在池田证寿(1982)进行逐一说明,这里仅标注其与《一切经音义》的对应关系。

(21) 294 铰—【玄应】铰刀(十一46 表13)

295 锹锹—〔玄应〕铧锹(同47 表12)

296 鏕鏕—【玄应】栌鏕(同47 表14)

297 钱钱—【玄应】罚钱(同47 表15)

298 镬—〔玄应〕犁镬(同47 里1)

301 鈇—【玄应】囚鈇(同47 里12)

302 铿—【玄应】磨铿(同47 里12)

303 鐉鐉—〔玄应〕为鐉(同47 里14)

304 釚鐉—〔玄应〕为鐉(同)

根据注"又作釚鐉二形同"立项。

305 镇—〔玄应〕镇头(同48 表7)

306 铤—〔玄应〕金铤(同48 表14)

307 钲—【玄应】钲锻(十二51 表6)

308 鐷—【玄应】鐷树(同51 表11)

309 锭镫—〔玄应〕锭烛(十三58 表5)

310 锭—〔玄应〕锭烛(同)

311 镖—【玄应】镖钻(十四60 里11)

(22)是仅在享和本中可见的内容。

(22) 311′〔镘〕 〔b 莫繁反。a 樱字同。c 谓之杅 d 镘。……〕

〔玄应〕泥镘 又作 a 樱墁二形同。b 莫盘反。尔雅:镘 c

謂之杅。郭璞曰：d 泥镘也。杅音乌。（十五65里13）

山田孝雄（1916）中指出"乙本丙本作'莫盘反'，甲本乙本丙本应为'泥镘'"，因此享和本 b 和 d 认为是出自《一切经音义》的引用。大治本无"郭璞曰：泥镘也。杅音乌"。

(23)　312　鏺——【玄应】鏺土（十六67里8）

312　鏺——【玄应】鏺土（十六67里8）

313　铿锵——〔玄应〕铿锵（十九76表11）

314　鈁——〔玄应〕铿锵（同）

根据注"又作鈁同"立项。

315　鈚——【玄应】金鈚（七32表3）

316　铦——〔玄应〕铦利（二十三90里9）

317　钻——〔玄应〕如钻（同92表9）

318　锢——【玄应】锢石（九42里15）

除了卷八和卷十一稍有差异，金部在卷十三、十四、十五、十六、二十、十九、十八中与木部具有同样的倾向。通过其可知，昌住对于《一切经音义》的引用集中在某些特定的卷目。

四、《一切经音义》的各卷对应情况

以木部和金部为例进行分析，发现昌住对《一切经音义》的利用方针是，对于特定的卷目进行重点引用。接下来讨论哪一卷最优先引用，并且引用数量最多。

但是，调查《一切经音义》每一卷所收录的条目出现在《新撰字镜》的哪一部分，并不能得到理想的结果。因为《一切经音义》同一词条有反复出现的情况，所以如果不能确定好引用的卷目，那么就无法得出每一卷的正确引用率。根据文字排列顺序的对应关系以及注释的一致性，来确定全部《一切经音义》引用的卷目是有效的。但是如前文所示，同一个条目字也出现了大同小异的情况，因此这种方法也无法成立。不能确定卷目的条目字过多的话,会导致计算出非常高的引用率。

基于以上考虑,在比较容易确定卷目且所收条目数较多的部首,分卷统计《一切经音义》引用条目数后,可得出表5.6。《新撰字镜》所收条目数最多的十个部首(按照数量从多到少排序:草、水、木、扌、亻、口、言、糸、金、肉)。表格中,《一切经音义》字体注和注释中的标注全部省去。( )用来表示无法确定引用卷目的条目,[ ]用来表示相异条目数,没有例子则用空白表示。水部、口部、言部这样无法确定卷目且数量较多的部首,则在整体上观察其倾向。首先看右侧的出现条目数,某一卷的条目字即使出现在《一切经音义》的引用部分,那它也仅仅作为这一卷的条目字进行统计。其次,《一切经音义》引用较多的部首,按顺序为卷十五、十六、十四、二十、十三、七、十二、十一、十九、四、十八。这些卷目中确实出现的条目数较多,但是目前并不知道其倾向。关于引用的顺序,大体上集中于卷十二到卷二十,接下来是卷四和卷七,最后是卷二十二、二十三。卷十一可以包含在卷十二到卷二十之中。金部有稍许不同的是,与其说是单纯的传写过程中的分离,不如说是另外进行了重新引用。木部和金部之外的部首,引用《一切经音义》的内容也许也集中在特定的卷目中。但是,每一卷的引用率又无法证明这一点。

想知道每一卷的引用率是非常困难的,因为《一切经音义》同一词条会反复出现。所以将《一切经音义》仅出现一次的条目,用来统计其在每一卷的引用率,便能化解这个难题,但是这又导致了每一卷引用总数的急剧减少。然而《一切经音义》是一部大体量的著作,所以尽管只统计出现了一次的条目,也可以说它与正确的引用率息息相关,而绝非偶然。

结果如表5.7所示。《一切经音义》仅出现两次的条目,如果收录在同一卷的话也包含在这个表格中。并且符合这个条件的条目,如果在《一切经音义》中的字体注或注释中的字句有重复,则不标注在

表 5.6 《新撰字镜》中主要部首和《一切经音义》的对应关系

卷/部	草	水	木	扌	亻	口	言	糸	金	肉	合计	出现项数
1		(1)		(4)	(2)	(2)	(2)	(1)			(12)	40
2		(1)		(2)	(2)	(3)	(2)	(1)			(11)	47
3		(1)		(2)	(2)		(2)	(1)			(8)	37
4	6(1)	1(6)		4(2)	1(1)	4(6)	1(1)		(1)	(1)	17(19)	74
5						(4)	1(2)	(1)			1(7)	42
6	1					(1)	(2)		(1)		1(4)	13
7	5	(2)		4(1)	4	2(3)	1(3)	4(1)	1(1)	1	22(11)	69
8		(3)		2	1(1)	1(1)	(4)	2	3		9(9)	42
9				(5)	3	(7)	1(2)	(1)	1		5(15)	50
10	(1)	(1)		(1)		(1)	(5)		(1)		(10)	32
11	(1)	(4)	(1)	8(3)	(1)	1(1)	(2)	(1)	10		19(14)	70
12	2	4(4)	6	2(2)		1(5)	4(1)	(1)	2	1	22(13)	85
13	3(1)	1(2)	7	7(1)	7	1(8)	3(5)	1(1)	2	2	34(18)	76
14	5(1)	10(1)	6(1)	8(4)	6(1)	(3)	2(3)	1(2)	4	6	48(16)	84

续 表

卷/部	草	水	木	扌	亻	口	言	糸	金	肉	合计	出现项数
15	4	6(1)	14	15(2)	3(1)	(3)	2(2)	8(1)	3	1	56(10)	90
16	6(2)	6(3)	6	12(2)	5	4(3)	5(2)	4(1)	4	3	55(13)	94
17	1	1(2)		3(3)	(1)		(5)	2(1)		3	10(12)	51
18	3	(2)	3	4(2)	(2)	2(1)	(2)	(1)	1		13(10)	54
19		(1)	7	3(1)	(1)	1	1(4)	1	4(1)	2	19(8)	53
20	2(1)	(2)	5	4(2)	2(1)	9(3)	8(1)	7	2	(1)	39(11)	77
21		(2)		(1)	(1)	(3)	(2)	1(1)			1(10)	35
22	3	(5)		2(4)	2(1)	4(4)	3(5)	(1)	(2)	1	12(22)	84
23	(1)	2(3)		1(1)	(1)	(3)	1(2)	2(2)	(2)		9(14)	43
24		(2)		(2)	(1)		1	(1)			1(7)	24
25		(1)		(1)	(1)	(2)	(4)			1	1(9)	33
合计	41(9)	31(50)	54(2)	77(48)	34(21)	30(67)	34(65)	33(20)	37(9)	21(2)	394(293)	1 399
	[3]	[13]	[1]	[9]	[7]	[19]	[17]	[6]	[4]	[1]	[80]	

此表格中。①是《一切经音义》引用,②为出典不明,③是《切韵》《玉篇》引用,④是未见于天治本和享和本,根据表 5.5 进行分类。

根据表 5.7,按照数量的排序为卷十五、十六、二十、十四、七、十三、十九、四,按照引用率排序为卷十六、十五、二十、十四、十九、十八、十三、四。无论哪一个都与表 5.6 的结果大致相同,因此表 5.7 的引用率极具可靠性。通过表 5.6 和表 5.7 可知,《一切经音义》对于卷十四、十五、十六、二十的引用较多。

表 5.7 《一切经音义》引用的条目数

卷	①	②	③	④	合计	引用率
1	0	21	11	4	36	0%
2	2	40	16	6	64	3%
3	2	29	14	3	48	4%
4	25	19	20	5	69	36%
5	5	38	24	5	72	7%
6	1	32	12	2	47	2%
7	34	38	21	10	103	33%
8	15	23	8	7	53	28%
9	19	24	14	1	58	33%
10	0	16	23	7	46	0%
11	21	25	22	10	78	27%
12	15	26	25	9	75	20%
13	33	28	22	5	88	38%
14	36	16	7	3	62	58%
15	57	17	11	4	89	64%
16	51	11	13	4	79	65%

卷	①	②	③	④	合计	引用率
17	14	17	7	3	41	34%
18	22	9	13	7	51	43%
19	32	17	13	4	66	48%
20	47	16	12	3	78	60%
21	5	9	5	1	20	25%
22	18	31	14	5	68	26%
23	7	16	3	3	29	24%
24	4	7	6	2	19	21%
25	1	16	15	1	33	3%
合计	466	541	351	114	1 472	32%

引用率=①／(①+②+③+④)×100%

并且,通过表5.6和表5.7几个部分的排列顺序来看,《一切经音义》全二十五卷可分为以下几组:

A 卷十四、十五、十六(卷十一、十二、十三)

B 卷十九、二十(卷十七、十八)

C 卷七(卷八、九)

D 卷四(卷五)

E 卷二十二、二十三(卷二十一、二十四、二十五)

F 卷一、二、三、六、十

这之中F确实是《一切经音义》中引用最少的部分,这是偶然还是有意为之,目前并不清楚。但就结果来说,确实是引用最少的卷目。然后 A~E 中,( )内的卷比( )外的卷引用要少,但是连续引用较多。

接下来这些引用顺序如表5.6所示。

草部   ADADBCE

水部   A

木部   AB

扌部   ADABCE

亻部   ABCE

口部   ADBCE

言部   ABCE

糸部   ABCE

金部   ABCA

肉部   ABCE

观察这个情况,首先优先 A,随后是 B,再接下来是 CD,这在各部首中也大同小异,E 多位于最后的位置。

各组的引用率分别是:A 为 0.45,B 为 0.49,C 为 0.32,D 为 0.21,E 为 0.21,F 为 0.02。

A~F 的关系,依表 5.7 统计,其出现的条目数比例(上段)和《玄应音义》引用条目数的比例(下段)如图 5.13 所示。AB 占了《一切经音义》引用的 70%。并且以 A 为主的卷十四、十五、十六《一切经音义》引用占了 30%,B 为中心的卷十九、二十为 20%,约占全体的 50%。

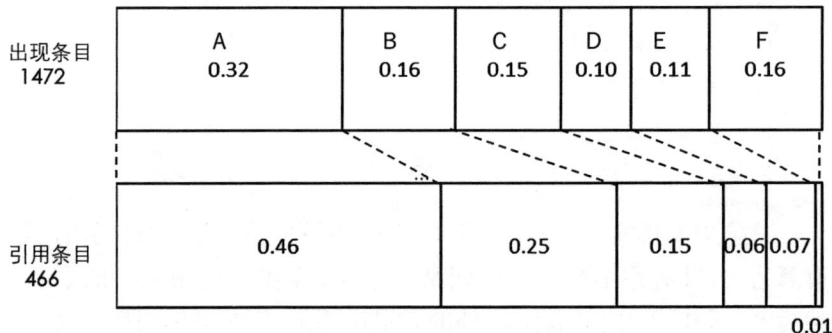

出现条目 1472	A 0.32	B 0.16	C 0.15	D 0.10	E 0.11	F 0.16
引用条目 466	0.46		0.25	0.15	0.06	0.07

0.01

图 5.13 《一切经音义》和《新撰字镜》的对应关系

五、从《一切经音义》的构成看其引用态度

　　《新撰字镜》如果是以编纂部首分类体辞书为目的,并以《一切经音义》作为参考资料的话,本应该有更多的引用内容,也完全没有必要采取如此复杂的引用顺序。因此,昌住编纂三卷本的目的,并非单纯地改编《一切经音义》、编写一部部首分类体辞书这么简单。根据十二卷本的序文可知,三卷本的编纂动机是解决《一切经音义》在查阅上的不便。在这样的前提下,可能昌住自身曾频繁使用《一切经音义》。在三卷本编纂以前,《一切经音义》的使用方法是一个难题,但是《一切经音义》本就是以解读经文为第一目的所编写的书籍,所以无论是昌住还是玄应,都在解读经文时最常使用《一切经音义》。但是,《一切经音义》在遇到没有撰音的经文或者阅读其他文本时候,查询是非常不便的,这一点在序文中也有所强调。所以并不是说,昌住在阅读有撰音的经文时不使用《一切经音义》。昌住为了编纂辞书,不阅读经典是不可能的,如果阅读经典的话,那么必然要利用《一切经音义》。如果说三卷本编纂以前依照经文利用《一切经音义》的话,那么在最初阶段的《新撰字镜》也以同样的方法利用《一切经音义》。

表 5.8 《一切经音义》的构成

卷　内　容	译　　经
1 大乘单本	旧译经典
2 大乘单本	旧译经典
3 大乘单本	旧译经典
4 大乘单本	旧译经典
5 大乘单本	旧译经典
6 大乘单本	旧译经典
7 大乘重译	旧译经典

卷　内　容	译　　经
8 大乘重译·大乘律	旧译经典
9 大乘论	旧译经典
10 大乘论	旧译经典
11 小乘单本	旧译经典
12 小乘单本	旧译经典
13 小乘单本	旧译经典
14 律	旧译经典
15 小乘律	旧译经典
16 小乘律论	旧译经典
17 小乘论	旧译经典
18 小乘论	旧译经典
19 圣贤集传	旧译经典
20 圣贤集传	旧译经典
21 大乘经	新译经典（玄奘译）
22 大乘论	新译经典（玄奘译）
23 大乘论	新译经典（玄奘译）
24 小乘论	新译经典（玄奘译）
25 小乘论	新译经典（玄奘译）

　　另一方面,《一切经音义》的构成如表 5.8 所示。《一切经音义》被引用较多的卷十四、十五、十六皆为"律"相关的音义,接下来引用较多的卷二十(和十九)为"贤圣集传",也就是传记关系的音义。通过这一点可以推测,这也许和昌住自己的关注点有关系,乃至对于其所属宗教团体来说都是非常重要的经典。这样看来,最初阶段的《新

撰字镜》可能同时具有辞书的特点,以及音义书的特点。

所谓辞书的特点,也就是有助于一般性的文本的理解和表现。三卷本编纂的主要目的是改编《一切经音义》,使之成为一部部首分类体辞书。与后来的十二卷本相比还不成熟,但是也已初具规模。所谓音义的特点,是指有助于特定的文本(这里指"律"相关经典,传记关系的经典)的理解。但是如果以有助于特定文本的理解为目标,那么直接使用《一切经音义》就足够了,不足的地方进行补充就可以了。之所以不这样做,也许正是因为其辞书的特点。如果昌住的言语活动的中心是为了解读特定文本的话,那么将《一切经音义》按照特定的音义进行引用和改编,便能够满足辞书的特点(同时也是音义的特点)。所以引用其他卷目的内容,可以说是在加强辞书的特点。另一方面,几乎没有对于 F 部分的引用,这一点也可以看作是其音义的特点的体现。F 部分中,卷一为旧译《华严经》,卷二为《大般涅槃经》,卷六为《妙法莲华经》的音义。这些是昌住偶然性的错过还是故意为之,现在不得而知。但是无论是哪一种,都可以认为昌住对这一类的经典并不关心,或者并不属于重视这类经典的宗教团体。

三卷本的内容和前面叙述的辞书特点一致,是一部所收条目相对比较少的小规模辞书。关于部首配列,吉田金彦(1959)认为"为了方便阅读,进行了部首分类"。从其所收条目数少这一点来说,从最开始就很难想到像十二卷本这样的部首排列法。关于昌住对于《一切经音义》的引用方法,与筑岛裕(1969c:165)中"南都古宗僧侣"的见解并不矛盾。

《新撰字镜》编纂以前的佛典音义,大致分为以《一切经音义》的引用为中心和不以此为中心的两类。前者如大治本《新华严经音义》、信行《大般若经音义》,后者如空海《金刚顶经一字顶输王仪轨音义》、《大乘理趣六波罗蜜多经释文》。每个都具有不同的特点,但是大体上前者为南都系,后者为真言宗系。《新译华严经音义私记》是以慧苑的音义为主体,但是也以引用他国音义为中心,因此可以归在前者。也许这部音义引用了大治本《新华严经音义》,所以没有必要再对《一切经音义》进行大量的引用。

辞书(音义)史上,三卷本《新撰字镜》可以说是以《一切经音义》引用为中心的音义书的延伸,这作为部首分类体辞书具有划时代的意义。

六、结语

综上,笔者探讨了关于《一切经音义》与《新撰字镜》关系的一些问题。总结来说,最初阶段的《新撰字镜》是一部着重引用《一切经音义》特定卷目而编纂的辞书,具有浓厚的音义的特点,并且是一部所收条目少且小规模的辞书。

本章中对于木部和金部进行了若干考证,那么结合其他《一切经音义》引用部分,阐明其实际情况是非常有必要的。增补改订、所据本、异体字的立项方法、昌住的误解误写等,余下的问题将在其他论文中进行讨论①。

第五节　图书寮本《类聚名义抄》与《篆隶万象名义》的关系

一、前言

图书寮本《类聚名义抄》的字头有着熟字项多而单字项少的特点。与之相对的是,观智院本《类聚名义抄》的字头中,则是单字项占其大半,而熟字项的比例较少。字头项形态的差异,是图书寮本与观智院本之间一个很大的不同之处(请参见宫内厅书陵部1951,吉田金

---

① 参见池田证寿(1984),池田证寿、李媛(2017)。

彦 1956 等）。

图书寮本《类聚名义抄》的熟字项之中，可被视作依据佛典的音义、注疏之类的条目居多。由此也可以一窥其编纂的目的是为了解读佛典。但是，虽然图书寮本《类聚名义抄》中熟字项较多，但其字头的标出原则为含有同一单字的熟字项连续出现。该条目，或其前后条目中全然不见对单字进行注释的熟字项并不存在。从体例上看，可以将图书寮本《名义抄》评定为单字字书。即使图书寮本《名义抄》主要的编纂目的是为了解读佛典，但其也可作为单字字书进行利用这一点，也是在编纂之初即被考虑的，笔者认为也是在情理之中。所以在本文中，笔者想就单字的收录范围、字序等方面，对图书寮本《名义抄》作为单字字书的特点进行探讨。探讨的方法是，将图书寮本《名义抄》和《篆隶万象名义》进行比较对照。之所以与《篆隶万象名义》作比较，是因为《篆隶万象名义》是将《玉篇》（梁顾野王撰）进行简略化的单字字书，并且是图书寮本《名义抄》的主要出典之一。

二、先行研究

图书寮本《名义抄》中对《篆隶万象名义》进行引用的条目数约为520 条，这一数字在图书寮本《名义抄》为数众多的出典中，仅次于《玄应音义》《玉篇》，位列第三。其引用数之多，正说明《篆隶万象名义》是编纂图书寮本《名义抄》的基础资料之一。

图书寮本《类聚名义抄》中以"弘"对弘法大师所撰写的《篆隶万象名义》进行引用（请参见宫内厅书陵部 1950）。其注文中虽然也包括了很少的以"弘"对《金刚顶经一字顶轮王仪轨音义》所进行的引用，但绝大部分都是对《篆隶万象名义》的引用（请参见吉田金彦1954b）。宫泽俊雅（1973）针对关于图书寮本《名义抄》中对《篆隶万象名义》的引用方法阐述了其真知灼见。此篇论文论述了图书寮本《名义抄》的编著者以"弘"对《篆隶万象名义》的前半，即第一至第四帖进行引用,而以"玉"对后半第五、六帖进行引用。这样的引用方法,显示了图书寮本《名义抄》的编著者认同前半部分为弘法大师的原撰部分,并表示敬意,而对后半部分则只承认其为抄录本的态度。另外,宫泽俊雅发表了关于出典序列的一系列论述(宫泽俊雅 1977a,1986,1987,1988)。现将其内容总结如下。

图书寮本《名义抄》中引用频率居多的主要八大出典(玄应撰《一切经音义》、《玉篇》、《篆隶万象名义》、真兴撰《大般若经音训》、源顺撰《倭名类聚抄》、《东宫切韵》、中算撰《妙法莲华经释文》、《慈恩撰书》)中,玄应撰《一切经音义》、《玉篇》(部分尚存)、《篆隶万象名义》、《和名抄》、《法华释文》、慈恩撰《法华音训》等六部其原典尚存。而取其中原典完整存在的四部出典(《法华释文》、《和名抄》、《篆隶万象名义》、慈恩撰《法华音训》),就其在图书寮本《名义抄》中究竟是如何被采纳的进行探讨。关于对各出典的采纳方法的研究方法,首先将与现存图书寮本《名义抄》的十七部首相对应的各个出典的内容筛选出,并与图书寮本《名义抄》相互对照。从而对图书寮本《名义抄》对其内容的收录程度如何,又或者对于内容相同的音注、释义,对出典的收录顺序如何等问题进行了探讨。最后得出结论,主要八大出典的收录顺序为:《慈恩撰书》、《玄应音义》、《篆隶万象名义》、《法华释文》、《大般若经音训》、《玉篇》、《东宫切韵》、《和名抄》(一部分为推定)。另外,论述了图书寮本《名义抄》的编著者,是按照如上的顺序从各出典对字音注记、字义注记进行收录的。

先行研究中关于图书寮本《名义抄》的出典,有如下的观点:"对于各书的引用顺序或许存在着一定程度的规则性"(筑岛裕 1959b),或是"贯彻了'不会并收注记具有等价关系的音注'的方针"(小松英雄 1971)。宫泽俊雅关于对出典的收录顺序的研究,从正面对上述观点进行论述,并进一步对其进行了发展。以其精确调查作为依据的结论非常具有说服力。

另外,宫泽先生也提及了研究方法的问题:论及图书寮本《名义

抄》的出典,只分析出自该出典的引用本文是不充分的,对于未引用
部分的考察也是不可或缺的。

　　关于图书寮本《名义抄》的出典的收录顺序的研究,除宫泽先生
本身的研究之外,出自其他研究者的论述也相继不断。宫泽俊雅
(1992)论证了如下两点:第一,注释是按照字体注记、正音注记、字义
注记(包含又音等多音注记)、真假名和训、吴音注记、依据训点本等
的片假名和训、依据玉抄等的片假名和训、和音注记这样一定的顺序
进行排列的;第二,正音注记、字义注记、片假名和训是依据出典而进
行排列的。山本秀人(1990)通过将真兴撰《大般若经音训》的引用
法,与叡山文库藏《息心抄》所引用的逸文进行比较调查,确认了《大
般若经音训》的收录顺序在《慈恩撰书》《玄应音义》《法华释文》之
下。山本秀人(1992)则针对图书寮本的所列字头均是基于何典这一
问题,从分析《慈恩撰书》《玄应音义》《法华释文》《大般若经音训》及
《明宪撰书》①所引用的字头进行论述,明确了从字音注记、字义注记
的收录所认定的收录顺序,也与字头的收录顺序相一致。另一方面,
池田证寿(1991a)则是将宫泽论文的研究方法应用于《玄应音义》的
研究。然而由于单凭引用条数的多寡,并不能决定《篆隶万象名义》
的收录顺序等问题,由此论述了字头方面,相较于《篆隶万象名义》,
更优先收录《玄应音义》,而在字音注记、字义注记的方面,相较于《玄
应音义》,则更优先收录《篆隶万象名义》。望月郁子(1985)则基于
《类聚名义抄》的图书寮本、观智院本对《篆隶万象名义》的利用方式
有哪些差异的观点出发,对图书寮本《名义抄》和《篆隶万象名义》的
关系进行了调查,得出结论为,相比弘法的学说,编纂者更重视慈恩、
玄应的学说。这虽然不是基于将《慈恩撰书》《玄应音义》与《篆隶万
象名义》相互比较之后的立论,但对于相比弘法的学说,慈恩的学说

---

　　①　随后,山本秀人(1994)讨论了《类聚名义抄》中引用的许多"明宪撰书"的内容实
际上是对《成唯识论音义》的引用。

更为优先这一点是值得肯定的。

　　纵观如上图书寮本《名义抄》的出典研究的现状,我们或许会感到关于图书寮本《名义抄》与《篆隶万象名义》的关系已被论述殆尽,但依然有未被论及的问题。虽然大部分的字头项都符合宫泽论文中所阐明的出典收录顺序,但也有例外。例外存在于《篆隶万象名义》及《玄应音义》之间。很难单纯地判定《篆隶万象名义》与《玄应音义》的收录顺序的先后,这是由于不得不考虑存在着未参考《篆隶万象名义》的情况(请参看池田证寿1991a)。如果承认存在未参考《篆隶万象名义》的情况的话,那么为什么会出现这样的情况,另外又有必要来探讨参照、引用《篆隶万象名义》的条目与未参照、未引用的条目。那么接下来,先整体观察图书寮本《名义抄》中对于《篆隶万象名义》的前半部分的收录情况,以确认未参照《篆隶万象名义》的字头项。与此同时,以依据《慈恩撰书》《篆隶万象名义》《法华释文》《和名抄》中关于反切、字义注记的收录顺序为已定,而与《玄应音义》相关的收录顺序为未定,以此作为前提而展开论述。

三、《篆隶万象名义》前半部分的收录情况

　　以图书寮本《名义抄》的全部字头项作为对象,对其与《篆隶万象名义》前半部分(第一~第四帖)的字头是否相对应,以及是否收录了其注文等情况做了调查,分为如下三类(参照表5.9)。

　　(1) 存于弘——将《篆隶万象名义》前半部分的内容作为"弘"而
　　　　进行收录:
　　　侍　　时止反。赖也,怙也,负也,自也。(《万象名义》第二
　　　　　　帖83里4)
　　　侍怙　上·弘云:时止反。赖也,怙也,负也,自·中云:倚
　　　　　　也,凭记也。·真云:——,依倚也。夕ノ厶易　·
　　　　　　下……。(图书寮本《名义抄》240–6、声点等略)

(2) 未存于——弘虽然在《篆隶万象名义》的前半部分存在其字头,但仍未对其注文进行引用:

悸　　渠季反。心动也。(《万象名义》第二帖 87 表 2)

惶悸　　无垢称疏云:一者怯怖也。应云:古瘁其季反。心动也。气不定也。(图书寮本《名义抄》271 - 3)

诞　　达怛反。斯也,大也,信也,慢也,调也,节也,阁也。(《万象名义》第三帖 15 表 6)

虚诞　　达垣反。诞,欺也。亦大也。不实也。谩音莫谏反(原作也)。(《玄应音义》卷一三〔大治本〕)

诞育　　音但。类云:正也,大也。俗又音延,误也。・应云:大也,不实也,谩〈莫谏〉也。欺也。・公云:音但。不实也。イツハリ选　真云:一。(图书寮本《名义抄》94 - 4)

(3) 未存于篆——虽未见于《篆隶万象名义》,但其所属部首与《篆隶万象名义》的前半部分相对应:

诈(图书寮本《名义抄》78 - 6)　燕(同 82 - 3)　志(同 83 - 4)等

表 5.9　图书寮本《类聚名义抄》中《篆隶万象名义》前半部分的收录情况

	存于弘	未存于弘	未存于篆	计
水	0	6	1	7
氵	0	1	0	1
言	136	46	23	205
足	51	49	34	134
立	14	1	2	17
豆	1	0	1	2

续　表

	存于弘	未存于弘	未存于篆	计
卜	7	4	0	11
山	0	1	0	1
石	0	0	0	0
玉	54	28	15	97
邑	29	12	5	46
阜	1	0	0	1
土	80	21	40	141
心	137	73	57	267
巾	1	3	0	4
糸	1	1	0	2
衣	1	0	0	1
计 %	513 54.7	246 26.3	178 19.0	937 100.0

注：除去只有重出字，参照注的条目，及《篆隶万象名义》的目录部分。

　　依据表5.9可知，图书寮本的总单字（相异）之中，列于《篆隶万象名义》的单字头约占八成，而引用了《篆隶万象名义》的注文的单字头（存于弘）约占五成以上。并且可以判明《篆隶万象名义》中列出其单字头，但图书寮本《类聚名义抄》中未对其注文进行引用的条目（"未存于弘"）约占近三成，而《篆隶万象名义》中未列其单字头（"未存于篆"）的条目约占两成。另外，以水部为例的条目数异常少的部首，是由于其所属汉字的大部分都是与《篆隶万象名义》的后半部分（第五、第六帖）相对应的缘故。

　　那么，未引用《篆隶万象名义》的情况又如何呢？从收录顺序的方面可以说明"未存于弘"的一部分，另外也可以预想到对《篆隶万象名义》的收录也会有一些脱漏。现在,将确实参照了《篆隶万象名义》的条目("存于弘")与是否参照《篆隶万象名义》不明的条目("未存于弘")相分离,将《篆隶万象名义》的收录情况整理之后,可归纳为表5.10～5.14。

首先,关于确实参照了《篆隶万象名义》的条目("存于弘"),以类音注记、反切、字义注记的顺序来考察其收录情况。

关于类音注记的情况(表5.10中的"存于弘"):图书寮本《名义抄》中,相较于反切优先收录类音注记(请参看小松英雄1971,宫泽俊雅1977a及其他),其结果整理为表5.10。如果其他书中存在类音注记,则不收录《篆隶万象名义》中的反切。

表 5.10 类音注记的收录条目数

出 典	存于弘	未存于弘	计
无	99	28	127
顺	24	14	38
类	16	9	25
季	15	9	24
宋法花	9	2	11
应	7	2	9
留志	4	5	9
选音决	3	4	7
宋	7	1	8
东	3	0	3
观佛经	2	1	3
公	1	2	3

续　表

出　典	存于弘	未存于弘	计
注蒙求	0	2	2
倭名后人加部	0	2	2
或反古	1	0	1
源为宪口游	1	0	1
初学记	1	0	1
文集或音义	1	0	1
广韵	1	0	1
慈	0	1	1
中	0	1	1
干	0	1	1
宪	0	1	1
计	195	85	280

　　关于反切的情况（表5.10和表5.11中的"存于弘"）：收录顺序在《篆隶万象名义》之上的《慈恩撰书》的收录条目为15条。《篆隶万象名义》的收录脱落的条目共计9条，其中表5.12中收录了《慈恩撰书》《篆隶万象名义》以外的反切的7条，及表5.12中完全未收录反切的2条。

表5.11　反切的收录条目数

出　典	存于弘	未存于弘	计
弘	292	0	292
慈	15	10	25

出 典	存于弘	未存于弘	计
应	3	96	99
无	0	7	7
中	2	3	5
玉	2	1	3
干	0	2	2
真	0	2	2
东	0	1	1
信	0	1	1
类	0	1	1
留志	0	1	1
广	0	1	1
宪	0	1	1
计	314	127	441

表 5.12　完全未收录反切的条目数

出 典	存于弘	未存于弘	计
弘	2	20	22

注：同时包含梵语音译字的字头项。标记相同发音的反切和类音注同时存在时，则按类音注计算。另，像"又去"这样标记声调的注记有 2 条，而因虫损难以辨明的有 1 条，均未予计算。

关于字义注记的情况（表 5.13 和表 5.14 中的"存于弘"）：收录顺序在《篆隶万象名义》之上的《慈恩撰书》的收录条目为 29 条。《篆隶万象名义》的收录脱落的条目共计 22 条，其中表 5.13 中收录了《慈恩撰书》《篆隶万象名义》以外的字义注记的 3 条，及表 5.14 中完全未收录字义注记的 19 条。

表 5.13   收录字义注记的条目数

出　　典	存于弘	未存于弘	计
弘	1 248	0	1 248
慈	29	30	59
应	1	82	83
玉	0	8	8
东	0	4	4
无	0	4	4
中	0	4	4
真	1	2	3
顺	0	2	2
宪	0	2	2
然	1	0	1
煦	0	1	1
类	0	1	1
季	0	1	1
广	0	1	1
倭名后人加部	0	1	1
计	1 280	143	1 423

表 5.14   完全未收录字义注记的条目数

出　　典	存于弘	未存于弘	计
弘	19	277	296

注：同时包含梵语音译字的字头项。另，因虫损难以辨明的有 1 条，未予计算。以“弘”进行引用，但万象名义中未存的 6 条也未予计算。

　　下面,来看看是否参照《篆隶万象名义》不明条目的情况。

　　关于类音注的情况(表 5.10 中的"未存于弘"):未采用《篆隶万象名义》的反切,而采用了其他出典的类音注记的条目为 87 条,其中 22 条《篆隶万象名义》则只存在反切。

	万象名义	名义抄
玉	鱼录反(一21里4)	音狱(158-1)
莹	为明反(一25里3)	公云……正荣(164-4)
瑶	余招反(一27表1)	顺云昆遥(165-1)
璎	於耕反(一27表4)	类云婴音(165-3)
琅	力当反(一28表5)	顺云郎干(166-5)
玲	力经反(一28里3)	类云零音(161-5)
琴	渠林反(一29表3)	音禽(169-7)
堵	都扈反(一30表2)	音覩(217-5)
郁	於陆反(一42表2)	音燠(180-1)
词	似兹反(一49里2)	音辞(74-5)

　　这些条目,可考虑为是依据相较反切优先类音注记的方针,从而全未引用《篆隶万象名义》。

　　关于反切的情况(表 5.11 和表 5.12 中的"未存于弘"):从收录顺序在上位的《慈恩撰书》中采用了 10 条,从单纯难以决定收录顺序的《玄应音义》中采用了 96 条。收录于《玄应音义》的条目姑且放置一边,《篆隶万象名义》的收录脱漏的条目共计 41 条,其中表 5.11 中采自《慈恩撰书》《玄应音义》之外的出典的 21 条,及表 5.12 中完全未采用反切的 20 条。

　　关于字义注记的情况(表 5.13 和表 5.14 中的"未存于弘"):从收录顺序在上位的《慈恩撰书》中采用了 30 条,从单纯难以决定收录顺序的《玄应音义》中采用了 82 条。这里也将收录于《玄应音义》的条目姑且放置一边,《篆隶万象名义》的收录脱漏的条目共计

308 条,其中表 5.13 中采用自《慈恩撰书》《玄应音义》之外的出典的字义注记的 31 条,及表 5.14 中完全未采用字义注记的 277 条。以上整理为表 5.15 及表 5.16。

表 5.15　反　　切

	存于弘	未存于弘	计
(a) 收录自慈恩撰书或万象名义	307	10	317
(b) 收录自玄应音义	3	96	99
(c) (a)(b)以外	7	41	48
(d) 计 收录脱落的比率(c)/(d)	317 2.2%	147 27.9%	464 10.3%

表 5.16　字　义　注　记

	存　于弘	未存于弘	计
(a) 收录自慈恩撰书或万象名义	1 277	30	1 307
(b) 收录自玄应音义	1	82	83
(c) (a)(b)以外	21	308	329
(d) 计 收录脱落的比率(c)/(d)	1 299 1.6%	420 73.3%	1 719 19.1%

　　这里,将采用了《慈恩撰书》《篆隶万象名义》《玄应音义》以外的反切、字义注记的条目,及完全未采用《篆隶万象名义》的反切、字义注记的条目作为收录脱漏,从而算出其比例。"收录脱漏"的意思是虽然参照了《篆隶万象名义》但并未收录其内容。"存于弘"的《篆隶万象名义》的收录脱漏中,反切、字义注记均为2%,依据字面认定为收录脱漏没有问题。另一方面,"未存于弘"的《篆隶万象名义》的收录脱漏中,反切为28%,字义注记为73%。如此,则很难认定为收录

脱漏。

如前所述,从收录顺序的角度,针对完全未收录《篆隶万象名义》的情况,可以说明的为,引自收录顺序在《篆隶万象名义》上位的《慈恩撰书》的反切的 10 条及字义注记 30 条。这样如下的实例等,确认有 18 项,也可作为"存于弘"的一类来理解,但这样的条目的确不是很多。

注　　之喻反。疏也,识也,解也。(《万象名义》第三帖 18 里 4)

注记　　上:竹句反、之喻反。《广雅》:注,疏也,识也。《字林》:注,解也。《通俗文》记物曰注。《切韵》作注。陟住之戍二反。(《法华经音训》41 左)

注记　　音住。・兹云:疏也,议也,解也,记　□□-《切韵》作注。<中云:丁住反。-,犹记也。又之戍反。非此旨。>-注,同。・下……(图书寮本《名义抄》78-7)(< >内为小字注)

讯　　思客(原作各)反。问也,讯也,辞也。(《万象名义》第三帖 9 里 4)

问讯　　息晋反。《玉篇》:讯,问也,辞也,言也。执问通问曰讯。(《法华音训》56 右)

问讯　　兹云:息晋反。问也,辞也,言也,执问通问曰-。(图书寮本《名义抄》89-4)

刚才搁置的《玄应音义》也有其问题点。即对于在《篆隶万象名义》及《玄应音义》两书中均可见相同内容的反切、字义注记的情况,可分为如下三种情况思考(详细请参看池田证寿 1991a)。

① 引用了《万象名义》和《玄应音义》的条目………

引用《万象名义》
引用《玄应音义》

② 未引用《玄应音义》而引用了《万象名义》的条目………

$\qquad$引用《万象名义》

$\qquad$未引用《玄应音义》

③ 未引用《万象名义》而引用《玄应音义》的条目………

$\qquad$引用《玄应音义》

$\qquad$未引用《万象名义》

①②为"存于弘"，③为"未存于弘"。虽然参照了《篆隶万象名义》及《玄应音义》两书，但在确实的例（①）中，明确的是相较于《玄应音义》优先收录了《篆隶万象名义》。①是确实参考了《篆隶万象名义》和《玄应音义》的例子，②是确实参考了《篆隶万象名义》但是否参考了《玄应音义》不确定的例子。关于反切、字义注记的收录顺序，相较于《玄应音义》，《篆隶万象名义》在上位，而③的未引用《篆隶万象名义》而引用《玄应音义》的条目，则不得不考虑为其并未参照过《篆隶万象名义》了。"未存于弘"的（③）中，关于反切为 96 条，字义注记为 82 条，换算为字头项则近于 100 条，如此则不能仅仅认为是收录脱漏了。

在是否参照了《篆隶万象名义》不明的条目（"未存于弘"）中，引用了《玄应音义》的反切、字义注记的全部条目，及引用了《慈恩撰书》《玄应音义》之外的出典的反切、字义注记的大部分的条目，都考虑为实际上未参照《篆隶万象名义》。

四、单字项的收录范围

如果我们认定在图书寮本《名义抄》中存在未参照《篆隶万象名义》的情况，那么从《篆隶万象名义》中所标出的单字头项中，收录注文的标准又是什么呢？关于这个问题，宫泽俊雅（1987）中有如下论述（观点），以资参考：

《名义抄》的著者，对于《篆隶万象名义》的内容，其方针并不

是全盘引用。而是将《篆隶万象名义》中所标出的,四成左右的
字头作为实际收录的对象。同时,对各个字头具体收录与否的
标准虽然尚未明确,但还是具有遵循字头的常用性这一标准的
倾向,而不是那么常用的字则不太被收录。

首先来确认这一观点。应该调查图书寮本《名义抄》从《篆隶
万象名义》前半部分中收录了哪些内容,但现阶段,并未对《篆隶
万象名义》前半部分与图书寮本《名义抄》的全部进行过对比调查。
这里从《篆隶万象名义》的前半部分选出与图书寮本《名义抄》相对
应,实际引用条目数比较多的六个部首(玉土邑足心言)作为讨论
的对象。

现将两者的对应关系分为如下三类(参照表5.17)。

(1) 存于弘——在图书寮本中存其字头,并以"弘"收录其注文;
(2) 未存于弘——在图书寮本中虽存其字头,但并未以"弘"收
　　　录其注文;
(3) 未见于图——在图书寮本中不存其字头。

表 5.17　单字头的收录范围

	存于弘	未存于弘	未存于图	合计
玉	50	25	128	203
土	79	20	143	242
邑	30	11	174	215
足	51	48	99	198
心	137	71	214	422
言	136	45	188	369
计 %	483 29.3	220 13.3	946 57.4	1 649 100.0

　　依据表 5.17 的数据,可以明确图书寮本《类聚名义抄》,收录了《篆隶万象名义》的字头的四成以上,这一点早在宫泽俊雅（1987）中就已被指出,这里再次得到确认。但是,"未存于弘"的一成字头,正如前一节所述,可以充分认定其并未参照《篆隶万象名义》。而"未存于弘"的 220 个字头中,可以认定为,确实参照过《篆隶万象名义》的是,从收录顺序在《篆隶万象名义》之上的《慈恩撰书》引用的 18 个字头。更进一步可知,《篆隶万象名义》中只存反切,而图书寮本《名义抄》中引用了类音注的字头为 22 个。此外,假设实际收录脱漏的揭出字为 10 到 20 个。并将那些不能确定是否参照了《篆隶万象名义》的字头去除之后,"未存于弘"的字头大概有 160~170 个左右。这个数字大概占《篆隶万象名义》的揭出字的一成左右。

　　总之,虽然从结果上看,图书寮本《名义抄》的编著者收录了占《篆隶万象名义》四成的字头,但这四成之中,实际参照、引用了《篆隶万象名义》的为三成。余下的一成可考虑为并未实际参照《篆隶万象名义》。

　　那么实际中引用《篆隶万象名义》的标准又如何呢? 以宫泽俊雅（1987）中的论述作为参考,从常用性这一观点来进行考察吧。

　　提及汉字的常用性时,一般多指使用频率高的汉字（比如:"常用汉字表"）。这些汉字被称为狭义常用字,约为 2 000 字左右（常用字表为 1 945 字,关于各种调查的介绍请参照田岛一夫 1989）。另一方面,有一些是与使用频率无关而在各种文献中屡次被使用的汉字,这些汉字则是在更广意义上的——广义常用字,比如 JIS 汉字。其中第一水平为 2 965 字,第二水平为 3 390 字,共计 6 355 字（如包含 5 801 个辅助汉字,则共计 12 156 字,这之中会包含一些相当难度的汉字）。详细内容请参看文件"JIS X0208—1990 信息交换用汉字符号"。

　　那么,《篆隶万象名义》中的单字头数约为 16 000 字。如果其中四成左右被图书寮本《名义抄》收录,则图书寮本《名义抄》整体的单字头的收录范围,可考虑为 6 000 至 7 000 之间(请参看宫泽俊雅 1987)。狭义常用字约为 2 000 字,这些都应在图书寮本《名义抄》的单字头的收录范围之内。问题是图书寮本《名义抄》对广义常用字的收录达到什么程度呢? 虽然有一些关于平安时代,又或是对其先后时代的文献的汉字使用调查,但均未涉及现在论及的广义常用字的阶段。广义常用字数据并未得到完善的整理,并且从由丰岛正之、金水敏、古田启共同制作的计算器用汉字字书(ydic)的公开等理由来看,虽不免有草率之处,这里以 JIS 汉字(第一水平、第二水平、辅助汉字)中的有无作为大致基准来探讨汉字的常用性。以存在于《篆隶万象名义》的前半部分的部首之中,选取与《名义抄》相对应,实际引用条目数比较多的六个部首(玉土邑足心言)作为实例(参照表 5.18)。

表 5.18 JIS 汉字的比率

	存于弘	未存于弘	未存于图	计
第一水平	186(39%)	26(12%)	12(1%)	224(14%)
第二水平	174(36%)	53(24%)	40(4%)	267(16%)
辅助汉字	93(19%)	94(43%)	261(28%)	448(27%)
非 JIS 汉字	30(6%)	47(21%)	633(67%)	710(43%)
合 计	483(100%)	220(100%)	946(100%)	1 649(100%)

依据表 5.18 的数据可知,JIS 汉字的比例,"存于弘""未存于弘"及"未存于图"之间存在明显的差异,另外"存于弘"与"未存于弘"之间可确认为有意差。以第一水平、第二水平来观察 JIS 汉字的比率,"存于弘"为 75%,"未存于弘"为 36%,而"未存于图"为 5%。范围扩大至辅助汉字也存在同样的倾向。不过,先行研究对 JIS 汉字有如下

评论："在处理历史文献上，明显存在字种不足"（石塚晴通 1991），所以并不能保证 JIS 中的汉字在编纂图书寮本《名义抄》的当时也是常用字。但是通过以上调查，至少可以得出如下直观的印象：引用了《篆隶万象名义》的字头的部分中常用字较多，是否引用了《篆隶万象名义》不明确的字头的部分中常用字较少，未存于图书寮本《名义抄》的字头的部分中则常用字非常之少。

顺便说一下，未收录在图书寮本《名义抄》的字头（"未存于图"）之中部分，属于 JIS 汉字第一水平、第二水平的有如下的 52 字：

珪　在　塾　证　诹　垂　订　誉　堉　封　慕　惑
（第一水平）
址　坿　埇　莖　毁　塸　忝　惠　怐　忏　恾　悄　恍
恭　恒　惣　惹　愿　慅　愽　熛　懆　雁　珈　珸　瑾　璋
诙　谔　谝　谡　讥　谵　珊　跟　蹒　眸　邨　郇　鄂
（第二水平）

当然，也有一些字是看上去是应该被收录的字，其中的一部分，可以分析其未被收录的原因。例如，"封"这个字未见于图书寮本《名义抄》，原因可考虑为，其应被收录于寸部，而现存的图书寮本《名义抄》之中则不存寸部（类似的例子还有在、垂、誉、慕、惑、毁、忝、惠、雁）。其余的则姑且看作是收录的脱漏或非常用字。

通过比较引用了《篆隶万象名义》内容的字头和未引用《篆隶万象名义》内容的字头，可以看出引用《篆隶万象名义》内容的大多数字头，其内容收录自复数的出典，而未引用《篆隶万象名义》的字头中，则存在其内容收录了较少的出典的倾向。以言部为例，具体情况如下。（"未存于弘"为未引用《篆隶万象名义》的例子，存在复数字头项的情况，则取具有详细注释内容的字头项，熟字项则分为单字来计算。）

关于每一字头项的平均出典数，引用了《篆隶万象名义》的字头项为四个出典(511/136＝4.05)，而未引用《篆隶万象名义》的字头项为两个出典(93/46＝2.02)。引用复数的出典，可以显示出该字头项频繁地出现在各种出典中。仅就言部来说，引用了《篆隶万象名义》的字头项的出典(如下所示)，其种类数达到约60余种之多。字头项频繁地出现在各种出典中，正显示了这些汉字的常用性。

弘	136
出典无表记	53
真	53
应	49
东	22
中	21
诗	20
慈	15
玉	15
记	14

（以下略）

与此相对，未引用《篆隶万象名义》的出典则仅有20余种。

应	31
出典无表记	11
真	6
慈	5
东	5
公	4
诗	4
类	3
季	3

（以下略）

　　虽然选取自收录顺序更高的《慈恩撰书》的字头也有必要按照是选取自《篆隶万象名义》的字头来对待，但作为大体的倾向，可以指出，对于未引用《篆隶万象名义》的字头，图书寮本《名义抄》的编著者所选取的出典文献比较少。出典文献的频度较低也可以作为判断这些字中常用字较少的依据。

　　此外，未引用《篆隶万象名义》的条目，作为其出典选自《玄应音义》的条目则引人注目。图书寮本《名义抄》的字头选自佛经音义、注疏类书目的条目较多。关于《法华音训》《法华玄赞》《法华释文》，请参见池田证寿、小助川贞次、浅田雅志、宫泽俊雅（1988）可确认这一点。关于《玄应音义》，在原卓志、山本秀人（1983）及池田证寿（1991b，1992a）中也明确了这一点。而作为逸书的《大般若经音训》，在山本秀人（1990）中也可以确认这一点。另外，对于《法华音训》《法华释文》的字头，基本上全部收录（参看宫泽俊雅1977a，1988），对《玄应音义》也是同样的（参看池田证寿1991a）。《大般若经音训》虽然是逸书，但应该可以将其看作是全部收录的方针（参看山本秀人1990），还有《和名抄》也可看作是选用了全部收录的方针（参看宫泽俊雅1986）。图书寮本《名义抄》之中的引用条目数，《玄应音义》约1300余条为首，其后是《玉篇》约600余条，《篆隶万象名义》约520余条，《大般若经音训》约450余条，《和名抄》约450余条，《东宫切韵》约420余条，《法华释文》约360余条，《慈恩撰书》约330余条相继次之。图书寮本的编著者，大概就是将以上列举的佛典音义、注疏类及《和名抄》等作为收集字头的底本，并且在此之上参照《篆隶万象名义》《玉篇》《东宫切韵》等字书韵书及其他出典，从这些出典中反复收集字头的。在此编纂过程中，《玄应音义》因为本身的内容较多，意外的脱漏较多。在补缺《玄应音义》的脱漏之处时，会有这些字并非常用字，又或是不存于其他出典的情况存在，则可以认为也未参考《篆隶万象名义》。

　　《篆隶万象名义》是编纂《类聚名义抄》的基础资料这一点，已经多次被指出,并且从书名中共通的"名义"及《名义抄》中对《篆隶万象名义》的引用条目数之多来看,这点也毋庸置疑。关于图书寮本《名义抄》中对于《篆隶万象名义》的利用方法,可认为是,利用其对于图书寮本《名义抄》中各个出典中频繁出现的单字头,对其字体及注释内容是否妥当而进行判断。《篆隶万象名义》是作为在字头的同定上最可以确信的文献来被使用的。另一方面,未收录自《篆隶万象名义》的字头,由于其不是常用字,出现于复数的出典文献的情况较少,目前可作为其未收录《篆隶万象名义》的解释。

五、单字头的字序

宫泽俊雅(1987)中曾提出如下的预想,图书寮本《名义抄》的字序(字头的排列)与《篆隶万象名义》是有一定的关联的。虽然未明确指出其根据,但参见宫泽俊雅(1973)的附表1(《篆隶万象名义》与图书寮本《类聚名义抄中所见"弘"的对照表》),可推测得知,上述预想的根据应是指图书寮本《名义抄》中按照《篆隶万象名义》的字序的这一部分。以下,笔者试对这一点进行明确的考察。

图书寮本《名义抄》可视为将含有同一单字头的熟字连续标出。对于连续的单字头,以引用了《慈恩撰书》《篆隶万象名义》的条目作为比较的对象,而对于未引用自这两本出典的条目,则以具有详细的注释内容的条目作为对象。而那些不连续、有一定间隔而重复出现的单字头则有一些问题。其中的一部分,在字头的左下方有用小字标出的"又",表明了其意图,但并未遍及所有的重出条目。从观察字序倾向的目的出发,对于重出字头,将引用自《篆隶万象名义》的条目、出现顺序在前的条目、注释内容更详细的条目作为优先比较的对象。

这里选取的是与《篆隶万象名义》的前半部分相对应的,图书寮本《类聚名义抄》的六部首(言足玉邑土心)。各个部首的字序大致可分为 A～E 等五个群。

群	对《篆隶万象名义》引用的多寡	倾向
A	对《篆隶万象名义》引用较多	佛教要语
B	对《篆隶万象名义》引用较多	类似字形、异体字
C	对《篆隶万象名义》引用较多	《万象名义》的出现顺序
D	对《篆隶万象名义》引用较多	或与韵书有关联
E	对《篆隶万象名义》引用较少	特定出典的固定部分引用

先指出各个部首的字序的概况。但各个群之间的界限并不明显,很多是存在连续状况的。

言部	言(70－1)～信(73－3)	A	
	讨(73－6)～譬(90－2)	B	
	语(90－3)～译(93－6)	C	
	谶(94－1)～謕(96－2)	E	
	赞(96－3)～讶(100－6)	D	
	讧(100－7)～譺(101－2)	E	
足部	足(102－1)～踞(106－2)	B	
	跟(106－5)～跦(112－6)	C	
	蹄(112－6)～蹽(117－6)	E	
	躄(117－6)～蹱(118－4)	C	
	跓(118－4)～蹇(121－5)	E	
玉部	玉(158－1)～玩(160－4)	A	
	瓊(160－6)～璣(166－2)	C	(对《万象名义》的引用较少)
	玫(166－3)～琮(168－2)	E	
	王(168－2)～聖(170－7)	C	(对《万象名义》的引用较少)
邑部	邑(171－1)～郁(180－1)	A	后半部分为B(部・都・郁)
	邦(180－4)～郎(183－6)	C	
	郏(183－7)～鄘(185－4)	E	

土部	土(213－1)～壟(231－1)	C	（其中混有类似字形排列部分）
	坞(231－2)～塩(235－2)	E	
心部	心(236－1)～思(238－2)	A	（类似字形排列部分较多）
	忠(238－6)～悝(240－5)	C	
	恃(240－6)～恦(244－1)	B	
	恩(244－2)～悌(259－1)	C	
	憎(259－3)～憰(262－6)	E	
	恐(262－6)～欲(266－6)	C	
	憙(266－7)～忽(276－1)	E	

A～D 群是对引用自《篆隶万象名义》的引用较多的部分。这些群的特征如下。A 群比如说，像言部“读诵”“论议”“知识”“信受”这样，是将佛教要语进行排列的，但与 B 群的区别不是很明确。而心部的 A 群，虽然“智慧”“慈悲”“有情”等佛教要语较多，但像“心—慧—惠—慈—悲—愍—息—情—性—意—慎—思—忠”从这样连续的字序来看，又似乎应该判断为 B 群。另外，在佛教用语 A 群之外可见，即按照类似字形或《篆隶万象名义》的字序而进行排列的部分，特别重要的用语会集中在部首的开头。

B 群，是按照类似字形、异体字来排列的，但相比之前的部分，其类似字形的排列更加密集。比如说言部，“讨—诃—计—訏—讦—讁—词—许—䜣—诉—讣”这样的形近字是接连出现的。言部中这一倾向相对明显。B 群以外，也可以确认到这样有意识地将形近字进行排列的部分。

C 群是按照《篆隶万象名义》的字序进行排列的。现以言部为例，将其排列情况列举如下。对于未引用自《篆隶万象名义》的单字头，将图书寮本的所在放入( )中以示区别。标出字头项则只列出熟字项字头。

单字头	标出字头项	图书寮本	《万象名义》
1 语		90 - 3	三 7 里 6
2 谈		90 - 4	三 8 表 2
3 谓		90 - 4	三 8 表 2
4 谅	谅诋	90 - 5	三 8 表 3
5 诋	谅诋	(90 - 5)	三 17 里 4
6 诮	蚩诮	90 - 6	三 17 表 4
7 请	三请	91 - 1	三 8 表 4
8 诸		91 - 3	三 8 表 6
9 诗		91 - 3	三 8 里 1
10 谟	南谟	91 - 5	三 9 表 4
11 誉	持誉	91 - 5	三 11 里 5
12 薯	薯罗	91 - 6	无
13 谞		91 - 6	三 10 表 6
14 谂		91 - 7	三 10 里 1
15 诠	能诠	91 - 7	三 10 里 4
16 谦	谦下	92 - 1	三 11 表 3
17 谣	歌谣	92 - 2	三 11 里 6
18 讴	讴歌	92 - 3	三 11 里 6
19 诤	诤讼	92 - 4	三 12 表 2
20 讼	诤讼	92 - 4	三 12 里 4
21 讲		92 - 5	三 12 表 5
22 诶	诶诒	92 - 7	三 12 里 5
23 詑	诶詑	93 - 1	无

单字头	标出字头项	图书寮本	《万象名义》
24 諈	諈他	93－2	无
25 讥	讥嫌	93－3	三 13 里 5
26 谬	迷谬	93－3	三 16 表 4
27 谲		93－4	三 16 表 5
28 謞		93－5	三 17 里 3
29 谥	谥比	93－5	三 18 表 3
30 谍		93－6	三 18 表 6
31 译	翻译	93－6	三 18 里 1

作为例外,也有考虑了熟字项(4 谅和 5 诋,19 净和 20 讼)及类似字形(6 诮和 7 请)的地方。

D 群,则预想为与《切韵》系韵书有关联的部分。从言部的 D 群中,选出明确的部分列出如下。这里,作为参考将其之前出现的单字项也一并标出(并将图书寮本的所在放入〔〕中以示区别)。用( )及〔〕标示所在的为未引用《篆隶万象名义》的条目。

单字头	标出字头项	图书寮本	《万象名义》	《广韵》	备　考
(略)					
1 访	访括	98－1	三 9 表 5	去声漾韵	
2 谊	之谊	98－1	三 11 表 4	去声真韵	
3 窨×		98－2	无	上声狝韵	
4 督×		(98－2)	三 10 表 3	入声黠韵	
				入声屑韵	

单字头	标出字头项	图书寮本	《万象名义》	《广韵》	备 考
5 讳		(98-2)	三18表4	去声未韵	
6 谢	愧谢	98-3	三11里5	去声祃韵	
7 咏		98-4	三12表1	去声映韵	
8 诣		98-4	三12表4	去声霁韵	
9 谬	纰谬	〔98-4〕	三16表4	去声幼韵	
10 证	疾证	98-6	三17里2	去声证韵	
11 譍		98-6	三22表1	去声证韵	
12 误	误人	98-7	三14表5	去声暮韵	
13 诟		99-1	三18表5	上声厚韵	图本作"弘云居候反"为去声候韵。
				去声候韵	
14 谱×		99-1	三22表6	上声姥韵	
15 誉		〔99-2〕	三11里2	平声鱼韵 去声御韵	图本作"宋云音预又平声"预字为去声御韵。
16 诳	诏诳	99-3	三13里3	去声漾韵	
17 谒		99-4	三8表4	入声月韵	
18 蔼×	蔼吉	(99-5)	三10表5	去声泰韵	
19 谑	谑得	(99-5)	三22里1	入声药韵	
20 讫	未讫	99-6	三12表1	入声迄韵	
21 谧		99-6	三11表3	入声质韵	
22 诀	辞诀	99-7	无	入声屑韵	
(以下略)					

虽然可以观察到在所省略的前面的部分中平声字较多,而后面的部分中去声字较多,但也不是特别明显。言部的 D 群,除去重出字(包含之前出现的字头),共计 41 字左右,上述列出的是其中一半。1 访~16 诳为去声,而 17 谒~22 诀为入声。作为异常例(在该单字的右肩上标有×),都可以看出是与类似字形相关的。18 蔼与 17 谒的字形相似是显而易见的。14 谱也可以看作 13 诟的形近字。3 謷与 4 督确实是形近字,但是为何会置于此处,尚存疑。作为猜测,3 謷为上声全浊字(并母上声语韵),或许是因与其去声化现象相关联而置于此处(其后的 4 督是 3 謷的形近字),但是,图书寮本《名义抄》与韵书之间存在着各种需要探讨的问题点,这篇论文中就止于对从字序进行观察的问题点的讨论上。

E 群,是对《篆隶万象名义》的引用较少的部分,可以看作未参照《篆隶万象名义》,而是参照《玄应音义》等依特定出典而选取的相对固定的字头部分。这种现象,起因于图书寮本《名义抄》的编著者,依据出典文献进行反复集字的过程中所脱漏的部分。

对 A~E 群的例子数目及各群对于《篆隶万象名义》的收录程度进行调查,结果如表 5.19 所示。由于 A~E 群是依据对《篆隶万象名义》的引用的多寡为标准进行分类的,那么当然 A~D 群对《篆隶万象名义》的引用相对较多,而 E 群对其的引用则较少。B 群对于《篆隶万象名义》的引用较少这一点比较会引起注意,其原因主要可考虑为受到有意识地选取形近字的影响而偏向于 E 群的缘故。与此相较更值得注目的,应可看作是按照《篆隶万象名义》的字序进行排列的 C 群约占全体的五成这一点(361/716=0.504)。另外,被判断为 C 群的部分中,存在着或是依据形近字而进行排列,或是作为熟字项字头被标出,也就是存在着很多未依据《篆隶万象名义》字序的地方。这一点虽然需要折中考虑,但依据《篆隶万象名义》字序的部分确实占了相当大的比例,这一特点则足以从字序的方面证明,《篆隶万象名义》是编纂图书寮本《名义抄》的基础资料。

表 5.19　A～E 群中对《篆隶万象名义》的收录

	A 群	B 群	C 群	D 群	E 群	计
①存于弘	33	82	312	34	26	487
②未存于弘	5	30	49	7	138	229
计 ①/(①+②)	38 87%	112 73%	361 86%	41 83%	164 16%	716 68%

　　虽然仅仅依据六个部首(言、足、玉、邑、土、心)的范围,就对字序的倾向下结论确实有待商榷,应该更为慎重。但大致上来看,首先优先标出佛教要语及形近字,其后则具有依据《篆隶万象名义》的顺序标出字头的倾向。此外,即便是依据《篆隶万象名义》的字序的 C 群中,也随处可见按形近字进行排序的部分,由此可见在对字头的排序中,是很重视对形近字的排列的。

　　图书寮本《名义抄》的字头,虽然大部分依据慈恩、玄应等佛经音义、注疏类,但比如与慈恩的《法华音训》或是《玄应音义》的出现顺序一致的排列,却比较难找出。(请参见池田证寿、小助川贞次、浅田雅志、宫泽俊雅 1988,池田证寿 1991b、1992a)。如前所述,对于是否从慈恩、玄应等的佛经音义、注疏类中收录字头,确实具有很深的渊源。佛教要语主要集中在各个部首的最初的部分,这一点也是很重要的。但是,由此判断慈恩、玄应等的佛经音义、注疏类与图书寮本《名义抄》的字头的排列(字序)全盘相关,则并不妥当。这也显示了图书寮本《名义抄》并不仅仅是对佛经音义的汇集。

　　另外,渡边实(1971)中对于高山寺本《名义抄》所作解说之处,是基于各部的字序与《法华经》相关联的假定之下的。仅限于观察现存的图书寮本《名义抄》,关于字序的整体与《法华经》相关联似乎比较困难。但是,各部最初的部分则置有佛教要语,可以确认这部分中所标出的字头,是取自慈恩、中算等音义、注疏类的《法华经》语汇。

　　按照《篆隶万象名义》的字序排列的部分较多,这一事实可以显示,在关于字头排列(字序)的整体上,《篆隶万象名义》是作为最重要的出典而存在的。但《名义抄》在字序排列上也并不是只按照《篆隶万象名义》的字序一边倒,要注意到其中也有按照形近字而进行排列的部分。这一部分,是出自图书寮本《名义抄》的编著者的独创,抑或是采用自某些先行文献,目前尚未明确,关于这一点尚有可以讨论的空间。但无论如何,这一点都反映了图书寮本的编著者,对于形近字的辨别有着很强的兴趣。而在以形近字的辨别为主要目的来使用的时候,《篆隶万象名义》则未发挥很大的作用吧。

　　另外,酒井宪二(1967)则明确了观智院本《名义抄》的部首排列及部首内字序中存在"形近字排列"。其后,贞苅伊德(1983b,1989)则弄清了特别是在各部的中央以后,存在着与《玉篇》字序相同的"《玉篇》字序群",其应是参考了"一种《玉篇》"。两位的研究对于阐明观智院本《名义抄》的构成具有很大的意义。同样的现象在图书寮本《名义抄》中也可以被确认,具体可以对比如上所述的两位的研究及宫泽俊雅(1977a)的附表1(《篆隶万象名义》及图书寮本《类聚名义抄》中所见"弘"的对照表),从而得到一定程度的预想。本章不过是对这一点内容的确认。将图书寮本《名义抄》与观智院本《名义抄》进行比较,按形近字进行排列的字头在前,而按照《玉篇》字序的字头在后这一点虽然是相通的,但可以观察出前者中以《玉篇》字序群的字头更多,后者中则是以形近字作排列的字头为主流。

　　如果确实如此,以按照《玉篇》字序群排列的字头为主体,并将佛教要语做最优先的排列,同时采用了一部分形近字的排列,可以说具有这样字头排列顺序特点的《类聚名义抄》更接近于原形。在此基础上,进一步推行按形近字排列的结果,则导致《玉篇》字序群的溃散。但是,鉴于有关观智院本《名义抄》的参考文献尚有很多不明之处,本节的论述仅止于此。

六、结语

本章中,通过与《篆隶万象名义》相比较,探讨了图书寮本《名义抄》的字头的收录范围及字序,并考察了其作为单字字书的特点,可总结如下两点结论。

一、图书寮本《名义抄》的编著者,对于《篆隶万象名义》并不是全盘收录,而是收录其中的常用字。引用了《篆隶万象名义》的字头中常用字较多,而未引用《篆隶万象名义》的字头中常用字则较少。这一点的成因可能是图书寮本《名义抄》的编著者,主要是将出典文献中频繁出现的单字作为字头,并且这些字头都引用了《篆隶万象名义》的内容。

二、图书寮本《名义抄》的各部(言、足、玉、邑、土、心)的字序,可判断为具有如下倾向:先优先排列佛教要语、形近字,其后则按《篆隶万象名义》的顺序进行排列,并有很小的一部分是按声调来汇集的。按照《篆隶万象名义》的字序进行排列的部分占整体的一半,这样从字序这一方面也显示了《篆隶万象名义》是编纂图书寮本《名义抄》的基础资料的这一事实。

以中国的辞书音义为主要编纂材料,即以此为出发点的日本汉文古辞书,经过了记载以万叶假名来标示和训的汉字词汇与和训对译的阶段,逐渐过渡到以片假名来记载和训的阶段。以片假名来记载和训的这个阶段,即为日本汉文古辞书的转折点。图书寮本《类聚名义抄》以多部汉文典籍为基础材料,是研究汉语史极为有价值的文献数据,其中对于作为典据出现的汉文数据的引用、说明方法等,均有独特之处。其另外一个特点是,书中又加入了大量的片假名和训,从而提高了这部辞书的日本化的程度。如果在理解了这样的内容特点基础之上,对图书寮本《类聚名义抄》的内容进行分析,那不仅对日本国语学研究,对汉语史的研究也会有着极大的价值。下一节将在对图书寮本《类聚名义抄》作为单字字书的特点进行分析、整理之后,进一步阐述这部辞书的学术价值。

另外,在第五节、第六节中,为了验证所论及汉字的常用性,本书使用了日本用于信息交换的汉字符号标准(即所谓的 JIS 汉字),这是为了验证的便利性而采用的。今后,为了提高验证的精度,笔者将进一步与实际的使用字例与使用频率来进行比照。

附：本节所使用影印本

图书寮本《名义抄》:《图书寮本类聚名义抄》,勉诚社,1976 年。

《篆隶万象名义》:《高山寺古辞书资料第一》,东京大学出版会,1977 年。

《玄应音义》:《高丽大藏经》,东国大学校,1975 年。

《法华音训》:《高丽大藏经》,东国大学校,1975 年。

第六节　图书寮本《类聚名义抄》的单字字书特性

一、前言

图书寮本《类聚名义抄》中虽然习语(又称为熟字项或熟语等)字条多于单字字条,但这些习语字条大多出自慈恩、玄应等相关的佛典音义、注疏类著作,这也正说明了图书寮本作为佛教事典的性质。但是,图书寮本中原则上连续标记包含同一单字的习语字条,并且注文中完全没有对单字进行注释的习语字条基本上不存在。这一点也显示出图书寮本作为单字字书的利用,也应是编纂当初设想之内的。

关于图书寮本《类聚名义抄》的单字字书的特性,池田证寿(1993a,见前第五节)中曾通过与《篆隶万象名义》的前半四帖的空海原撰部分作比较,进行过论述。本节中,将与《篆隶万象名义》后半两帖的续撰部分的对比结果作总结,并结合图书寮本《类聚名义抄》的编纂过程、在辞书史上的地位,以及其作为汉字字体数据的价值进行阐述。

二、《类聚名义抄》与《篆隶万象名义》和《玉篇》

《类聚名义抄》有原本系及广益本系两种。原本系(也称为原撰本系)现仅存图书寮本,旧藏于清水谷公揖家,现藏于宫内厅书陵部;而广益本系(也称为改编本系)则以完本尚存的观智院本为首,并流存有高山寺本、莲成院本、西念寺本等诸本(以下以观智院本为广益本系的代表)。

对于《类聚名义抄》与《篆隶万象名义》及《玉篇》之间的关系,山田孝雄(1943)中指出《类聚名义抄》的书名中的"名义"即是取自《篆隶万象名义》,吉田金彦(1952)中则指出观智院本的反切释义,多与《篆隶万象名义》相一致,而这些观点都因图书寮本的出现而得以实证。

观智院本与《玉篇》之间密切的关系,从观智院本的篇目中所存凡例中的"立篇者源依《玉篇》,于次第取相似者置邻也"一节,即可窥知一二。关于这些内容,诸氏均有论述。其中冈田希雄(1944)中的观点得到了广泛的认可:(观智院本)并非全盘承袭《玉篇》的部首排列,而是参照《玉篇》以部首进行分类,而具体的排列顺序则为编纂者首创。酒井宪二(1967)中则指出,"取相似者置邻也"不仅仅指部首排列,也关系到部首内的字序。贞苅伊德(1983b)中则指出,(观智院本中)存在与《玉篇》及《篆隶万象名义》字序相同的"《玉篇》字序群",将观智院本与《玉篇》的关系从字序的观点加以实证。

另一方面,吉田金彦(1954)中指出,图书寮本中分别冠以"弘"的略称来引用《篆隶万象名义》,又冠以"玉"来引用《玉篇》。又,桥本不美男(1951)及宫泽俊雅(1977a)中均提到(图书寮本中)《玉篇》的出现次数约为 600 次,出现次数第一位的《玄应音义》为 1 300次,《玉篇》仅次于其后,《篆隶万象名义》的出现次数为 520,位居第三位。

此外,宫泽俊雅(1973)中指出,从"弘""玉"的出现方式及与注文的一致情况来看,"《类聚名义抄》的撰者在引用《篆隶万象名义》的内容之时,只有在引用前半部的时候,尊其为空海原撰而冠以'弘云',而对于其后半部则仅认作是《玉篇》的抄录本而冠以'玉云'"。宫泽俊雅(1987)中更进一步指出,"《名义抄》的部首分类与《篆隶万象名义》的目录有很大关联,其字头的排列想必也与《篆隶万象名义》有一定的关系"。

三、图书寮本《类聚名义抄》与《篆隶万象名义》原撰部分

池田证寿(1993a,见前第五节)对两者进行探讨,并提出如下两点意见:一,图书寮本《类聚名义抄》的编纂者,对于《篆隶万象名义》采取的并不是全部引用的方针,而是似乎只采录其中的常用字。二,图书寮本《类聚名义抄》的各部首(言足玉邑土心)的字序,有着如下倾向,即首先是依据佛教用语、形近字来进行排列,其后再依《篆隶万象名义》的字序排列。这样的(字序排列)倾向,从字序的角度揭示《篆隶万象名义》是图书寮本《类聚名义抄》编纂的基本资料。下面就这一结论对于《篆隶万象名义》的后半部分来说妥当与否,特别是以字序问题为中心进行考察。另外,对于图书寮本中冠以"玉"进行的引用,对其是否源自《篆隶万象名义》的后半部分则不作讨论。

四、图书寮本《类聚名义抄》与《篆隶万象名义》续撰部分

先阐述图书寮本《类聚名义抄》与《篆隶万象名义》后半部分(第五帖、第六帖)之间的对应概况。

以图书寮本《类聚名义抄》的全字头项为对象,调查《篆隶万象名义》后半部分(第五、六帖)中相对应的字头是否存在,并调查图书寮本中是否对《玉篇》进行了引用,分为三类(参照表5.20):

1. 有对《玉篇》的引用:作为字头存于《篆隶万象名义》的后半部分,并在图书寮本中有对《玉篇》的引用。

準　玉云:之允反。拟也,平也,度也。或为准。(图书寮本10-1,省略声点。句读为笔者所加,下同)

準　之允反。拟也,平也,度也。(《篆隶万象名义》第五帖96里2)

準　之允反。……野王案:准犹拟仪之也。……《礼记》……郑玄曰:准犹平也。《尚书大传》……郑玄曰:准度也。《字书》或为准字……(《玉篇》卷十九水部)

2. 无对《玉篇》的引用:作为字头存于《篆隶万象名义》的后半部分,但在图文寮本中的对应字条对《玉篇》作引用。

汲水　音急・应云:—引水也,—取也。クム易　ミックム(图书寮本54-2)

汲　居及反。引水。(《万象名义》第五帖99表3)

繙　音与繁同・弘云:扶元反。冤也。有人云:ヒロク(图书寮本304-7)

繙　扶元反。冤也。(《万象名义》第六帖128里5)

繙　扶元反。《说文》:翻,冤也。(《玉篇》卷二十七糸部)

3. 不存于《万象名义》:未见于《万象名义》,但其所属部首与《万象名义》的后半部分相对应。

渤(6-1)　浹(35-5)　澁(39-1)　汐(42-6)等

关于《篆隶万象名义》前半部分的情况,各部首的数据大略的合计所示如下(表5.21,据池田证寿1993a,有部分修正)所谓"有对名义

的引用"是指其字头与《篆隶万象名义》的前半部分相对应,并且其注
文内容冠以"弘"收录于图书寮本中。所谓"无对名义的引用"是指其
字头与《篆隶万象名义》的前半部分相对应,但其注文的内容却并未
收录于图书寮本中。从此结果来看,可知图书寮本《名义抄》的总单
字头项(相异)中,收录于《篆隶万象名义》的前半部分与后半部分的
单字头约占了80%。

表5.20 图书寮本《名义抄》与《篆隶万象名义》后半部分之间的对应

	有对玉篇的引用	无对玉篇的引用	未存于名义抄	计
水	222	107	48	377
氵	6	9	10	25
言	0	0	0	0
足	0	1	0	1
立	2	2	0	4
豆	2	8	0	10
卜	7	9	0	16
山	24	41	24	89
石	14	49	28	91
玉	0	6	0	6
邑	0	1	0	1
阜	22	46	12	80
土	0	3	2	5
心	0	8	1	9
巾	23	19	4	46
糸	125	66	29	220

续　表

	有对玉篇 的引用	无对玉篇 的引用	未存于 名义抄	计
衣	54	31	26	111
计	501 45.9%	406 37.2%	184 16.9%	1 091 100.0%

表 5.21　图书寮本《名义抄》与《篆隶万象名义》前半部分之间的对应

	有对名义 的引用	无对名义 的引用	未存于 名义	计
计	513 54.6%	247 26.3%	180 19.1%	940 100.0%

　　与《篆隶万象名义》前半部分相对应的单字头中"弘"的比率相比,《篆隶万象名义》后半部分相对应的单字头中"玉"的比率更少的原因,是与出典的收录顺序相关联的。图书寮本《名义抄》的主要八大出典(玄应撰《一切经音义》、顾野王撰《玉篇》、《篆隶万象名义》、真兴撰《大般若经音训》、源顺撰《倭名类聚抄》、菅原是善撰《东宫切韵》、中算撰《妙法莲华经释文》、慈恩撰书,以上按频度顺序)的收录顺序为:

　　①慈恩撰书、②《篆隶万象名义》、③《玄应音义》、④《法华释文》、⑤《大般若经音训》、⑥《玉篇》、⑦《东宫切韵》、⑧《和名抄》(一部分推定)①

　　当收录顺序高于《玉篇》的慈恩撰书、《玄应音义》、《法华释文》、《大般若经音训》中也有相同内容的音注、释义时,则不收录《玉篇》的内容。而与此相对应的,《篆隶万象名义》(前半部分)为出典收录顺

　　①　据宫泽俊雅(1977a、1986、1987、1988、1992)。同时参照望月郁子(1992)、山本秀人(1990)、池田证寿(1991a)。

序的第二位,与其他出典相比被优先收录,结果上显示为"弘"的比率要更高。

五、单字的收录范围

这一小节来讨论图书寮本《名义抄》在收录字头时的标准。选取《篆隶万象名义》后半部分与图书寮本《名义抄》相对应,且实例较多的七个部首(水山石阜系巾衣),将两者的对应关系按如下分为三类(参照表 5.22)。作为参考同时标示《篆隶万象名义》前半部分的情况(表 5.23,在池田证寿 1993a 的基础上做了部分修订)。

1. 有对《玉篇》的引用:图书寮本中存有该字头,并冠以"玉"收录了注文内容。
2. 无对《玉篇》的引用:图书寮本中存有该字头,但未对"玉"(玉篇)的注文进行收录不存于图、图书寮本中未存该字头。

表 5.22 单字头的收录范围(《万象名义》后半部分七部首)

	有对玉篇的引用	无对玉篇的引用	不存于图	计
水	216	102	356	674
山	21	33	90	144
石	12	47	98	157
阜	21	43	77	141
系	113	63	203	379
巾	20	18	90	128
衣	54	30	156	240
计	457 24.5%	336 18.0%	1 070 57.4%	1 863 100.0%

表 5.23　单字头的收录范围(《万象名义》前半部分六部首)

	有对名义的引用	无对名义的引用	不存于图	计
玉	50	25	127	202
土	79	21	143	243
邑	30	11	173	214
足	51	48	99	198
心	136	70	215	421
言	135	45	189	369
计	481 29.2%	220 13.4%	946 57.4%	1 647 100.0%

　　据表 5.22 可知,《篆隶万象名义》后半部分的字头中的约 40%都被收录于图书寮本《类聚名义抄》。这是与《篆隶万象名义》前半部分相同的比率。但将表 5.22 与表 5.23 作比较可知,《篆隶万象名义》后半部分七部首中"有对玉篇的引用"的比率,略低于《篆隶万象名义》前半部分六部首中的"有对名义的引用"的比率。这应与前面提到的出典的收录顺序相关联。

　　接下来,对关于实际引用《玉篇》(及《篆隶万象名义》后半部分)时的标准进行考察。正如宫泽俊雅(1977)中所指出的,是应与字头常用性相关的,将《篆隶万象名义》中的图书寮本《名义抄》收录字及非收录字作比较,结果一目了然。但是,对于汉字常用性,要遵循客观的标准进行判别则有相当大的难度。池田证寿(1993a,见前第五节)中,以是否在 JIS 汉字的范围内为大致的标准(第一水平 2 965 字,第二水平 3 390 字,辅助汉字 5 801 字)进行了调查①。这里对《篆隶

---

　　①　当然以实际文献中的频度调查为基础,而将图书寮本的字头与非字头进行对比,是最正统的方法。比如《法华经》,其中可以与图书寮本相对应的汉字,似乎全数得以收录。但考虑到图书寮本存在很多出典文献,佛典方面有《法华经》及《大般若经》,汉籍(转下页)

《万象名义》后半部分的七个部首也进行同样的调查（参照表 5.24）。

表 5.24 JIS 汉字的比率（《篆隶万象名义》后半部分七部首）

	有对玉篇的引用	无对玉篇的引用	不存于图	计
第一水平	197（43%）	71（21%）	19（2%）	287（15%）
第二水平	133（29%）	109（32%）	41（4%）	283（15%）
辅助汉字	81（18%）	101（30%）	267（25%）	449（24%）
非 JIS 汉字	46（10%）	55（16%）	743（69%）	844（45%）
合计	457（100%）	336（100%）	1 070（100%）	1 863（100%）

注：第二、四列总和为 99%，系小数取整误差，径按 100% 计。

据表 5.24 可以很明显地看出，图书寮本《名义抄》的字头中，属于 JIS 第一水平、第二水平的汉字很多。虽然不能简单地只根据 JIS 汉字的有无，就判断图书寮本《名义抄》中的字头中常用字较多，但至少可以说明与 JIS 汉字比较有这样的倾向。

而未被图书寮本《名义抄》收录的《篆隶万象名义》后半部分的字头中，属于 JIS 第一水平、第二水平的有如下 60 字：

碻 徽 渠 窪 繰 裁 阪 碕 硝
飾 席 卒 泰 瀞 泌 繭 溶 溜
硫 崋 崎 喦 崛 惧 彝 汕 沁
汾 沠 泇 渙 縢 颕 潯 潘 俎
磜 磢 磅 紆 絧 絖 絎 絛 紹
縈 縉 縢 縻 繃 辮 衿 祥 袞
裨 襦 阮 阯 陞 隗

（接上页）方面除主要的经书之外，还需要《文选》《白氏文集》《史记》《汉书》等数据。然而遗憾的是，现阶段尚未备齐全部数据。汉字常用性本身也是一个很好的研究题目，但本次的调查从简，图书寮本中常用字之多的实证则成为今后的课题。

　　对于图书寮本未收录的理由可以作出说明的字例也有。比如
"徽"虽然属于《篆隶万象名义》的系部,但并未收录于图书寮本系部,
然而却标示于观智院本的彳部。未见于现存的图书寮本的理由,可
以认为是由于收录于图书寮本的彳部,而现存的图书寮本为零本,彳
部阙存的缘故(相似的字例还有渠、裁、饰、席、卒、泰、繭、彝、滕、縢、
縻、阮)。

六、单字头的字序

　　图书寮本《名义抄》中,连续标示包含同一单字头的习语项是其
编纂原则之一。这里优先于引用"玉"(玉篇)的字例、前述的字例、注
文更详细的字例,首先将重出字作为比较对象。

　　这里选取的是与《篆隶万象名义》后半部分相对应的图书寮本
《类聚名义抄》的七部首(水山石阜巾系衣)。各部首的字序按如下的
a 至 e 群划分①。

群	对《玉篇》引用的多寡	倾向
A	对《玉篇》引用较多	佛教要语
B	对《玉篇》引用较多	相似字形、异体字
C	对《玉篇》引用较多	《万象名义》的标出顺序
D	对《玉篇》引用较多	或与韵书相关
E	对《玉篇》引用较少	存在集中引用某特定出典文献之处

　　接下来标示出各部首的字序的概要(表 5.25)。但各个字头群之
间的界限并不明显。如下所标示的各字头群前后的部分,请视为相
互连续的内容。

---

　　①　此分类,与池田证寿(1993a,见前第五节)中所示,《篆隶万象名义》前半部分中所
对应的,图书寮本的六部首(言足玉邑土心)的 A~E 的分类基本相同。唯一不同之处是将
《篆隶万象名义》与《玉篇》进行了互换这一点。

表 5.25　图书寮本各部首的字序群

部	字群最初	字群末尾	字群种类
水	水(4-2)	澄(45-7)	B
	滥(46-1)	浡(56-33)	C
	潋(56-5)	汔(63-3)	E
山	山(135-6)	蛊(145-4)	E
石	石(147-1)	礚(157-5)	E
阜	阜(186-1)	隋(197-2)	A
巾	堕(197-5)	陵(211-1)	E
	巾(277-1)	帛(283-7)	C
	帽(284-1)	帀(286-3)	E
糸	糸(287-1)	缘(289-6)	A
	绿(291-1)	缄(305-2)	B
	縒(305-3)	绂(318-7)	C
	糺(319-2)	繻(326-1)	E
衣	衣(327-1)	衲(334-1)	B
	袯(334-1)	衫(339-1)	C
	襦(339-3)	衦(344-1)	E

A 字头群,是分布有佛教要语的部分。比如,在阜部中,包含"阿"的字头项(如"阿弥陀"等)占了近十页的篇幅,更有"随喜""随眠"等词相继。糸部的 A 群中,有三藏(经律论)的"经",并且可见"素怛缆"(注有"兹云……经也")、"索诃世界"、"因缘"等词。不过也有如"糸—系—絲—经=纬—经—缆—素—索—绿"(=为习语项)这样连续出现,与 B 群的"绿"相接续的字序,应是考虑到与形近字的

关系。这之外在其他部首中并不存在 A 群，但在各部首的起首处都标示出可看作是佛教要语的词。例如"法"字出现在水部中"水"及包含"水"的习语之后。衣部的"袈裟"的位置也如此。

　　B 群中分布有形近字、异体字等字头项，越是排在前面的字头，互相之间因字形类似的连接就越紧密，由于其中也有难字，这里不好按顺序逐一说明，但大致上来看，比如水部中，存在有像如下连续的字头群："水—洪—法—源—海—汝—沧 ＝ 滇—渤 ＝ 澥—淳—江 ＝ 河—渭—池—滂 ＝ 沱—沫 ＝ 泡—汎—泛—氾—汜—淀—济—淮—溉 ＝ 灌—注—洼—准……"其中，"海、汝""河、渭""池、沱、泡、汎/泛/氾、汜、淀""淮、灌、注、洼、准"这些可以看出是与形近字相关联的（其中汎/泛/氾互为异体字关系）。当然，字头的排列也会考虑到彼此之间字义上的关联（例如海、江、河、池），而有些字条则由于字头为习语的关系，而对其字条之间的关联的理解上带来了一定的困难（例如洪以洪水的形式、渤以滇渤的形式来标示）。

　　C 群，则是按着《篆隶万象名义》，即《玉篇》的字序排列。对于这一字群应注意的是，即使并未对《玉篇》进行引用，其字头的排列上也遵从了《玉篇》的字序。在表 5.26 中，列举了水部 C 群的全部字例。

　　而例外的字例，则与习语项（淋与渗），形近字（淙与汧、洹与涯等），及异体字（灥与淋、溢与泆）等相关之处较多。未引用《玉篇》的字例，应是与在收录顺序上更靠前的（慈恩、玄应）等出典的存在相关。下面举一字例说明。

　　　　汲水　音急·应云：—引水也。—取也。クム易　ミックム（图书寮本 54－2）

　　　　汲　居及反。引水。（《万象名义》第五帖 99 表 3）

　　　　汲水　金及反。《说文》：汲，引水也。《广雅》：汲，取也。（《玄应音义》卷十四）

　　D 群，虽然对《玉篇》的引用较多，但其中既未按形近字排列，又未遵循《玉篇》字序的部分也存在,但在此次作为讨论对象的各部首中均未见。在与《篆隶万象名义》前半部分相对应的部首中也仅可见极少的字例,是比较例外的。

E 群存在于对《玉篇》引用较少的部首的末尾处,是追加补充的部分。

综上,可以说,图书寮本各部首的字序,前半部分以形近字来分布,而后半部分则是遵循《篆隶万象名义》即《玉篇》的顺序来排列的(不包含文字数非常少的部首)。遵循《玉篇》字序的部分(《玉篇》字序群)的存在,虽然显示了《篆隶万象名义》及《玉篇》是图书寮本《名义抄》的基础数据,但比起这部分内容,按照形近字排列的部分(形近字群)则更为优先,由此可以看出辨别形近字是图书寮本《名义抄》的编纂目的之一。

作为参考,在表 5.27、表 5.28 中出示分属各群的字例数及其所在比例。由表中所示数据可知,形近字群及《玉篇》字序群占到了全部的三分之二。但是也可以看出如下的倾向,即在前半部分中,《玉篇》字序群(C 群)的比率更高,而在后半部分中,形近字群(B 群)的比率更高。关于这点内容的讨论这里先不作过多展开。

表 5.26　图书寮本水部字序

单字头	字头项	图　本	万象名义	备　考
滥		46－12	219	A
蘫 *		46－14	四帖 44 里 2	
测		46－22	222	D
洌		46－31	232	A
涌	涌出	46－33	227	A
湧		46－43	228	A

单字头	字头项	图　本	万象名义	备　考
汹	汹涌	46 – 44	无	
浑	五浑	46 – 52	234	A
淑	纯淑	46 – 64	235	B
淋*	淋渗	46 – 74	490	
渗	淋渗	46 – 74	243	
灆*	灆顶	47 – 23	311	
澜		47 – 33	251	A
满		47 – 42	260	B
洗		47 – 44	263	
滟	滟溢	47 – 54	无	
溢	滟溢	47 – 54	无	D
蕰*		47 – 74	556	A
溢	溢然	48 – 11	无	
泽	陂泽	48 – 12	264	
滋	滋味	48 – 44	276	B
滑	滑涩	48 – 62	261	A
浒	浒卢	49 – 11	285	A
汗		49 – 13	284	A
淙*		49 – 14	212	
漂		49 – 22	286	
沸		49 – 43	293	B
湄		49 – 64	305	A
决	授决	49 – 72	320	A
滴	一滴	50 – 11	322	D

单字头	字头项	图　本	万象名义	备　考
渧	一渧	50-22	无	
滞°		50-44	396	D
沥°		50-61	437	A
沃		50-71	328	
渡		51-14	331	A
游	游泳	51-31	346	D
泳	游泳	51-31	339	D
凄		51-43	349	A
凑	凑集	51-44	350	B
湛	湛然	51-54	351	B
瀑	瀑流	51-63	363	C
溱°		52-11	67	
泷		52-14	370	A
浓	浓淡	52-24	387	C
泠		52-33	388	C
湿	湿地	52-42	389	
湫		52-44	413	A
溅		52-54	420	C
汤	排汤	52-62	424	C
漉	漉着	52-74	438	D
渌	渌波	53-23	439	D
滩		53-31	无	
浚	浚流	53-32	442	
浚	深浚	53-34	443	

单字头	字头项	图　本	万象名义	备　考
滓		53－41	448	A
浆		53－44	459	D
浇	浇潰	53－72	463	B
液	津液	54－12	465	
汲	汲水	54－21	488	
淳		54－23	489	A
潼*	淳潼	54－43	6	
漱		54－61	498	A
漕		54－63	517	A
涉	涉人	54－71	527	C
瀛*	瀛洲	55－12	566	A
洲	瀛洲	55－12	529	
泷	泷涁	55－23	无	
涁	泷涁	55－23	524	A
汖		55－33	无	
滨	河滨	55－41	530	
濒	濒	55－44	531	A
浃		55－51	535	A
潺	潺湲	55－53	551	
湲	潺湲	55－53	553	D
舄		55－62	552	A
涯	涯岸	55－64	554	
沔*		55－74	573	A
淳*		56－11	582	

续 表

单字头	字头项	图　本	万象名义	备　考
渼	渼池	56－13	567	
灅	灅溏	56－14	无	
溏	灅溏	56－14	591	A
泻		56－22	无	
潩	潩之	56－24	647	A
浮		56－33	650	A

*对表 5.26 的说明：单字中不包含重出字。图本 46－12，即图书寮本 46 页第 1 行第 2 段之意。字头项栏中只表示习语。《万象名义》的字头位置按水部中的序数。水部以外的内容以帖数及丁数(张数)标示。备考栏中的 ABCD 是以宫泽俊雅(1973)中的分类为依据的。A.《类聚名义抄》与《篆隶万象名义》的注文完全相同的字条。B.《类聚名义抄》的注文都包含在《篆隶万象名义》的注文中的字条。C.《类聚名义抄》的注文中，包含了《篆隶万象名义》注文的全部内容的字条。D. 上述以外的字条。以上的 ABCD 均为图书寮本中有对《玉篇》引用的字例。这之外未见从《玉篇》的引用。此外例外的单字头之前标示 *(星号)。

表 5.27　A～E 群中对《玉篇》的采录及各群的比率(《篆隶万象名义》后半七部)

	A 群	B 群	C 群	D 群	E 群	计
有对《玉篇》的引用	10	239	158	0	72	479
无对《玉篇》的引用	4	109	55	0	191	359
计	14 1.7%	348 41.5%	213 25.4%	0 0%	263 31.4%	838 100.0%

表 5.28　A～E 群中对《万象名义》的采录及各群的比率(《篆隶万象名义》前半六部)

	A 群	B 群	C 群	D 群	E 群	计
有对《名义》的引用	33	82	312	34	26	487
无对《名义》的引用	5	24	40	7	135	211
计	38 5.4%	106 15.2%	352 50.4%	41 5.9%	161 23.1%	698 100.0%

七、从《玉篇》字序群到形近字群

如上所述,图书寮本《名义抄》的字序倾向及其编纂过程是如何关联的呢?

值得注意的是,虽然有按着形近字群—《玉篇》字序群的顺序排列,但并没有与之相反的排列。这一定是与这部字书是以形近字群为编纂目的这一点相关联的。而除此之外,还可以指出如下两点原因。

第一,是在《玉篇》字序群中,存在以形近字排列而扰乱了原有排列的部分。关于实例可以参照上面一节中水部 C 群一览的内容。考虑其过程应是首先按《玉篇》的字序排列字头之后,再追加了字形相似的字头群。

第二,图书寮本中附有"△"符号来指示补入字头项的地方有很多,这之中存在着注意形近字而重新将字头项排列的实例。心部的"忠"(238 页 7 行)是标示在形近字群中的,但其注文末尾到下一字头项"恳到"之间可以看到"△"的标记。此标记是将字条"忡△"移至"忠"之后之意。"忡"(257 页 5 行)标示在《玉篇》字序群之中。

第三,在形近字群中可见表示与前一字条为同一字的"一"的误用。比如言部的形近字群中有如下三项"謇讷""睿吃""一于言"(87页 1~3 行)连续出现之处。从图书寮本的通例来看,"一于言"中的"一"须为"睿"字,但从内容上来看,此处却须为"讷"字(据《论语·里仁》"君子欲讷于言,而敏于行")。从"謇讷"的字条项来看,其中可以确认"謇""讷"两字的批注,此处应是在"謇讷""一于言"的连续字条项之间加入了字形上有微妙差异的"睿"。

以上从编纂的过程上考虑,图书寮本应经历了先以《玉篇》字序群为主体,并在此基础上又转换为以形近字群为主体的字书这一过程。

那么,在山部、石部、阜部等三部首中并不见较统一的形近字群或《玉篇》字序群,那这一点又如何考虑呢? 彳部、立部、豆部、卜部等四部首,由于收录字书较少,所以未作为讨论字序的对象,但在字序上没有明显的倾向这一点与山部、石部、阜部是相同的。这应与复制本解说中所提到的图书寮本"不是编者自己'手稿',而只是一部传写本(略去字例),而且并不是精撰本"这一点相关联。图书寮本的撰者对于收录字数较多的部首进行了热心的整理,但对于收录字数较少的部首则未进行详细的整理,面部、齿部、色部等三部首甚至未进行字头的收录。图书寮本不是精撰本这一点,从复制本解说中所指出的重复字头的多次出现而广为所知。除此之外,还有如下几点可以指出。一,上面提到的面部、齿部、色部中没有字头。二,玉抄的和训上未附声点,怀疑此处是后来的增补部分(筑岛裕1959b),并且只收录了《玉篇》前半部分的部首。三,《类聚名义抄》与《玉篇》的部首并不是一一对应的部首,而是标出了《玉篇》的部首号码(例如图书寮本石部的"磬"[156-6]的右侧以朱笔标出"三五二",是与《玉篇》第二十二卷磬部第三百五十二相对应的)。

综上可以推想图书寮本的编纂工作至少经历了三个阶段。

1. 从佛典音义(慈恩、玄应、中算、真兴等)收录字头项(排列的原则不明)。

2. 参照《篆隶万象名义》《玉篇》排列字头项的出现顺序,增补注文,并追加字条。

3. 使得形近字集中而进行替换,并追加注文、字条。

从图书寮本的字条项中,依据佛典音义(慈恩、玄应、中算、真兴等)的用例较多这一点来看,从佛典音义类文献来收集字条项应是在最初阶段。大体上来看,图书寮本撰者是按照1→2→3的顺序来进行的编纂工作。文字数量较多的部首应是在2、3的阶段,而数量较少的部首则是在1、2阶段。

此外,《玉篇》字序群的存在一方面揭示了《篆隶万象名义》《玉篇》作为出典的重要性,同时也应是由于《玉篇》系字书(《篆隶万象名义》《玉篇》《大广益会玉篇》)的参考比较便利这一点吧。

八、作为相似字形排列字书的图书寮本《类聚名义抄》

　　按相似字形来排列是编撰者的创造，还是与所依据的字书相关呢？

　　一个可以想到的点是"字样"（也称为"字样书"）的影响。所谓"字样"，是指"将在字音及字形上有相似之处从而容易陷入误用的文字，不限于同字、异字的区别，为广泛地加以辨别所撰述的小学书"（西原一幸1984），《干禄字书》（唐代颜元孙撰）是其中的代表。关于"字样"，西原一幸的研究比较详尽，对于图书寮本所引用的《干禄字书》及《一切经类音决》（唐代太原处士郭逻撰）也有一系列的考察。关于《干禄字书》（略称"干"），西原一幸（1987）指出图书寮本在对其进行引用时，虽然不缺少对通体、俗体的标示，而正体的标示较少。对于《一切经类音决》（略称"类"），关于其基本特点，西原一幸（1988、1989）指出其并不是吉田金彦（1954）所说的"音义书"，而是"字样"。

　　从按相似字形排列这一观点来看这两部书，可知在《干禄字书》中像"溪谿　上通下正"这样的异体字（异形同字），来标示其正、通、俗等用例占其大半，而"隋随　上国名下追随"这样的形似异字的用例则较少。池田证寿（1992b）指出，关于图书寮本编撰者不重视《干禄字书》的正体这一点，存在其正体字未被收录于所属部首的情况。《干禄字书》的引用数量约为140，其出典频度位于第十四位，在图书寮本中相对而言是未受重视的出典，从对《干禄字书》中正体的引用方法，可以看出图书寮本并未对其采取全面收录的态度。这对字头排列有一定的提示作用，但很难将其考虑为是图书寮本中作相似字形排列的直接典据。

　　那么《一切经类音决》（逸书）呢。《一切经类音决》的引用数量为160，位于出典频度数的第九位。正如吉田金彦（1954b）中所指出的，此书为《一切经》的音义书。上田正（1972）中介绍后晋可洪撰的《新集藏经音义随函录》三十卷（天福五年［940］成）的后序中，可洪提及郭迻之撰书是"藏经音决"之一这一点也印证了上述吉田金彦（1954）的观点（西原 1988 未言及此资料）。可洪对郭迻此书有如下评价："或有统括真俗，类例偏傍，但号经音，不声来处〈即郭迻及诸僧所撰者也〉（〈 〉为夹注）"。根据此记述，可知此书应是总结字体正俗，并以偏旁为据来进行分类。其本文如下：

一切经类音决云叱咤怒也　喑呜^{上於金反啼极无声}_{下於胡反叹辞也}（高山寺藏本《不动立印仪轨钞》42 表①）

类音决云酏^俗　醐^{正皆胡音}_{醍醐也二}醍醐^二_俗　醍^{正皆啼音}_{醍 醐 也}（以下欠损）

醍^{正体音酒醯也}_{又 蹄 音 也}（以下欠损）（高山寺藏本《醍醐等抄》②）

这正如西原一幸（1988）中所指出的，具有"字样"的特点。虽然西原认为此书为音义书，而并非是字样（西原一幸 1989 相同），但可洪将其视为音义书，而音义书的体例也没必要限定于卷音义。也就是说《一切经类音》是具有字样特征的关于《一切经》的音义书。

但是，与逸文相比较可知，《一切经类音》并未得到特别的重视。

謷空　《类音》：辩为俗辩为正。皮免反。（《大乘理趣六波罗蜜经释文》3 页）

謷　《益》云：俗辩字。（图书寮本 98 - 2）

謷　扶件切。俗辩字。（《大广益会玉篇》言部卷上 87 表）

谤誈　《类音》曰：俗作誙同。（《大乘理趣六波罗蜜经释文》38 页）

誈誙上：弘云：武虞反。……・真云：……・应云：……・下：……（图书寮本 87 - 4）

誙构　イツワリカマフ聿集解（图书寮本 87 - 5）

埠阜　《类音》：丁回反。高也。（《大乘理趣六波罗蜜经释

---

① 参照月本雅幸（1989：122）。笔者于 1993 年 7 月进行原本调查。

② 参照宫泽俊雅（1980：428）及本书第六章第二节。笔者于 1994 年 7 月进行原本调查。

文》6 页）

　　埤　（此字不见于图书寮本）

　　对于异体字的说明，吉田金彦（1954b）中指出"主要采用《干禄字书》的内容，而'类'则处于从属地位"，并不可能全面依据《一切经类音》。即使有可能影响到图书寮本的形近字的排列，但也必定不是全面的影响，只是提供一定的提示。

　　在图书寮本中，我们可以观察到将相似字形进行排列的字头群，这一现象在其他古辞书中也有所发现。上田正（1981a）和贞苅伊德（1989）中，都曾指出《新撰字镜》中存在着类似的以形近字排列的字头群。酒井宪二（1967）指出，观智院本中字序则贯彻了形近字排列的方针。而与观智院本相比，图书寮本中形近字的排列的确不能否认其未能完成的印象。虽如是说，与《新撰字镜》相比，其按相似字形排列的意图还是非常明显的。图书寮本是将相似字形排列正式地纳入编纂格式的日本现存的最早的字书，而笔者认为观智院本则是将图书寮本中按相似字形的排列方针更彻底地贯彻下来的字书。

九、结语

　　图书寮本作为国语资料①有着极高的价值，并涉及多方面，这一点在以往的研究中多有被提及。筑岛裕（1969a）特别集中在辞书史、汉文训读史、音韵史、词汇史等四个方面对其研究价值进行了论述。笔者从其作为汉字字体资料价值的角度，广泛说来应从文字史的角度来认定其资料价值。理由如下。

　　第一，如上所述，遵循相似字形的字头排列，应考虑为基于对汉字字体的独立研究的结果。

　　第二，以往的先行研究中很早就提及图书寮本在引用态度上，遵

――――――――――

　　①　这里所说的"国语资料"直接指的是"日语资料"，但它作为"汉语资料"也具有同样的价值。

循了忠实于原典典据的方针（筑岛裕 1959b），而对于字头字体来说，也是遵循了同样的方针。虽然要证明这一点有一定的难度，关于同一个字，只要字形上有细微的不同，就不会漏掉而一一记录（上述的"謇"的用例）。而有些原典中错误的字形也都原样承袭，散见于各处（例如"垄疏"231 页 1 行中的"垄"为误，"垄"下的"土"应为"木"），这一点也可以作为佐证。

第三，图书寮本的字头字体，应存在时代、地域上的范围。图书寮本的出典文献，涉及在中国及日本撰述的佛典音义、注释书类及字书、韵书、在日本传承的训点本等，无疑是涵盖了多方面的文献典籍。而其中，也囊括了如《宋韵》（《广韵》）、《大广益会玉篇》、《宋本法华经》等最新典籍，这些都是印刷而成。而另一方面，还存有可看作"渊"字阙笔的字例"兴フチ異"（68－3）①。直接来考虑，想必此处《文选》（異）的和训应是承袭了反映唐写本的本文中加点的内容。

如上的第二及第三这两点，需要与实际的文献作比较来进行证明，而第一点，即图书寮本《类聚名义抄》作为平安时代的汉字字体资料，研究价值之高是应得以承认的。此外，弄清本书的相似字形是如何记述的，则应是考察文字史的另一个视点。

第七节　观智院本《类聚名义抄》
的字头文字数

一、前言

平安时代汉字字书综合数据库（HDIC）是将日本平安时代由僧侣撰述的汉字字书进行数据化，并在互联网进行公开的科研项目②。

---

① 此例不在水部，而在ㄔ部。这一点虽可疑，但确是阙笔之字，故采用为说明字例。
② 参看池田证寿（1994，2016c，2016d，2018a），Ikeda（2017），池田证寿、李媛、申雄哲、贾智、斋木正直（2016），池田证寿、李媛（2017），Li and Ikeda（2018），池田证寿、刘冠伟、郑门镐、张馨方、李媛（2020）等。

首先实现了《篆隶万象名义》和《新撰字镜》的公开,其后是《类聚名义抄》数据库的构建及公开。《类聚名义抄》数据库中,收录了原撰本的图书寮本及改编本的观智院本。原撰本出自兼学法相宗及真言宗两派的儒僧之手,成书于 1100 年前后,而改编本则由真言宗的儒僧编撰,一般认为成书于 12 世纪后半叶。本书中将对收录了约 32 000 余条目的观智院本《类聚名义抄》数据库的概要进行报告。特别是作为数据库构建的显著成果之一,利用数据库数据弄清所收录条目数的详细情况。

以下首先略述《类聚名义抄》的原撰本及改编本的概况,接下来说明《类聚名义抄》数据库的特征,最后报告关于观智院本的收录条目数的调查方法及调查结果。文中进行论述时,将字头与注文合称为条目。中文中的"字头"或是"词头",在日语中根据不同的情况被称为揭出字、揭出字句、揭出语、标出语等。

本节内容的特色,在于采用信息学的研究手法来较精确地算出观智院本《类聚名义抄》的字头文字数。在第二章中曾提到日本古辞书的现状与课题,本节即是对其中第六点,即利用信息学研究的实践内容。

二、原撰本《类聚名义抄》与改编本《类聚名义抄》

(一) 原撰本《类聚名义抄》

谈及原撰本《类聚名义抄》,院政时期书写的图书寮本(宫内厅书陵部本)是其唯一的传本。改编本《类聚名义抄》在构成上,由佛、法、僧三部分组成,而作为原撰本的图书寮本则仅存法的前半部分。从"永超僧都"的记述推测其成书年代应在永超成为僧都的 1081 年之后(筑岛裕 1969b),推测其成书约为 1100 年前后大概较为稳妥。虽然关于编撰者的信息不甚明了,但以书中所引用的书籍为线索,可推测其应为兼学法相宗及真言宗的儒僧所编纂(筑岛裕 1969b)。现存本虽仅为一贴的零本,但其部首排列与改编本相同。此书的特征在于忠实地引用诸种文献,对单字作字音及字义的注释,同时书中也可见对熟语的说明,及用真假名、片假名来标注的和训。条目约为 3 600个,其中单字约为 950 个。熟语条目,多出自《玄应音义》《法华经音义》《大般若经音训》等。关于出典,吉田金彦(1980)中指出,共涵盖了 67 部佛典、36 部汉籍、27 部训点本,是一部将佛典音义重新编纂为部首分类体的字书。其价值在于:(1)记载了当时的大部分日语词汇(汉文训读词),并且相当正确地标注了这些词汇的声点(accent),(2)包含了中国、日本的很多逸书的内容,(3)其内容具有极高的学术水平。

　　复制本有《图书寮本类聚名义抄》(宫内厅书陵部,1950 年),及再复制后刊行的一册本《图书寮本类聚名义抄》(东京:勉诚社,1969年),此版本添加了解说和出典索引。而两册本的《图书寮本类聚名义抄》(东京:勉诚社,1976 年,2006 年再版)则进一步加入了汉字索引及和训索引,得到了广泛的利用。

(二)改编本《类聚名义抄》

　　说到改编本《类聚名义抄》,众所周知有观智院本、高山寺本、莲成院本、西念寺本、宝菩提院本等诸本。其中观智院本(建长三年[1251]显庆书写本的誊写)为唯一的完本,是改编本《类聚名义抄》研究的中心资料,也是数据库构建的底本。关于改编本《类聚名义抄》的成书,根据逸文的留存情况,推测其成书年代的下限为 1178 年(筑岛裕 1969a)。关于编纂者,推测为真言宗的儒僧。改编本系虽然也被称为广益本系,但在内容上删掉了原撰本中关于佛教事典的要素,省略了原撰本中的汉文注释,将万叶假名改为片假名,并增补了片假名注释。与原撰本相比,条目增加了 2.1 倍,和训增加了 4.1 倍,120个部首中收录了约 32 000 余条目,约 34 710 个和训,其中附有声点(accent)的条目约有 1 万个。其作为日语资料的价值在于:(1)收录了极多的词汇,(2)有很多关于汉音、吴音的记录,(3)异体字的记载很丰富。本书中异体字的记载与辽僧行均所撰的《龙龛手镜》(997)

有相似之处(吉田金彦 1958)。

《类聚名义抄　观智院本(天理图书馆善本丛书 32—34)》(东京：八木书店,1976 年)是历来比较权威的复制本,而最近彩色版的《类聚名义抄观智院本(新天理图书馆善本丛书 9—11)》(东京：八木书店,2018 年)得到刊行,其中朱墨注记的区别、虫损、擦除及墨迹污渍的痕迹等也更容易确认。大槻信(2018)是彩色复制版的详细解题,在广泛介绍先行研究之后明确了目前研究中的问题点,并且加入了进行原本修理时的新见解,是今后进一步进行研究的基础文献。

三、观智院本《类聚名义抄》的条目数与字头文字数

(一) 观智院本《类聚名义抄》的构成

《类聚名义抄》虽然由佛、法、僧三部构成,但从完本观智院本来看,佛部四分为佛上、佛中、佛下本、佛下末等四部分,法部三分为法上、法中、法下等三部分,僧部三分为僧上、僧中、僧下等三部分,共计十册。再加入起首部分的目录一册,则全书为十一册。

从佛上的人部第一至僧下的杂部第一百二十的 120 个部首的详细内容如下。

　　　　(佛上)人彳走匚走麦一丨十身
　　　　(佛中)耳女舌口目鼻见日田肉
　　　　(佛下本)舟骨角贝页彡髟手木犬
　　　　(佛下末)牛片豸乙儿収八大火黑
　　　　(法上)水氵言足立豆卜面齿山
　　　　(法中)石玉色邑阜土心巾糸衣
　　　　(法下)示禾米、宀勹穴雨门口尸虍广鹿广歹子斗斟寸
　　　　(僧上)艹竹力刀羽毛食金
　　　　(僧中)亼爪网皿瓦缶弓从矢斤矛戈欠又攴殳皮革韦车羊马
　　　　(僧下)鸟隹鱼虫鼠龟鬼风酉杂

　　将顾野王《玉篇》(543)的 542 个部首进行适当的合并,并于末尾处设置杂部。部首分类方面,在意义分类之上加入形近字的要素为标准进行分类(酒井宪二 1967,福田益和 1972)。

　　观智院本《类聚名义抄》的本文,是由字头及注文构成的。字头与注文合为一个条目。字头原则上是首先标出单字,之后接着标出异体字及熟语。注文中有字体注记("正""通""俗"等),字音注(汉音以反切、类音注,吴音以类音注,片假名进行注记),字义注(以汉文进行释义),及片假名和训等。

(二) 酒井宪二(1967)的调查方法与结果

　　观智院本《类聚名义抄》的条目数约为 32 000 余条。一个条目虽然多数情况下仅有 1 字,但比如,像"人"(佛上 1)的条目之后有"一人""二人""五人""人等""汤人""真人""渔人""海人""盗人""不良人"(下略)等,两字以上的熟语接续而来。此外,也有像"偄侃"(佛上 1)这样同时记述几个异体字的条目,注文中则有"上俗下正"这样的字体注记。异体字的记载也有数字并存(两字以上)的情况,有必要将这些字都列入字数统计,但比较繁琐。

　　酒井宪二(1967)的计算方法如下。

　　　观智院本,在一页纸中,八行四段分为三十二格,虽以每格中纳入一字或是一词为基本原则,但所录字、词的繁简各异,若计算方法不同,结果也会不尽相同。我以一格内的一字(一词)作为一个条目进行计算,虽然以此为基础,但根据注文的形式不同作了如下的处理。即一格中即使连续有两、三字,但只要注文是合为一处的则算为一个条目(比较多的字连续占据多格,但像"(八字)俗""未详"等一样注文都合为一处的情况也同样),相反地,一格内即使同时有两、三字,但只要像"正、俗、同"等一样有对应每个字的注文内容,则分别将其作为不同的条目来计算。

　　按此方法,酒井算出观智院本《类聚名义抄》全书共有 32 613 个条目,其中熟字条目为 3 589 个。

(三) 条目数与字头文字数

池田证寿(2008)中,算出观智院本《类聚名义抄》的条目数为 31 979 条,字头文字数为 42 328 字。池田证寿(2008)并未与酒井宪二(1967)选取同样的计算基准,而是选用了相对容易的方法,算出的结果与酒井宪二(1967)有差异。

池田证寿(2008)的计算方法为:"一格中即使连续有两、三字,若是注文是合为一处"则算为一个条目,这一点与酒井(1967)是相同的;"一格内即使同时有两、三字,像'正、俗、同'一样有对应每个字的注文内容"的情况,不分别算作不同的词条,而是算作同一词条来计算。另外,忽视熟字及异体字并记的区别,注意在一个条目中有几个字头,将这个字数计算出来。

现在,观智院本《类聚名义抄》数据库的整备也有所进展,笔者重新以酒井宪二(1967)的基准来计算条目数,及对池田证寿(2008)的数值进行修正。

表 5.29 中揭示了以此方法算出的观智院本《类聚名义抄》的每一册的条目数及字头文字数,作为估算基础的数据为观智院本《类聚名义抄》数据库的 2022 年 3 月 2 日版。此表中将 7 字以上的条目合为一项,而 7 字以上的条目的详细内容置于表 5.30 中。以下是根据池田证寿、刘冠伟、郑门镐、张馨方、李媛(2020),池田证寿(2024)修改的数据。

表 5.29　观智院本《类聚名义抄》中每册的条目数与字头文字数

册	1 字	2 字	3 字	4 字	5 字	6 字	7 字以上	条目数	字头文字数
佛上	1 650	469	53	13	3	2	2	2 192	2 840
佛中	3 123	573	55	20	9	1	5	3 788	4 620
佛下本	3 027	677	100	15	5	2	2	3 828	4 794

册	1 字	2 字	3 字	4 字	5 字	6 字	7 字以上	条目数	字头文字数
佛下末	1 287	264	28	9	1	1	2	1 592	1 963
法上	3 054	437	61	8	4	3	5	3 572	4 226
法中	3 623	622	61	15	7	3	4	4 336	5 195
法下	2 721	760	134	10	5	2	7	3 639	4 774
僧上	2 226	1 100	185	24	6	4	1	3 546	5 139
僧中	1 974	939	133	23	4	3	2	3 078	4 397
僧下	1 996	829	167	30	6	4	7	3 039	4 396
合计	24 681	6 670	977	167	50	25	37	32 610	42 344

表 5.30　观智院本《类聚名义抄》中 7 字以上的条目的详细内容

册	7 字	8 字	9 字	10 字	11 字	12 字	13 字	14 字	15 字	16 字	17 字	计
佛上	2	0	0	0	0	0	0	0	0	0	0	2
佛中	2	1	0	0	0	0	0	0	0	1	1	5
佛下本	0	2	0	0	0	0	0	0	0	0	0	2
佛下末	0	1	1	0	0	0	0	0	0	0	0	2
法上	2	0	1	1	0	1	0	0	0	0	0	5
法中	3	0	0	0	1	0	0	0	0	0	0	4
法下	3	3	1	0	0	0	0	0	0	0	0	7
僧上	0	1	0	0	0	0	0	0	0	0	0	1
僧中	1	0	1	0	0	0	0	0	0	0	0	2
僧下	2	1	0	2	1	0	0	1	0	0	0	7
合计	15	9	4	3	2	1	0	1	0	1	1	37

关于观智院本《类聚名义抄》第一册佛上的条目数,在表 5.29 中确认可知,1 字的条目有 1 650 个,2 字的条目有 469 个,3 字的条目有 53 个,4 字的条目有 13 个,5 字的条目有 3 个,6 字的条目有 2 个,7 字以上有 2 个,合计有 2192 个。7 字以上的条目只有 7 字一种情况。佛上的字头文字数,合计为 2 840 字。以下从佛中至僧下也以同样的方法进行计算。

观智院本《类聚名义抄》的全书的条目数为 32 610 个。与酒井宪二(1967)所推算的 32 613 个仅有 3 个条目之差。

表 5.31 中的数据是按 120 个部首分别来统计的条目数和字头文字数。

表 5.31　观智院本《类聚名义抄》按部首分别统计的条目数及字头文字数

册	字号	篇	1 字	2 字	3 字	4 字	5 字	6 字以上	条目数	字头文字数
佛上	001	人	614	205	28	4	2	3	856	1 153
佛上	002	彳	144	38	3	0	0	0	185	229
佛上	003	辵	368	81	10	2	0	1	462	575
佛上	004	匸	48	5	2	0	0	0	55	64
佛上	005	走	162	16	1	1	0	0	180	201
佛上	006	麦	72	12	1	3	1	0	89	116
佛上	007	一	65	65	3	2	0	0	135	212
佛上	008	丨	46	20	2	1	0	0	69	96
佛上	009	十	58	21	2	0	0	0	81	106
佛上	010	身	73	6	1	0	0	0	80	88
佛中	011	耳	114	12	2	1	1	0	130	153
佛中	012	女	421	94	8	3	1	0	527	650

册	字号	篇	1字	2字	3字	4字	5字	6字以上	条目数	字头文字数
佛中	013	舌	26	5	2	1	1	0	35	51
佛中	014	口	857	147	17	9	4	2	1 036	1 275
佛中	015	目	399	55	4	2	0	3	463	552
佛中	016	鼻	30	6	1	0	0	0	37	45
佛中	017	见	117	10	0	0	0	0	127	137
佛中	018	日	450	96	7	2	1	0	556	676
佛中	019	田	129	29	2	0	0	0	160	193
佛中	020	肉	580	119	12	2	1	3	717	888
佛下本	021	舟	86	16	1	1	0	0	104	125
佛下本	022	骨	96	18	3	0	0	0	117	141
佛下本	023	角	104	20	2	0	0	0	126	150
佛下本	024	贝	187	23	4	0	0	1	215	251
佛下本	025	页	230	54	2	0	0	1	287	352
佛下本	026	彡	22	2	2	0	0	0	26	32
佛下本	027	髟	127	28	5	2	3	0	165	221
佛下本	028	手	886	220	37	3	2	1	1 149	1 467
佛下本	029	木	1 044	243	40	6	0	1	1 334	1 680
佛下本	030	犬	245	53	4	3	0	0	305	375
佛下末	031	牛	156	20	2	0	0	0	178	202
佛下末	032	片	56	9	0	0	0	0	65	74
佛下末	033	豸	116	14	0	0	0	0	130	144

册	字号	篇	1字	2字	3字	4字	5字	6字以上	条目数	字头文字数
佛下末	034	乙	22	10	0	0	0	0	32	42
佛下末	035	儿	156	52	10	3	0	0	221	302
佛下末	036	奴	90	16	1	0	0	0	107	125
佛下末	037	八	77	26	1	5	0	0	109	152
佛下末	038	大	119	19	3	0	0	0	141	166
佛下末	039	火	407	91	11	1	1	2	513	648
佛下末	040	黒	88	7	0	0	0	1	96	108
法上	041	水	1 137	149	27	4	0	4	1 321	1 564
法上	042	氵	75	7	3	0	0	0	85	98
法上	043	言	615	74	9	0	1	0	699	795
法上	044	足	418	62	9	2	1	1	493	589
法上	045	立	79	17	0	0	0	0	96	113
法上	046	豆	62	19	4	0	0	0	85	112
法上	047	卜	97	26	1	0	0	0	124	152
法上	048	面	47	6	1	0	0	0	54	62
法上	049	齿	94	18	2	1	1	2	118	157
法上	050	山	430	59	5	1	1	1	497	584
法中	051	石	307	56	6	3	0	4	376	472
法中	052	玉	294	76	8	1	3	1	383	496
法中	053	色	23	7	0	0	0	0	30	37
法中	054	邑	306	13	5	3	0	0	327	359

册	字号	篇	1字	2字	3字	4字	5字	6字以上	条目数	字头文字数
法中	055	阜	235	40	3	0	1	0	279	329
法中	056	土	496	77	5	4	1	2	585	700
法中	057	心	730	161	13	1	2	1	908	1 111
法中	058	巾	212	42	7	0	0	0	261	317
法中	059	糸	631	94	8	3	0	0	736	855
法中	060	衣	389	56	6	0	0	0	451	519
法下	061	示	198	27	6	0	1	0	232	275
法下	062	禾	454	53	5	3	0	1	516	593
法下	063	米	194	42	9	1	1	1	248	321
法下	064	丶	79	39	4	0	0	0	122	169
法下	065	宀	215	81	10	0	0	1	307	415
法下	066	勹	29	4	0	0	0	0	33	37
法下	067	穴	162	27	2	0	0	0	191	222
法下	068	雨	177	43	6	1	1	0	228	290
法下	069	门	208	40	3	0	0	1	252	306
法下	070	口	67	18	1	0	0	0	86	106
法下	071	尸	149	34	7	2	0	2	194	260
法下	072	虍	67	14	7	1	0	1	90	127
法下	073	广	233	59	12	0	1	0	305	392
法下	074	鹿	33	18	6	1	0	0	58	91
法下	075	疒	234	138	23	1	1	2	399	603

册	字号	篇	1字	2字	3字	4字	5字	6字以上	条目数	字头文字数
法下	076	歹	121	59	9	0	0	0	189	266
法下	077	子	44	26	24	0	0	0	94	168
法下	078	斗	22	9	0	0	0	0	31	40
法下	079	軏	17	6	0	0	0	0	23	29
法下	080	寸	18	23	0	0	0	0	41	64
僧上	081	艹	986	513	95	10	4	1	1 609	2 363
僧上	082	竹	300	159	30	1	2	0	492	722
僧上	083	力	73	30	2	0	0	0	105	139
僧上	084	刀	151	79	9	1	0	0	240	340
僧上	085	羽	68	30	5	1	0	0	104	147
僧上	086	毛	59	30	8	4	0	2	103	173
僧上	087	食	120	73	17	1	0	2	213	333
僧上	088	金	469	186	19	6	0	0	680	922
僧中	089	人	49	31	0	1	0	0	81	115
僧中	090	爪	34	18	1	0	1	0	54	78
僧中	091	网	73	39	8	1	0	1	122	188
僧中	092	皿	73	37	4	1	0	0	115	163
僧中	093	瓦	73	39	7	1	0	0	120	176
僧中	094	缶	35	6	0	0	0	0	41	47
僧中	095	弓	61	32	7	1	0	0	101	150
僧中	096	方	54	18	1	0	0	0	73	93

册	字号	篇	1字	2字	3字	4字	5字	6字以上	条目数	字头文字数
僧中	097	矢	30	6	1	0	0	0	37	45
僧中	098	斤	48	10	0	1	0	0	59	72
僧中	099	矛	25	14	0	0	0	0	39	53
僧中	100	戈	93	31	2	2	0	1	129	175
僧中	101	欠	87	32	3	1	0	0	123	164
僧中	102	又	50	30	5	0	0	0	85	125
僧中	103	支	157	58	8	2	0	0	225	305
僧中	104	殳	62	15	4	0	0	0	81	104
僧中	105	皮	54	32	2	0	0	1	89	130
僧中	106	革	134	70	14	0	1	1	220	328
僧中	107	韦	34	19	1	0	0	0	54	75
僧中	108	车	147	74	8	4	0	0	233	335
僧中	109	羊	47	25	6	1	0	0	79	119
僧中	110	马	188	87	14	1	1	1	292	419
僧中	111	鸟	307	184	35	6	1	0	533	809
僧中	112	隹	59	32	2	0	0	0	93	129
僧下	113	鱼	232	104	41	2	0	0	379	571
僧下	114	虫	365	257	27	9	1	5	664	1 041
僧下	115	鼠	34	20	6	1	0	0	61	96
僧下	116	龟	23	13	4	0	0	0	40	61
僧下	117	鬼	51	18	1	2	1	2	75	121

续　表

册	字号	篇	1字	2字	3字	4字	5字	6字以上	条目数	字头文字数
僧下	118	风	70	32	6	2	0	0	110	160
僧下	119	酉	146	53	9	0	0	1	209	289
僧下	120	杂	1 075	332	73	14	4	3	1 501	2 057
合计			24 681	6 670	977	167	50	65	32 610	42 344

　　酒井(1967)中已对每个部首所收的条目数列出了一览。与其结果作对照,可观察到涉及 30 个部首中共有 1 至 4 个条目之差。估算多于酒井宪二(1967)的有 7 个部首 8 字,少于其结果的有 18 个部首19 字。兹稍作举例说明。法上的足部算为 493 个条目,而酒井宪二(1967)则算为 494 个条目,有 1 个词条之差。这大概是"蹲字"(法上76)是否当算作一个词条而产生的差异。"蹲字"之前的词条"踟"的注文中应作"或蹲字"的内容却以大字书写,这一点很明显,故未另算作一个条目。

　　接下来看一下观智院本《类聚名义抄》的字头文字数,全部为42 344字,很明显这是包含了重复出现字的字头文字数。池田证寿(2008)中的结果为 42 328 字,仅有 16 字之差。

　　从表5.31 的数据中,列举条目数最多的 5 个部首如下:艹部1 609 个条目(2 363 字),杂部 1 501 个条目(2 057 字),木部 1 334 个条目(1 680 字),水部 1 321 个条目(1 564 字),手部 1 149 个条目(1 467 字)。杂部的条目数众多,引人注目。

　　而词条数较少的部首,按顺序列举如下:軓部 23 个条目(29字),乡部 26 个条目(32 字),斗部 31 个条目(40 字),色部 30 个条目(37 字),乙部 32 个条目(42 字),勹部 33 个条目(37 字),舌部 35 个条目(51 字),鼻部 37 个条目(45 字),矢部 37 个条目(45 字),寸部41 个条目(64 字),收录条目最少的部首也由 20 个条目 30 字左右的内容构成。这一点与跟《类聚名义抄》有着密切关系的《玉篇》(梁顾野王撰)存在很大的不同。《玉篇》的部首数虽为542,但其中收录文字在20字以下的部首在430个以上。《玉篇》的部首中仅收录1字的部首为22个,收录2字的部首为82个。

四、结语

改编本《类聚名义抄》中不标示出典名是其编撰原则之一,因此对于出典的探寻成为一大课题。特别是对于在改编本阶段增补的异体字、熟语、和训的典据的探寻,以冈田希雄、筑岛裕、吉田金彦、贞苅伊德、中村宗彦等诸位先学为首,及近年山本秀人、田村夏纪、加藤浩司等各位的研究极大地积蓄、丰富了研究的成果。关于这些的详细内容在大槻信(2018)中均有介绍,这里就不再一一赘述了。另外本书中也有一些标示了出典的例子,在探寻出典之时,这些例子也非常值得注意。这里将这个问题作为今后的课题。

第三部分　字样书

　　本部分论及迄今为止较少被提及的初唐的字样书，以传存于日本汉文古辞书音义中的逸文为线索，具体论述了杜延业《群书新定字样》及郭逡《类音决》的内容。这些字样书均与中国辞书史有很深的渊源，这部分的内容在对日本汉文古辞书音义逸文的利用上，有很多有益的启发。

第六章

杜延业《群书新定字样》

第一节　关于《群书新定字样》的诸种学说

一、前言

（一）问题所在

　　杜延业的《群书新定字样》，虽作为颜师古《颜氏字样》的续修见述于颜元孙《干禄字书》的序文，但由于失传已久，有关它的不明之处甚多。

　　唐太宗贞观年间（627—649），颜师古（581—645）在刊正经籍之时，曾将楷书字体的标准整理为数页的《颜氏字样》，杜延业的《群书新定字样》则是对《颜氏字样》进行增订而成。颜元孙指出，《群书新定字样》的字头排列并不是一以贯之的，加之选字的基准也难以信赖，因此编撰了《干禄字书》①。《颜氏字样》的编撰者颜师古，官至秘

---

　　①　颜元孙的生年为660—669年之间，卒年为732年。王显（1964：306）中，指出在玄宗皇帝即位（712）后不久，其蒙冤受罪十余年间，未受官爵，从《干禄字书》序中记述"不揆庸虚，久思编辑，顷因闲暇，方契宿心"，可推定《干禄字书》的成书年代即为此时期。李景远（1997：65—67）根据诬告颜元孙的王志愔的卒年等限定了其成书年代在715—722之间。王显（1964）从韵目的顺序及韵的混淆等推定其音系更接近"王三"。松尾良树（1979）则指出，由于押韵的条件在于寻求更广，更便于诗文创作的（音韵分类）范围，因此对字（转下页）

书监,是以此书亦称《颜监字样》,但已散逸。与《颜氏字样》相同,《群书新定字样》亦为逸书,只有根据《干禄字书》序中记事及仅存的少量逸文来对其内容进行推测。而斯坦因敦煌藏本388(下称"S.388")则改变了这一状况。

　　S.388后半部的书名记述为《正名要录》,前半部的卷首残缺,本来的书名不明。但由于前半部的跋文中可见"颜监字样",以此为依据,西原一幸①(1979)及藤枝晃(1980)推断其可能即《群书新定字样》。西原(1981)将S.388暂称为"S.388字样",同时指出其在从《颜氏字样》到《干禄字书》《五经文字》的展开中的位置,将研究推向深入,而在其后发表的西原(1990)中,依据中算《法华经释文》中"雇"字条中的"杜延业"与S.388前半的"雇"字条的内容相同,从而最终证明了S.388前半为《群书新定字样》②。

　　李景远(1997:52—64)将伯希和敦煌藏本3693(下称"P.3693",长孙讷言笺注)中的"叩"字条与"捡"字条,及裴务齐正字本《刊谬补缺切韵》(王二)"挍"字条中所引"杜延业"也作为判断S.388前半为《群书新定字样》的证据。此外,长孙讷言的笺注为仪凤三年(677),而"S.388字样""瑂"字条中避唐高宗(650—705在位)之讳将"治"写为"理",从而推定于650—677年之间,杜延业出任学士一职,此书即写成于这一时期。

　　以上提到的两者的研究虽然分别独立,但对于"S.388字样"为

（接上页）音的更详细、更正确地分析的要求有所降低,从而使得其韵目之数目少于《切韵》系韵书中的任何一本。鸠野惠介(2008)中,详细讨论了由于各韵目中的字头与注文形式存在一定的顺序,及对唐代音韵变化的反映等内容。
　　①　由于引用西原一幸的论著较多,以下将简称为"西原"进行引用。
　　②　西原(2001:21,2015:436)概括了西原(1990)的内容,指出"作为本邦(日本)的《法华经》音义,即仲算撰《妙法莲华经释文》中所见以'杜延云……'形式被引用的逸文,与'S.388字样'的本文文字排列,及所包含的具有字样典籍特征一致",从而认定"据此最终证明了'S.388字样'为《群书新定字样》",因此本论文中采用"最终证明了"这样的表述方式。

《群书新定字样》这一点却得出了相同的结论①。

　　另一方面,上田正(1973:37)指出推定为长孙讷言《切韵》残卷的 P.3693 中可见"颜监"的人名与"杜延业字样"的书名。更进一步利用将上田正(1984)中所收录《切韵》逸文全部录入而可以进行检索的铃木慎吾《切韵》佚文检索"(2015 年公开②),可以发现西原(1979,1990)和李景远(1997)中尚未言及的杜延业《群书新定字样》的逸文。

　　西原(1979,1990)与其他论考均收录于西原(2015),由此可以一窥"字样"研究的全貌。其特征是,以敦煌本 S.388 为中心资料,广泛搜寻其他敦煌本与日本古辞书相关资料,围绕"字样"及其所反映的"字体规范",并论及新发现的课题,展示了很多新的见解。

　　与此相对,李景远(1997)则基于曾荣汾(1988)和朱凤玉(1989),继承台湾的字样学研究③,并将其体系化这一点为最大的特色。选取隋代字样著作《俗书证误》,唐代字样著作《颜氏字样》《正名要录》《群书新定字样》《干禄字书》《五经文字》《九经字样》,体系化地记述其成书年代、编纂目的、收字范围、体例、典据、分类,并总括地比较分析了各种文献之间的相互关系。

---

　　①　西原(2001:22,2015:437)中的论述如下:"以《切韵》所收录的佚文为材料,独立证明了'S.388 字样'与杜延业《群书新定字样》为同一书籍。日本与韩国的小学书研究者利用完全不同的数据得到同一结论这一点,可以说使得'S.388 字样'与杜延业撰《群书新定字样》为同一文献这一真理,更加确实了。"

　　②　"篇韵数据库"https://suzukish.sakura.ne.jp/search/.

　　③　唐兰(1949:25)这篇论文概观《说文解字》《字林》之后的中国文字学研究史,将其分为俗文字学、字样学、说文学、古文字学及六书学等五大派,并将前两者归为近代文字学,将后三者归为古文字学之属。并推考字样学是与俗文字学同时在中国近代社会中发展起来的学问领域。李景远(1997:1)中定义如下:所谓"字样学",也可称为"正字学"(施安昌1982 中的名称),相当于英语中的 Orthography,广义上泛指关于文字整理的学问,狭义上则指的是兴起于隋唐之时的字体标准化的学问。在中国台湾,字样学之所以成为独立的学问领域,是因为存在需要为台湾现行的汉字字体赋予正当性根据的原因。另一方面,可观察到在大陆,对于俗字的研究居于主流,这是由于存在着对于现实社会中所使用的简体字,需要对其赋予学术根据这一方面的原因。此外,虽然李景远是韩国的汉语研究者,但他在台湾师范大学取得博士学位,应于台湾的字样学研究中占得一席之位。

西原(2015)与李景远(1997)极大地推进了"字样"研究。相较二者,本章在反映了作为《切韵》残卷及其逸文的研究成果的上田正(1973,1984)的内容的同时,重新思考《群书新定字样》的内容及其被接受的过程。更确切地说,就是对于"S.388 字样"是否即为《群书新定字样》这一根本问题进行探讨。

(二)论述的方法

河野敏宏(2016)对于西原(2015)进行了新刊介绍,关于此著作最重要的论点,列举了如下三点:① 对于"字样"这一新的典籍范畴的发现;② 对于唐代楷书字体规范的发现;③ 对于中唐之后正体如何决定这一具体过程的阐明。更进一步,列举了具体发现及证明等十四点,其中即包括了"S.388 字样"即为《群书新定字样》这一论断,同时强调:"如若反驳这一观点,必须提供足以推翻著者所出示的论据所必要的实证依据,这一点毋庸置疑。""S.388 字样"即为《群书新定字样》这一结论,与西原(2015)最重要的论点①和②密切相关,可以说是其立论的前提及根本所在①。

关于①的所谓"字样"这一新典籍范畴,西原(2015:96)中定义为"字样,是为了广泛地辨别有致错可能性的楷书所撰述的典籍",更进一步强调"字样,不属于已知的典籍形态上的任何一种范畴,其自身为自成独立范畴的典籍"。本章以验证西原(2015)的见解为主要目的,于文中也按照这一定义展开论述。但是,藤枝晃(1981:312)指出"所谓字样,即为'字的样本''字的模板'之意",采取了较为缓和的定义。而追溯至胡朴安(1937:113)中则作"字样者,笔画之准绳也"。其后,曾荣汾(1988:1)、朱凤玉(1989:119)、李景远(1997:1)、刘元春(2010:2)中,则均以此定义为前提进行论述,参考对比诸

---

① 西原(2015:453—454)中,认为"S.388 字样""对楷书字体规范的阐明起到很大的作用",并将其主要作用列为三点。此三点内容如下:(1)明确了作为唐代的中心字样,从《颜氏字样》到《干禄字书》《五经文字》所经过的字样撰述的大略;(2)明确了在唐代即存在楷书字体规范,并阐明了其各个规范的意义及体系;(3)明示了仅有一个字体规范体系,并持续支配唐代楷书字体的这一事实。

研究时需加以注意。

　　本章出于论述方面的考虑,对于西原(2015)中重要论点之②的"字体规范"的提及控制在最低限度。其理由会于接下来的第一节第三目中指明。本章从根本上来说,是从"S.388 字样"是否为《群书新定字样》这一问题为出发点而展开论述的。在论述过程中,虽然会陈述对于西原(2015)的反论,但通过反论而发现新的课题则是本章的最大目的。如若本章的反论有一定的说服力,并在此基础上进一步发现了新课题这一点得到承认,那所有实证的根据都可以说得益于上田正(1973,1984)及铃木慎吾"《切韵》佚文检索"(2015 年公开),并是以此为契机而发展而来的。此外,关于《切韵》残卷诸本的调查,也多借鉴铃木慎吾(2012)的残存情况一览图,受益良多。有关这一点笔者在这里预先阐明。

　　涉及具体的论述,首先介绍迄今为止的研究成果,并阐述个人意见,接下来对于先行研究中未被介绍的逸文进行探讨。本章中,将多种材料作为讨论的对象,论述更涉及多方面,相关的说明时而略显繁复冗长,但这往往是由于涉及研究成果优先性的部分较多,不得不详加考虑的缘故。

　　西原(2015：438)对与其自身的论考"酷似"的见解进行了详细叙述,河野敏宏(2016)中则用"剽窃、盗作"等措辞,对国内外的研究舞弊问题进行了严厉的批判。本章则以此类研究史中的情况为前提,从尊重研究优先性的观点,对于所涉及论点,均尽可能地指出最初的论考。西原(2015)中确实展开了很多新见解,但与此同时,也存在着对于既存的先行研究未有提及的事例,笔者推测或许这是由于问题设定的不同而未进行参照所致。虽然略显繁杂,但考虑到有"大家的学说更容易被盲目信从"①这一观点,考虑到其重要程度的不同,分别在论文本文或是脚注中加以说明。本章中的引用,原则上以西

---

　　① 　见于上田正(1981a：27)。此见解给批判(学术研究)定说者以勇气。

原(2015)为准,必要时则指出其最初所刊载论文的出处等。

　　首先,在其对先行研究的参考中出现问题的部分中,选取与本章的题目杜延业《群书新定字样》相关的部分相对较小的实例,进行具体说明。笔者推测或是由于问题设定的不同而未进行参照的实例,可指出有藤枝晃(1981)及石塚晴通(1999)等,这些研究中对S.388及《开成石经》有相关论述。而西原(2015)中并未言及,笔者推测或是因为其论述的前提相异,因此有意未加引用。接下来,作为先行研究中虽有所言及,但并未加以引用的实例,可指出有,未对作为唐玄度《新加九经字样》的先行研究的李景远(1997)进行介绍的问题①。并且,还存在虽然对先行研究有所言及,但所说明内容并不贴切的实例,可指出对与《法华经释文》相关的佐贺东周(1920)的介绍的问题。但是,西原(2015)对与唐玄度《新加九经字样》相关的李景远(1997),及对与《法华经释文》相关的佐贺东周(1920)参照与否,笔者判断,这与本章的主题《群书新定字样》相关的部分较少,为避免论点偏离主旨,仅于脚注中加以说明(分别参照脚注①及第298页脚注①)。由于论点的错综,虽然预想到难免会有些难于理解,但因为涉及相当敏

---

　　①　西原(2015)中最重要论点的③,即虽然认为中唐以降,关于如何决定正体的具体程序,目前为止尚未有言及唐玄度《新加九经字样》的研究,但在李景远(1997)中已有相当完整的论述。关于成书年代,依据《国学新修五经壁记》《唐会要》《九经字样牒文》《九经字样序》《旧唐书·文宗纪》等进行考察,特别是对《九经字样牒文》及《旧唐书·文宗纪》的关注先于西原(2015)。更进一步指出依据唐玄度而进行的石经字形的三阶段作业的西原(2015:233—249)的解释,根本上与李景远(1997:79—80)相同。李根据《九经字样》序中叙述,将其撰述动机总结为"一、为确立石经字体而作。""二、为纠正《五经文字》的'疑误'而作。""三、为补充《五经文字》的'未载'而作。"等三方面。另一方面,西原则论述为"考虑为由唐玄度所进行的石经字形的覆定作业主要分为三阶段来实施","第一阶段为,根据《五经文字》的原样来进行作业"(p.234),"第二阶段为,以张参所示石经字形选择标准重新认定之后继续进行作业"(p.243),"第三阶段为,唐玄度自身结合现状而独自整合新标准而进行作业"(p.245)。李的"二""三"与西原的"第二阶段""第三阶段"几乎相同。"一"与"第一阶段"虽稍显不同,而李在分条列举后,直陈"该书主要沿用《五经文字》的成规,再加补正,其书名上加'新加'而全称《新加九经字样》之意就在此",陈述了以《五经文字》标准为中心的基础上,而确立"石经"字体的这一观点。在CNKI(中国知识资源总库)中检索,关于"字样学"的研究,2000年以降其数目有增加的倾向,在论及西原(2015)的成果时,也需要留意海外的研究动向。

感的问题,所以不得已而采用了这样的论述方法。但另一方面,因为
"字体规范"这一用语是与《群书新定字样》相关的重要论点,笔者阐
述自己的意见如下。

(三)用语"字体规范"

所谓"字体规范",西原(2015:164)中定义为"作为楷书字形是
否正确的判定基准"。而在书中其他部分,则论述为"被称为字样的
典籍,其目的在于区别字音或字形相似而易混淆的楷书。换言之,字
体规范是为了辨别异形同字(即异体字)而产生的标准,设置这样的
标准也是字样编纂的目的之一"。关于异体字的辨别基准,《群书新
定字样》中通过"正""通用""相承共享",《干禄字书》中通过"正"
"通""俗"等字体判定用语来表示。虽然两书中字体判定用语之间存
在不同,但我们仍主张仅有一种字体规范体系贯穿于这些字样典籍
之中。

而与此相对,石塚晴通及其他(2005)中指出,"汉字字体规范数
据库"中所采用的"字体规范",是指用于由《开成石经》为代表的官方
标准文献中所采用的字体本身。高规范性反映为低异体(字)率。
即,低异体(字)率可说明该文献中汉字字体不存在波动,或者可以说
该文献是采用同一字体进行一贯书写的。这与字体标准问题也相
关联。

另一方面,李景远(1997)则将"正""通用""通""相承共享"
"俗"等用于文字辨别的注记称为"字级",并对其名称、数量、内容等
进行综合考察。

如从英语(第三方语言)的角度考虑,则西原(2015)中的"字体规
范"应与"criterion"相对应,石塚晴通及其他(2005)中的"规范"则应
与"norm"相对应,"标准"则应与"standard"相对应。李景远(1997)
的"字级"则应与"grade"或是"rank"相对应。西原理论与石塚理论虽
然并未相互参照,但均从《开成石经》阐释出重要意义这一点是共通
的。关于这一点的探讨则有待其他机会,本论文中不作更深入的讨

论。以下为避免混乱，在本论文的论述中不使用"字体规范"这一用语。

二、关于《群书新定字样》的诸种学说

（一）《干禄字书》序

对于《群书新定字样》的论述，几乎都与《干禄字书》的成立相关。具体说来均基于如下所引《干禄字书》的序中记事（句读点均为笔者所加。下同）：

> 伯祖故秘书监，贞观中刊正经籍。因录字体数纸，以示雠校楷书。当代共传号为颜氏字样。怀铅是赖，汗简攸资。时讹顿迁，岁久还变。后有群书新定字样，是学士杜延业续修。虽稍增加，然无条贯。或应出而靡载，或诡众而难依。（官版3表—4表①）

例如，池上祯造（1961）对《干禄字书》的解说中，有如下介绍：

> 且说颜氏乃山东临沂名家，经江苏丹阳，于有家训而广为所知的之推之时迁至长安。著名的师古为其孙，元孙乃是师古兄弟之孙，唐忠臣杲卿之父。如前所述，其侄为真卿。正史中无其传，生卒年未详，大略考为中宗玄宗时人，当我奈良朝初期。
>
> 关于成立年代也无更详细考证。依据序文，师古于太宗贞观年间（当我舒明皇极之朝）为勘正经籍中字体，而辑录成集，是称颜氏字样。后虽有杜延业修订成新定字样等，但仍觉不足而成本书。（颜氏）字样不传于今（这一点请参考《小学丛残》），从《一切经音义》（正续）、《广韵》、唐写本《切韵》序（此书中称《颜公字样》）所引之中，去重后只推得十条。也有只存于（小学丛残）却不见于《干禄字书》者。如此，对字体之关心的显现，与现

---

① 根据杉本つとむ（1972）中所收录的文化十四年官版。同时也参考了《校本干禄字书》（广岛大学文学部国语学研究室，1962）及《夷门广牍》。工藤佑嗣（2000）详查了诸本异同，并分为文化十四年本小学汇函本、夷门广牍本说郛本、字学三种本等三类。

实中进士考试密切相关。唐代制度,官吏录用考试亦要课赋书法,其书写美否之外亦涉及字体。本书冠以"干禄"之名即为此故。此语自《毛诗·大雅·旱麓》《论语·为政》,始而多用,干为求,禄则由福义而转指俸禄自身。换言之,即指求官吏之地位,应试参考书是也。此外,《干禄字样》之书名,在前述的《日本见在书目》之外,亦见于本书的开成四年杨汉公刻本跋,及欧阳修的《集古录》。

这是对《干禄字书》简明扼要的说明。此外,所指出的清代王黎庆所辑的《小学丛残》中亦收录有《颜氏字样》逸文这一点也不应忽视。

随后,林大(1963:260—262)在对"当用汉字字体表的问题点"进行解说时,对与字体标准的关联有所提及,解说颜之推《颜氏家训》、颜师古《颜氏字样》、杜延业《群书新定字样》、颜元孙《干禄字书》等是一脉相承。

杉本つとむ(1972)收录了《干禄字书》的文化十四年本(官版)的影印、索引及详细的解说,而池上祯造(1961)和林大(1963)相同,在对从《颜氏字样》到《干禄字书》的接续过程的说明中简单提及杜延业的《群书新定字样》。

其后的论著中,藤枝晃(1981)为必读文献,其中将《群书新定字样》在从《颜氏字样》到《干禄字书》的传承中做如下定位。此外,引文中所见颜元孙的生卒年(?—714)虽有疑点,暂取原文:

> 对从南朝至隋的传统旧体楷书之中所存错字较多的指摘,正是始于唐太宗时官至秘书官一职并以为《汉书》作注而闻名的颜师古(581—645)。他是北朝代表学者之一,同时乃是因著有《颜氏家训》而广为人知的颜之推之孙。其在秘书省从事典籍校订工作之时,为校勘及誊写工作而辑录的六百余字正确字体的手册被称为《颜氏字样》抑或是《颜监字样》,备受珍重。所谓字

样即"字的样本""字的模板"之意。学者杜延业(《晋春秋》著者)对此书做修订,并命名为《群书新定字样》,但并不充分。之后,由颜师古弟之孙颜元孙(? —714)进一步做增减整理,并按四声之序即音序重新排序,即为《干禄字书》,至今在正确字体判别上仍具有生命力。此书的出现,是由于作为元孙之侄的颜真卿(709—785)出任湖州刺史之时,将此书刻于石碑并立于役所之庭院中以示人之故。由此,今日所见的《干禄字书》均基于此碑刻或是其誊写的石碑拓本。

　　颜真卿在将伯父所著《干禄字书》传播于世的同时,又由其自身将作为正体的书体本身书写于石碑等之上。这在当时是需要极大的勇气的。将《干禄字书》刻于石碑面世,虽然他所写之文字与传统楷书所用字体相异,但可以推知其目的在于强调所示字体有所典据,是为正确字体。(312—313 页)

　　这里所说的"传统的旧体楷书""传统的楷书"与初唐的标准字体相关,而《干禄字书》中所示的"正体"则与"开成石经"(837)相关①。此外,将"字样"归纳为"字的样本""字的模板"这一点②及对《干禄字书》的意义所做的论述都值得注意。

　　各种辞典、百科全书中对《干禄字书》的条目,或是不提及《群书新定字样》而只是将《干禄字书》作为《颜氏字样》的增补加以介绍,或只是将杜延业《群书新定字样》的撰者名、书名做简单列举。例如,藤

---

　　①　关于初唐标准字体及《开成石经》基准之间关系,石塚晴通(1999)发展了藤枝晃(1981)的主张,池田证寿(2016b)中详细论述了上述观点。此外,藤枝晃撰有概述敦煌文献的英文论文 Fujieda(1966,1969)和 Fujieda(2002),均非常有价值。

　　②　西原(2015:438)主张"字样"为独立的典籍范畴之一,因而不使用"字样书"这样的称呼。而周祖谟(1988)、朱凤玉(1989,1991)中称为"字样书",李景远(1997)中则称为"字样著作"。如藤枝晃(1981:312)中所言,"字样"本义为"字的范本""字的样本",在指书籍之际,应附"书"或是"著作"来加以区分,这样更符合学术用语的合理性。藤田拓海(2014:90)中也明确指出其作为书籍的性质而采用了"字样书"。"字样书"之称谓的妥当性应得到承认。周祖谟(1988)将敦煌本字书(除去音义书)进行分类,分为童蒙诵习书、字样书、物名分类字书、俗字字书、杂字难字等杂抄等五种,此分类为敦煌本字书研究的基础。

堂明保（1995）、杉本つとむ（1977）、坂井健一（1980）、永富青地（1996）均未提及《群书新定字样》，而只介绍《颜氏字样》的增补为《干禄字书》。提到《群书新定字样》的有马渊和夫（1983）、西原（1996）、西原（2007）、大岩本幸次（2014）等。其中以西原（1996）的论述最得其要：

> 《干禄字书》是以颜师古所撰《颜氏字样》（佚）为出发点，并且通过对《颜氏字样》后续的杜延业编撰的《群书新定字样》的批判而成立的实用型字样。

这里值得注意的是，文中对颜师古的《颜氏字样》注有佚书之标记（佚），而对杜延业的《群书新定字样》却无此标记。考虑其理由，必定是出现了可设想为杜延业《群书新定字样》的文献。这就是 S.388 的前半。

（二）S.388 字样

S.388 为卷首缺失的卷子本，用较薄的楮纸，共十九纸。长 28.0 厘米（天地界 24.5 厘米），第一纸宽 10.5 厘米，第二至第十八纸的宽度在 38.0～38.5 厘米的范围内不等，第十九纸宽 21.5 厘米。书写于 8 世纪前半叶至中期。经过加裱纸修理，末尾的"辩别字正承韵一张"是近代所加。其卷轴为黑漆原始卷轴。有抹消符、重描、栏外注记等文字修订，虽然笔致稍异，但可判断这些修订是在本文的书写之后较短时间内所加①。

第七纸第三行，可见"正名要录霍王友兼徐州司马郎知本撰"这样的书名及撰述者名，据此可知从此行至末尾为《正名要录》一书。其内容主要包含如下六条的字体辨别体系（下面列出加入笔者个人见解的校订本文）：

---

① 依据 2011 年 9 月原本调查时的记录。关于年代判定，参考了石塚晴通先生的教示。考虑到近年进展显著的料纸研究，"较薄的楮纸"这一判定有再考虑的余地。S.388 本文依据由 IDP（国际敦煌项目，The International Dunhuang Project）公开的电子文本，同时也参考了大友、西原（1984）。

（a）右正行者虽是正体稍惊俗，脚注随时消息用。（"舋贵壮丘"等 4 行）

（b）右正行者正体，脚注讹俗。（"蘇苏罢甭"等 3 行）

（c）右正行者楷，脚注稍讹。（"触皨回皿"等 14 行）

（d）右各依脚注。（"章从音兒从白"等 21 行）

（e）右字形虽别音义是同，古而典者居上，今而要者居下。（"崧嵩巛坤"等 38 行）

（f）右本音虽同字义各别例。（"连及聮聯ㄥ累不绝"等 97 行）

西原（1979）将 S.388 收录的《正名要录》与《新撰字镜》序中所引《正名要录》对比，证明这两者为同名同书。但是，推定两者的系统相异，S.388 中所录为残卷本，《新撰字镜》所录为增补本。《新撰字镜》中的《正名要录》除上述（a）～（f）之外，还存在对部首相似的异字的辨别和字形相似的异字的辨别。

关于《正名要录》的成书年代，西原（1979：15—18，2015：8—14）中，由撰述者郎知本的官职①"霍王友兼徐州司马"，推定为霍王李元轨任徐州刺史的贞观十年（636）至贞观二十三年（649）之间。虽然藤枝晃（1981：317—318）、刘燕文（1985：176）、张涌泉（1996：37）、周祖谟（1988：46）、朱凤玉（1989：121，1991：98）也都持相同见解，那

---

　　① 西原（1979：15—18，2015：8—14）认为撰者的郎知本，与《旧唐书》第一八九卷中郎余令传所见的"郎知年"为同一人。此外，于藤原佐世《日本国见在书目录》（891 年前后）的小学家的记录中也可见"《正名要录》二卷　司马知羊撰"。关于撰者名，有"知本""知年""知羊"等差异，但"本""年""羊"在误写的范围内。西原（1979：18，2015：14）中虽认为不能确认哪一个为本名，但藤枝（1981：318）中有如下论述："这种情况下，通常是一次史料中的记述更为正确，而正史的记录往往有误"。关于"郎知本"与"郎知年"，刘（1985：176）认为是"同辈"，即与郎氏为同世代的其他人，是从隋末至初唐的人物。朱（1989：121）则推定为同一人物，按照正史则认为是将"年"误写为"本"，郑阿财（1994：146）与李景远（1997：45）也支持此观点。另一方面，张涌泉（1995，2010：263）则以与藤枝（1981：318）相同的理由，认为残卷 S.388 中的"本"正确。本论文赞成藤枝和张说的主张。另外，上述所引《日本国见在书目录》的本文依据《日本国见在书目录》（东京：古典保存会事务所 1925，名著刊行会影印再刊 1996 收录）的帝室博物馆藏室生寺本，同时也参照了小长谷惠吉（1936）的翻刻。

之后的郑阿财（1994：147），则从李元轨出任徐州刺史，与徐王李元礼从徐州都督（都督由刺史兼任）转任绛州刺史的贞观十七年（643）同年，从而将《正名要录》的成书年代进一步限定在贞观十七年（643）至贞观二十三年（649）之间。李景远（1997：46—48）也支持这一见解。然而，这之后作为字样研究史的整理的西原（2000：21，2015：436）中，却无视了郑阿财（1994：147）中关于《正名要录》成书年代的新见解。

与第七纸第二行的"正名要录霍王友兼"的笔迹有异，有别于《正名要录》的另一本书书写于从第一纸至第七纸第一行。虽然由于卷首阙失而书名不详，但从第六纸第九行至第七纸第一行为止的九行为其跋（后叙）。跋中可见"颜监字样"的书名，从而可以考虑为是对其增补之后的书物。虽西原（1979）及藤枝晃（1980）均推想其应为《群书新定字样》，但由于还不能确定，西原（1981）中暂称其为 S.388 字样。跋文全文如下（括号内部分为笔者池田的注记）：

> 右依颜监字样，甄录要用者，考定折衷，刊削纰缪。颜监字样先有六百字。至于随漏续出，不附录者，其数亦多。今又巨细参详，取时用合宜者。至如字虽是正多正多（此二字衍字软）废不行。又体殊浅俗，于义无依者，并从删蓊不复编题。其字一依《说文》及《石经》《字林》等书。或杂两体者，咸注云正，兼云二同。或出《字诂》今文并《字林》隐表其余字书，堪采择者，咸注通用。其有字书不载久共传行者，乃云相承共享。

跋文首先记载是依于"颜监字样"，将重要文字清晰记录，考定诸说，刊正错误，随后记录"颜监字样"的收录字数为"六百字"，并详述"S.388 字样"的撰述方针。"颜监字样"中的"颜监"二字得于颜师古曾任秘书监一职，与《干禄字书》序中的"伯祖故秘书监"相对应。此外，收录字数为"六百字"则与《干禄字书》序中的"因录字体数纸"相对应。由此，西原（1981）判断其书名为《群书新定字样》的可能性较高。

　　然而,与西原(1981)几乎同时的藤枝晃(1981)中也叙述了关于
S.388前半的见解,引用如下:

　　　　《干禄字书》虽流传至今,但其原本所依的《字样》则只留有
　　数片。然而,敦煌写本中发现存有相当多内容的另一断片。这
　　正是斯坦因收藏中的S.388卷子本,亦非麻纸,亦非楮纸,似为穀
　　纸一般的薄纸,其后与所说的《正名要录》相连写,卷首缺失,存
　　六米左右,二百七十行。其中《字样》八十三行,其后为《正名要
　　录》。由于卷首缺失,应记于卷首的书名及著者名虽无从知晓,
　　然末尾存有九行"后叙",记录了此书本源为"颜监字样",经种种
　　取舍增订而成。如前所述,颜师古的《字样》经杜延业之手增减,
　　而作《群书新定字样》(颜元孙《干禄字书》序文),此断片也可想
　　定是杜氏的《字样》,但如有他人也尝如此,则是那无名氏的《字
　　样》也未可知,尚不可下定论。因观《旧唐书·经籍志》《新唐
　　书·艺文志》的"经部小学类",即可知还有几部作如是尝试著作
　　的形迹。(314—315 页)

　　虽然依据西原(2015)及李景远(1997)的研究,S.388 的前半部分
为杜延业的《群书新定字样》的见解几乎成为定说,但正如藤枝晃
(1981)所指出的"是那无名氏的《字样》也未可知,尚不可下定论",
至今仍持谨慎态度的研究者亦有之①。又,包含跋的 S.388 的前半部
分也出自《正名要录》的撰述者这一见解,以往见于刘燕文(1985),近
期的张孟晋(2016)亦是沿此线分析。

　　于此总结关于 S.388 的书名研究史。虽然 Giles(1957:268)中,
判断 S.388 的前半的书名为《字样甄录》,据西原(1979:22,2015:
21)确定其对 S.388 中部所存跋文的起首字句的解读存在误解。又,

---

　　①　周祖谟(1988:47)中论述为"此《字样》是否为杜延业书亦难确定"。蔡忠霖
(2008)中称为"S.388 前半字样"。

王重民(1962：117)中将 S.388 的书名视为《正名要录》,及将前后两段合为一书,但依据从西原(1979)开始的一系列研究,证明了 S.388 的前半及后半为两部书。然而,张金泉、许建平(1996)及黄征(2005)中,登载了 S.388 的全文影印,其书名仍为《正名要录》,可推测这是由于王重民(1962：117)中的判断仍然受到尊重的缘故。

三、西原一幸(1990)中所指出的《群书新定字样》逸文

(一)中算《法华经释文》

中算《法华经释文》三卷,是由兴福寺的学僧松室中算(935—976,存异说,也作仲算),在藤原文范(909—996)的劝诱下,于贞元元年(976)所编纂的佛经音义,亦称《妙法莲华经释文》或《法华释文》。作为传本有醍醐寺三宝院藏本(下称"醍醐寺本")及天理图书馆藏本(下称"天理本")。醍醐寺本是为完本,书末识文中记有其为中算的弟子真兴所誊写并加点之大意,复制本出版之后被广泛使用①。天理本中各帖均有欠阙,此书的研究主要以醍醐寺本为基础而展开。早有佐贺东周(1920)的研究,论述了其成书的原委及所依据文献的详细内容。昭和 20 年代(1945 年 8 月)以后,从辞书史、汉文训读史、汉字音史、声调史等各种角度的研究都陆续问世②。先是关于将醍醐寺本,看作是中算弟子真兴的"誊写加点本"这一点,佐贺东周(1920：30)从其所引书目中有"广益玉篇"这一点提出疑议③,其后,小松英雄(1971：483—502),马渊和夫(1972)从声调史角度,对《法华经释文》的书末识文的形式、笔迹、字音加点的样式,校勘、移点等进行考

---

① 依据《妙法莲华经释文 古辞书音义集成第 4 卷》(东京：汲古书院,1979)。

② 吉田金彦(1979)及吉田金彦(2013：144—165)中有关于其先行研究的详细介绍。其中,关于字音史和声调史的研究颇多,有小松英雄(1971：483—502)、马渊和夫(1972)、沼本克明(1972)、佐佐木勇(1999)。

③ 宋陈彭年等的《大广益会玉篇》撰述于 1013 年,若"广益玉篇"为《大广益会玉篇》,从真兴的殁年(1004)来看,则不可能进行引用。另,关于"广益玉篇"参照后述的第六章第二节脚注 5。

察,得出不是出自真兴的誊写加点之结论。宫泽俊雅(1975)则对醍
醐寺本及天理本作了绵密细致的比较讨论,推测醍醐本应是经如下
过程而形成:首先中算的初稿本经真兴的改订誊写之后向上进献,其
后经由进献本或是那之后的撰写本经第三方加点所得。而天理本是
源依初稿本,醍醐寺本则源依改订本而成。

筑岛裕(1996,1999)认为,此书虽可能是由真兴等弟子书写而
成,但承接对于这一点尚不能证实的沼本克明(1972:69)的主张,指
出本文及训点皆为与真兴同时代的内容,并结合图书寮本《类聚名义
抄》中以"真云"而收录《法华经释文》中的和训①,乎己止点为兴福寺
所用的喜多院点,及未见汉字音的传承等方面综合考虑,指出在否定
此书并非真兴亲笔这一点上应该尤为慎重。

通过上述论述可知,被认为是真兴的"誊写加点本"的中算《法华
经释文》的醍醐寺本,综合了中算的初稿,真兴的改订、誊写抑或加点
及第三方加点等多种要素,那么在论及本论文中作为问题点的《群书
新定字样》的逸文时,也更需要进行特别慎重的讨论。

关于其所依据的文献,特别是《切韵》的诸家本文,虽然佐贺东周
(1920)中,注意到以与信瑞《净土三部经音义集》共通的内容,对《切
韵》诸家的引用顺序等,并进行了分析,上田正(1956)则得出了"那是
借由《东宫切韵》而进行收录"的结论,其后未有异论,遂成定说。

(二)"雇"字条所引的"杜延业"

西原(1990)指出了见于中算《法华经释文》中"雇"字条中的杜
延业的逸文。文中论及此条逸文之时,全然未提及关于《法华经释
文》引用书的先行研究,则会被误认为是对"杜延业"引用文新发现的
逸文的介绍。下面列出包含逸文的"雇"字条(原文中的注文为小字
双行注,为便于阅览而用大字列出):

---

①　关于图书寮本《类聚名义抄》中"真云"的和训与醍醐寺本《法华经释文》的傍训相
符合实例共有 5 项这一点,筑岛裕(1973a)中已有指摘。

雇　古暮反。韩知十云：以财借人力也。杜延业云：本音户，即鷹鸟也，相承借为一赁字也。(醍醐寺本卷中 24 里，天理本中无此条)

另一方面，"S.388 字样"中的内容如下：

雇　鸟也，音户，九扈字，相承为赁雇字。(第五纸第 14 行)

两者的字句有类似的部分及相异的部分。西原(1990)以"S.388字样"的跋文中所载书名①为根据，而想定《说文解字》为其直接参考文献，遂对其内容进行考察，进一步对具有字样特征的注文进行考察，并用上述两种方法，从而得出"S.388 字样"即为杜延业《群书新定字样》的结论。

《说文解字》中的"雇"字条内容如下，九雇为农桑的候鸟，列举了九雇的名称：

雇　九雇。农桑候鸟，扈民不淫者也。从隹户声。春雇鳻盾，夏雇窃玄，秋雇窃蓝，冬雇窃黄，棘雇窃丹，行雇唶唶，宵雇啧啧，桑雇窃脂，老雇鴳也。(《说文解字》隹部，据大徐本②)

《法华经释文》所引的杜延业《群书新定字样》逸文的"本音户，即鷹鸟也"与"S.388 字样"的"鸟也，音户，九扈字"，虽然内容有所不同，但若以《说文解字》为媒介进行考虑，则可理解为这是可限于《说文解字》中所说解文意的范围内的较小差异。

接下来，西原认为杜延业《群书新定字样》的逸文"相承借为一赁字也"与"S.388 字样"的"相承为赁雇字"的文字排列几乎一致，并指

---

①　"又体殊浅俗、于义无依者，并从删剪不复编，题其字一依《说文》及《石经》《字林》等书"(S.388 第六纸第 12—14 行)。

②　大徐本依据《说文解字》陈昌治刻本(《说文解字　附检字》，香港：中华书局，1972)，小徐本依据《说文解字系传通释》("四部丛刊"所收)，段注依据《说文解字注　附索引》(台北：艺文印书馆，1979 年 5 版，经韵楼藏版)。《说文解字》，如大徐本与小徐本同文，则不特别作注而进行引用。

出,更重要的是其具有字样特征的注文形式。作为参考,关于这两点,以下列出西原(1990：47—48)的说明原文(下划线由笔者池田所加。文中的"前稿"指西原1981)：

如上,将"S.388字样"与《群书新定字样》两者的对应部分进行比较,可看出两者内容依据经典的部分,都与作为出典典据的《说文》所示的实质内容相一致。而其他的部分,不仅文字排列一致,其自身作为具有字样特征的注文这一点也相一致。如此,如假设"S.388字样"并不是《群书新定字样》,那除偶然之外则不能解释这样的一致。若这样进行假设,那么前稿中也提到过这两者的成书时期相同,并且两者都依据《颜氏字样》,同样经过增补修订,又同样利用了群书,如上种种均须解释为是偶然所致。

(三)"雇"字条的再讨论

(1)与《广韵》"雇"字条的类似

"S.388字样"与《群书新定字样》相关联这一点并无疑问。但是,以《说文解字》为出典典据及具有字样特征的注文这两点为论据,来断定"S.388字样"即为《群书新定字样》这点上存在问题。缘何得出此结论,那是因为如下所示的宋陈彭年等所撰的《广韵》(1008)中可见极其相似的注文：

雇　本音户,九雇鸟也,相承借为雇赁字。(《广韵》去声暮韵见母,顾,古暮切。据泽存堂本)

将《广韵》的内容与《法华经释文》中所引的杜延业《群书新定字样》逸文相比较,"本音户"与"相承借为雇赁字"的部分两者完全一致,只是"九雇鸟也"与"即鳸鸟也"的差别。"雇""鳸""扈"的三字同音并通用,因此余下两者的不同则只有"九"与"即"的不同。作为一种解释,可推测是由于《法华经释文》的誊写者考虑"九"字文意不通,而"九"字又与草书的"即"字相似而导致的误写。

《法华经释文》成书于976年,而《广韵》则成书于1008年,作为

《法华经释文》的编撰者中算不可能引用《广韵》。如此,必须想定《法华经释文》与《广韵》有着共通的出典典据,才能说明这一情况。接下来,按着西原(1990)中所列举的两点根据的顺序进行论述。

(2) 以《说文解字》作为出典典据

西原(1990)中关于"S.388 字样"及《法华经释文》的"雇"字条的本文,虽然解释为"两者中有典据的部分,两者都与《说文》中所示典据的实质内容相一致"。但与《广韵》的内容基本完全一致这一点,只是用偶然来解释显然并不妥。如不能充分说明两者一致的理由,则作为论证本身来说是不充分的。

首先,对于"音户"及"本音户"的音注出处,追溯至《说文解字》的必要性有所不足。"雇"字为多音字①。在《广韵》中确认,上声姥韵匣母(户,侯古切)为原义,引用《说文解字》解说为"鸟"的含义②。而去声暮韵见母(顾,古暮切)则为转义,解说为"雇用"的含义,去声暮韵见母的原文即上述所示字例。"音户""本音户"为上声姥韵匣母。这些发音注记的内容,应考虑其与韵书的关联。

其次,虽有"鸟也……九雇字""九雇鸟也""即雇鸟也"等三种字义注,确实,这些义注的出典可以上溯至《说文解字》,但也只能确认"鸟也"这一部分而已。而《说文解字》毕竟是文字学的基础文献,即使是偶然一致也并不能说明其他问题。

(3) 具有字样特征的注文

这样一来,问题就集中在"具有字样特征的注文"这一点上来。

---

① 此处暂作"多音字"。关于此多音字,与石塚晴通(1995a)中基于敦煌汉文数据,而阐明其实际情况及功能的"破音"之间关连成为问题。"破音"是为区别派生义(转义)与原义而进行加点的。此外,于《新撰字镜》中所见"正音"与"借音"也为相关的问题点。上田正(1976)认为,《东宫切韵》的"今案"部分,依据使用了上元本《玉篇》当时的一部字书,而其中"正音""借音"的记述颇多。上田正(1985)则列举了出现这类句式的书名 17 点。《新撰字镜》中"正借音"的记述达 376 条。

② 作为参考,将《广韵》中上声姥韵匣母(户,侯古切)的"雇"字条的记述如下:"《说文》曰:九雇,农桑候鸟,扈民不淫者也。春雇鳻鶞,夏雇窃玄,秋雇窃蓝,冬雇窃黄,棘雇窃丹,行雇唶唶,宵雇啧啧,桑雇窃脂,老雇鴳也。"

然而,关于这一点西原(1990)的论证也并不充分。

"S.388 字样"的"相承为赁雇字"与《法华经释文》所引的杜延业《群书新定字样》逸文的"相承借为雇赁字"之间,存在着"借"字的有无,及"雇赁"字序的差异。然而《广韵》的内容则与《法华经释文》所引的杜延业《群书新定字样》的逸文完全相同。对于如此基本完全一致的内容,不得不作出合理的说明。

西原(1990)中列举了如下实例,论述"S.388 字样"是"为辨别异形同字(即所谓的异体字)是其撰述的主要目的"。引文中的"/"为换行之意。"日吉廾"则表示"吉"与"廾"为上下结构的字;推定为误字的字,则将订正后的字列入括号内表示。

契正 契用相承 奭失赤反 奭音拘目视 邪 塴□□ 場音长 塴疆場音易 妒正 妡
说文妒从女户后户变作石遂成下字久已行用也 汎泛并浮 氾滥也三字今并通用 /氾水名似 樓嘉喜乐 憙
悦也今用作憙好字音许忌反 熹炙也音傄傄以上 /并从日吉廾(壴)乙音拉(住) 昊暐暐二同音昊 谿正 溪
相承用 阜豫象属也一日逸豫 /预安 念亦豫音并通用 瞖麟狸豹豺瘥 瘥也音於憩反 煥 /正
暖相承用 坐坐二同 衡从鱼作非 珇理玉 雕饰 凋落也三并都辽 / 反 凋水名音周 雕鵰鸟也并都辽反相承用上雕作彫饰字(第一纸第 1—8 行)

然后,关于"相承为赁雇字"的解释,叙述为如下(下划线由笔者池田所加):

"正""二同""相承用""通用"等用语用于注文中,系用来辨别字头的字形是否得当。而这样包含有文字辨别内容的注文,是字样这种小学书区别于其他(文献)的形态上的特征。作为"S.388 字样"的"相承为赁雇字"部分的注文,仅限于此注文的字义看,则与字头"雇"字的《说文》中所列出的本意相偏离,<u>可理解为叙述与"赁"的字义为相承的关系</u>。但是,若从"S.388 字样"的编撰目的来看,此注文目的不在于为了叙述字义的转换本身,而是通过叙述字义的转换,使本为异字的"雇"字与"赁"字的字义相承,为显示这两字为"异形同字的关系"而<u>采用的</u>,这样的考虑

<u>最为恰当</u>。换言之,此处的注文不单是列出字义注本身,从功能上来讲,应是与"正""二同"等相同的字体注记。从这一点来看,"相承为赁雇字"这样的注文也可以说是具有字样特征的注文。

上述引用,是依据西原(2015:161—162)中的内容,但作为初出的西原(1990:47)中,则最初的下画线部分是"首先这样解读",后面的下画线部分为"是这样使用的"。关于"相承为赁雇字"部分的注文与字体注记相关的结论,采取了需要慎重探讨的态度。前述例中所见的用"正"与"相承用"来注记的"契"与"挈","谿"与"溪","煗"与"暖","雕"与"鵰"等互为同音,判断为字体注记没有问题。这些都是"异形同字"(异体字)。但是,"赁"字在《广韵》中为去声沁韵娘母(赁,乃禁切),与"雇"字的字音相异,作为"异形同字"是难以成立的。若以"'S.388 字样'的编撰目的来考虑"这样的写法来推测,难免会被认为是先设定了"S.388 字样"的编撰目的,其后为使这样的前提变得合理而进行的生硬解释①。

(4)"相承"的用法

在"S.388 字样"中寻找与"相承"相关的注记形式,"相承用"占大半为 33 例,"此相承用"3 例,"相承用作……字""相承用之也""相承用无依""相承用为……字"等各 1 例。以"相承"的例来看,"相承"4 例,"相承作……字"3 例,"相承共作……相承""相承为……字"等各 1 例。通览这些实例,确实几乎全部为同音,考虑也都可以作为字体注记。例如,前面列举的"契、挈""谿、溪""煗、暖",前者为

---

① 那么西原为何将以"相承"起始的注文解释为字体注记,大概是因为西原(2015)主张,存在一个持续支配唐代楷书的"字体规范体系",并认为这是一个已经得到证明的事实。而"S.388 字样"中的"相承",是表示此文献中"字体规范"的用语不表示异体字,而表示本义与转义的区别,从这一点看,则不能构成有整合性的"字体规范体系"。但是,"相承为……字"的注记形式并非字体注记,而是用于区别本义和转义的注记形式,这样的实例正如于后续论述中会提到的一样,由于存在其他类似实例,可以说是用以区别本义和转义的特征性注文形式。这是与通假字(汉字的通用与假借)相关联的问题,朱凤玉(1989)也立足于这一观点对"字样书"展开了论述。

"正",而后者为"相承用"的注记,同音。然而,并非如此的实例也存在。比如,如下的实例。以";"为字条的区分。

效　致也,放也,功也。;効　相承用为功效字。(第三纸第5行)

"効"字,有"相承用为功效字"的注文。"功"为平声东韵见母(公,古红切),"効"为去声效韵匣母(效,胡教切),字音不同。将"功"解释为"效"的异体字并不成立。"效"字,正如例中所示,在"効"之前,有"致也,放也,功也"的注记。"效"与"効",《广韵》中"效"之后为"効"字头,注记为"俗",作为异体字也没有问题。在日本"效"与"効"被解释为旧字体与新字体的关系。"效"的本意,在《说文解字》的支部中说解为"象也",意为"模仿""效法"等,"致也,放也"则与之相对应。其后所记载的"功也",则为"显现出效果"之意,为转义。《常用汉字表》中"効"的训为"生效",也是源自"效(効)"的转义,可作为参考。而"S.388 字样"的"効"字条中,注记有"相承用为功效字",也是源自"显现出效果"的这一转义。换言之,"効"用作"生效"的意思时,是为承用,届时,"效"与"効"则为"形近异字"的关系。

遵循西原(1990:47)的解释,"相承用为功效字"即表示"功"与"效"互为异体字关系。但是,这样的解释明显是错误的。

为表达"效"的"生效""效果"这一字义,与同义异字的"功"组成二字熟语来表示这一意义。由同义或近义的两字所组成的熟语称为"连文"或"连字",采用连文来表示汉字的字义及用法的训诂方法也称为连文释义,或连文解义等①。"雇赁"及"功效"即是通过熟语来表示字义的连文释义的说明。

《干禄字书》及《广韵》中的解释如下:

———————————

①　连文的说明中,唐张守节《史记正义》音字例的"文或相似,音或有异。一字单录,乃恐致疑,两字连文,检寻稍易"经常被提及。而阐释了汉文解释中连文的使用的汤浅廉孙(1941),阐述了此著作在语言学中位置的金子尚一(1992)及论述了《正名要录》中连文释义的朱凤玉(2006)均值得参考。

　　劾效　上：功。下：放字。或作敩。(《干禄字书》去声,官版41里,敩字原作敆,据夷门广牍本订。)

　　效　具也,学也,象也。又效力,效验也。胡教切。八。；劾　俗。(《广韵》去声效韵匣母)

　　《干禄字书》中未使用"正通俗"等注记,并将"劾"与"效"作为不同字进行说明。此即"形近异字"的注文形式。另一方面,《广韵》中字义批注的前半"具也,学也,象也"与其本义相对应,"又效力,效验也"则与转义相对应。之后的字条中对"劾"施以"俗"的字体注记,这与根据字体来区分本义及转义的"S.388 字样"与《干禄字书》中的说明方法有所不同。

　　(5)《汉书》颜师古注

　　将"效"与"劾"作为参考,再重新回到对"雇"的考察。将"S.388字样"的"雇"字条及其之前的字条列于如下：

　　顧　回视。又相承作此顾字。(第五纸第 13—14 行)

　　雇　鸟也,音户,九扈字,相承为赁雇字。(第五纸第 14 行)

　　"顧"字条中,字义为"回视",按承接的用法此字又作"顾"。《说文解字》中页部的"顧"有"还视也"之意,"回视"也与此意相一致。

　　"顧"与"雇",参照《大汉和辞典》及《汉语大字典》,可知晓其相通用的关系。值得注意的是,作为例证,在《汉书·晁错传》中可见颜师古注如下：

　　如此,敛民财以顧其功。师古曰：顧,雠也,若今言雇赁也①。

　　颜师古的说明为,将"顧"解释为"雠也"之意,或是现在所讲的"雇赁"之意。"S.388 字样"的"顧"字条与"雇"字条,其字义说明的源头一定与颜师古的解释相一致。也就是说,在列出"顧"字的异体

---

　　①　依据《汉书》(中华书局,1962),也参照了"四部丛刊"中所收录的百衲本。

字"顧"的同时,也意图在说明与用作"雇赁"之意的"雇"是可以相通用的。

如果本来有说明"顧"与"雇"相通用的意图,那么"S.388 字样"的说明就有些难懂。难懂之处,一在于在"顧"字条中并没有"雇也""雠也"这样的义注。另一点是"雇"字条中,兀然列出了表其本义的"鸟"及本音的"音户"。"顾"的去声暮韵见母的发音与"雇"同音,但却列出了"雇"的上声姥韵匣母的发音"音户",这样做的意图难以理解。考虑到"S.388 字样"本来所参照的原文,应是将"顧"与"雇"的通用关系做了明确说明,而编撰的过程中将其进行了简化的缘故。

根据西原(1990:47)的解释,在注文"相承为赁雇字"中所见的"赁"与"雇"应互为异体字。而笔者则认为,"雇"与"顧"为异体字关系并可通用,才是其本来的意图,而这种解释的根据可参照《汉书》颜师古注①。

如果上述笔者的意见可以得到认可,那么刚好可以成为考察从《颜氏字样》到《群书新定字样》,再至《干禄字书》这一流变过程很好的材料。

《干禄字书》中的记述如下。

　　　妒妬顧顧菟兔厝措　　并上:通。下:正。(去声,官版36 里)

此处将"顧"与"顾"的辨别作为问题点,但并未提及"顧"与"雇"的关系。对于其理由的探讨,应该会成为考察对从《颜氏字样》到《群

---

①　"顧"与"雇"互为异体字关系而可通用这一点,在《汉书》颜师古注(641)以后的文献中也存有实例。例如,在玄应《一切经音义》(661 年前后)中"雇钱"字条的注文为:"<u>书皆作顧同。公护反。案雇犹顧眄苕报之也。</u>"(第十三卷,柰女祇域经,据高丽本),而《新撰字镜》(898—901 年顷成)中"雇"字条的注文为:"<u>顧字。公護反。与也。</u>"(第十一卷户部,不能辨别,据天治本),"顧"字条的注文则为:"<u>孤布反。去。雇字。</u>内视也,向也,念也,旋也。"(第二卷页部,《一切经音义》部分)。各字条正如下画线部分所示,注记"顧"与"雇"相通用。《新撰字镜》的出典,可分解为包含《一切经音义》、《切韵》部分、《玉篇》部分、出所不详的部分、不能辨别部分等这一点,于贞苅伊德(1998)中有明确论述。本论文中据此区分标准,明示出典。此外,天治本的本文,依据京都大学文学部国语学国文学研究室编《新撰字镜　增订版》(京都:临川书店,1973)。

书新定字样》，再至《干禄字书》的字样系统的重要材料。比如，《干禄字书》中，由于某种理由，对"顧"与"雇"互为异体字的说明变得不再必要，可建立这样的假说①。详细的考察则让与其他机会②，现在回到论述的中心。

（6）"相承借为……字"的注文形式

在《广韵》及《法华经释文》中可见的"相承借为……字"的形式，并不见于"S.388 字样"，类似的"相承为……字"及"相承用为……字"也各只存 1 例。但是，从对"雇"和"劾"字条的内容的讨论来看，这三种注文形式，可考虑为有同样的功能。兹将这些一律称为"相承借为……字"的注文形式。

关于"相承借为……字"的注文形式，可在《广韵》中找到另一个相似的例子。

> 縣 《说文》云：系也。相承借为州縣字。（平声先韵匣母，玄，胡涓切）

"縣"字与"雇"字相同，也是多音字。根据《广韵》，作平声先韵匣母（玄，胡涓切）的字音时为原义，即"连接"的意思，作去声霰韵匣母（縣，黄练切）的字音时为转义，为行政区划之意。于此所观察到的"相承借为……字"的用法，与"雇"字条的情况相同。

《广韵》中，平声先韵"縣"字条之后，有"懸"字条，并载有"俗今通用"的注记。在以"縣"的原义"连接"的意思使用时，用作"懸"，这

---

① 此处揭示去声暮韵的以"通正"标示的成对字头。"顧"之前的"妒妬"，于《干禄字书》中记述其为"通正"关系，而"S.388 字样"中则记载为"妒 正；妬《说文》：妒，从女户，后户变作石，遂成下字。久已行用也。"换言之，"S.388 字样"中以"妒"为"正"，而认为"妬"是变化之后的字形，这与《干禄字书》的内容相异。可推测《干禄字书》对于原本依据的数据进行了相当程度的修改。另外，《干禄字书》虽以"菟兎"为"兽名"，"厝措"为"放置"之意，为"通正"的关系，但"菟"以"菟丝草名"，"厝"以"厉石"为本义。虽然表面上以"通正"对异体字关系进行说明，但应考虑其背后所隐藏的用法。

② 鸠野惠介（2008）指出，《干禄字书》的各韵目内的字头与注文形式有着一定的顺序，非常有启发性。立足于此观点，分析"S.388 字样"及《干禄字书》中说明不一致的实例，则可以进一步对《干禄字书》的编撰过程进行探讨。

是为了与表示行政区划的"縣"相区别的缘故。

《广韵》的"顾"字条与"縣"字条,存在共同的注文形式"相承借为……字",从这一形式可得到如下启发,即《群书新定字样》与《切韵》系韵书应存在着密切的关系。

隋陆法言《切韵》成书于 601 年,之后,经诸家增补改订,被称为《切韵》系韵书。虽然大部分已经散逸,但作为残卷及逸文流传至今的也不在少数。

那么,根据李景远(1997)中的考察,《群书新定字样》成书于 650—677 年之间。若《广韵》以前的《切韵》系韵书中已经存在有"相承借为……字"的形式的话,那么其引用方法应有如下两种:

①《切韵》系韵书,虽然引用了《群书新定字样》,但省略了出典注记。

②《群书新定字样》,虽然引用了《切韵》系韵书,但省略了出典注记。

从《广韵》中的"顾"字条与"縣"字条来看,①的可能性更高。详细情况如后述,《切韵》系韵书中所存,注记了出典而参照《群书新定字样》的实例,在李景远(1997)中已有所指摘。如果是①所指的情况,那么《广韵》与其之前的《切韵》系韵书,则存在着省略出典注记而参照《群书新定字样》的情况,可期待新逸文的发现。

与此相对,如果是②所指的情况,"S.388 字样"中的字头排列,既不是四声分类,又不是偏旁部首分类,则无分类这一点较难以说明。只是在年代方面并没有问题。

(7)《广韵》"县"字条与"S.388 字样"的关系

如将《广韵》"縣"字条看作是依据《群书新定字样》的实例,那么存在下面的问题。即"S.388 字样"的第六纸第 3 行中虽列有"縣"字头,但并无注文。西原(2015:409)中,关于这样的"仅列有字头的情况"给出如下解释:"这种字头,从后叙的记述'或杂两体者,咸注云正,兼云二同'来看,是为不存两种异体之字,所以考虑这是以字头本身来表示其正确的字体。"若"以字头本身来表示其正确的字体"的解释是正确的话,那这种解释,与冠有"相承"的注文形式是具有"字样"特征的注文形式的解释,这两种可以同时成立吗? 为何《广韵》中留存了具有"字样"特征的注文形式"相承借为……字",而"S.388 字样"中却只存字头,未有注文,如何才能对这样的情况进行合理地说明呢? 可考虑的解释是,"S.388 字样"并不是《群书新定字样》,又或者"S.388 字样"是《群书新定字样》的简略本,应该存在这两种可能性。当然,"以字头本身来表示其正确的字体"这个解释本身也有可能是错误的。但总之,都与"S.388 字样"到底是何文献这一根本的问题相关联起来。

（8）直接引用或是间接引用

西原(1990)的问题点还可以再列举一点,即并未就《法华经释文》所引用的《群书新定字样》内容为直接引用还是间接引用(抄引)这一点进行讨论。而实际上,针对这一点,在佐贺东周(1920：20)中就早有言及,其结论为直接引用：

> 旧唐志中记载杜延业的著作录于《晋春秋略》二十卷,而于隋志新唐志中则未见其名(或为新唐人)。但于见在书目中则载有其著书《书林》五卷,及《定字》一卷。仲算的引用应是出自于此。共提及"《晋春秋略》二十卷","《书林》五卷","《定字》一卷"等三书,但并未具体指出引用自哪一本。

作为参考,对此三书进行讨论,"《晋春秋略》二十卷"相当于《旧唐书》卷四十六志二十六经籍的编年五十五家杂伪国史二十家中所载"《晋春秋略》二十卷　杜延业撰"。"《书林》五卷"与"《定字》一卷"则应指藤原佐世《日本国见在书目录》的小学家中所载"《书林》五卷《定字》一卷　杜延叶等撰",但"《书林》五卷"中阙失编撰者名,矢岛玄亮(1984：70)指出,应为按《旧唐书》卷四十七志二十七经籍

的总集中所推定的"《书林》六卷 夏赤松撰"一书。"《定字》一卷
杜延叶等撰"中,大概是将编撰者的"杜延业"的"业"字误写成"叶"
了。由"等"字可推测编撰者为多人这一点尚有待考察,但确实记载
有杜延业的名字这一点毋庸置疑。关于书名中的"定字",矢岛玄亮
(1984:70)中指出"定为正之意,故定字或意为正字",书名中之"定
字",编撰者为"杜延叶等撰",即为多人所编撰这一点则可推想《群书
新定字样》又存在异本,这些都应引起注意。

　　将讨论再转回到其为直接引用或是间接引用这一问题,提及了
《法华经释文》的西原(1990)和西原(1991),及再度收录上述论述的
西原(2015:156—163,339—360),却并没有引用提及了杜延业著作
的佐贺东周(1920)。当然,对《日本国见在书目录》中"《定字》一卷"
也未有言及①。

　　关于是直接引用或是间接引用这一问题,将具体的探讨移至对
《切韵》系韵书的逸文的讨论中,下面则分析李景远(1997)中的见解。

　　(9)《群书新定字样》的解字体例

　　李景远(1997)所指出的《群书新定字样》的逸文于下一节中详细
介绍,这里先来看《群书新定字样》("S.388 字样")的"解字体例"。
所谓"解字体例",即注文形式。李景远(1997:62—65)中将《群书新

---

　　① 与此相关,在此指出西原(2015)中记述的问题点,即论及图书寮本《类聚名义抄》
所引"类云"的西原(1988)。由于西原叙述为"此文献与仲算撰《法华经释文》所引《一切经
类音》被视为同一文献,佐贺东周的'松室释文与信瑞音义',很早即对《法华经释文》所引
的《一切经类音》着眼,指出此乃唐太原处士郭逿所撰《新定一切经类音》"(西原 1988:65),
对此《一切经类音》为"字样"这一点进行了详细论述。然而,佐贺东周(1920)中并未见关
于《一切经类音》的论述。这一点已有池田证寿(1995:35)有过指摘,但再录西原(1988)的
西原(2015:306—325)中也无反映。作为西原(1988)续稿的西原(1989)及其再录的西原
(2015:326—338)中也同样如此。佐贺东周(1920:8—16),关于《法华经释文》言及了诸
目录(《义天录》《永超录》《佛典疏钞目录》)中所见佛典音义,在确认其关联之上,指出"盖
此书学术的最高价值,在于其外典的方面",外典,即为其对汉籍的引用之多这一点着眼而
进行的论述。郭逿《新定一切经类音》八卷只见于《智证大师请来目录》(吉田金彦 2013:
44)。佐贺东周(1920:20)所提及的是杜延业的著作,而非郭逿的《一切经类音》。由于以
上是"字样"研究的前提事项,所以详细记述于此。

定字样》的解字体例分为六种：① 字形的辨别；② 字音的辨别；③ 字义的辨别；④ 通假字的辨别；⑤ 字形类似或者字音字形皆类似而容易混同的文字辨别；⑥ 无注解。①字形的辨别又更细分为"正""同""通用""相承""从……"等，②字音的辨别则细分为反切或直音。其中值得注意的是④通假字的辨别。下面举例说明：

> 柬　分别。音简。；简　牒也。多以此为分别字。（第五纸第 7 行）

"简"的本义，《说文解字》竹部中，其义注为"牒也"，作"牌子"之意，但与"柬"相通用，多用作"区分"之意。正如于"雇"字条中所见，以"为……字"的形式，来说明与本义不同的字义，这一点是相同的。

然而，于李景远（1997）的前一年出版的张金泉（1996：208）中，论及了关于借字（通假字）的辨别。其中，作为本字及借字的辨别，列举了以下用例。

> 雕鵰　鸟也。并都辽反。相承用上雕作彫饰字。（第一纸第 8 行）

"雕"的本字，其义为"鸟"，而"雕"作为借字使用时，则意为"雕饰"之意的"雕"。同时说明本义相同的"鵰"则不会假借为"雕饰"之意。

"雕鵰"的例中，需要注意的不是"为……字"的形式，而是变成了"作……字"的形式这一点。由于"为"与"作"同义，则可以考虑"为……字"的注文形式与"作……字"的注文形式，也具有同样的功能。

四、李景远（1997）中所介绍的《群书新定字样》的逸文

（一）李景远（1997）的成果及其在研究史上的位置

李景远（1997）是其在就读于台湾师范大学国文研究所期间所提出的博士论文《隋唐字样学研究》。其中所参照的西原一幸的见解，

仅限于西原(1984)及大友信一、西原一幸(1984)。这一点需要注意。

李景远(1997：52—65)中,考证学士杜延业曾历任秘书省正字和秘书省校书郎,除《干禄字书》序与"S.388 字样"的跋之外,还提及了藤原佐世《日本国见在书目录》的小学家中所记载的"《定字》一卷杜延叶等撰"的记事。作为推定"S.388 字样"为《群书新定字样》的根据,列举了如下六点：① 成书的渊源;② 书写年代;③ 包含群书的书名;④《切韵》残卷所引的逸文;⑤ 体例;⑥ 从跋中可推测其"为字"的文字观。关于杜延业的经历,《日本国见在书目录》中的记事及④《切韵》残卷所引的逸文,于西原(1984),大友、西原(1984),及集字样研究之大成的西原(2015)中均未有所见,是新的见解。《日本国见在书目录》中所见"定字",为《群书新定字样》的略称,"杜延叶"则当然是"杜延业"的误写。这是指出关于《群书新定字样》传来日本的证据的重要观点。

西原(2015：437)对于以上见解,有着"以《切韵》所收的佚文作为资料,独立证明了'S.388 字样'与杜延业《群书新定字样》为同一本书"这样很高的评价。但是,对于上述论文中,综合《日本国见在书目录》中的"定字",并列举六个根据从而得出结论这一点则并未提及。

李景远(1997：54—55)中所指出的《群书新定字样》的逸文,即 P.3693 长孙讷言笺注的"叩"字条与"捡"字条,及裴务齐正字本《刊谬补缺切韵》(王二)的"挍"字条。其具体分析,在论及《群书新定字样》的收录字数时也有同时进行。承接"S.388 字样"跋中提到的"颜监字样"(《颜氏字样》)的收录字数为"六百字"的记载,首先探讨现存部分的缺损及重复,确定其收录字数为 641 字。其后,根据逸文探讨了可能进一步进行追加的《群书新定字样》的收录字数。作为结论,指出"叩"字虽未见于"S.388 字样",但可确定其存在于缺损部分,而"挍"则包含于现存部分,至于"捡"字,则见于现存部分的注文之中,是否作为收录字尚难以判断。综上,收录字的总字数为 642 字(李景远 1997：58—60)。

关于这三条逸文，李景远（1997）中如何作解后续会加以叙述，但本论文是从与收录字数问题不同的观点进行讨论。即，归根结底，此三字条作为逸文是否妥当，这三条又都是以怎样的意图对《群书新定字样》进行参照的，所参照的《群书新定字样》与"S.388 字样"的内容是否一致，目的在于探讨关于这些立论的前提事项。

（二）《切韵》残卷所引的逸文

（1）P.3693 的"叩"字条与"捡"字条

关于 P.3693，上田正（1973：36—38）中，以小韵首字的训义形式、加字加训的情况、对《说文》的引用频率、按语出现的频率、引用书及与逸文的对校等为依据，推定其应为长孙讷言《切韵》。长孙讷言笺注的写成时期，从《广韵》所引序文来判断应为仪凤二年（677）。

P.3693[①] 中所见逸文如下。

> 叩　こ头。杜逆业从□。（上声厚韵溪母，口，苦厚反）

> 捡　书捡。又按，《说文》、杜延业《字样》为检。（上声琰韵见母，捡，居俨反）

"叩"字条中有"杜逆业"，"捡"字条中有"杜延业《字样》"等记载。"杜逆业"明显为"杜延业"的误写。

"叩"字条中的"□"字，判读困难。上田（1973：76）中标示为"□"，后注：与"台"相似。李景远（1997：54）中翻字为"台"。"叩"字条的"□"的左侧，也就是下一行的"楸"字条中有"变色"的记述，这里的"色"字于原文中字形做"色"，与"□"几乎完全相似。有可能是眼花所导致的误写。若是误写，则又有"邑""巳""手（扌）"等的可

---

　　① P.3693 的书志如下：断简 1 叶，楮纸，28.0（24.2）×66.0 厘米（表47行，里46行），8世纪前期~中期写，朱点（以数字标记韵次，以圈点标记小韵字）。2013 年 11 月 25 日原本调查。表为由上声荡韵至槛韵的 15 韵，里为由上声铣韵至马韵的 8 韵。由里及表本文连续。诸氏未刊，上田（1973：69—77）中订正表里的本来之姿，并收录全文。同时参照《法国国家图书馆藏敦煌西域文献22》（上海：上海古籍出版社，2002）中收录的影印及 Gallica 中公开的图像。

能性。若为"邑",则应为作"阝"的同音异字"邔"①(《广韵》上声厚韵溪母,口,苦后切。在《说文解字》邑部中,注解为"京兆蓝田乡")。

"捡"字条,按"捡"和"检"加以区分进行了翻字,原文中则都为手部。

这两个字不见于"S.388 字样",但存于《干禄字书》,可以此为线索来考察 P.3693 的内容。

(2)从《干禄字书》的"叩"字条开始的探讨

扣叩　上:牵马也。下:叩擊也。字亦作扣。(上声,官版34 表)

"扣"为"牵马也"的意思,"叩"的本义为"叩擊也","叩"在用作"叩擊"之意时,有时作"扣"。这是记述辨别同音的形近异字(同音异字)的字例。"扣"在《说文解字》的手部中,注解为"牵马也",《干禄字书》的解释也基于此。虽然"邔"在《说文解字》的邑部中作"京兆蓝田乡",但"叩"却不见于《说文解字》。

(3)关于 P.3693 的"叩"字条的讨论

那么,P.3693 的"从……"的注文形式,例如"博"字的注文作"从十",在"S.388 字样"中也可见几个相似的字例,似乎将这些字例看作是《群书新定字样》的逸文也没有问题。但若是引用,则"杜延业云"的形式更为普通,注文形式作"杜延业从……",则侧重于说明《群书新定字样》的字头的偏旁部首,而并不是逸文内容本身,这样的解释也行得通。

首先来探讨逸文的内容本身。若 P.3693 的"从□"为"从邑",则

①　《篆隶万象名义》中不见"叩",则"邔"存于邑部,作"恪苟反。擊也,扣也,訕也"(高山寺本第一帖 42 里)。《新撰字镜》中邑部的《玉篇》部分中收录"邔",作"恪苟反。扣字"。(天治本第九卷 13 表)。但是,字头"邔"由于虫损之故并不鲜明。此外,《新撰字镜》口部中包含《一切经音义》部分中,收录"叩扣邔三字,作"三字同作。苦厚枯後二反。擊也,忝也,头打也。和:古于反。"(第二卷 12 里)。可知"邔"与"叩"相通用之例存于诸字书。

指的是另外的字"啊",这样就与《干禄字书》的解释不同。若为"从
㔾",则指的是与"叩"的"卩"旁相关的异体字注记,这样也与《干禄
字书》的解释不同。若为"从手(扌)",则表示"叩"与"扣"相通,与
《干禄字书》的解释相同①。如此,对"从□"的不同判读,影响到对
《群书新定字样》与《干禄字书》的关系的解读。判读为"从邑"是最
为简明的,但是这样一来就变成指的是同音异字的"啊",与《干禄字
书》的解释明显不同。

接下来,不针对逸文内容本身,而试着对《群书新定字样》的字头
的字体进行解释。即在表示"叩头"的意思时,字体应如何,是由在
《群书新定字样》中是如何表示来判定的。设想应与参照逸文内容本
身得到同样的解释。若"从邑"或"从㔾",还是与《干禄字书》的解释
不同。若"从手(扌)"则与《干禄字书》的解释相同。

此外,《群书新定字样》的"叩"字条,并不见于"S.388 字样"这一
点也存在问题。若"S.388 字样"为《群书新定字样》,那只能解释为
"叩"字条应存在于现存本的缺损的部分之中,又或是现存本为简略
本,这两种可能②。然而"S.388 字样"中存在如下列举的与"叩"类似
的字形的字条来考虑的话,那么后者的可能性并不低。将这些字条
并列,意图在于,辨别分别包含这些"口"、"卩"及"阝"偏旁的字头。
此处的双行小字与原文相同。

郤^正^{却相承}^用　郤_正　郡^{通用丘}_{逆反}(第三纸第 14 行)

但是,设想如果曾包含有"叩"与"扣"并列的字体注记,若不是此
处,即使加在别处也感觉不自然。"叩"与"扣"如下所示,也见于《正名
要录》(S.388 的后半),与《干禄字书》相同,为两字并列的形式。

扣叩　擊(第十六纸第 1 行,右本音虽同字义各别例)

---

① 或者,若原本作"从邑非",则与《干禄字书》的解释相同。若想定为脱字,则情况
更为复杂,此处暂不作此解。

② 李景远(1997: 60)认为应存于现存本的缺损部分。

　　如果"叩"字条本来就存于《群书新定字样》，那想必应是"叩"与"扣"一并作为字头出现的。若如此，与其说由于"S.388 字样"是简略本而不见此字条，则不如考虑为此字条是存于缺损部分的可能性更高。

　　总之，P.3693 的"叩"字条很难判读，很难将其作为证明"S.388 字样"即为《群书新定字样》的积极证据。

　　（4）从《干禄字书》"捡"字条开始的讨论

　　　　捡检　上：捡束字。音敛。今以为捡挍及捡寻字。下：书检及检则字。居俨反。（上声，官版 34 里。捡束之束字，原脱，据夷门广牍本补。）

　　若将原文中没有记载的内容补入【】内进行说明，"捡"的音注为"音敛"（《广韵》上声琰韵来母，敛，良冉切），【本义虽为"拱也"（《说文解字》手部"拱也"）】，为"捡束"之意，现在用作"捡挍、捡寻"之意。"检"，【本义虽为"书署也"（《说文解字》六篇上木部"书署也"）】，用作"将文书封缄"（书检）及"规则""制度"（检则）等意，字音为"居俨反"【《广韵》上声琰韵见母，检，居奄切，与"捡"声母相异】。

　　（5）关于 P.3693 中"捡"字条的讨论

　　按照上述《干禄字书》的说明来考虑 P.3693 中"捡"的注文"书检"，可理解为"将文书封缄"之意，应作木部的"检"字。大概是因为长孙讷言所依据的《切韵》中是写作手部的"捡"字的缘故。长孙讷言又在《说文解字》及杜延业《字样》中加以确认，都作"检"字，所以"又按"在下面作了记述。换言之，见于 P.3693 的注文"《说文》·杜延业《字样》为检"中的"为检"并不是逸文本身，而是将《说文》与杜延业《字样》中字头作"检"这一内容进行的整理记载。

　　"捡"与"检"的关系比较难于理解。于是，笔者试着将《广韵》与 P.3693 的内容进行对比整理。首先将《广韵》中的记述如下。

　　　　捡　《说文》：拱也。（《广韵》上声琰韵来母，敛，良冉切）
　　　　检　书检印窠封题也。又检校，俗作捡，捡本音敛。又姓，

出《姓苑》。居奄切。二。(《广韵》上声琰韵见母,检,居奄切)

P.3693 的内容如下(一部分再录):

　　捡　乚扲。居俨反。三。又按,《正名》为捡□字。(P.3693 上声琰韵见母,检,居俨反)

　　捡　书捡。又按,《说文》、杜延业《字样》为检。(同)

P.3693 中有两个"捡"字头,分别说明为不同的字义。

　　那么,将《广韵》与 P.3693 的内容进行对应,综合这些字条的字体、字音、字义如下。P.3693 的翻字按原文作手部。

字体	字音	字义
广韵　捡	良冉切	拱也
广韵　检	居奄切	书检,检校
(捡)	音敛	捡校
P.3693 捡	居俨反	捡扲
P.3693 捡	居俨反	书捡

　　《广韵》中,就"捡"与"检",对其字体、字音、字义都分别作了不同的说明,而与此相对,P.3693 中则都书写为"捡",而针对字义的不同分为两个字条。

　　P.3693 的两个字条中,若从后者进行探讨,"又按,《说文》、杜延业《字样》为检"的部分中可见《说文解字》这一点值得关注。注文"书捡"为"将文书封缄"之意,是为《说文解字》木部"检"的字义"书署也"的转义。据此,以《说文解字》为根据,而叙述为应作"检"。对于"杜延业《字样》",根据明确书写的木部的"检"又或是"从木"等的注记,考虑为是对木部的"检"字的明示,这样一来就可以将其与《说文解字》相并列的理由比较合理地进行说明①。

———————

①　此处解释,于之后所讨论裴务齐正字本《刊谬补缺切韵》(王二)的"扲"字条而得到证明。

另一方面,记载有"居俨反"反切的最初的字条中,注记有"捡校"的字义。从《干禄字书》的"今以为捡校及捡寻字",及更进一步《广韵》的"又检校,俗作捡"来考虑,内容上应为手部的"捡"而更为贴切。

"又按,《正名》为捡□字"的解释比较困难。上田正(1973)将此处的"捡"判读为"检",对于成为问题的"□",作出"形似'乎'存疑。恐下'字'字之误写者"的考证①。笔者的个人意见,此处判断为"手"。若为"捡手字",则是与"捡"字的原义"拱也"(《说文解字》"拱也"②)相对应的说明,是应为手部的记载。

可是,关于注文中所见的《正名》,贾智(2012:297)中虽推测为《正名要录》,但将详细考察列为课题,而未详述根据。是否为《正名要录》先暂且不提,《正名》当为书名则应是确实的。作为其依据,可列举如下《新撰字镜》的《切韵》引用部分中的实例。

题   丁礼反。平:识也。视。出《正名》也。(天治本《新撰字镜》见部,第五卷17里,《切韵》部分。)

关于此处注文中可见的"正名",上田正(1984:56)中,注为:"《正名》隋志一卷撰者不详。"《新撰字镜》所引《切韵》为长孙讷言《切韵》系统,这一点在上田正(1981b)中得到明确,同为长孙讷言《切韵》的 P.3693 中"捡"字条的所引《正名》应为同一本书③。

接下来,以"又按"之注记为线索,来考虑区分"检"与"捡"的问题。这也正是由于上田正(1981a)中指出了"引用说文而加入按语是长孙讷言的特征"这一点。

---

①   曹洁(2013:63)判读为"检乎字"。

②   "拱",于《说文解字》手部中作"敛手也",段注中记为"敛当作捡"。

③   然而,若此《正名》为《正名要录》,则存在其现存本的 S.388 后半中并不见"检"与"捡"的问题点。即,P.3693 所依的《正名要录》与 S.388 后半内容相异。这种情况下,则 S.388 后半应为《正名要录》的简略本。此外,《广韵》"荅"字条中记有"《正名》云:小豆"(入声合韵,答:都合切),这大概也是《正名》之逸文。此例也未见于 S.388 后半《正名要录》,是为同样之例。

（6）P.3693 的"捡"字条中"又按"的意思

P.3693 的注文中所见的"又按"，是为长孙讷言对所依《切韵》本文所记录的个人考案。长孙讷言首先从所依据的《切韵》中原样转载字头与注文，其后以"又按"的形式，将参看诸书中的字头与注文摘录下来。考虑到当时做学问的方法，应不会擅自改动原文内容。有疑问的情况时，采取"又按"的形式，将不同的说法并列记述的方法。也就是说，"又按"的前后，即使解释的内容不同，也并非不自然。

> 捡　乚挍。居俨反。三。又按，《正名》为捡手字。（P.3693 上声琰韵见母，检，居俨反）
>
> 捡　书捡。又按，《说文》、杜延业《字样》为检。（同）

最初的"捡"，依据《切韵》虽做"捡挍"之意，然而《正名》中，这种字义的情况下，【以原义的"拱也、捡手"为基础】应作手部的"捡"。

而第二条的"捡"，依据《切韵》虽做"书捡"之意，然而在《说文解字》与《群书新定字样》中，这种字义的情况下，【以原义的"书署"为基础】应作木部的"检"。

如果这样考虑，那就可以合理地说明引用《正名》《说文解字》《群书新定字样》的理由了①。

那么，"S.388 字样"中未见"检"字这一点又作何解？这正是因为"检"被收录于"S.388 字样"所阙失的部分，而其字体为木部的"检"，这样考虑应比较合理。当然，也有可能是由于"S.388 字样"为简略本的缘故所致。

李景远（1997：60）在对《群书新定字样》的收字总数进行探讨时，将此"检"字作为问题点提起，由于"S.388 字样"中"挍"字条的注文中，注记有"检挍字"的例子，也可以设想为此"检"字被收录于

---

①　"检"与"捡"，实则应一并讨论其于《篆隶万象名义》《新撰字镜》《类聚名义抄》中的记述。然而此处，先停留在与《群书新定字样》直接相关的部分。而将上古辞书中的记述作为实际用例的讨论，将作为今后的课题。

P.3693，但不能断定"检"字为《群书新定字样》的字头。

（7）裴务齐正字本《刊谬补缺切韵》（王二）"挍"字条

裴务齐正字本《刊谬补缺切韵》（王二①）中的"挍"字条如下。"S.388 字样"《干禄字书》《说文解字》的内容也一并列于下。

> 挍　捡ノ。杜延《字样》二并从木。（"王二"去声教韵见母，教，古挍反）
>
> 校　即挍尉字。音挍。；挍　捡挍字。（"S.388 字样"第十纸第 4 行）
>
> 挍校　上：比挍。下：校尉。（《干禄字书》去声，官版 41 里）
>
> 校　木囚也。从木交声。（《说文解字》大徐本第六篇上木部。无"挍"。）

根据《说文解字》，"校"的本义为"木囚也"。"王二""S.388 字样"《干禄字书》中均未提及此本义（木囚），而只记载了关于转义（检校，校尉）与手部或木部之间的关系。

"王二"中以手部的"挍"为字头，意为"捡挍"，杜延业《群书新定字样》，记载有"二并从木"，说明用作"捡挍"之意时，"捡挍"二字都应从木部。

另一方面，"S.388 字样"与《干禄字书》中，以手部的"挍"及木部的"校"为字头，官职的"校尉"为木部，用作"捡挍、比挍"之意时为手部。将手部的"挍"与木部的"校"清晰地分别写出，并指出区别。确认其区别的内容，可知"S.388 字样"《干禄字书》及"王二"所引《群书新定字样》中，说明的内容正相反。

李景远（1997：58—60）对《群书新定字样》的收录字数进行讨论时，选取了"王二"中的"挍"字条和 P.3693 中的"叩、捡"字条。指出

---

① "王二"（所谓项跋本），依据《内府藏唐写本刊谬补缺切韵》（国立国会图书馆本，1925）。

还不能肯定是《群书新定字样》原本的错误,还是传写时产生的错误,此外《切韵》系韵书的字头是否收录了包含于《群书新定字样》的注文中的文字这一点还不能下定论,于"S.388 字样"中现存的 641 字之上只追加了"叩"字一字①,并未提及其与《切韵》系韵书在内容上的不同。

(8)《广韵》与《切韵》残卷中的"挍"字条

于是作为参考,将《广韵》与《切韵》残卷②作如下对比。首先,确认去声效韵匣母,内容如下,所有字条中义注"校尉(挍尉)"是共通的。但是,观察字头,则可发现只有"王二"为手部的"挍"字。

    校　校尉,官名。亦姓,《周礼》:校人之后。又音教。(《广韵》去声效韵匣母,效,胡教切)

    校　□尉从木从手非。("王一"③去声效韵匣母,效,胡教反)

    挍　乀尉。("王二"去声教韵匣母,效,胡教反)

    校　乀尉。从木从手非。("王三"④去声效韵匣母,效,胡教反)

    校　乀尉。又音教。(《唐韵》⑤第十三叶去声效韵匣母,效,胡教反)

――――――――――

① 李景远(1997:60)的原文如下:"这是原本的错误还是后来传抄者的误写,到目前我们无法断定。我们还不知《切韵》系韵书所采取的《群书新定字样》文字是否连'注释'中之文字也包括在内,如果这样的话,'叩''检''校'三个字中'检''校'两个字可发现于残卷内,只有'叩'字本来收录在已经残缺的'齸'字以前。"
② 敦煌本《切韵》残卷的发现与意义,关于其介绍的经纬及录文影印的评价,高田时雄(2002)中有详细论述。关于残卷诸本的解题及录文的补正,上田正(1973)的记述细致周到。上田正(1973)中未收的残卷应参照铃木慎吾(2004,2009,2010)。
③ "王一",依据饶宗颐编《敦煌书法丛刊 2 韵书》(东京:二玄社,1984)与 Gallica 中的公开图像,同时参照了姜亮夫编《瀛涯敦煌韵辑》(上海:上海出版公司,1955)及上田正(1973)。字头"校"的木字部分很明晰,声旁的部分缺损。
④ "王三"(所谓宋跋本)依据《唐写本王仁昫刊谬补缺切韵》(台湾:广文书局,1964)及龙宇纯编《唐写全本王仁昫刊谬补缺切韵校笺》(香港:香港中文大学,1968)。
⑤ 依据《唐写本唐韵残卷》(吴县蒋斧光绪三十四年跋,1908)的影印。

接下来,确认去声效韵见母,内容如下,所有字条中义注"捡挍(检校)"是共通的。但是,观察字头,只有《广韵》为木部的"校"。

　　校　检校。又考校。(《广韵》去声效韵见母,教,古孝切)

　　挍　捡挍。("王一"去声效韵见母,教,古孝反)

　　挍　捡乚。杜延《字样》二并从木。("王二",去声教韵见母,教,古挍反)

　　挍　检乚。("王三"去声效韵见母,教,古孝反)

　　挍　捡挍。又孝挍(《唐韵》第十三叶去声效韵见母,教,古孝反)

综合以上,去声效韵匣母的义注的"校尉(挍尉)",去声效韵见母的义注的"捡挍(检校)",分别为各自字音的字头中的共通义注。关于"王三"的"挍"字条,龙宇纯(1968:528)的考证,指出应为"校"①,此处将范围扩大至 S.388 与《干禄字书》再进行考察。就字头为手部或木部的区别,总结如下:

	广韵	王一	王二	王三	唐韵	S.388	干禄
匣母(校尉)	校	校	挍	校	校	校	校
见母(捡挍)	校	挍	挍	挍	挍	挍	挍

《广韵》中均作"校","王二"中均作"挍",字头没有区分。而《广韵》于"王二"以外,字头则区别为"校"和"挍"。也就是说,除去《广韵》,虽然"王一"、"王三"、《唐韵》、"S.388 字样"、《干禄字书》中都区分了"校"与"挍",但在"王二"中却都作"挍",而未加区分。若作为《群书新定字样》的问题来叙述,则可以指出"S.388 字样"与"王二"所引的《群书新定字样》逸文内容不一致。由此引出,推定"S.388

---

　　① "挍字姜书 P 二○一一同,(王一作校,恐失真。)广韵作校。案本书及姜书 P 二○一一校下并云从木,从手非,而此注检字亦正从木作,校字原疑作挍,抄者随俗作挍耳。(王二字作挍,注云检乚杜延字样二并从木。唐韵正注文并从手,王氏校勘记云当作挍检。"(括号内为原文小字注)。

字样"即为《群书新定字样》是否得当这一根本问题。

"王二"中"二并从……"的注文形式未见于"S.388 字样"这一点也存在疑问。

> 校　即挍尉字。音挍。；挍　捡挍字。（"S.388 字样"前录）

确实，由于与此类似的"如此类并从……""已上并从……"等形式可见于"S.388 字样"，将"二并从木"的"二并"看作所指为"检校"二字，或许也可以推测"王二"所参照的《群书新定字样》中即作如此形式。但是，若是如此，则又产生了将"S.388 字样"的"校"字与"挍"字条均看作是《群书新定字样》的内容是否可行这样的疑问。这是因为"S.388 字样"中的字头"挍"与注文"捡挍字"，两者都不是木部而为手部。

接下来，我们集中对"王一""王二""王三"这三者进行内容的讨论。正如王仁昫《刊谬补缺切韵》于"王二"内题的下方注有"并序。刊谬者，谓刊正讹谬。补缺者，谓加字及训"[1]，刊正陆法言《切韵》的错误，补足字头与注文。那么，试着探讨王仁昫及书写者之意图所在。"从木"的注记见于"王一""王二""王三"，现整理如下：

	王一	王二	王三
匣母（校尉）	校从木从手非	挍	校从木从手非
见母（捡挍）	挍	挍从木	挍

"王一"与"王三"共通，匣母的"校"中注有"从木从手非"，但"王二"中见母的"挍"则"从木"。哪一个才反映了原本的内容呢？

一个考案，可解释为修正"王二"的内容，从而整理得到"王一""王三"的内容。具体推定为，如"王二"所示，先如"杜延《字样》二并从木"，明确指出出典，再讨论"从木"的内容，确认作"检校"之意时，为手部的"挍"也没有问题，删除此出典，再对表示官职的"校尉"的"校"追加"从木"的注记。如此，得到了"王一""王三"的解释。

---

① 　"王三"，"并序"二字与"刊正"之"刊"字欠阙。

　　另一个考案,解释为即修正了"王一""王三"的内容,从而整理得到如"王二"的解释。具体为,如判断"王一""王三"中,对官职的"校尉"的"校",注记为"从木从手非"并不贴切,从而将其删除,并将字头改为"挍",作"检校"之意时,不应为手部的"挍",而应为木部的"校",为明确这一点而明记出典名,并追加了"从木"的注记。如此修正"王一""王三"的内容,而得到"王二"的内容①。

　　比较两种考案,哪一个都不具备决定性的依据。于此改变观点,试着讨论一下"王二"是在哪一阶段对《群书新定字样》进行参照的。

　　"王二"的卷首,记有王仁昫、长孙讷言、裴务齐等三人名号,之后有王仁昫序及长孙讷言序,于前者有"所撰《字样》《音注律》等"记载,于后者可见"弱冠常览颜公《字样》"的记述,可推测王仁昫与长孙讷言均精通于字样②。并且,在两段序文之后尚存 17 行字样。上田(1973:56—59)介绍了王国维、魏建功、陆志韦的观点,并继续探讨本文,从内容和书式来看,虽可分为卷初七韵、平上声、去入声等三部分,但具体哪一部分出自王仁昫、长孙讷言、裴务齐的谁人之手,要明确这一点则很困难,推测为由混合数种残缺本书写而成,但可推定字样应出自裴务齐。曹洁(2013:186)则与陆志韦相同,将"王二"的本文分为四类,记载"挍"的去声部分,采用的是与"王三"相同的原文,并加注了更详细的注释③。

---

　　①　这之外,也可考虑为原本"王二"中有"从木非",又或是与"王一""王三"同样,移至匣母之"校"等,然而情况更为复杂,此处以此两案为前提进行讨论。

　　②　古屋昭弘(1983:159)、李景远(1997:41)、铃木慎吾(2005:35)中均提及王仁昫的著作存有《字样》这一点值得引起注意。例如,铃木慎吾(2005:35)中记述为"由《自序》可知王仁昫有《字样》的著作,而有关王仁昫切韵的异体字的注记则有可能直接参考于此"。

　　③　上平声前七韵(第一类),上平声阳唐两韵(第二类),去声入声(第三类),上声(第四类)。第一类的注释有长孙讷言的影响。第二类以下以"王三"为基础,其中尤以第四类与"王三"最为接近。另外,曹洁(2013)的研究中,虽有关于又音反切,分析其反映了王仁昫的读音,然而古屋昭弘(2014)则针对曹洁(2013:212—264)的初出论文,对其是《切韵》本来的又音反切,还是由王仁昫所增补的又音反切这一点的考证不足进行了批判。而古屋则于古屋昭弘(1979,1983,1984)中明确了王仁昫《切韵》中依据顾野王《玉篇》进行了增补,是基于此点而进行的批判。关于曹洁(2013)的分类,有必要考虑这一点而进行参考。

　　年代上，因前有长孙讷言、王仁昫、裴务齐之顺，首先确认长孙讷言《切韵》的残卷，S.6176 中存有与之对应的部分。S.6176 中虽缺损字头，但于注文中可见"捡ㄑ"（S.6176 背第 8 行，小韵教字对应部分）①。但是，明显未存有"从木"等的注记，即长孙讷言《切韵》中无此记载。换言之，"王二"的该部分不应是根据长孙讷言所作的记述。

　　接下来，关于王仁昫，"王一""王三"均未引用《群书新定字样》，则从候补落选。如此一来，候补还有裴务齐，即推测是裴务齐以正字为目的，而整理了本文的结果。

　　铃木慎吾（2005）通过对王仁昫《切韵》的"俗作""通俗作""正作"等异体字注记的分析，明确了王仁昫在字体的选择上有着相当的注意。虽然论点有诸多分支，但指出"王一"比"王三"更正确地传写了原文内容，"王三"中，将原文中载有"正作"的注文中的字换为字头，并注为"俗作"等，作变更的地方颇多。即，"王一"中为"A　正作 B"形式的字条，在"王三"中则变为"B　俗作 A"。大概由于"王二"是混合本的缘故，议论的中心在"王一""王三"，虽然对本论文中作为问题点进行讨论"从……"的形式并未有提及，但以异体字注记为根据，将字头揭与注文的字进行互换，对这一编辑手法的指明非常重要。

　　"王二"中，将同一字体的"挍"特意立为两个独立字条虽也存疑，但毕竟两者字音不同，这与《广韵》中也存在同一字体的"校"立为两个独立字条是同样的。将"王二"中所见"杜延《字样》二并从木"的见解，适用于见母的"挍"而为"校"，将"王一""王三"中"从木从手非"的见解，适用于匣母的"挍"而为"校"，而这一结果正与《广韵》的内容相吻合。即裴务齐的"正字"化的整理，更进一步推进的结果即为《广韵》。

　　但将"S.388 字样"视为《群书新定字样》的这一论断是否妥当，这

---

　　①　上田正（1973：228）判读为"检"。龙（1961：813）则作"捡"。周祖谟编《唐五代韵书集存》（中华书局，1983，上册 p.184）的影印不鲜明而不能判读。李永富《切韵辑斠》（台北：艺文印书馆，1973，六 p.373）判读为"检"。《英藏敦煌文献：汉文佛经以外部分　第十卷》（成都：四川人民出版社，1994，p.147）的影印比较鲜明，判读为"捡"。

一疑问尚未得到解决。下面,再次记录问题部分。

> 扷　捡乙。杜延《字样》二并从木。("王二"再录)
>
> 校　即扷尉字。音扷。;扷　捡扷字。("S.388 字样"再录)

"王二"中"二并从木"虽被作为《群书新定字样》的逸文,但"S.388 字样"中却不见相同的注文。此内容并不是《群书新定字样》的注文本身,而是"王二"中提示其所参照的《群书新定字样》的字头或是注文中的字体,如此考虑则此疑问即可得到解决。推测为"王二"所参照的《群书新定字样》,字头为"校",注文为"检校字",全部应为木部。

总之,正如古屋昭弘(1983:159)、李景远(1997:41)、铃木慎吾(2005:35)都提到的一样,可窥见《切韵》系韵书与字样之间有很深的关联。

五、结语

本节介绍了关于杜延业《群书新定字样》的先贤诸说,并重新探析了《群书新定字样》的逸文,即西原一幸所指出的《法华经释文》的"雇"字条,及李景远所指出的《切韵》残卷中的"叩、捡、扷"等字条。下一节将介绍西原一幸及李景远未提及的《群书新定字样》的其他逸文。

第二节　《群书新定字样》逸文的探索

一、前言

这一节中,我们选取西原一幸及李景远未提及的《群书新定字样》的逸文,即《和汉年号字抄》所引的菅原是善《东宫切韵》中"爵"字条,及湛然《止观辅行传弘决》中的"福"字条来进行考察。之后,指出明确记述有"杜延业"的逸文(引用文)为"雇"(《法华经释文》)、"爵、福"(新出逸文)等三字条,其共同之处在于都是对转义而非原义的引用。虽然对于将收录于斯坦因敦煌藏本 388 前半的"S.388 字样"(暂称)断定为《群书新定字样》由来已久,但通过介绍新出逸文,必将促进对这一论断的重新思考。

二、《群书新定字样》逸文的探索与讨论

(一)上田正(1984)中所收录的《群书新定字样》逸文

(1)《和汉年号字抄》与《东宫切韵》

这里,探讨上田正(1984)中所收录的杜延业《群书新定字样》的逸文。在《和汉年号字抄》所引的《东宫切韵》中可见"杜延业",考虑应为《群书新定字样》的逸文。在进入对逸文的探讨之前,先对《和汉年号字抄》和《东宫切韵》进行说明。

《和汉年号字抄》三卷,将和汉年号中所用的 174 字按意义分为13 类,其中引用了《东宫切韵》,记述其字音、字义和字体。传此书是于镰仓时代中期宽元、宝治(1243—1248)时,由菅原为长(1158—1246)所著(冈田希雄 1935a)。传本为前田育德会尊经阁文库所藏的文明十一年(1479)写本,其转写本为东京大学史料编纂所所藏。《和汉年号字抄》虽然只是原样引用《东宫切韵》,但由于《东宫切韵》已为逸书,是尚可以一窥其内容的贵重数据。

《东宫切韵》由菅原是善(812—880)所撰述。关于其卷数,《三代实录》中记为二十卷,《本朝书籍目录》中记为二十三卷,《通宪入道藏书目录》中记为十二帖,未有定论。关于其撰述年代,虽有主张认为是是善为东宫学士的时期(847—850)(佐贺东周 1920:33,和田英松1936:366—368,冈田希雄 1935c:559—560),但此时,尚为孩子的道真(845—903)只有三岁到六岁,这与《江谈抄》卷五中所记载的道真帮助其父的记事①相矛盾。书名以韵书之始的"东",与宫商角徵羽五

---

① "又《东宫切韵》者,菅家主刑部尚书,集十三家《切韵》为一家之作者,著述之日,圣庙执笔令滞缀给。"(依据《江谈抄》卷五"本朝丽藻文选少帖东宫切韵撰者事",甲田利雄《校本江谈抄とその研究　中卷》續群書類從完成會,1989,p.42)。"菅家主刑部尚书"为菅原是善,864 年任刑部卿。"圣庙"为菅原道真。

音的"宫"而为熟语而进行命名①,应按照川濑一马(1951)的观点,即
"道真到了可以协助父亲的事业的年龄的时候"是为此书的编撰年
代,上田正(1956)也支持此主张。川口久雄(1959:118)则推定其成
书于870年前后。这应是以是善出任刑部卿的时期(864—870)为基
础所进行的推定。

《东宫切韵》收录了陆法言的《切韵》及其后的诸家《切韵》。现
在已有佐贺东周(1920)、冈田希雄(1935a,1935b,1935c)、川濑一马
(1951)、中村璋八(1955)、上田正(1956)、川口久雄(1959)等先行研
究。众所周知,菅原是善②之父为清公(770—842),其子为道真,历经
三代,从文章博士到位至公卿。为长则为是善之后的十一代孙。菅
原氏虽与大江氏并取文章博士的地位,然而为长位列公卿,又补任文
章博士,其后被委任为参议,成就了未有前例的升迁③。这些姑且不
论,可推知为长在《和汉年号字抄》中所利用的《东宫切韵》,应是菅原
氏所传的可信度较高的原文。

那么,关于《东宫切韵》中所引十四家是按年代顺序进行排列的
这一点,佐贺东周(1920:34—38)主张,与信瑞《净土三部经音义集》
四卷(1236年序)所引逸文相比,这更是"一大发现",而冈田希雄
(1935a,1935b,1935c)与上田(1956)则依据更多的逸文而深化了研
究。上田(1956)则以《广韵》序文及川濑一马(1951)所介绍的《三僧
记》的记载等为基础,推定十四家的撰述年代如下。

---

① 《三僧记》第一(室町末期写本)中作"《东宫切韵》立名由",以"序云,东者韵之
始,宫者音之宗"为根据(川濑一马1951)。另,《三僧记》为仁和寺僧禅觉(1174—1220)之
著作,书名之"三僧"由来于禅觉曾被称为"三位僧都",与《杂抄》《杂要秘抄》及《三僧记类
聚》内容有所出入,但为同类书,其相互关系则有被论及(牧野和夫1996,武居明男1999,古
藤真平1999)。根据仁和寺绀表纸小雙纸研究會编《守覺法親王の儀礼世界》(東京:勉誠
社,1996)中收录的"三僧記類聚·参語集項目一覧",東京大學史料編纂所所藏的《三僧記》
二冊本(日本南北朝時代写,卷一、十,請求番號"貴39－11")的第一卷中可見"入《東宫切
韻》十三家""《東宫切韻》立名由"。之所以选取川濑一马(1951)应是由于此乃史料编纂所
所藏的日本南北朝时代写本之故。
② 菅原是善的传记,以滝川幸司(2014)为最详,其参考范围包含至最近的研究。
③ 菅原为长的传记,参考了山崎诚(1993:463—481)及荫木英雄(1984)。

① 陆法言：仁寿元年(601)

② 曹宪：大业(605—616)，隋代(581—618)

③ 郭知玄：永徽(650—655)以后　　④ 释氏：不详

⑤ 长孙讷言：仪凤二年(677)　　　⑥ 韩知十：不详

⑦ 武玄之：武则天(684—704)时代的人　⑧ 薛峋：不详

⑨ 麻杲：神龙元年(705)　　⑩ 王仁昫：中宗(684—709)时著

⑪ 祝尚丘：天宝八载(749)　⑫ 孙愐：天宝十载(751)

⑬ 孙仙：开元(713—741)　⑭ 沙门清彻：天宝元年(742)

可以推定曹宪并非为《切韵》而是《桂苑珠丛抄》十卷。此外，在引用《切韵》诸家的内容之后，以"今案"加注注文，这与顾野王《玉篇》(543)一致之处颇多①。只是"今案"中所见《汉书》颜师古注(641)(《和汉年号字抄》"复"字条)，如井野口孝(1994：79)所述，为直接引用，那可以想定，此内容是以是善进行《汉书》讲书时期(857—864)为契机而追加而成。道真正是此《汉书》讲书时期成为文章生(十八岁，862年)，而是善出任刑部卿的时期(864—870)，道真则成为文章得业生(二十三岁，867年)。此时则到了充分"可以协助其父

---

① 　上田正(1976)，以"今案"中所存对《汉书》颜师古注(641)的引用，推定所依非原本《玉篇》(543)而是改订本(上元本《玉篇》)。与此相对，井野口(1994：79)则以"今案"中出现的《韵圃》为相似例，推测"这样的《汉书》颜师古注及《韵圃》，可能是是善独自收集的文献"，是善对于原本《玉篇》本文，虽然很少，但有附加独自收集的训诂。池田证寿(2014：83)，从是善为文章博士，及《文选》及三史专家之故，推定其利用了师古本《汉书》，认为井野口孝(1994)的观点可能性更高。桃裕行(1947：107)及滝川幸司(2014：616)则根据《公卿补任》指出，是善于天安元年(857)至贞观六年(864)进行《汉书》的讲书，独自附加《汉书》颜师古注十分可能。上元本《玉篇》与"广益玉篇"的关联成为问题。宫泽俊雅(1975：67)与高桥宏幸(2000：20)对《法华经释文》所引的"广益玉篇"，木田章义(1998：35)对《倭名类聚抄》所引"广益玉篇"，分别有所言及。宫泽及木田认为此书在陈彭年等所撰述宋本《玉篇》(《大广益会玉篇》)之前。宫泽指出，此乃冈井慎吾(1933：195—201，223—229)所指"今宋本以前"之《玉篇》。高桥则认为其为《法华经释文》成立后之增补，可能是受佐贺东周(1920：30)中疑念的影响。此外，贞苅伊德(1998：289—290)则认为观智院本《类聚名义抄》中利用了"一种《玉篇》"。另，山田健三(1997：171)及山田健三(2000：70)则与上述议论无甚关联，认为主要是出于行文上的考虑将《大广益会玉篇》称为"广益玉篇"，需要注意。

事业的年龄"（川瀨一马 1951）。川口久雄（1959：118）则认为《东宫切韵》的成书应在 870 年前后较为妥当。

上田正（1984）作为《切韵》逸文的集大成之成果，当然收录了《东宫切韵》的全部逸文。

（2）《和汉年号字抄》"爵"字条

将《和汉年号字抄》"爵"字条的全文记述如下。此处，参考了对上田正（1984）中所收录逸文，并施以句读，加注校勘的铃木慎吾"切韵佚文检索"（2015 年公开）①。圆括号（　）中的为小字注记，方括号[　]中所补入的脱字均以上田正（1984）为据。

> 《东宫切韵》云：陆法言云：即略反。曹宪云：礼器也。又楚爵，鸟名也。释氏云：五等官也。武玄之言：礼酒器，刻木为之。淮上置盏。雀者取其鸣，有节足二音(此四字《说文》作节节足足)，以戒人饮酒。薛峋云：爵弁冠。《说文》：亦作雀。麻杲云：古作爵。<u>杜延业云：与爵同。官封也</u>。《礼记》：饮器。《说文》：礼器，象爵(现行本作雀)之形，[中]有鬯酒。又持[之]也。所以飤(现行本作饮)器，象爵(现行本作雀)者，取其鸣有节上足也。又云，南方霳鸟，朱爵名。书本作此雀。孙愐云：俸禄也。又《礼记》：器，一升曰爵。孙伷云：官爵也。正作爵，象爵形盛鬯酒也。沙门清彻云：持之所以飤器为酌，取其鸣节飞足[飞]也。(上 18 里)

下画线部分为"杜延业云：与爵同。官封也"，明显为《群书新定字样》的逸文。但西原（1990）与李景远（1997）中均未提及。逸文的内容由"与爵同"这一字体注记与"官封也"这一义注组成，与《群书新定字样》的注文形式相一致。

《和汉年号字抄》虽为收集和汉年号所用字之书，而"爵"字只有很少的实例，如："汉家"中有"神爵　汉宣帝四年"及"天爵　唐濮王一

---

① "篇韵数据库"https://suzukish.sakura.ne.jp/search/earch/.

年"。"神爵"为西汉宣帝(在位前 73—前 49)的年号神爵(前 61—前 58)。"天爵"的"唐濮王"为唐太宗李世民的四男李泰(619—652)。

(3)"爵"字条的讨论

"爵"在《说文解字》中作"𩆉",其古文作"𤕯"。原义为祭礼所用之杯(《说文解字·鬯部》"礼器也"),为三足青铜器,上部为雀,中有鬯酒,又以手加持的形状。转而指爵位(公、侯、伯、子、男等五等爵),雀的意思。《东宫切韵》的"爵"字条虽为长文,内容在①杯,②爵位,③雀的字义注记,及字体注记(𩆉、爵、雀)的范围内。薛峋的"爵弁冠",孙愐的"俸禄",均是②爵位由来的转义。

杜延业在麻杲的"古作𩆉"的字体注记之后,以"与爵同"表示其异体关系。此处字体注记的"爵"与字头相同,稍显不自然。S.388 后半的《正名要录》中"右正行者揩脚注稍讹"部分的脚注中可见"爵"的异体字。具体来说,是"爵"的"罒"的部分作"爫",为"爵"。《群书新定字样》中或许也有过与《正名要录》相同内容的字体注记。作为考案的一种记录在此。

接下来,"官封也",意为将封土赐予诸侯,与爵位同义或者近义。孙佃中也有"官爵也",为爵位之意,可作参考。

总之,《东宫切韵》的逸文,虽然是在引用麻杲之后的间接引用,但包含字体注记,且可以肯定是《群书新定字样》的内容。而麻杲《切韵》,根据上田(1956),推定其成书在 705 年。此外,关于《群书新定字样》,李景远(1997)中指出其成书年代应在 650—677 年之间。麻杲对《群书新定字样》进行引用是可能的,年代上没有问题。

(4)《群书新定字样》与《切韵》系韵书

《和汉年号字抄》"爵"字条,引用了《东宫切韵》所引的诸家韵书(陆法言、曹宪、释氏、薛峋、麻杲、孙愐、孙佃、沙门清彻)。此处应注目的是,麻杲所引的《群书新定字样》义注"官封也",不见于麻杲以外诸家这一点。而关于《切韵》残卷中"爵"字条,在"王二"中,注文为"即略反。封也。礼器。象爵形。二",在"王三"中,注文为"即略反。

封。四"，在《唐韵》中，注文为"封。古作霭。爵俗。即略反。三加
一"，如此，均可见"封也"的义注。此义注"封也"在《广韵》中也得到
继承，在注文起首处即有"封也"的注记。这又应该如何考虑呢？可
考虑为麻杲《切韵》（705）引用《群书新定字样》而增补义注"官封
也"，而此义注以"封也"的形式为之后的《切韵》系韵书所继承，最终
传承至《广韵》。前面指出《法华经释文》"雁"字条中引用《群书新定
字样》的注文的一部分与《广韵》的注文非常相似，如果结合这一点来
考虑，《群书新定字样》与《切韵》之间，有着非常密切的关系的可能性
非常高。而且，相对于长孙讷言（677）中只是对所用字体的注记进行
形式上的参照，麻杲（705）则转载了字体注记及义注，在可窥知《群书
新定字样》本文内容这一点上尤为贵重。王仁昫的《切韵》为唐中宗
（684—709）时的著作，《东宫切韵》中以"麻杲""王仁昫"之顺序进行
引用，由此可推定为按成书年代顺序，则应是在麻杲《切韵》成立的神
龙元年（705）之后。虽然对于《群书新定字样》与《切韵》系韵书之间
关系的探讨将成为今后重要的课题，对于可以确认参照、引用了《群
书新定字样》的长孙讷言、麻杲、王仁昫《切韵》及《广韵》，在分析其对
《群书新定字样》的参照、引用的意图的同时，也有必要探寻《群书新
定字样》中有特征的注文形式及义注。在自序中可了解到王仁昫有
《字样》的著作，这一点古屋昭弘（1983：159）、李景远（1997：41）、铃
木慎吾（2005：35）中均有提及，而王仁昫则十分有可能参考了先行的
《群书新定字样》。麻杲与王仁昫中如同时出现相类似的注文（"官封
也"与"封也"），是由于其分别参照了共通出典典据的《群书新定字
样》，或是由于王仁昫参照了麻杲，又或只是偶然的一致，还缺乏作判
断的材料。今后有必要继续搜集麻杲与王仁昫中类似、共通的字例，
从而进行更详细的讨论。

（二）湛然《止观辅行传弘决》"福"字条

　　（1）湛然及其著作

　　由被称为中国天台宗中兴之祖的湛然（711—782）所撰述的《止

观辅行传弘决》十卷中可见"杜延业"。在对逸文进行介绍之前,先参照日比宣正(1966)和池丽梅(2008),简要地提及湛然及其著作。

《止观辅行传弘决》是天台宗之开祖的智顗(538—597)所讲述的"天台三大部"之一《摩诃止观》的注释书。湛然也编撰了"天台三大部"的《法华玄义》注释书的《法华玄义释签》,《法华文句》注释书的《法华文句记》。《止观辅行传弘决》被认为是在765年时完成的,日比宣正(1966:152—155)中指出此书于755年完成第一部分,之后参照并利用《法华玄义释签》,经重新勘定后而完成第二部分。池丽梅(2008:130—151)的结论则认为,湛然从755年开始制作初本,于758年在吴郡开元寺完成初本,再于762年在天台山国清寺,经再度整理后,为避在台州所起的袁晁之乱而离开天台山,之后继续校勘,于765年最终完成。池丽梅(2008:141—142)中提出如下推论,即《止观辅行传弘决》中引用了很多的佛典、汉籍,对这些典籍的直接参考,都是在开元寺及国清寺进行的,这应是较为妥当的。湛然生于儒家戚氏,二十余师从玄朗(672—753,天台宗第五祖)学习天台的教法,而正式出家则为三十八岁。湛然在玄朗殁后作为其后继者为图天台法门的中兴,留下了很多著作。此外,其弟子众多,其中道邃及行满向最澄传授了天台教法。

湛然的主要著作《止观辅行传弘决》《法华玄义释签》《法华文句》中引用了《说文》《尔雅》《玉篇》《广雅》等很多小学书,这大概是因为湛然生于儒家,并且受到其生涯中所历开元寺及国清寺中藏书众多这样的背景所影响。

(2)《止观辅行传弘决》"福"字条

对"杜延业"的引用,可见于《止观辅行传弘决》第五卷,内容如下①。

---

① 此逸文是参考于"SAT大正新修大藏经文本数据库"。此处为与《摩诃止观》第五卷"设使欲舍三途,欣五戒,十善,相心修福。如市易博,换翻更益罪。似鱼入笱口蛾赴灯中"(大正藏56卷56a)之"相心修福"相对应的注释部分。另外,将《止观辅行传弘决》进行简略的有《摩诃止观搜要记》十卷,收录于"大日本续藏经"第99帙,遗憾的是,其对应部分(168张表)中不存杜延业之逸文。

　　杜延业云：福有五种，一曰寿福，二曰富福，三曰康宁福，四曰攸好德福，五曰考终命福。（大正藏46卷300a）

　　"杜延业"的引用文，是对"五福"进行说明的义注，不包含字体注记。只有义注这一点，与前述的《群书新定字样》逸文不同。"S.388字样"中也未见如此长文的义注。

　　关于对"五福"的区别进行记述的用例，在《和汉年号字抄》"福"字条所引的《东宫切韵》的麻杲中，有相似的引用文，可以参考。

　　《东宫切韵》云：陆法言云：方六反。郭知玄云：福，佑也，神所降。释氏云：善也。幽灵所佑。韩知十云：鬼神所佑。又胙也。谓祭鬼神之肉(原作由)。麻杲云：《书》云：五福。一曰寿，二曰富，三康宁，四攸(原作欣)好德，五考终命。《瑞应图》：君乘木而王，福草生于庙(原作庿)中。宗均曰：福草，朱草别名。《西京赋》：仰福帝居。福犹同也。孙愐云：禄也，爵命也。又州名也。孙侕云：《字林》：吉也。《国语》：祚也。沙门清彻云：祥。福，富音。（上13里）

　　最初，"福"的本义，《说文解字》示部中作"佑也"（大徐本）或作"备也"（小徐本），《东宫切韵》所引的郭知玄中也可见"佑也"。"五福"则为"幸福"之意，这是作为转义而进行的详细说明。

　　（3）从注文的内容及形式进行的讨论

　　《东宫切韵》"福"字条中的麻杲对《书》（书经）进行引用，出典名不同。《尚书·洪范》的本文如下，与此相吻合。

　　五福。一曰寿，二曰富，三曰康宁，四曰攸好德，五曰考终命①。

　　与《群书新定字样》"五福"的说明内容一致，但字句稍异。由于情况复杂，首先讨论《东宫切韵》所引的麻杲《切韵》，之后讨论《止观

---

① 依据《十三经注疏》（台北：艺文印书馆）。

辅行传弘决》,最后讨论《群书新定字样》。

　　关于麻杲《切韵》,由《东宫切韵》的"爵"字条对"杜延业"的引用,可知其确实参照了《群书新定字样》。那么,麻杲是否通过参照《群书新定字样》,而对《书经》的"五福"的说明进行了抄引呢? 从结论来说很难作这样的推断。确实是很有可能参照了《群书新定字样》,但"五福"一词作为以《尚书·洪范》为出典典据的著名的语词,作为达到可以编纂字书水平的学者不应不明示原典。事实上,现代日本的国语辞典中关于"五福"有着如下解释:"〔尚书·洪范〕人生的五种幸福。长寿、富裕、健康、好德、善终等五种。"(日语原文"人生の五つの幸福。长寿、富裕、健康と德を好むこと,天命を全うすることの五つ。"《大辞林　第三版》,三省堂,2006)。

　　若认为麻杲通过对《群书新定字样》参照从而对《书经》"五福"的说明进行了抄引,那么也不得不推定后续的《瑞应图》及《西京赋》也从《群书新定字样》进行了抄引。这是非常勉强的解释了。

　　这里谨慎起见,继续讨论一下《瑞应图》《西京赋》及其中的引用文。

　　《瑞应图》有记录见于如下诸书:《隋书·经籍志》的五行家中的"瑞应图三卷""瑞图讚二卷　梁有孙柔之瑞应记,孙氏瑞应图赞各三卷,亡",《旧唐书·经籍志》的杂家类中的"瑞应图记二卷　孙柔之撰""瑞应图赞三卷　熊理撰""符应图十卷　顾野王撰",《日本国见在书目录》五行家中的"瑞应图十卷""符瑞图十卷　顾野王撰"。逸文有《说郛》卷第六十所收录的阙名"孙氏瑞应图",晋顾野王"王符瑞图"及马国翰辑《玉函山房辑佚书》子编五行类所收录的孙柔之"瑞应图一卷"。所谓"瑞应",即祥瑞之意,也称"符瑞"。敦煌本 P.2683("瑞应图〔符瑞图〕"顾野王? 撰)中,上段描绘龟、龙、凤的祥瑞,下段则记述古典的瑞应记事的精粹,很好地传达了《瑞应图》的内容①。

---

　　①　松本荣一(1956)中有影印、释文及解说。

问题在于《瑞应图》的引用文,有与《太平御览》相类似的逸文①,推测为孙柔之或是顾野王的《瑞应图》。《和汉年号字抄》所引《东宫切韵》中可见"禾"字条的麻杲,及"鼎"字条的薛峋的内容,可见麻杲确实引用了《瑞应图》。

关于《西京赋》,《文选》本文与李善注(658)相一致②。《和汉年号字抄》所引《东宫切韵》中,麻杲则多引《文选》,其中《东京赋》四条,《西京赋》一条,《南都赋》一条,《上林赋》一条,《芜城赋》一条,总计八条。麻杲对《西京赋》的引用是确实的。

那么,回到讨论的主题,从《止观辅行传弘决》来考虑。《止观辅行传弘决》为佛书,而撰者湛然,可能在明记原典书名这一点上并未犹疑,而是写明直接引用的出典名"杜延业"。只是,湛然在引用《群书新定字样》之后,继续了如下的叙述:

> 此之俗儒但知有福而不辨所感。亦不云须戒以为受福之器。以福多故招罪亦多。

一般的读书人(俗儒)只知福,而不知其详义。更未受戒,而无以迎福。故,虽福多然多招罪责矣。如此,是对一般读书人所考虑的"福"持否定态度的叙述。作为生于儒家,而三十八岁正式剃度出家的湛然,不举作为儒学正典的《尚书》,而举杜延业这样的学者之说,也可以想象有其相应的意图。关于这一点的探寻,大概要从佛教史及思想史的观点来进行讨论。本文则不得不仅停留在指出问题点这一层面上。

由于只见"杜延业"的人名,则除《群书新定字样》以外的著作,例如《晋春秋略》二十卷(《旧唐书·经籍志》)也在考虑范围之中。但

---

① 《太平御览》第八百七十三卷"休征部"二"福草"中可见"孙氏《瑞应图》曰:王者宗庙至敬则,福草生于庙(一云礼草)。《礼斗威仪》曰:<u>君乘木而王</u>,其政平,则<u>福草生庙中</u>。(宋均曰:庙中生草,盖<u>福草</u>也。即<u>朱草之别名</u>。可以染祭服,故应仁孝而生庙中。)"本文依据四部丛刊。

② 《西京赋》之引用文"仰福帝居"于《文选》第二卷的张平子(张衡)"西京赋"中可见,"福犹同也"为李善之注。依据《文选附校异》(京都:中文出版社,1971)。

是,在《止观辅行传弘决》中,可见《说文》《尔雅》《玉篇》《广雅》《方言》《字书》《字林》《苍颉篇》等书名,及郭璞、麻杲等人名,引用了颇多小学书。而见于《止观辅行传弘决》的从杜延业著作的引用文,为"五福"词义的说明,则看作从小学书的引用比较妥当。而此引用,很难考虑是出自史书《晋春秋略》。若排除了《晋春秋略》的可能性,那就可以限定于《群书新定字样》了。

最后,试着从《群书新定字样》来进行考察。《群书新定字样》是被归为字样范畴的小学书,所谓字样,说明为即旨在为辨别由于字形、字体、字音、字义相近而容易导致错误的文字而编纂的书籍。这是西原(2015)这一集大成的字样研究著作,对字样的实际状况和内容,及其历史变迁的意义明确进行的阐述。然而,《止观辅行传弘决》的逸文,对于"五福"这一熟语的说明行文颇长。西原(2015)中虽然对众多的字样进行了探讨,但像如此行文之长,却又不见字体注记的字例确为稀少。

于此,重新观察"S.388 字样"与《干禄字书》的注文形式,可注意到如下以熟语形式来说明其字义的实例。

　　捡检　　上:……今以为捡挍及捡寻字。下:书检及检则字……。(《干禄字书》再录)

　　效　　致也,放也,功也。;効　相承用为功效字。("S.388 字样"再录)

　　顾　　回视……。;雇　……相承为赁雇字。("S.388 字样"再录)

《止观辅行传弘决》所引《群书新定字样》的逸文,以"寿福""富福""康宁福""攸好德福""考终命福"的熟语形式来说明其区别。"福"为多义字,应是为对其多重含义进行说明而采用熟语的形式。然而,于"福"字条中所见的熟语形式,是对于名数的说明,不能否认与"S.388 字样"和《干禄字书》中所见的熟语形式又有不同。关于

《止观辅行传弘决》所引《群书新定字样》的逸文,尚留有可以探讨的余地。

三、《群书新定字样》与《颜氏字样》

(一)《群书新定字样》的注文形式

杜延业《群书新定字样》是对《颜氏字样》进行增订的书籍。因而,杜延业在编纂《群书新定字样》之际,对于《颜氏字样》中既存的内容,经确认没有问题的情况,应是原样收录。此外,如《颜氏字样》的内容有疑问,或修订,或删改,应做了相应整理。又或者,在"案(按)"之后,叙述杜延业的主张。而对于《颜氏字样》中未收录的文字,则由杜延业独自进行探讨,增补了贴切的内容。

若像西原(1990)与李景远(1997)所论述的,"S.388 字样"即为《群书新定字样》一书,只能考虑杜延业是以《颜氏字样》中既存之内容与新增内容为蓝本,在注文形式(体例)上不加区别而编纂了《群书新定字样》。此外也不曾冠以"案(按)"语来另行注记。

根据迄今为止的研究,关于《颜氏字样》的逸文有一些研究报告。多数注有"字样"的记载,有必要弄清可以推定其为《颜氏字样》的根据。究其缘由,是因为即使利用《群书新定字样》,也有可能作出同样内容的记述。更进一步,从逸文的角度来推测《颜氏字样》的注文形式的特征如何,与"S.388 字样"及《群书新定字样》逸文的注文形式的特征是否共通等问题都亟待解决。对这些问题进行总括的讨论成为今后的课题,现在作为准备阶段,概观《颜氏字样》的逸文全貌。

(二)《小学丛残》所收录的《颜氏字样》逸文

清汪黎庆辑《小学丛残》四卷①中收录了九条"字样"的逸文。其详细内容为,慧琳《一切经音义》二条(螺、熟),《广韵》六条(橦、干、矜、钩、媄、獬),金韩道昭《五音集韵》六条(同前),希麟《续一切经音

---

① 姫佛陀编《学术丛编》第九册(上海:仓圣明智大学,1916)所收。

义》一条（干），元熊忠《古今韵会》一条（獮），辽行均《龙龛手鉴》一条（軏）。

推定《小学丛残》中所见逸文的"字样"为《颜氏字样》的根据是，慧琳《一切经音义》的逸文中二条中的"螺"字条，明确标记有"颜氏字样"①，而"熟"字条则符合《干禄字书》的内容。

螺 《颜氏字样》正体作蠃。（慧琳《一切经音义》第七卷，大般若经第五百四十三卷"法蠃"）

熟 《字样》作塾。（同卷第六，大般若经第五百十二卷"淳熟"）

孰熟 上：谁也。下：羹也。古作孰，今不行。（《干禄字书》入声，官版44里）

所举实例虽少，但与《干禄字书》相关联的记载共有"干、矜、獮、軏"等四条。这些见于诸书中的"字样"内容被认定为《颜氏字样》②。

（三）《切韵》残卷所引的《颜氏字样》逸文

更进一步，将李景远（1997：40）中对《切韵》残卷所引的逸文四条进行报告。

廪 仓。力稔反。四。《说文》作此靣，……又作☒③，从木无点，颜监从禾有点也。（P.3693）

鷛 鸟名，……颜师古：今之水鸟也。（裴务齐正字本《刊谬

---

① 新美宽编（1968：239）指出慧琳《一切经音义》的例为颜氏撰《五经字样》。
② 西原（2015：270）特别提起介绍"螺"字条的贾智（2013），对可见"正体作"用语这一点提起注意。将此逸文的发现宣扬为贾之功绩。然而，于《小学丛残》中可见《颜氏字样》之逸文这一点在池上祯造（1961）中早就指明，而西原（2015：434）中作为"字样学的专书"进行介绍的曾荣汾（1988：32—34），及同样作为"最具体系对字样进行论述的专书"进行介绍的李景远（1997：43）中均有提起此逸文，是此领域的研究中众所周知之例。池上祯造（1961）以前，胡朴安（1937）作为由秦汉至隋时期的文字书的辑佚，选取《玉函山房》《黄氏逸书考》《小学钩沉》《小学钩沉续编》，并对其中《黄氏逸书考》中的"字样"进行指明（p.74），并提及在论及唐宋元明文字学的《小学丛残》所引的"字样"（pp.113—114），附带提及《黄氏逸书考》（清，黄奭）中提及《广韵》相关的六条。
③ 笔迹点画不鲜明，无法正确作字，示以☒。

补缺切韵》〔王二〕,平声钟韵)

　　嬆　《字样》云:本音同。今为木橦字。加。(P.2018,《唐韵》残叶,冬韵)

　　句　章句。《字样》:无着厶者。(唐写本《唐韵》第二叶去声遇韵,屦,九遇反)

关于这些字例,论文中指出,均以字形的辨别为主,同时记述本音与本义的区别,而其范围并不局限于字形。这样的观点在考察字样的性格上具有重要的意义。

但是,李景远(1997:40)的调查中有一些遗漏,张金泉(1996:211)中对四条(炙、句、雇、燕)做了报告,并指出与 S.388 前半有相近似的注文。由于"句"与李景远(1997:40)相同,下面列举其他三条。

　　炙　弱冠常览颜公《字样》,见炙从肉。(长孙讷言笺注本《切韵》序,见于"王二")

　　雇　本作户,九鳸鸟也。相承借雇赁字。(唐写本《唐韵》第三叶去声暮韵,顾,古暮反)

　　燕　玄鸟,又作鷰。《字样》云:借燕赵字。(唐写本《唐韵》第十一叶去声霰韵,宴,于甸反)

关于"雇"字条,虽在本论文中已进行了详细论述,但张金泉(1996)着眼于借字(通假字)从而推定为《颜氏字样》逸文这一点,确为卓识。

关于"炙"字条与"燕"字条,在"S.388 字样"中可见相关的记载。

　　炙　之石反,又之夜反。;炙　音久。(第五纸第 1 行)

　　燕　正。;鷰　鸟也。并一见反。此相承用。;燕　饮也。古燕饮字。无傍酉安者相承作此宴字。(第五纸第 14—15 行)

"炙"字,指明不从"久"而从"肉"。"燕"字,在《唐韵》中作"借燕赵字",意在指明是为用作借字而指国名。

（四）麻杲《切韵》所引的《字样》

（1）《和汉年号字抄》所引《东宫切韵》中的麻杲《切韵》

《东宫切韵》"爵"字条中，从人名"杜延业"的记述可以判明，麻杲《切韵》确实利用了《群书新定字样》。那么是否也利用过《颜氏字样》呢？于是，我们以将《东宫切韵》本文几乎原样转载的《和汉年号字抄》为对象，探寻是否包含"字样"之例时，发现在"万""乹""亨"这三字中可见"字样"的出典名。此三字均是依于麻杲《切韵》。但遗憾的是，在"S.388字样"中并未找到对应的字头。

接下来对这些字条内容进行讨论，但由于《东宫切韵》本文均行文颇长，遂只介绍直接关联的部分，来确认是否存在具有字样相关特征的注文形式及内容。

首先讨论"万"字条。

> 万 《东宫切韵》云：陆法言云：无贩反。释氏云：数名，十千。麻杲云：万舞，亦虫名。《字样》亦云：今借为千万字。《左传》……孙愐云……（《和汉年号字抄》中28表）

"萬"与"万"古来通用。"萬"字，在《说文解字·内部》中作"虫也"，蝎之象形，假借以用为数字之"万"。"万"为数之名，千之十倍之意以外，又作舞蹈之名，及姓氏之意。《字样》中"亦云：今借为千万字"，即为将"萬"用作数字之"万"之意。"亦云"之意，推测应有记述"萬"与"万"之区别的文脉。《干禄字书》中对"万萬"注为"竝正"。

接下来讨论"乹"字条。"乹"与"乾"的区别则成为问题所在。

> 乹 《东宫切韵》云：陆法言云：渠焉反。古作乾。郭知玄云：健也。韩知十云……武玄之云……麻杲云：《字样》今借为干燥用。乹，天也。父也。《方言》：関西谓老为乹公，乹母也。孙愐云……又《周易》……（中25里）

"乾"，字音作平声仙韵群母（《广韵》渠焉切）时为易之卦名，意为天，天子（君），父，强（健也），字音作平声寒韵见母（《广韵》干：古寒切)时为"晾乾"之意。麻杲引《字样》记述为"今借为干燦用"。
"乾"字的《字样》逸文,也有其他实例被熟知,于《干禄字书》中也有
类似的注文。下面具体例示:

乾　《字样》云:本音虔。今借为乾湿字。又姓。出《何氏
姓苑》。(《广韵》平声寒韵,干:古寒切)

乾　《字样》云:本音虔。今借为乾湿字。又姓。出《何氏
姓苑》也。(TID.1015①,平声寒韵)

乾　正。音干。一湿也。《字样》云:本音虔。今借音耳。
二。(《龙龛手镜》卷四卓部)

乾　古寒反。陆法言云:燦也。《字样》云:本音虔。今借
为乾湿字也。(《法华经释文》中 21 表)

乹乹乾　上:俗。中:通。下:正。下亦乾燥。(《干禄字
书》平声,官版 18 里)

对于问题所在的"今借为干燦用"进行考察,"干"与平声寒韵的
"乾"同音而假借②,"燦"为"燥"之异体字,此处说明的文意即为"现
假借为乾燥之用"。

然而,藤田拓海(2014:81)中对于"乾"和"乹"的区别有如下的
论述。

本论文中,指出将一般被看作异体字关系的"乾""乹"二字,
主要于唐代时,"乾"用作"平声寒韵见母","乹"用作"平声仙韵
群母",曾互相区别,即由于形、音、义俱异,而被区别使用。而这
也是验证伴随经典典籍,科举制度的整备,经异体字整理而被统
归的一个实例。

---

① 根据姜亮夫《瀛涯敦煌韵辑》(上海:上海出版公司,1955)口绘照片及卷六,残卷
名改为"Ⅵ21015"。

② "干"字由"乾湿"之意,为假借之例,裘锡圭(1988:195)于《庄子·田子方》的"老聃
新沐,方将被发而干"的陆德明《经典释文》的所据本中,提及"乾"作"干"之例。实际上,《经
典释文》(上海古籍出版社,1985)的相对应部分,与正文"而干"相对注记为"本或作乾"。

作为讨论对象的数据,有《切韵》系韵书,《玉篇》和字样书("颜氏字样"、《正名要录》、《群书新定字样》、《干禄字书》、《五经文字》、《九经字样》),可判断"乾"与"乹"曾存在区别的意见是妥当的。试图找出与"科举制度"有重要的关联这一点,可以说是立足于西原(2015)并进一步补充其观点。关于科举与汉字字体的关系,笹原宏之(2017)详细调查了在对面向科举应试者的韵书《礼部韵略》(1037)及其改订版中可以找出的评分基准,在精查了明清时所用答案实物的基础上,论述了科举上很少拘泥于字体、字形的细节,容许了相当的笔画细节上的波动,由此可一窥唐代所确立的字体基准是如何被接受的。将伴随于科举制度的整备而进行的异体字整理,与实际的科举制度的运用加以区别的考察方法是切实可行的。

最后为"亨"字条:

> 亨 《东宫切韵》云:陆法言云:通。释氏云:善也。薛峋云……麻杲云:☐。《说文》:篆文作亯,今俗享。《易》曰:亨者,嘉之会也。<u>《字样》:又许两《养韵》(原作雨),搏行《滂母》,二音并作用☐从了。</u>王仁昫云……孙愐云……孙佃云……(下54里)

此"亨"字为多音字,字体来说,与"享"之间的关系成为问题点。字音为平声庚韵晓母(《广韵》,脝,许庚切)时,作"通"之意,字音为平声庚韵滂(《广韵》,磅,抚庚切)时,作"煮"之意,而字音为上声养韵晓母(《广韵》,响,许两切)时,作"献上"之意。在《干禄字书》中的记载如下:

> 亨享 上:亨通。亦亨宰字。下:祭享字。(《干禄字书》平声,官版24表)

"亨通"为"通","亨宰"为"司掌"之意而用"亨"。"祭享"则为"祭祀"之意而用"享"。"亨宰"与"祭享"近义,暗示"亨"与"享"的通用。

《东宫切韵》的"亨"字条中,麻杲所引《字样》的注文"二音并作用"的后半缺损,文意难解。对于并未引用的薛峋、王仁昫、孙恼、孙伷的内容("亨享烹"三字的区别)也应进行更进一步的讨论①,这些问题可作为课题有待进一步考察。

(2)"今借为……字"的注文形式

由于"万"字条中,可见"今借为千万字","乱"字条中可见"今借为干燥用"等相类似的注文形式,现将这些统称为"今借为……字"的注文形式。此"今借为……字"的注文形式,在《小学丛残》中所指出的《颜氏字样》逸文中可找出二条。

　　　橦　《字样》云:本音同。今借为木橦字。(《广韵》平声钟韵章母,钟,职容切)

　　　乾　《字样》云:本音虔。今借为乾湿字。又姓。出《何氏姓苑》。(《广韵》平声寒韵见母,干:古寒切)

"今借为……字"的注文形式,存于《颜氏字样》,可判断《东宫切韵》的麻杲《切韵》所引"字样"即为《颜氏字样》。

若将"今借为……字"的注文形式作为具有《颜氏字样》特征的注文形式,那么如下两点将成为问题:

1. 字书、韵书中未标记出典名的"今借为……字"记载是否当看作从《颜氏字样》的引用。

2. 《颜氏字样》中的"今借为……字"与《群书新定字样》中的"相承借为……字"的关系应如何看待。

　1 有与此记载相当的实例,可作为找出《颜氏字样》逸文的新方法。

---

　　① 参照上田正(1984:136)及铃木慎吾(2015公开)"《切韵》佚文检索"之校记。古屋昭弘(1983:156),选取与王仁昫的引用文几乎同文的"王一",作为指出王仁昫并非盲从于顾野王《玉篇》,而是表述了批判性主张的实例,指出应引起注意。

2 "今"与"相承"俱为表示时间的用语,考虑到有与实际用例进行对比的必要,这里只停留在对问题点的指摘上。

接下来讨论 1。相当的实例有"欠"和"邪",在《干禄字书》中有相关的记载,应与《颜氏字样》有渊源。而与《广韵》《干禄字书》及图书寮本《类聚名义抄》中相关部分的记载如下:

欠 欠伸。《说文》曰张口气悟也。今借为欠少字。去剑切。二。(《广韵》去声梵韵溪母,欠,去剑切)

缺欮 上:通,下:正。(《干禄字书》入声,官版 46 里,无"欠")

邪 ……《东》云:鬼病也。又琅—之字,今借为耶正用也。……(图书寮本《类聚名义抄》174)

耶邪 上:通,下:正。(《干禄字书》平声,官版 22 表)

虽然,"欠"字,"欠伸"(《广韵》去声梵韵溪母,欠,去剑切)为本义,"缺"字,"欠缺""不足"(《广韵》入声薛韵溪母,缺,倾雪切)为本义,但古来以"缺"之音、义而用"欠"。"今借为欠少字"的"欠少",意为用"欠缺""不足"之音、义。即"欠"为多音字。

"邪"为多音字。字音为平声麻韵羊母时(《广韵》,邪,以遮切),为郡名或是疑问助辞,字音为平声麻韵邪母时(《广韵》,衺,似嗟切)则为"邪"之意。"今借为耶正用"则正应与上述区别相关,解释为用于"邪正"之意而用"耶"。相比"耶",元本的"邪"字,更容易疏通文义。

接下来是 2 的问题点。《颜氏字样》的"今借为……字"与《群书新定字样》的"相承借为……字"的关系应如何理解这一点,现阶段可供讨论的材料偏少,那么就将"今"与"相承"相对应的下面的实例作为讨论对象。这是宋陈彭年等所撰述的《广韵》(1008)与《大广益会玉篇》(1013)中的"雇"字条:

雇 本音户,九雇鸟也,相承借为雇赁字。(《广韵》去声暮

韵见母,顾,古暮切)

　　雇　乎古切。亦作雁。<u>今以为雇傭字</u>。古護切。(《大广益
会玉篇》卷第二十四隹部)

　　《广韵》中的"相承借为雇赁字"与《大广益会玉篇》中的"今以为雇
傭字"相类似。"今以为雇傭字"的"雇傭","相承借为雇赁字"的"雇
赁"均作"雇用"之意。《广韵》与《大广益会玉篇》出自同一撰述者之
手,"相承借为……字"与"今以为……字"均为表示非常接近的内容
的注文形式。将这样的实例都仔细地记录并加以分析,必能明确这
两者的共通点和差异点,可作为课题期待在今后研究中得到解决。

四、《法华经释文》所引的"杜延业"与"字样"

(一) 直接引用还是间接引用

　　最初作为问题提起了《法华经释文》"雇"字条中可见"杜延业"
的记述,讨论的过程中确认在《法华经释文》"乾"字条中也可见"字
样"的记述。此"杜延业"与"字样",究竟是《法华经释文》的直接引
用,又或是间接引用呢? 若为直接引用,那即可说明《群书新定字样》
与《颜氏字样》使用于日本文献的实例。若是间接引用,那又是通过
怎样的书籍文献而进行引用的,对这一问题需要作出分析。西原
(1990)中对这一点并无特别论述,最后来考察这个问题。

(二)《法华经释文》与《东宫切韵》

　　(1) 关于"杜延业"的讨论

　　先来阐述结论的话,即《法华经释文》所引"杜延业",是从《东宫
切韵》所引麻杲的间接引用。其中缘故,是因为从《和汉年号字抄》的
"爵"字条所引"杜延业"来看,麻杲确实参照了《群书新定字样》,更
进一步可见其出典的排列顺序也与《东宫切韵》所引的十四家的顺序
并不矛盾。

　　上田正(1956:80)中,按如下所示,推定《法华经释文》所引的十
四家是根据《东宫切韵》的内容。

引用九百四十一条,俱为简单的引用。书中虽并不见《东宫切韵》的书名,但是,a《东宫切韵》所收十四家之书俱为引用之事,b曹宪的引用多达五十七条之事,c关于一字引两种以上《切韵》时,多与《东宫切韵》的引用顺序相一致之事,d与可见于《和汉年号字抄》等他书中的逸文相比较时,本书中虽指为陆法言,但明显应为释氏的逸文三条,应为孙愐的逸文一条,如此可推定应取自同时记述陆法言、释氏及孙愐之书,按以上事由,则可推定本书内容是引自《东宫切韵》。

更进一步,论述了《东宫切韵》所引的十四家是按年代顺进行配列。其顺序为:陆法言、曹宪、郭知玄、释氏、长孙讷言、韩知十、武玄之、薛峋、麻杲、王仁昫、祝尚丘、孙愐、孙仙、沙门清彻。

《法华经释文》"雇"字条中,有如下"韩知十""杜延业"之序的内容。

　　雇　古暮反。韩知十云:以财借人力也。杜延业云:本音户,即鳸鸟也,相承借为一赁字也。(《法华经释文》再录)

从《切韵》诸家的引用顺序,可推定韩知十之后的《切韵》。《东宫切韵》所引《切韵》诸家中确实引用了"杜延业"的只有麻杲("爵"字条)。据此可推定《法华经释文》中的"杜延业"是为从麻杲的间接引用。

(2)"字样"的讨论

那么,见于《法华经释文》中的"字样"又如何呢?从《和汉年号字抄》"万、乾、享"字条所引"字样",可推定由麻杲对《颜氏字样》利用是确实的。此外,《法华经释文》"乾"字条中为"陆法言""字样"之序,这与"杜延业"和"字样"是从麻杲《切韵》的间接引用并不相矛盾。

问题在于,《和汉年号字抄》与《法华经释文》中逸文字句有异。

　　乾　《东宫切韵》云:陆法言云:渠焉反。古作乾。郭知玄

云：健也。韩知十云……武玄之云……麻杲云：《字样》今借为干燥用。乹，天也。父也……（《和汉年号字抄》再录）

乾 古寒反。陆法言云：燥也。《字样》云：本音虔。今借为乾湿字。（《法华经释文》再录）

乾 《字样》云：本音虔。今借为乾湿字。又姓。出《何氏姓苑》也。（TID.1015再录）

乾 《字样》云：本音虔。今借为乾湿字。又姓。出《何氏姓苑》。（《广韵》再录）

"干燥用"与"乾湿字"不一致。"干燥"均为"晾乾"的同义字，而"乾湿字"则为"晾乾""弄湿"的反义字。TID.1015与《广韵》中所引"字样"的逸文为"乾湿字"，这样的不一致不能忽视。

若是《法华经释文》依据《东宫切韵》，那只能考虑为与其依据的《东宫切韵》本文有相异之处。《和汉年号字抄》中虽必是对菅原氏所传的《东宫切韵》进行了利用，但与中算所利用的《东宫切韵》之间有着差异这一点十分有可能。实际上，《法华经释文》与《和汉年号字抄》的"乾"字条，虽为两书共通引用陆法言之处，但于《法华经释文》"陆法言云：燥也"中可见的义注"燥也"则未见于《和汉年号字抄》"陆法言云：渠焉反。古作乾"。

此外，若《法华经释文》并未依据《东宫切韵》，那就是从《字样》的直接引用，或是从引用了《字样》的书籍的间接引用，这两种情况中之一。而作为引用了《字样》的书籍，虽有TID.1015及《广韵》，但TID.1015为晚期的《切韵》，内容上与《广韵》更接近（上田正1973：50—51,63）。

然而更为棘手的是，醍醐寺本《法华经释文》是否为真兴的"清书加点本"这一点又有疑义。与真兴同时代书写这一点即使没有变化，但中算所撰述的《法华经释文》本文得到了多大程度忠实的传承又成为问题。换言之，即可预想此书在中算以后又经过了增补改订。

以上，现在的情况，判断《法华经释文》中"乾"字条为直接引用或是间接引用,起决定性作用的材料尚显不足。

五、结语

关于杜延业《群书新定字样》的逸文,在迄今为止已被介绍的《法华经释文》"雇"字条和《切韵》残卷"捡"字条等的基础上,加入尚未被介绍的《切韵》逸文"爵"字条等,论述了其内容。在讨论这些逸文之时,着意于如下观点:考察其是否为直接引用,或其是否为引用文本身,这是对汉字的形、音、义等要素进行综合分析的研究方法。本节的结论概括起来,为如下四点:

1. "雇"字条,虽与"S.388 字样"几乎同文,但将本音、本义(上声姥韵匣母,"鸟")与相异的音、义(去声暮韵见母,"雇赁")相区别,后者记述为与"顾"相通用的内容。"相承借为……字"为具有字样特征的注文形式,与形近异字(同音异字)"顾"的通用可追溯至颜师古的解说。《法华经释文》所引的逸文为经由《东宫切韵》的间接引用,是基于麻果《切韵》的引用。

2. "捡"字条(P.3693 长孙讷言《切韵》),参看"正名""说文""杜延业字样"三书,与形近异字的"检"与"捡"之间的区别成为问题。长孙讷言,与将"检"(上声琰韵见母,本义"书署也"),与"捡"(上声琰韵来母,本义"拱也"),及作为转义的"检校"和"书捡"相区别的见解相对,指出关于前者应作"捡",后者应作"检",是根据"正名""说文""杜延业字样"三书的内容而作的判断。

3. "爵"字条(《东宫切韵》所引麻果《切韵》),与其本义为"礼器"(《说文解字》"爵　礼器也")相对,出示了其异体("与爵同")与转义("官封也")。"福"字条(湛然《止观辅行传弘决》),则不出示其本义("佑也")而表述其转义("五福")。两者均以区别多义字的本义及转义这一点为着眼点。

4. 麻果《切韵》"万、乾、亨"条所引"字样"为《颜氏字样》。此外于"万、乾"条中所见"今借为……字",是为区别本义及转义所用,是具有"字样"特征的注文形式。又,此注文形式与"相承借为……字"相类似,可成为收集及认定《颜氏字样》或《群书新定字样》逸文的线索。

总括以上四点,关于《群书新定字样》中确实的逸文为"雇、爵、福"等三条,均为记述转义而非本义对其这一点最为重要。对于《群书新定字样》《干禄字书》等被称为"字样"的文献,到现在为止对其中所用字体及正通俗等注记着眼,逐渐积累了很多研究。但是,只着眼于字体(异体字)的研究方法有失偏颇,如不能综合形、音、义的关系而进行考察,那对于"字样"这种书籍文献,对于其之所以产生的本质的理由则不能做出很贴切的考察。虽然对于将"S.388 字样"断定为《群书新定字样》由来已久,但新出逸文必将促进对这一论断的重新思考。

今后,对于《群书新定字样》逸文收集的进行当然会继续进行,更进一步,作为应讨论的课题总结为如下数点,俱为以形、音、义综合分析为不可或缺的视点。

1. "S.388 字样"与《群书新定字样》逸文中所见的内容上的不一致应作何解释。断定"S.388 字样"为《群书新定字样》这一观点是否妥当。

2. 《颜氏字样》与《群书新定字样》中具有特征的注文形式"今借为……字"和"相承借为……字"之间有着怎样的共通点及差异点,与实际文献中的使用情况有着怎样的关系。

3. 《干禄字书》中所采用的四声分类与《切韵》残卷诸本、逸文中的《颜氏字样》《群书新定字样》中所用之四声分类有着怎样的关系。到现在为止,只是漠然地分析为实用原因的《干禄字书》中的四声分类,在实用性以上,《颜氏字样》《群书新定字样》与韵书之间又应有着怎样密切的关系。

4.《干禄字书》虽以"正通俗"为辨别主体,作为辨别"正通俗"的前提,有必要先解决"形近异字"的辨别问题。此外,《干禄字书》中大多数的"形近异字"是否可以追溯至《颜氏字样》或《群书新定字样》。

如上所述四点,列记了以综合形、音、义而进行分析的视点来进行推定的方法论上的课题。以这样的视点继续研究,难免会有在未有"新资料的发现"之时恐怕不会得出结论这样的疑问。

作为关于字样研究的研究成果,西原(2015)确实达到了很高的水平,而从理论和实证之间的平衡这一点来看,是更重视理论面的论述,笔者于本节中指明其在实证面还存在的问题。对于字样研究史作出总结的西原(2001:23,2015:422)中附有"字样研究文献一览表",是非常有益的材料,笔者也以此为路标,推进了字样的研究。但同时,"一览表"中也脱漏了藤枝晃(1981)、周祖谟(1988)、张金泉(1996)等重要论文。又,以《中国文字学史》为书名的胡朴安(1937),及以《中国文字学》为书名的唐兰(1949),俱为即使在字样研究上也不可遗漏的研究文献。作为进行讨论的前提,对于这样的先行成果的参照是必须的。

对小学书的辑佚,自清朝考证学以来在中国逐步积累,仔细地对这些内容进行探讨,才能更进一步来期待"新资料的发现"。此外,对于"王二"所收录的"字样",西原(2015)中并未讨论,管见所及还未有对此问题进行真正讨论的研究论文。《颜氏字样》撰者的颜师古又撰有《汉书》注及《匡谬正俗》,张金泉(1996)中虽有探讨,但真正的分析应该是从现在开始吧。

日本国内资料中,目前关于《和汉年号字抄》研究亟待进行。上田正(1984)中所收录的《和汉年号字抄》所引《东宫切韵》只限于从《切韵》诸家的引用部分,而并未收录与原本《玉篇》有着密切关系的《东宫切韵》的"今案"部分。长孙讷言、麻杲、王仁昫三人与"字样"相关之处不少,而"今案"部分也存有字体注记,将这些资料作为对象,综合对形、音、义进行分析值得期待。近年各种资料的影印刊行及于互联网的图像公开都在进行,对于上田正(1984)中所未收的《切韵》逸文的探索也值得期待。笔者期待着以上述这些部分作为实证面的突破口的后续研究。

第七章

郭迻《类音决》

第一节　图书寮本《类聚名义抄》
　　　　　与《类音决》

一、前言

本节讨论以下四点。

（一）郭迻撰《新定一切经类音》（以下，称《类音决》），是一部按部首分类的字书体，关于《一切经》的音义书，其中记载了字体的正俗。

（二）在图书寮本《类聚名义抄》中，可见从《类音决》的引用共161条。除却片假名和训的内容，《类音决》在图书寮本的出典频度数中为第九位。

（三）图书寮本的撰者，并未完全收录《类音决》中的字头及其注文。这应与《类音决》在图书寮本中的出典收录顺序，及其编撰者郭迻没有位列僧籍相关联。

（四）从其他佛典音义书中也存在的，部分保有字样特有形式的内容这一点看，《类音决》可以考虑为是保有字样形式的字书体，关于《一切经》的音义书。

二、关于《类音决》

关于图书寮本《类聚名义抄》中所引用的《类音决》（包含标记为"类"的内容）究竟是何典籍，对此最初表明见解的是吉田金彦（1954）①。即，标记为"类音决""类"的典籍，为唐太原处士郭迻所编撰的《新定一切经类音》，是一部"说解字形异体，并如书名所示以注记字音为着眼点的关于《一切经》的音义书"。而与此相对，西原一幸（1988）中则提出异议，认为"《类音决》并非字书、音义书，而是旨在辨别相似字形文字的字样的一种"。所谓字样，西原一幸（1984）中定义如下："将在字音及字形上有相似之处从而容易陷入误用的文字，不限于同字、异字的区别，为广泛地加以辨别而所撰述的小学书"。《干禄字书》（唐代颜元孙撰）正是其中的代表。

另一方面，池田证寿（1993b，本书第五章六节）中指出，上田正（1992）陈述了如下观点，即从尚存逸文的可洪《新集藏经音义随函录》（后晋天福五年[940]成书）的后序中，记述郭迻之书可作为"藏经音决"的一种来看，《类音决》应是保有字样形式的关于《一切经》的音义书。那么实际上《类音决》作为字样，及作为关于《一切经》的音义书是否可以同时成立，关于这一点笔者会在文末阐述自己的观点。

此外，最近与上述研究完全不同的，高田时雄（1994）指出，从《义楚六帖》（后周显德元年[954]成书，别名《释氏六帖》）及《慧琳音义》序文中的记载等来看，《类音决》是一部"将佛典中所用文字按部目分类，并标注其字音的字书体书籍"，并指出其成书应在唐初期。

在上述研究的基础上，笔者将《类音决》的书名、著者及内容等以百科辞书（事典）风格作如下整理。

---

① 西原一幸（1988）中，虽有如下内容："佐贺东周的'松室释文と信瑞音义'早期即注意了《法华经释文》所引用的《一切经类音》，并指出此书应为唐太原处士郭移编撰的《新定一切经类音》"，但在佐贺东周（1920）中并未见此叙述。

郭迻《新定一切经类音》(逸书)

【书名】圆珍的《智证大师将来目录》中记载有"新定一切经类音　八卷　郭迻撰"的内容。

【别名】一切经类音(中算法华经释文)、一切经类音决(悉昙轮略图抄)、一切经类音决(悉昙要诀)、经音类决(义楚六帖)、众经音(绍兴重雕大藏音)、郭迻音诀(通志艺文略)、类音决(图书寮本名义抄)、类音(大乘理趣六波罗蜜经释文)、类(图书寮本名义抄)。有时也以郭迻、郭氏等著者名来引用(龙龛手鉴)。

【卷数】八卷。

【著者】慧琳音义的序文(顾齐之《新收一切经音义序》开成五年[840])中,记载有"国初有沙门玄应及太原郭处士并著音释",推定其成书于唐初期。可洪《新集藏经音义随函录》(后晋天福五年[940]成)的后序中记载有"郭氏乃河东博士"。

【内容解说】《义楚六帖》(后周显德元年[954]成)中引用《经音类决》的序文,可知其内容为"约部类有二百五十九部"。而可洪《随函录》的后序中将本书作为"藏经音决"的一例,对其内容有如下概括:"或有统括真俗,类例偏傍,但号经音,不声来处,即郭迻及诸僧所撰者也"。根据这些记载可推定,此书为二百五十九部构成的字书体,关于《一切经》的音义,内容上整理字体的正俗,按偏旁进行分类,并施以音注。关于本书对字体的正俗及对字音的标记体例,通过其所存逸文也可得以确认。另外,西原一幸则通过本书中连续标记相似字形的字头排列及标注"正、通、俗"的方式来判断,《类音决》并不是关于《一切经》的音义书,而是用来辨别相似字形文字的字样的一种。但是,可洪《随函录》中作为"藏经音决"的一例提及郭迻此书,且从尚存的其他字书体,关于《一切经》的其他音义的角度来看,笔者在是否可断言《类音决》不是关于《一切经》的音义书这一点上还是持保留意见的。本书的结构体系(部首分类及部首排列)的详细情况尚不明确。期待着进一步收集逸文，以弄清其结构体系。

三、《类音决》的逸文

迄今为止，各类事典类书籍中未以《类音决》来立项，关注此书的研究者甚少。大约是受此影响，逸文的收集也并不充分。为了考察《类音决》的内容及其对日本古辞书的影响，尽可能多地收集其逸文是必不可少的。在各地图书馆、文库及古寺院、古神社的文献调查中发现其逸文的可能性并不低，期待着今后更多地涌现对于《类音决》逸文的报告，在此先列出到目前为止已知的留存其逸文的文献。以中国文献、日本文献来分类，并大致以时代顺序排列。

《新集藏经音义随函录》（高丽本）……"郭氏" 356 条（上田正 1972）

《龙龛手镜》（高丽本）……"郭逡""郭氏" 55 条（上田正 1972）

《释氏六帖》……"经音类决序"（高田时雄 1994，郑贤章 2010）

《绍兴重雕大藏音》……17 条（郑贤章 2010）

《大乘理趣六波罗蜜经释文》……"类音" 8 条（上田正 1972）

《孔雀经音义》（醍醐寺本）……"一切经音义" 1 条（冲森卓也 1980）

《妙法莲华经释文》（醍醐寺本）……"一切经类音" 10 条，"类" 1 条（吉田金彦 1954b）

《悉昙要诀》（大正藏 84）……"一切经类音决" 2 条（西原一幸 1989）

图书寮本《类聚名义抄》……"类" 160 条，"类音决" 1 条，"又" 3 条

观智院本《类聚名义抄》……"类音决" 1 条（山田健三 1997）

《秘藏宝钥抄》(真言宗全书 11)……"类音决"1 条(吉田金彦 1954b)

《因明大疏抄》(大正藏 68)……"类音决"1 条(吉田金彦 1954b)

《悉昙轮略图抄》(大正藏 84)……"一切经类音决"2 条(序)(西原一幸 1989)

《无量寿经钞》(净土宗全书 14)……"类音"1 条(上田正 1972)

高山寺藏本《醍醐等抄》……"类音决"2 条(宫泽俊雅 1980)

高山寺藏本《不动立印仪轨钞》……"一切经类音决"2 条(月本雅幸 1989)

《三教指归觉明注》……池田未调查(上田正 1972)

《三教勘注抄》(真言宗全书 40)……"音决"6 条(上田正 1972,1984)

以"音决"的表记来引用《类音决》的内容未见于他处,又从其内容是引用文选(吴都赋等)的本文并标记音注上来看,这应是取自《文选音决》的内容。

现将西原一幸(1988)中提及的较好地显示了《类音决》注文形式的字条列出。

类音决云。挈正奴加反。一 帤正他朗反。又音又妫反。一 挈正奴音。一 妻挈奴胡反。子也。亦为帤字妻子也(《因明大疏抄》大正藏卷 68,654a)

研垢

类音决云。磺矿二合研卝二反或作皆古猛反。铜铁璞(《秘藏宝钥抄》真言宗全书 11,5 页,"研"的右侧注有"クワウ")

四、图书寮本《类聚名义抄》中《类音决》的位置

桥本不美男(1951)中标示《类音决》的引用数为 154 条。另一方

面,西原一幸(1988)则算为 147 条(这两篇先行研究,均将源自中算的间接引用除外)。笔者经研究,认为桥本的研究中,脱漏了 42－7、46－3、46－6、46－7、50－2、56－6、141－6 等七条。更进一步,虽然有"又"标记,但从前后的关系判断,还有三条确实源自《类音决》的用例(5－3、58－3、300－2)。包含这些内容,对《类音决》的引用,确认为 164 条。但是,相对于同一字头,(注文中)可见两处"类云"的情况有如下三例。

　　　沫泡　上《类》云：末音。……《类》云：又武太反。卫邑也。借音：火每反。洗面也。(图书寮本,水部,8－1)

　　　欲　《类》云：欲音。……《类》云：出《字林》。(心部,266－6)

　　　緤　《类》云：俗　·又云：绁——二正。先结反。黑绳。(糸部,300－2)

考虑到上述三例包含两处引用"类云"的内容,则可以确认对《类音决》的引用共为 161 条。

图书寮本名义抄中的引用文献虽多达 130 余种(吉田金彦 1955),而其中频次超过 300 的出典却只有如下 8 种。按频次排序为:玄应撰《一切经音义》、《玉篇》、《篆隶万象名义》、真兴撰《大般若经音训》、源顺撰《倭名类聚抄》、《东宫切韵》、中算撰《妙法莲华经释文》、慈恩撰书。关于此主要的八个出典,在宫泽俊雅(1977a,1992)等论考中进行了细致的分析。其中,针对图书寮本编撰者对于这些出典内容的收录究竟是何方针,此外,各出典中包含相同内容时,编撰者的收录顺序又是如何等问题进行了考察,并对这主要的八个出典的收录顺序推定为:

　　　① 慈恩撰书,②《篆隶万象名义》,③《一切经音义》,④《妙法莲华经释文》,⑤《大般若经音训》,⑥《玉篇》,⑦《东宫切韵》,⑧《倭名类聚抄》(相关论文,参照宫泽俊雅 1992)。

那么,上述八出典之外,引用频度较高的出典又是哪些呢?将片假名和训的出典除外,列举频次为 100 以上的出典文献如表 7.1。片假名和训出典中,频次较高的文献:"诗"(毛诗)约 170 条,"巽"(文选)约为 160 条,"集"(白氏文集)约为 140 条,"记"(史记)约为 100 条。

表 7.1　主要八出典之外的出典引用频次

书　　名	引　用　频　次
类音决	161
蒋鲂切韵	161
季纲切韵	149
干禄字书	144
信行撰书	132
大般若经字抄	105

由此可以看出,《类音决》在除片假名和训以外的图书寮本出典中,其引用频次在第九位。《蒋鲂切韵》引用数也为 161 条,同为第九位。不过,按统计出典的方法不同,其数值也随之变化,无论第九位或是第十位并不具备绝对意义。更重要的是《类音决》是仅低于主要八出典之后引用频次最高的出典文献。在《蒋鲂切韵》中,有记载了辨别正俗等的字体注记,共计 30 余条。关于这一点,应与《类音决》中存在正俗的注记这一点相结合来关注。

　　洮汰　……。;泄　《鲂》曰:俗。(图书寮本,27－2)
　　漩　《鲂》曰:水洄流。平去。;淀　又云古。(同,34－1)
　　缅　《类》云:恓音。……。;緬《方》云:正文。(同,293－3)

接下来,参考以宫泽俊雅(1977a)为代表的宫泽的一系列论考中的方法,关于图书寮本编撰者,对《类音决》是何种程度的收录方针,及与其他出典相比,其收录顺序又是怎样的,这些问题进行探讨。不过,《类音决》已散逸,只有部分逸文传世。这里,从逸文中选取其字头与图书寮本《名义抄》现存的 17 部首(水 氵言足立豆卜山石玉邑阜土心巾系衣)相对应的内容,并与图书寮本的注文作比较。结果,现阶段可以作比较的共有 41 字。现将收录了此 41 字的逸文文献与图书寮本 17 部首的对应关系整理如表 7.2。

　　可洪的《新集藏经音义随函录》略为"可洪随函录",《大乘理趣六波罗蜜经释文》略为"六波罗释文"。"可洪随函录"依据大日本校订大藏经所收录的高丽本,对全三十册中的第一册至第六册进行了调查。《龙龛手鉴》及之后的几种文献均进行了全体调查。

表 7.2　《类音决》逸文与图书寮本的对照

部首	可洪随函录	龙龛手镜	六波罗释文	秘藏宝钥抄	因明大疏抄	合计
水	0/2	0/2	2/2			2/6
氵						0/0
言	0/1	0/3	2/2			2/6
足	2/4					2/4
立	0/1					0/1
豆	0/1					0/1
卜						0/0
山	0/1					0/1
石	1/1			1/1		2/2
玉	0/1	0/1				0/2
邑		0/3				0/3
阜	0/1	0/2				0/3
土	1/1		0/1			1/2

续　表

部首	可洪随函录	龙龛手镜	六波罗释文	秘藏宝钥抄	因明大疏抄	合计
心	2/4					2/4
巾					1/1	1/1
糸	0/1	1/3	1/1			2/5
衣						0/0
合计	6/19	1/14	5/6	1/1	1/1	14/41

　　下面来说明这张表的内容。图书寮本水部、可洪随函录一栏中
"0/2"的意思是,存于《随函录》,相当于水部的有两个字头的逸文,而
这两个字并不见于图书寮本。同样图书寮本水部、六波罗释文一栏
中"2/2"的意思是,存于六波罗释文,相当于水部的有两个字头的逸
文,这两个字又同时都收录于图书寮本。再来看合计栏的内容,
"14/41"的意思是,与图书寮本中 17 部首相对应的《类音决》逸文共
有 41 字,而其中 14 字可见于图书寮本的字头。由此,可明确地看出
图书寮本编撰者对于《类音决》的字头采取的并不是全部收录的方
针。现将未见于图书寮本字头的《类音决》的逸文标示如下。注文只
记述必要的部分。

　　1.骨琑　郭氏音消。(可洪《随函录》第一册,1 里 6)
　　　　骨琑　郭氏音消。非也。(同第六册,81 表 12)
　　2.须毚　郭迻音武。非。(同第二册,15 里 4)
　　　　须毚　郭迻音武。非。(同第四册,49 里 15)
　　3.末洡　郭氏音囚。非。(同第二册,28 里 10)
　　4.上隔　郭氏音垂。又而涉反。并非也。(同,26 表 10)
　　　　隔以　郭氏作而涉反。又音垂并非。(同第六册,83 表 7)
　　5.䙝𧝧　郭氏作郎头反。亦非也。(同第二册,30 里 7)

頻𨀌 郭氏作郎侯反。亦非也。(同,31 里 7)

6. 𩥇𩥇 郭氏音絁。非也。(同,31 表 13)

7. 涂污 郭氏作他盖反。非也。(同第三册,39 里 7)

8. 忮忟 下又郭氏音抆。非也。(同第四册,47 表 12)

9. 崄峪 下又郭氏音路。非也。(同,50 表 11)

10. 訽訽 又苦狗反。郭氏作古后反。并非。(同第五册,59 表 13)

11. 憧㦗 郭氏音讳。非也。(同,59 里 9)

12. 贳跢 下音沙。正作砂。又郭氏音抄。或作仯。初孝反。(同第六册,77 表 6)

13. 披𧿹 郭氏作敬宜反。(同,77 表 7)

14. 讀 郭迻俗子邪则何二反。(《龙龛手镜》,言部)

15. 諰 郭氏音恼。(同)

16. 謯 郭氏俗音虚。(同)

17. 洋 郭氏又俗音羊祥二音。(同,水部)

18. 瀛 郭迻又音深。(同)

19. 隒 郭迻又检敛二音。(同,阜部)

20. 隢 郭迻又俗五交反。(同)

21. 緍 郭迻俗同绲。音古本反。(同,糸部)

22. 絓 郭迻又胡卦反。(同)

23. 玔 郭氏音川也。(同,玉部)

24. 鄑 郭迻又焦晋二音也。(同,邑部)

25. 郊 郭迻俗丁礼反。(同)

26. 郜 郭迻又音浩。(同)

27. 埠阜 上《类音》:丁回反。高也。(《六波罗释文》,6)

下面,对于图书寮本中可见字头的《类音决》逸文,将两者对照列出。

28. 斫踿 郭氏作子六反。非也。(可洪《随函录》第三册,32

里11)

蹴趾　音秋仙。(图书寮本足部,113 - 7)

29. 惉那　郭氏音帖。非。(可洪《随函录》,49 表8)

惉头　应云:又蒧。而者而研反。佛刹名。(图书寮本心部,265 - 5)

30. 惉恐　郭音却。非也。(可洪《随函录》第四册,50 表11)

恐悁　应云:……。经作㤨踰。二非。;恐㤨　见上注。(图书寮本心部,268 - 7)

31. 坧聚　《玉篇》、郭氏并音迟。非也。(可洪《随函录》第五册,59 表8)

坧墟　义宾云:上丘不反。下……。(图书寮本土部,229 - 7)

32. 磝发　应和尚及郭迻经音并作仕限反。亦非也。(可洪《随函录》第五册,65 表2)

磝道　川云:士辇反。……。(图书寮本石部,156 - 1)

33. 跎饥　《经音义》以侘字替之。丑家反。郭氏作知格反。并非。(可洪《随函录》第六册,77 表15)

跎饥　应云:侘饥,㢠——。非。(图书寮本足部,117 - 1)

34. 綵　郭迻又武悲反。绊也。(《龙龛手鉴》,糸部)

啰綵　应云:尹赐反。(图书寮本糸部,319 - 6)

35. 謷空　《类音》:辨俗辨为正。皮免反。(《六波罗释文》,3 页)

謷　《益》云:俗辩字。(图书寮本言部,98 - 2)

36. 洄潊　上《类音》:户瓁反。洄。(《六波罗释文》,5 页)

洄潊　应云:扶福反。洄水转也。……。(图书寮本水部,33 - 5)

37. 谤诬　《类音》曰:俗作誣同。(《六波罗释文》,38 页)

誣調　上弘云:……。·真云……。·应云……。(图书寮本言部,87 - 3)

38. 淤埿　下《类音》曰：奴犁反。水名。(《六波罗释文》，42页)

埿泥　《干》云：上俗。·中云：奴低反。……。·《玉》云：……。·《东》云：……·《宋》云：埿俗。·《文集》：……。(图书寮本水部，39－3)

埿泥　《干》云：上俗。(图书寮本土部，226－7)

39. 纔　又《类》曰：斉此音似来反。犹仅能芳能也。《礼记》亦为裁字。或为财字。(六波罗释文，43页)

纔入　季音衫。……。又音裁。·应云：……。郑玄注《礼记》作裁。《东观汉记》等作财。……。·宪云：藏代反。……。·真云：……·《玉》云：……。然云：……。真云：サイ(图书寮本糸部，310－3)

40.《类音决》云：礦矿〈二合。〉砄卝〈二或作。皆古猛反。铜铁璞。〉(《秘藏宝钥抄》)

金礦　应云：古文。孤猛反。礦鑛铜铁璞也。经作卝。人常金玉之地。侯猛又口盘反。卝之言—。金玉未成器曰。两义大同。仍初体为正。·《玉》云：强。(图书寮本石部，156－7)

磺　《玉》云：同上。·应云：古猛反。亦作礦。鑛也。—，璞也。·《东》云：金璞也。金玉未成器也。亦礦。真云：火ウ(同，157－2)

磺　《干》云：上通。(同)

41.《类音决》云：……。帑　正。他朗反。又音又妬反。一。(《因明大疏抄》)

帑藏　应云：汤朗反。《周成难字》音荡。—，金幣所藏府也。(图书寮本巾部，286－2)

通过比较很明显可以看出，其中并没有收录图书寮本对《类音决》注文作引用的用例。由此可以得出，图书寮本编撰者对于《类音决》的字头及注文并不是全部收录的结论。但是,关于与其他出典之间的收录顺序的问题,由于用例甚少,还较难得出结论。

对图书寮本各部首中对《类音决》的引用频率作统计,结果如表7.3。最右列的数字,是将各部首中的字头项,以单字为单位拆分,而得出的相异字数(概算)。

表7.3　各部首中《类音决》的引用频率

部　首	引用频率	字头数
水部	40	387
冫部	0	26
言部	22	280
足部	9	137
立部	1	23
豆部	3	12
卜部	1	28
山部	9	91
石部	0	93
玉部	3	105
邑部	2	47
阜部	8	81
土部	7	147
心部	21	287
巾部	2	50
糸部	27	223
衣部	9	113

　　比如,在图书寮本的石部中没有能确认对《类音决》的引用。但是,由于前面提到存在"矿"的《类音决》逸文,所以不能认为《类音决》中不存在石部。这样的话,我们不得不认为图书寮本《名义抄》的编撰者对于《类音决》并没有进行全面的参照,这一点显示出图书寮本《名义抄》编撰者对于《类音决》并没有特别重视。

　　《类音决》的著者郭迻,从"太原郭处士"(《慧琳音义》)及"郭氏乃河东博士"(《可洪随函录》)等记述来看,很明显并不是僧侣身份。图书寮本中,对于慈恩、空海、玄应、中算、真兴所撰述的佛书进行了优先收录。《类音决》虽然是与一切经相关的著作,但并没有得到如八大出典一般的重视,大概是由于郭迻没有位列僧籍的缘故。

　　但是,从如下这点来看,图书寮本与《类音决》应该有着密切的关系。即图书寮本虽未及观智院本明了,但仍可看出各个部首内的字序上有着按"相似字形排列"的特点①。关于《类音决》究竟是字样,还是关于《一切经》的音义书这一问题后面会进行论述,但是对于此书为部首分类的字书体例,并且记录了汉字的正俗这一点并无异议。如果图书寮本中的"相似字形排列"并非出自编撰者独创,而是从某出典内容中所得到的提示的话,那么此出典也必然应是部首分类体例的字书,但又不是《玉篇》系统的字书。图书寮本中所引用的非《玉篇》系统的字书,引用频率又高的就只有《类音决》了。此外,似乎没有符合这样条件的出典文献了。

　　如果说图书寮本《名义抄》编撰者对《类音决》并没有特别重视,那也基本上只是停留在注文层面上。字头的排列与注文的收录顺序又不同,对于字头排列的方针及所依据的典籍文献又应进行另外的探讨。对《类聚名义抄》的构成进行考察时,《类音决》应是关键文献,由此,今后的研究则更进一步期待对其逸文的收集,及对于两者之间

---

　　①　关于在观智院本《名义抄》中确认的"相似字形排列",请参照酒井宪二(1967)、贞苅伊德(1983b、1989)。此外,关于图书寮本《名义抄》的"相似字形排列",请参照本书第五章第六节。

关系的考察。

五、《类音决》的特点

那么,《类音决》究竟是关于《一切经》的音义书(吉田金彦 1954),还是字样(西原一幸 1988)呢?

为了考察这个问题,下面将图书寮本《名义抄》中对《类音决》的引用根据内容进行分类。分类的标准,在参考了西原一幸(1988)的基础上,又作了一些修改(d 与 e 的部分)。如下示例,仅标示对《类音决》的引用内容。

(a) 只包含音注的字条……118 条

  (a-1) 类音注……115 条

    渭然 《类》云:山音。(水部,13-4)

    洲潭 《类》云:诞音。(水部,15-3)

  (a-2) 反切注……3 条

    言 《类》云:鱼偓反。唇上急。(言部,70-3)

    嘼 《类》云:侈叶反。(言部,70-4)

    陠 《类》云:浦胡反。(阜部,207-5)

(b) 只包含字体注的字条……25 条

    泫瀍 《类》云:二正。(水部,4-7)

    沱 《类》云:正。(水部,5-1)

(c) 包含字体注及音注的字条……4 条

    泄 《类》云:俗泄正。曳音又薛音。(水部,35-5)

    豊 《类》云:俗通。《说文》礼音。(豆部,129-3)

(d) 包含音注及义注的字条……12 条

  (d-1) 类音注及义注……6 条

    涑 《类》云:速音。水名。(水部,16-2)

    蜷跼 下,《类》云:局音。上,踡也。(足部,116-4)

  (d-2) 反切注及义注……6 条

言《类》云：醜周反。不中。(言部,70－4)

(e) 包含音注、义注及字体注的字条……2 条

懼 《类》云：俗。普霸反。怖也。又普白反。(心部, 252－3)

緤 《类》云：俗·又云：绁—二正。先结反。黑绳。(糸 部,300－2)

如上的分类,最引人注目的是(a－1)类音注的用例非常多这一点。其一,是由于图书寮本《名义抄》采取了相对于反切更优先收录类音注的方针(小松英雄 1971,宫泽俊雅 1977a)。其二,是因为《类音决》中收录了"类音"的注释为主体相关。《类音决》的书名中的"类音",也暗示了此书中音注形式多采取"类音注"这一点。

图书寮本《名义抄》中,引用自《类音决》的字体注记并不多这一点,应是与前面提到的图书寮本《名义抄》中的出典收录顺序相关联,但仅由此并不能得出图书寮本《名义抄》编撰者所参照的《类音决》中字体注较少的结论。

那么问题是,《类音决》究竟是关于《一切经》的音义书,还是字样呢?

《类音决》是关于《一切经》的音义书的根据何来呢? 首先,《类音决》与《一切经》相关联,从《新定一切经类音》(圆珍《智证大师将来目录》)这一书名看是很明确的。接下来此书为音义书这一点,在《慧琳音义》的序文及可洪《随函录》后序的记述中均存有相关内容。至少《慧琳音义》序文的著者顾齐之及可洪是将郭逐此书看作音义书,这一点不容否认。此外,提到音义书,也没有必要将其限定于卷音义的形式(随函的形式)(高田时雄 1994)。

另一方面,判断《类音决》为字样的根据又为何呢? 首先,对于何为字样这一点,引用对此作出论述的西原一幸(1984)的结论:

① 字样是为了对存在误用可能性的文字,广泛开展辨别而撰述

的书籍。

② 字样并不属于历来的书志形态上的哪一种分类,其自身即为一个独立的种类(范畴)。

③ 历来作为字书来考虑的《干禄字书》《五经文字》《新加九经字样》并不是字书,而应称作是字书型的字样。

关于是否可将《类音决》看作字样的问题在于,本来作为书志范畴的种类中并没有字样这一点。所以,可以考虑为《慧琳音义》序文的著者顾齐之及《随函录》的著者可洪不知作为字样的概念①。另一方面,从像《新加九经字样》这样书名中附有字样的书籍的存在,及从《干禄字书》《五经文字》等别称为《干禄字样》《五经字样》来看,应考虑为当时有一部分学者很好地理解了字样的概念。由于郭迻若未能正确理解字样的概念,则不可能作成《一切经》的字样,所以,如果郭迻没有理解字样的概念,那么可以得出《类音决》不是字样的结论。但,郭迻对于字样的概念是如何理解的这一点并不明确。

那么下面来看,西原判断《类音决》为字样的根据为何呢? 在西原一幸(1989)中有西原一幸(1988)的摘要,如下进行引用。

　　探讨图书寮本《类聚名义抄》《因明大疏抄》《秘藏宝钥抄》所引用的《类音决》逸文,而推定的《类音决》,有着如下形态特征:

　　(1) 字头排列中,有相似异字(例如挈〔音ダ,义トル、モツ〕/帑〔音ド,义妻、コ〕)及相似同字(例如帑〔音ド,义妻、コ〕/挈〔同上〕这样的异体字)等,字形类似的字头相连。

　　(2) 注文的形式上,普通的字书、音义书等有着相对统一内

---

① 关于《内典随函音疏》的作者行瑫(891—952),《宋高僧传》第25卷可见相关叙述,内容如下"慨其《郭迻音义》疏略《慧琳音义》不传,遂述《大藏经音疏》五百许卷",慨叹《郭迻音义》的疏略及《慧琳音义》不传的事实,并记述了关于"《大藏经音疏》五百许卷"的作成。由如上叙述,可见行瑫也认为《类音决》是音义书。请参照高田时雄(1994)及西崎亨(1994)。

容又相对较长的注文内容,而与此相对,(字样)中通常
只记载了较短的音注及义注。

(3) 存在着与音注、义注等不混用的"正、通、俗"等的字体、
字形注记。

其撰述目的,可推定为如下内容:

(4) 应是与汉字字形的辨别相关联的可能性很大的文献。

对其形态特征,指出了如下两点内容:

(一) 与现存敦煌出土的"S.388 字样"相一致。

(二) 并且同时具有上述(1)(2)(3)的特征,特别是如(1)
所述的字头排列形式,这是从辨别相似字形文字的撰述目的,而
必然生发出的字样的固有形态。

从上述诸点来看,推定《类音决》并不是音义书,而为字样。

西原最重视的《类音决》作为字样的根据,是上述(1)中所指出的
字头排列形态的内容。而对此笔者认为存在着以下些许问题。

第一,西原所指出的可以看出形似异字字头连续排列的,从《因
明大疏抄》所引用的《类音决》的逸文,是否留存了原本的字头形式,
这一点存在疑问。

类音决云。挈正奴加反。一　帑正他朗反。又音又姤反。一　挈正奴音。一　妻挈奴胡反。子也。亦为帑字妻子也(《因明大疏抄》大正藏卷 68,654a)

上述"妻挈"以下的注文,并不是引用自《类音决》的内容。"妻挈"
以下的内容在奈良末期法相宗僧人善珠的《因明论疏明灯抄》中也有相
同的内容(大正藏第六十八卷,三七八 c)。《因明大疏抄》是院政期法
相宗僧人藏俊所著。据推测,藏俊引用了善珠的著作中的内容[1]。

《类音决》由"二百五十九"部组成,并且确实是以部首分类的书
籍,所以当然可以考虑为其中存在过"手""巾""子"的各部首。若如

---

[1]　在池田证寿(1995)中,曾认为是《玉篇》的引用出现了错误的写法,但考虑到这是
一种牵强的解释,因此撤回并进行修正。

此,可推想"挙""帤""孥"等几个字,应分别属于"手"部、"巾"部、"子"部。所以写入上述逸文的人物,是从《类音决》的"手"部抽出"挙",同样从"巾"部抽出"帤",从"子"部抽出"孥"的可能性并不能否认。

不过,高山寺本《不动立印仪轨抄》中,可见如下内容:

一切经类音决云叱咤怒也　　喑呜 上於金反啼极无声 下於胡反叹辞也

虽为习语,但这也可看作相似异字连续的例子。由于都是口部的字,认为都是存在于《类音决》的"口"部应该没问题。考虑到《类音决》是由"二百五十九"部组成的部首分类体的书籍,那么"挙""帤""孥"在《类音决》中是否是这样相连着出现,也是一个问题。当然,即使(这三个字)并没有作为相连的字头排列,也不能以此得出《类音决》不是字样的结论。在《类音决》逸文中也存在异形同字(异体字)相连的字头排列。但实际上,这一点也存在着问题。

即,相似异字与异形同字(异体字)相连的字头排列,在音义书中也有存在。这是第二个问题点。下面举例说明:

挙與 並正(小川本《新译华严经音义私记》卷六)

皆脩修妙供 修习也餝也在彳部 修长也脯也脩助也在肉部(同卷三十三)

擁㩲 上布左具下 方便也功也(同卷二十七)

臼白 上居玉反 下其久反(行瑫撰《内典随函音疏》①)

在这些例子中,下划线的部分并不见于经文(最后的例子,为《大乘理趣六波罗蜜经》的用例)。将形似异字与其他字条相连接的是《新译华严经音义私记》的"脩"及"修"的用例。此外,都是在同一字条中标示出形似异字。在同一字条中标示形似异字的用例,在《干禄字书》中也存在,应可以以如下的用例形式为准:

揩楷 上揩洗苦皆反 下 楷苦骇反(官版 16 里)

---

① 根据高田时雄(1994)中所记载的图像版的内容。

崖涯^{上山崖下水}_{际 亦 音 仪}（官版 16 表）

接下来是异形同字（异体字）连续出现的字头排列的用例。

流流^上_正（小川本《新译华严经音义私记》卷八）

暎映^{下正}_{光也}（同卷八）

召吂吂^{上正下}_{通 用}（同卷十一）

殖古久植^{常职反}_{种也}（行瑫撰《内典随函音疏》①）

迹逐迹^同_用（同）

这是在音义书中混入了字样形式的注文，由此音义书也在局部上包含了字样特点的例子。仅凭这样用例的存在，还不能得出《类音决》不是字样的结论。但是，如前所述，虽然西原一幸（1988）中得出"特别是如（1）所述的字头排列形式，这是从辨别相似字形文字的撰述目的，而必然生发出的字样的固有形态"这样的结论，但音义书中也存在着辨别区分相似字形文字的问题，因此也存在着将相似异字及异形同字（异体字）标示于同一字条，或是作为不同字条连续标出的现象。

高田时雄（1994）中指出，"《随函音疏》中，对于作为音义对象的词头的标示方式有其特色。即，对于异体字或是文中误字并不是在注文中指出，而是均以字头形式标示而出"。

形_{非刑罚}

枉扗^{於往切}_{俱 得}

举出上述两例，得出如下结论："从这些特点来看，若'音疏'作为特定藏经的音义的话，那不得不说这是非常难以理解的编撰方法，或者可以说这样的形式完全毫无意义。行瑫想必首先是以其所在的会稽大善寺的藏经为基础，另一方面又参考其他处的藏经，无论是使用哪些藏经，最终作成更有参考价值的作为音义书的'音疏'。"这其中

---

① 根据高田时雄（1994）中所记载的图像版的内容。同时参照了西崎亨（1994）的翻字内容。

并没有提到有字样特征的注文这一点。不过,对于行瑫此书,提出与可洪的"《随函录》相一致,特别是关于异体字研究等,可以进一步从此书取材"的见解,笔者也完全赞同。

《类音决》是由 259 部组成的部首分类体书籍。字书型字样中有《五经文字》及《新加九经字样》,前者为 106 部,后者为 76 部。部首数的差别较大。《龙龛手鉴》被认为是由 242 部组成的字书型字样,这与《类音决》的 259 部相近。山田健三(1995)关于《龙龛手鉴》,指出了如下问题:"姑且将《龙龛手鉴》分类于'字样'的范畴,但《龙龛手鉴》为发音分类,不必然只以区别相似字形为目的,且成了很大部头的书籍,这是个例外,而其他的字样,都是紧凑的小型书籍。"

《类音决》所收录的字数虽不明确,但是与《一切经》相关的书籍,并且从 8 卷 259 部这样的卷数与部数来推定,想必是收录了相当多的字数。作为参考记录一下,242 部首的《龙龛手鉴》的收录字数约为 26 000 余字。《五经文字》为 160 部 3 235 字,《新加九经字样》为 76 部 421 字。另外,如前述用例所示,《类音决》逸文中难字较多。由于很难认为《类音决》中未收录较常用的汉字,应设想在收录了较常用的汉字之外,其中也收录了很多难字则更为妥当。若如此,则其收录字数自然会是相当大的数目。

即使判断《类音决》为字样,其部首数及收录字数也与其他字样差异甚大,可以说在字样中是一种例外的存在。此外,随着部首数及收录字数的增多,正如山田健三(1995)中对《龙龛手鉴》所指出的那样,其编纂目的很难说还是只停留在辨别相似文字这一点上。

归根结底,可以指出,研究史上有部分学者(顾齐之、可洪、行瑫)认为《类音决》是一部关于《一切经》的音义书,并且在《类音决》的逸文中可观察到具有字样特征的注文形式。并且,此外也有留存一部分字样特征注文形式的佛典音义的存在,综合上述原因,本章的结论为《类音决》是一部具备字样注文形式的字书体的关于《一切经》的音义书。并且,从部首数的推定,补充其编纂目的应不只在于辨别相似文字这一点。

六、结语

西原一幸的一系列的研究,关于"字样"的存在、内容及其历史变迁,给读者显示了很多真知灼见。但若"字样并不属于历来的书志形态上的哪一种分类,其自身即为一个独立的种类(范畴)(西原一幸1984)"这一观点成立的话,那么"字样"作为典籍上的概念为众所知的又是在哪个时代,并且,那么哪些学派集团对于"字样"的概念有过正确的理解等,就成了新的疑问。比如谈到《类聚名义抄》,那么就会存在图书寮本《名义抄》的撰述者对于《干禄字书》及《类音决》是抱着怎样的态度来利用的这样的问题。与佛典(内典)相关的字样有《龙龛手鉴》,其与汉籍(外典)相关的字样有着怎样的差异,为了回答《类音决》是否为字样这个问题,也需要结合这一点进行思考。此外,关于观智院本《名义抄》,正如《龙龛手鉴》一样,被指出与字书之间的关系(吉田金彦1958、贞苅伊德1989),那么与《类音决》之间又是怎样的关系。更进一步,山田健三(1995)中指出,《类聚名义抄》的"120部这样较少部首数的实现,受到了字样的影响",笔者认为,观智院本凡例中所见的"依类者决也",存在着是"依类音决也"的误写的可能性。关于《类聚名义抄》与《类音决》之间的关系,应进行讨论的内容很多。本节内容就只作抛砖引玉之用。

第二节　高山寺本《醍醐等抄》与《类音决》

一、前言

"醍醐"为佛教用语,乃五味(乳、酪、生酥、熟酥、醍醐)之一,是以牛乳精制而成的纯一无杂的上味,醇厚而甘美,亦可入药。佛教中"醍醐味"原意最高的美味,转指精妙之处,真正的乐趣。

本节中所选取的高山寺藏本《醍醐等抄》(第四部139函18号),

即为各种小学书中援引用以说明此"醍醐"的资料。

关于此书,《高山寺典籍文书目录第四》(1981)中记载了其书志,并指出其中有摘自古辞书的引文。之后,关于此《醍醐等抄》,白藤礼幸(1980)中亦有言及,而宫泽俊雅(1980)则刊行了其全文翻刻内容及简略的注释,明确了其中所引用的典籍包括《新撰字镜》《倭名类聚抄》《玉篇》《类音决》《全真》等。

笔者一直以来都关注唐郭迻所撰述的《类音决》这部音义书,详细调查了相关数据,特别是由于图书寮本《类聚名义抄》中存有对《类音决》的大量引用,遂对这部分引用内容进行了考察论述。西原一幸(1988,1989)依据大部分《类音决》逸文,论及该书应为"字样",拙论(池田证寿1995,本书第七章第一节)参考西原一幸此研究成果,进一步提出《类音决》依部首分类,为《一切经》的音义书,并指出图书寮本《类聚名义抄》对于《类音决》的引用并非为全部收录的方针。之后,郑贤章(2010)是以《郭迻经音研究》为题的著作,其中介绍了《新集藏经音义随函录》等笔者尚未调查的逸文内容。由此,笔者重新整理分析了高山寺藏本《醍醐等抄》中所引用的《类音决》逸文,就其体例、原文形式等先行研究中尚未言及的部分提出新的意见。

接下来首先介绍高山寺藏本《醍醐等抄》的书志,之后对其全文内容进行翻刻,并对其中《类音决》逸文加以考证,最后论述《类音决》的体例。

二、书志与翻刻

(一) 书志

《高山寺典籍文书目录第四》中所记载的书志如下(高山寺典籍文书综合调查团,1981：235)。

18 醍醐等抄　一叶

镰仓初期抄写、卷子本断简、只存卷首、纸背存有文书、

高山寺 朱印、无训点

（引用有"新字镜""玉篇""类音决""顺和名""全真"等文献）

　　经调查原本，可知其为楮纸，纸张高为 29.2 厘米，长为 49.0 厘米。下部缺损，有部分文字欠缺。

　　背面的外题签作" 醍 醐等抄"，该处笔迹与本文不同。《高山寺典籍文书目录第四》也收录此"醍醐等抄"为书名。题签中的"等"字，应意指除"醍醐"及其异体字之外，还记载有"酪""乳麴""醻""乳""酏""驿"等内容。外题签之下，另有不同的笔迹所书写的"天"字。关于此"天"字意义未详。

　　宫泽俊雅（1980）中虽将此书名翻刻为"醍醐抄"，但本节中采纳《高山寺典籍文书目录第四》所收录的书名"醍醐等抄"。

　　本文起首处的内题签作"醍醐事"，与本文的书写笔迹相同，应为本来的书名。此内题签之下标注有"台第卅二 箱 "，而这正与《法鼓台圣教目录》下卷第卅二之起首处的"醍醐一结^{百六帖}"相对应。《法鼓台圣教目录》中所记载典籍中有提及"醍醐"的仅此一处，只是"百六帖"的记载令人不解。《法鼓台圣教目录》第卅二中记载有 72 点文献，其中多标注为"一卷""一纸""半切"，大部分篇幅较短。其中篇幅较长的文献也仅为"七十纸""五十四纸"等，"百六帖"则超出其他文献很多，故此处记载令人颇为不解。《法鼓台圣教目录》中所收录的 1 681 点文献中，以"帖"来计数的有 294 点，其中 261 点记录为"一帖"。其中未记述为"一帖"的有《法鼓台圣教目录》第廿四中的"佛菩萨等形像等二百二十帖^{但此中一枚或半枚等也}"，需加以注意，推测"一枚""半纸"或被计为"一帖"。

　　《法鼓台圣教目录》三卷，其中上卷（第一部第 245 号［1］）及中卷（第一部第 245 号［2］）为成书于建长年间（1249—1256）的文献，而下卷（第四部第 193 号［4］）则为宽永年间（1624—1643），即当时的圣教所作。《醍醐等抄》记录于下卷这一点需加以注意。此外，《醍醐等抄》为卷子本,也有可能曾记载于第卅二的第八条的"杂々卷物一结十五种"中。

(二) 翻刻

如下标示翻刻本文。文字内容按原文顺序排列。汉字异体字中的一部分修改为通行字体。梵字内容,则参考宫泽俊雅(1980)的翻刻内容,以拉丁字母标示。

（背面题签）

醍醐等抄　　（笔迹不同）"天"

（本文）

醍醐事　　（笔迹不同）"臺第卅二箱"

新字镜云醍酏_{同勒礼反
平下酒也}醐鋤_{二侯孤反
酕鋤}

玉篇云醍_{他礼切酒红色
又　音　提}醐_{户吾切
醍醐也}酏酏_{上音离下
音祇乳腐}

酪_{力各切浆也
乳　汁　作}　　（朱印）高山寺

类音决云酏^俗醐_{正皆胡音
醍醐也二}醍醐_{二
俗}醍_{正皆啼音
醍醐也囗}

醍_{正体音酒醍也
又　啼　音　也}

顺和名云醍醐_{或云酏鋤陶隐居云一名斛酥囗
四升也云々又云酥之精液也}

乳鋴_{陶隐居云乳成酪々成醍醐色黄白作囗
甚　甘　肥　今　案　鋴　即　饼　字　也}

乳鋴此间云乳脯是也

玉云醯_{在计切酒有五醯之名
见周礼或作齐又酱也}鋤_{户吾切寄食
也或作糊粘}

全真云 kṣīra 乳 dadhi 酪 plata 蘸

全真云 homa 火坛 nāma 名 yojana ^{一驿
里也}

laksa 亿 śatrū 怨家 upasi 近事女

upasaka 近事男 mana 意 maḍhṣaka 蜜

bhikṣu 比丘 bhikṣuṇi 比丘尼 uṣvaṣa 顶髻

类音决云鋤鋯_{古音
鐺}　顺和名云唐韵云醩_{所宜反又声酒
佐计之多无俗云}

阿久　下酒也

顺和名

驿唐令云诸道须置驿^{音译和名
无万夜}每卅里置一驿

若地势险阻及无水草处随缘置之

三、对《类音决》逸文的探析

接下来,对《醍醐等抄》中所引用的《类音决》逸文加以考证。关于《类音决》以外的考证可详见池田证寿(2021b、2022)。"新字镜"为《新撰字镜》,"玉篇"为《大广益会玉篇》,"顺和名"为《倭名类聚抄》。"全真"应为僧名,详细情况不明①。关于翻刻内容,小字夹注放入尖括号〈〉表示,并适当加入句读标点,换行则予以省略。

(一)《类音决》的"醍醐"词条

类音决云酼〈俗。〉醐〈正。皆,胡音。醍醐也。二。〉

醍醐〈二俗。〉醍〈正。皆,啼音。醍醐也。□〉　醍〈正。体音。酒醨也。又啼音也。〉

注文的末尾有缺损,而"啼音"的"音"字依稀可辨。"醍醐也"下有缺损,但不能确认是否有文字。此处首先翻刻为□。

关于对《类音决》的引用,宫泽俊雅(1980)中并未对其进行考证,末尾处的"又啼音"翻刻为"又蹄音"。"啼"与"蹄"虽同音,但笔者原本调查时的笔记中记为"又啼音"。另,《醍醐等抄》中记录有"类音决",为两点水的"决"字。"决"与"决"相通,本节中记为《类音决》。

如上所示的《类音决》本文,应是相当忠实地反映了其原文的体例。据此可指出《类音决》本文体例有如下几点特征。

第一个特征是,可见"俗""二俗""正"等字体注记。其记载顺序为,先标示出注记"俗"及"二俗"的字体,其后标示出注记为"正"的字体。先施以"俗""正"等字体注记,而将"正"字体置于其后的体例,与字样书的特征一致。

---

① 也可能是唐僧全真的《唐梵文字》,但还没有进行详细的调查。

镌镌鑴〈三俗。〉鑴〈正。子泉反。钻斫也。又户圭反。大钟也。四。〉(原文"镌镌鑴_俗鑴_{反钻斫大钟也四}"《龙龛手镜》高丽本卷一金部6表)

切功〈上：俗。下：正。〉(原文"切功_{下正}"《干禄字书》官版10表)

《龙龛手镜》中首先标示数个字头，注为"俗"，而其后所标出的字头，则注为"正"，并在其后施以反切及字义的说明。这样的体例特征与《醍醐等抄》中所引用的《类音决》本文极为相似。《干禄字书》的注文，则以"上""下"指示字头，并且对应标以"俗""正"的注记，按"俗""正"的顺序标示字体注记这一点虽有相似之处，但几乎没有字义说明这一点却不同于《类音决》及《龙龛手镜》。虽然如下例所示，《干禄字书》中也存在一些对字头的字音、字义的注释，但其主要目的是用来辨别说明形似异字。

彤肜〈上：赤色。徒冬反。下：祭名。音融。〉(原文"彤肜_{下祭名音融}"官版10里)

《龙龛手镜》为辽代僧人行均所撰述的四卷字书，相传于统和十五年(997)成书。《龙龛手镜》将部首按四声(平、上、去、入)分为四卷，进一步地，同一部首内的字头也按四声的顺序进行排列。在《龙龛手镜》中可见冠以"郭迻""郭氏"来引用"类音决"的内容。

第二个特征是，利用类音标记字音，对于多音字则以"又○音"标示另外的字音。纵观迄今为止的研究中所发现的《类音决》的逸文内容，虽然也有反切的用例，但以类音来标记字音的用例更多。从《类音决》的书名也可推知，此书中应主要以类音来标示字音。

"醐"在《广韵》中记载的字音为"户吴切"(平声模韵匣母一等，胡小韵)，"胡"为小韵字，与《醍醐等抄》中所引用《类音决》的"胡音"相一致。

"醍"在《广韵》中记载有"杜奚切"(平声齐韵定母四等，嗁小韵)

和"他礼切"（上声荠韵透母四等,体小韵）这两个字音。《醍醐等抄》
中所引用的《类音决》中的"啼音"及"又啼音"为平声齐韵定母四等,
"体音"为上声荠韵透母四等。"啼音""又啼音"中的"啼"为"嗁"的异
体字,《切韵》残卷诸本中以"啼"为小韵字（切三、王三中作"度嵇反"）。

　　第三个特征是,在"醐"的注文末尾记述有"二"字。无需赘言,这
正是韵书中用来标示与小韵字同音的字头,共有几字的注释。

　　　　胡〈何也。(中略) 户吴切。三十。〉(《广韵》平声模韵)
　　　　胡〈何。户吴切。十九。〉(王三平声模韵)

　　同样的注记形式,也可见于《龙龛手镜》。如下例所示,注文末尾
处的"四"即表示"镌镌鐫"与"鑴"等四字俱为同音字。

　　　　镌镌鐫〈三俗。〉鑴〈正。子泉反。钻研也。又户圭反。大钟
也。四。〉(再揭)

　　《醍醐等抄》所引用的《类音决》的内容,显示出"酏"与"醐"为同
音。这也说明《类音决》的构成体系与《龙龛手镜》相同,是兼具部首
分类及声调分类特征的。

　　第四个特征是,多音字"醍"分两次出现。现将注释中的字音与
字义的对应关系整理如下:

　　　醍　啼音(平声齐韵定母四等)　　醍醐也(以下欠损)
　　　醍　体音(上声荠韵透母四等)　　酒醍也
　　　　　又啼音(平声齐韵定母四等)

　　平声齐韵的字音所对应的字义为"醍醐",上声荠韵的字音所对
应的字义为"酒醍"。这与下述《广韵》中的内容相一致:

　　　　醍〈醍醐。〉(平声齐韵,嗁小韵)
　　　　醍〈醍酒。又音啼。〉(上声荠韵,体小韵)

　　"醍",在《说文解字》中作"清酒也",可知"酒"之意为其原义。

《广韵》中的"醍酒"及《类音决》中的"酒醍"也为"酒"之意。至于"醆",在《大广益会玉篇》中可见"酒有五醆之名"。"醆"与"齐"相通,所谓"五齐"即为五种酒。《周礼》中记载以泛、醴、盎、缇、沈为五齐以供奉神明,以事酒、昔酒、清酒为三酒,为世人所饮用。"醍"与"缇"相通,由此可知《广韵》中的"醍酒"与《类音决》中的"酒醍"均为供奉神明所用之酒。

平声齐韵中"醍"的字义为"醍醐",是由牛乳精制而成,与"酒"应是不同的字义。然而,在蒙古有种马乳酒,可知"乳"与"酒"也并非完全无关。

如果说《醍醐等抄》中所引的《类音决》内容保留了《类音决》的原文形态,那么"醍"字两次作为字头出现,这在部首分类体的字书中显得很不自然。但若依韵书的体例来考虑,对应不同字音(声调不同),两次立项在韵书中是很常见的。在注文末尾标示同音字字数的数字虽不能确认,但《醍醐等抄》中所引的《类音决》中"醐"的注文末尾有"二"的数字,"醍"与其异体字"醍醍"合计为三字,除此之外酉部中没有再与"醍"同音的字,从上述三点来推定,《醍醐等抄》所引用的《类音决》中,在"醍"的注文末尾应有记载同音字字数的"三"的内容。

此外,前面"醍"中标示了一个字音"啼音",之后的"醍"中又记述了"体音"与"又啼音"等两个字音。而前面的"醍"的注文末尾缺损,由此可推测其末尾有可能记载了"又音"内容。据此,如下试着复原前面"醍"的内容。

＊醍醍〈二俗。〉醍〈正。皆,啼音。醍醐也。又音体。三。〉

如此,标为"正"的"醍",与再之前的异体字"醍醍",注文的末尾可能有记载"三"字的可能性。《醍醐等抄》的注文末尾记载有"又啼音也",但通常情况下,类音注的形式为"〇音",或为"音〇","也"字不会出现。据此,考虑"也"或为衍字,也有可能是数字"三"或"一"

的误写。若为"三"的误写,则第二个"醍"字条的内容可试着复原如下。

  *醍酨〈二俗。〉醍〈正。皆、体音。酒酨也。又啼音。三。〉

  而若第二个"醍"字条中记载有"醍酨"的内容,那也存在由于内容重复《醍醐等抄》中不予采用的可能性。

  若是第二个"醍"字条中并无异体字"醍酨"的记载,则注文末尾处的记载可推定为"一",可推知即使有对"正"的字体注记记载,也有可能不标示异体字的内容。

(二)《类音决》的"餬"字条

  类音决云。餬鈷。〈古音。饘。〉

  在各古辞书中确认"餬、鈷"的记载如下:

  餬 户徒反。《尔雅》:餬饘也。郭璞曰:即糜也。《方言》:餬寄食也、齐卫半四方是也。餬之餬。《说文》为鬻字。在鬻部。网黏之餬为糊字。在黍部。或为糊字。在米部。(原本《玉篇》卷九)

  鈷 《字书》:亦餬字也。(同)

  餬 户徒反。饘也、糜也、粘粘也、粥也、鬻也。(《万象名义》高山寺本三帖34表)

  鈷 (《万象名义》中无此字头)

  餬 户吾切。寄食也。或作糊粘。(《大广益会玉篇》上卷91里)

  鈷 同上。(同)

  餬 寄食又糜也。使餬其口于四方是也。或作鈷。(《广韵》平声模韵匣母一等,胡小韵,户吴切)

  餬餇鈷 三同。扈都反。平:饘也。平饘也、寄食也。加由。又阿佐利波牟。(《新撰字镜》天治本卷四16表)

　　餬餇飷　三形同。戺都反。平：饘也。寄食也。加由。又
阿佐利波牟。又毛良比波无。(《新撰字镜》享和本30表)

　　餬飷(揭出字右训)"カユ"(同左训)"モラフ(上上平)"　今正　音
胡　鬻正　饘也　モラフ(上上平)　ネヤス(平上〇)　ヒサク(上
上〇)

　　飵餬〈提胡二音　苏酪精醇志也〉(《类聚名义抄》观智院本
僧上105)

　　《醍醐等抄》中所引用的《类音决》的字音注"古音"存疑。"古"
在《广韵》中为上声姥韵见母一等。如上所示,"餬"在《广韵》中为平
声模韵匣母一等,两者的声调、声母均不一致。是为"胡"的误写的可
能性较高。

　　《类音决》中的字义注释,正如原本《玉篇》中的内容,《尔雅》释
言中作"餬饘也",意为"粥"。"糊口"本为"填饱肚子"之意,比喻"勉
强维持生活"。"糊口"也可写作"餬口"。《新撰字镜》中的和训"阿
佐利波牟(あさりはむ)"为"食粥"之意,参看享和本,"毛良比波无
(もらひはむ)"也与此同义。但与"醍醐"的意思不同。如上所述,原
本《玉篇》《篆隶万象名义》《大广益会玉篇》中也未记载"醍醐"的意
思。笔者推测这大概是由于"醍醐"是由佛教用语而来的汉语词,是
相对较新的词汇,故而未被收录。

　　"餬飷"为"酬"的异体字,虽然在《醍醐等抄》中所引用的《新撰
字镜》中有所记载(参看《醍醐等抄》翻刻内容),但在《类音决》中的
"酬"字条中却未提及。推测在编纂《醍醐等抄》的过程中,为了确认
此内容,应是参看了《类音决》中"餬飷"的内容。

　　《类音决》的"酬"字条,在对数个字头作字音注释时,采取"皆、〇
音"的形式,并于末尾处记述同音字字数的"二"。但"餬飷"虽为两字
字头,却脱漏"皆"字,于末尾也没有同音字字数的注释。结合前面提
到的"古音"应为"胡音"之误写,可想见对于《类音决》的引用应只是
粗略地抽取所需的内容而已。

（三）《类音决》的体例特征

综上所述，《类音决》的体例特征可总结为如下四点：

① 字头的排列与字体注记：首先标出注以"俗""二俗"的字头，其后接着标出注为"正"的字头。

② 音注的表示法：字音注释多采用类音，多音字的情况则以"又○音"的形式来表示。

③ 注文末尾的数字：在注文末尾标出表示同音字字数的数字，这一点与韵书的特征相一致。

④ 多音字的标示法：若字头为多音字，按声调不同，分别立项收录。

接下来，对于这四点体例特征进行考察，以图书寮本《类聚名义抄》所引的《类音决》为例证。

四、对《类音决》体例的再探析

（一）字头的排列顺序与字体注记

在此，以图书寮本《类聚名义抄》所引的《类音决》为例，对《类音决》的体例进行考察。首先，关于字头的排列顺序与字体注记，按下述用例的内容可确认其先标"俗"后标"正"的记载方式。

一滴　音《宋法花奥》云：的（略）·《类》云：渧俗一正（水部，50‑1）（滴）

蝶　鲂云：綵—（𦂧）𦃤同上古俗。《类》云：俗·又云：𦃤一二正。先结反。黑绳。（糸部，300‑2）（𦂧）

前面的用例，将表示与字头为同字的记号"一"改为本来的字头，即为"渧俗滴正"。"俗""正"等小字，应是传承了原典的体例。张馨方（2018）将此注记称为"小字字体注记"，在参考了图书寮本《类聚名义抄》的同时，分析了未注明出处的观智院本《类聚名义抄》中的小字字体注记,推定其应与韵书的内容相关。图书寮本《类聚名义抄》中的小字字体注记共有 7 例,其中"类"3 例,"宋"3 例,"鲂"1 例。"宋"即为《大宋重修广韵》,"鲂"为《蒋鲂切韵》,两者均为韵书这一点需加以注意。

第二个用例,乍看好似《类音决》将"緤"注为"俗",但笔者认为应是"縥"为"俗",而"绁""緤"为"二正"之意。

同时也有按"正""俗"来记载的用例。

豎   《类》云:正。竖俗。(豆部,129 - 7)

此用例在豆部中,将注为"正"的"豎"标为字头。而注为"俗"的"竖"字应属于立部,所以在豆部之后没有标为字头的必要,于是推测这应是将原本在《类音决》中为"俗""正"的顺序调整为"正""俗"进行引用。此外,在水部中也可确认到"源"(5 - 3)与"萍"(58 - 2)也为"正""俗"的顺序。这也应是在引用之际所调整的顺序吧。

(二) 音注的表示法

字音注释多采用类音,多音字的情况则以"又○音"的形式来表示。可见如下用例:

洩   《类》云:俗。泄正。曳音。又薛(入輕)音。モラス(平上平)后。(水部,35 - 5。泄的声旁与曳,原文均作曳。和训末尾的"后"指《后汉书》)

"泄(洩)",《广韵》中有"餘制切"(去声祭韵)与"私列切"(入声薛韵)等两个字音。"曳"与"薛"分别为这两个字音的小韵字。

如下例所示,也有以反切来标示多音字的又音的情况。

沬泡   上,《类》云:末(入輕)音。……类云:又武太(去)反。卫邑也。借音:火每(去)反。洗面也。…… 下,……(水部,8 - 1)

"沬"在《广韵》中有"莫拨切"(入声末韵)及又音"武泰切"的记

载。相似字形的"沬"在广韵中则有"无沸切"（去声未韵、未小韵）及"莫贝切"（去声泰韵、昧小韵）等两个字音。"武泰切"虽与去声泰韵的"莫贝切"相对应，但小韵字"昧"也有"莫佩切"（去声队韵、妹）的字音。这是以类音来标示多音字时较为困难的用例。而作为"借音"的"火每反。洗面也"，在《广韵》中检索，可知与靧（去声队韵晓母，诲：荒内切）的音、义相一致。

（三）注文末尾的数字

有此特征的用例并不能在图书寮本《类聚名义抄》中得到确认。现已知的相关用例，除却《醒醐等抄》之外，也只有下述《因明大疏抄》的用例了。三个字条中均可在注文末尾确认数字"一"。

类音决云。挐 正加　反。 正他朗反。 又　 挐 正奴　妻挐奴胡反。子也。亦为帑字妻子也（《因明大疏抄》大正藏卷 68，654a）

西原一幸（1988，1989）中认为此用例较好地记载了《类音决》注文形式。西原指出此注文末尾的数字指示出"一定组群内的字头数"，相较于《切韵》等韵书来说，更应参考了敦煌本《时要字样》等"字样"的结果。笔者认为虽然不能否认将数处内容归为一处进行总结的可能性，但对于西原提出的"一定组群内的字头数"这一意见并无异议，是非常值得注意的用例。将数处内容归为一处进行总结这一点，作为例证，可参考本章的考察对象之一"醒"。

醒 正皆啼音　醒 正体音酒醋也醒醐也□ 又 啼 音 也

这是按声调不同，而分别立项进行的解释说明。至少很难认为这忠实地反映了《类音决》中的字头与注文的排列顺序。

（四）多音字的标示法

字头为多音字，按声调不同，分别立项的用例，除"醒醐等抄"中的"醒"以外未见他例。将不同处的内容归为一处的方式比较常见。但分别立项的用例甚少，较难证明。从这一点上来看《醒醐等抄》的"醒"字的用例非常重要。

五、结语

综上,论述了高山寺本《醍醐等抄》,此文献虽仅存一纸,且下部缺损,但却有可能传承了《类音决》原文的编纂体例。推定《类音决》的内容首先依部首分类,再依声调进行小分类,并包含了"正""俗"等字体注记。这样的体例内容与辽代行均《龙龛手镜》颇为相似,进而推测《类音决》或为其先行文献。

然而,在第七节内容的首次刊行的论文中,有未能参考的两点先行研究,在此补齐。详细的内容可参考池田证寿(2022),在此只言及其要点如下。

首先,关于《类音决》的逸文,兴福寺藏《因明义断》的背书之例,在河野贵美子(2006)中有详细的报告。这对考察《类音决》的体例及内容均值得参考。下面,是一些与其他书籍(《要略》《唐韵》)的引用相结合的例示。

杰 《音决》曰二俗杰正皆桀音英也三 曰杰奇哲反 《唐韵》曰杰英特立也 又俊也 渠列反

还有一点是与则天文字相关的研究,藏中进(1995)是对则天文字进行研究的专书。提到,在图书寮本《类聚名义抄》中,冠以略称"类"来引用的内容中,明确记载有则天文字(山部"坔"),推定"类"所代表的书籍(即《类音决》)应成书于则天武后之后。

坔 益云:迪利切。古地字。类云:则天时作此。(图书寮本山部 141－7)

在观智院本《类聚名义抄》中,保留着利用《类音决》的痕迹。

坔 则天作此(观智院本土部,法中 48)

图书寮本《类聚名义抄》为零本,图书寮本中不存,而观智院本《类聚名义抄》中尚存的部首中,可以看到同样形式的字条。例如下面的例示：

               埀　　则天作人字（观智院本一部，仏上 77）

               埀　　则天作此　トシ（观智院本丨部，仏上 80）

               秊　年字　宁颠反　トシ（平平）　スヱ　ツヽム　埀则天作和ネン（观智院本禾部，法下 17）

               穧穧　授字　则天作（观智院本禾部，法下 25）

参 考 文 献

日文(按拼音顺序)

[1] 岸田知子.《篆隶万象名义》の字义について[J]. 密教文化,1992,178：
1—18.

[2] 白藤礼幸.上代汉字文疑问助辞考—乎·哉·耶·欤について—[J]. 国语
学,1967,68：1—16.

[3] 白藤礼幸.上代文献に见える字音注について(一)[J]. 茨城大学人文学部
纪要文学科论集,1968,2：49—74.

[4] 白藤礼幸.上代言语资料としての佛典注释书[J]. 国语と国文学,1969a,
46(10)：149—161.

[5] 白藤礼幸.上代文献に见える字音注について(二)[J]. 茨城大学人文学部
纪要文学科论集,1969b,3：61—81.

[6] 白藤礼幸.上代文献に见える字音注について(三)——信行〈大般若经音
义〉の场合[J].茨城大学人文学部纪要文学科论集,1970,4：167—203.

[7] 白藤礼幸.上代文献に见える字音注について(四)——〈新译华严经音义
私记〉の场合[J].茨城大学人文学部纪要文学科论集,1972,5：63—94.

[8] 白藤礼幸.声母字より见たる〈篆隶万象名义〉の内部差[M].岛田勇雄先
生退官记念ことばの论文集,大阪：前田书店出版部,1975：77—99.

[9] 白藤礼幸.解说[M].高山寺典籍文书综合调查团编：高山寺古辞书资料第
一,东京：东京大学出版会,1977：637—647.

[10] 白藤礼幸.高山寺の古辞书[M].高山寺典籍文书综合调查团编：高山寺典
籍文书の研究,东京：东京大学出版会,1980：385—398.

[11] 阪仓笃义.辞书と分类——《新撰字镜》について[J].国语国文,1950,
19(2)：46—59,阪仓(1975)收录.

[12] 阪仓笃义. 文章と表现[M]. 东京：角川书店,1975.

[13] 坂井健一. 干禄字书[Z]. 国语学会编：国语学大辞典,东京：东京堂出版,1980：208.

[14] 北山由纪子. 顾野王《玉篇》と玄应《一切经音义》との关系[J]. 开篇,2007,26：267—272.

[15] 北山由纪子,太田斋.《玄应一切经音义》における"案（按）语",开篇,2007,26：273—298.

[16] 滨田宽. 世俗谚文全注释[M]. 新典社注释丛书(24),东京：新典社,2015.

[17] 仓岛节尚编. 宝菩提院本：类聚名义抄[M]. 东京：大正大学出版会,2002.

[18] 长岛丰太郎. 古字书索引　上[M]. 东京：日本古典全集刊行会,1958.

[19] 长岛丰太郎. 古字书索引　下[M]. 东京：日本古典全集刊行会,1959.

[20] 池丽梅. 唐代天台佛教复兴运动研究序说——荆渓湛然とその《止观辅行传弘决》[M]. 东京：大藏出版,2008.

[21] 池上祯造. 解说[M]. 广岛大学文学部国语学研究室编《校本干禄字书》,广岛：广岛大学文学部国语学研究室,1961：1—10.

[22] 池田昌广. 憬兴《无量寿经连义述文赞》所引外典考[J]. 历史学部论集 2012,2：1—20.

[23] 池田源太. 平安朝に於ける〈本文〉を权威とする学问形态と有职故実[M]. 古代学协会编：延喜天暦时代の研究,东京：吉川弘文馆,1969：387—412.

[24] 池田证寿. 上代佛典音义と玄应一切经音义——大治本新华严经音义と信行大般若经音义の场合[J]. 国语国文研究,1980,64：64—77.

[25] 池田证寿. 玄应音义と新撰字镜[J]. 国语学,1982,130：1—18.

[26] 池田证寿. 新撰字镜玄应引用部分の字顺について[J]. 国语国文研究,1984,71：40—58.

[27] 池田证寿. 新译华严经音义私记の性格[J]. 国语国文研究,1986,75：1—16.

[28] 池田证寿.〈カシコ（彼间）〉と〈ココ（此间）〉——因明大疏抄に见える肝心记の佚文[J]. 国语学,1988,155：33—44.

[29] 池田证寿. 图书寮本类聚名义抄と玄应音义との关系について[J]. 国语国文研究,1991a,88：15—32.

[30] 池田证寿. 图书寮本类聚名义抄所引玄应音义对照表(上)[J]. 人文科学论集,1991b,25：93—111.

[31] 池田证寿. 图书寮本类聚名义抄所引玄应音义对照表(下)[J]. 人文科学论集,1992a,26：105—126.

［32］池田证寿. 图书寮本类聚名义抄と干禄字书［J］. 国语学,1992b,168:
　　　66—68.

［33］池田证寿. 图书寮本类聚名义抄と篆隶万象名义との关系について［J］. 人
　　　文科学论集,1993a,27:1—17.

［34］池田证寿. 图书寮本类聚名义抄の単字字书的性格［J］. 国语国文研究,
　　　1993b,94:1—14.

［35］池田证寿. 篆隶万象名义データベースについて［J］. 国语学,1994,178:
　　　68—60.

［36］池田证寿. 图书寮本类聚名义抄と类音决［J］. 训点语と训点资料,1995,
　　　96:26—37.

［37］池田证寿. 图书寮本类聚名义抄出典略注［J］. 古辞书とJIS汉字,2000,3:
　　　59—74.

［38］池田证寿. 图书寮本类聚名义抄と东宫切韵との关系について［J］. 训点语
　　　と训点资料,2003,111:13—29.

［39］池田证寿. 宫内厅书陵部藏高山寺旧藏本宋版华严经调查报告(一)［J］. 高
　　　山寺典籍文书综合调查团研究报告论集(平成十六年度),2005a:81—95.

［40］池田证寿. 高山寺藏新译华严经音义と宫内厅书陵部藏宋版华严经［M］. 石
　　　塚晴通教授退职记念会编:日本学・敦煌学・汉文训读の新展开,东京:汲
　　　古书院,2005b:143—159.

［41］池田证寿. 宫内厅书陵部藏高山寺旧藏本宋版华严经调查报告(二)［J］. 高
　　　山寺典籍文书综合调查团研究报告论集(平成十七年度),2006a:
　　　241—250.

［42］池田证寿. 观智院本类聚名义抄の揭出项目数と揭出字数［J］. 北海道大学
　　　文学研究科纪要,2008a,124:137—151.

［43］池田证寿. 汉字字体の实用例と字书记述——〈寂〉の场合［M］. 石塚晴通
　　　编:汉字字体史研究,东京:勉诚出版,2012:259—282.

［44］池田证寿. 平安时代汉字字书综合データベースの构筑［J］. 北海道大学文
　　　学研究科纪要,2014a,142:79—90.

［45］池田证寿. 平安时代汉字字书综合データベース:现状と课题2014夏［C］.
　　　汉デジ2014—デジタル翻刻の未来,2014b:3—43.

［46］池田证寿. 国宝〈玉篇卷第二十七纸背护摩科文六种〉(京都・高山寺藏)解
　　　说［M］. 石塚晴通、池田证寿编:国宝　玉篇卷第二十七　纸背护摩科文六
　　　种,东京:勉诚出版,2016a:1—12.

［47］池田证寿. 汉字字体史の资料と方法——初唐の宫廷写经と日本の古辞

书[J]. 北海道大学文学研究科纪要,2016b,150:201—236.

[48] 池田证寿.《大广益会玉篇》データベースの构筑と利用——《篆隶万象名义》《新撰字镜》《大宋重修广韵》との对应[M]. 加藤重广、佐藤知己编:情报科学と言语研究,相模原:现代图书,2016c:65—84.

[49] 池田证寿. 平安时代汉字字书总合データベース构筑の方法と课题——《类聚名义抄》を中心に[M]. 汉字字体史研究二 字体と汉字情报,东京:勉诚出版,2016d:360—376.

[50] 池田证寿. 杜延业《群书新定字样》再考[J]. 训点语と训点资料,2017b,139:164—109.

[51] 池田证寿. 佛典音义を通して见た《新撰字镜》と《类聚名义抄》[J]. 高山寺典籍文书综合调查团研究报告论集(平成 28 年度),2017c:37—43.

[52] 池田证寿. 日本古辞书研究からの提言[M]. 汉字学ことはじめ,京都:日本汉字能力检定协会,2018a:35—53.

[53] 池田证寿.《篆隶万象名义》の和训と二反同音例[J]. 国语国文,2020b,89(5):1—37.

[54] 池田证寿. 上代佛典音义と玄应一切经音义(二)——その后の研究の展开[J]. 长野县ことばの会会志ことばの研究,2021a,13:45—59.

[55] 池田证寿. 高山寺藏本《醍醐等抄》所引《类音决》考察[J]. 高山寺典籍文书综合调查团研究报告论集(令和 2 年度),2021b:54—67.

[56] 池田证寿. 高山寺藏本《醍醐等抄》所引《类音决》考察(续)[J]. 高山寺典籍文书综合调查团研究报告论集(令和 3 年度),2022:19—28.

[57] 池田证寿. 日本辞书史研究:草创と形成[M]. 东京:汲古书院,2024.

[58] 池田证寿,刘冠伟,郑门镐,张馨方,李媛. 观智院本《类聚名义抄》全文テキストデータベース—その构筑方法と揭出项目数等の计量[J]. 训点语と训点资料,2020,144:129‒105.

[59] 池田证寿,李媛. 天治本新撰字镜全文テキスト构筑の方法と课题[J]. じんもんこん2017 论文集,2017:37—44.

[60] 池田证寿,李媛,申雄哲,贾智,斎木正直. 平安时代汉字字书のリレーションシップ[J]. 日本语の研究,2016,12(2):68—75.

[61] 池田证寿,小助川贞次,浅田雅志,宫泽俊雅.法华释文并类聚名义抄引慈恩释对照表[M]. 北海道大学文学部国语学讲座编:北大国语学讲座二十周年记念论辑辞书·音义,东京:汲古书院,1988:349—409.

[62] 冲森卓也. 孔雀经音义について[M]. 高山寺典籍文书综合调查团编:高山寺典籍文书の研究,东京:东京大学出版会,1980:433—471.

［63］冲森卓也. 上代の辞书——《新字》は存在したか［M］. 悠久,2015,139：27—41.

［64］川口久雄. 菅原是善の人と作品［M］. 平安朝日本汉文学史の研究　上,东京：明治书院,1959：111—122.

［65］川濑一马. 东宫切韵に就いて［J］. 国语复刊,1951,1(1)：50—51,川濑(1955)所收.

［66］川濑一马. 古辞书の研究［M］. 东京：大日本雄辩会讲谈社,1955；增订再版,东京：雄松堂出版,1986.

［67］大柴清圆.《篆隶万象名义》における俗字の研究(1)——后汉の隶变字から魏晋の草书の楷书化まで［J］. 高野山大学密教文化研究所纪要,2008,21：140—89.

［68］大柴清圆.《篆隶万象名义》における俗字の研究(2)——魏晋から隋唐までの阶书の俗字［J］.高野山大学密教文化研究所纪要,2009,22：90—33.

［69］大柴清圆.《篆隶万象名义》における俗字の研究(3)——付录·《篆隶万象名义》俗字表［J］.高野山大学密教文化研究所纪要,2011,24：124—79.

［70］大柴清圆.《篆隶万象名义》小篆研究［J］. 高野山大学密教文化研究所纪要,2015,28：126—98.

［71］大槻信. 古辞书と和训——新撰字镜〈临时杂要字〉［J］. 训点语と训点资料,2002,108：16—34.

［72］大槻信. 倭名类聚抄の和训——和训のない项目［J］. 国语国文,2004,73(6)：1—24.

［73］大槻信.《类聚名义抄　观智院本》解题［M］. 天理大学附属天理图书馆编：类聚名义抄观智院本参僧,东京：八木书店,2018：1—32.

［74］大槻信. 平安时代辞书论考——辞书と材料［M］. 吉川弘文馆,2019.

［75］大槻信.《新撰字镜》の编纂过程［J］. 国语国文,2020,89(3)：45—70.

［76］大槻信,森下真衣. 京都大学藏《无名字书》略解题并びに影印［J］. 训点语と训点资料,2016,137：67—113.

［77］大槻信,小林雄一,森下真衣.《新撰字镜》序文と《法琳别传》［J］. 国语国文,2013,82(1)：34—48.

［78］大藏会编. 大藏经——成立と变迁［M］. 京都：百华苑,1964.

［79］岛田友启. 色叶字类抄汉字索引［M］. 古字书索引丛刊,富山：岛田友启,1968.

［80］岛田友启. 世尊寺本字镜汉字索引［M］. 古字书索引丛刊,富山：岛田友启,1976.

［81］稲垣信子. 北大津遗迹出土木简の成立年代について［J］. 同志社女子大学
　　　大学院文学研究科纪要,2013,13：37—51.

［82］大矢透. 音图及手习词歌考［M］. 东京：大日本图书,1918.

［83］大岩本幸次. 干禄字书［Z］. 佐藤武义,前田富祺编：日本语大事典上,东
　　　京：朝仓书店,2014：466—467.

［84］大友信一. 法华经训读と法华经单字［M］. 记念论集刊行会编：大坪并治教
　　　授退官记念国语史论集,东京：表现社,1976：299—322.

［85］大友一幸,西原一幸.〈唐代字样〉二种の研究と索引［M］. 东京：樱枫
　　　社,1984.

［86］大渊贵之. 唐代勅撰类书初探［M］. 东京：研文出版,2014.

［87］东方文化学院. 国宝唐钞本玉篇第九［M］. 东方文化丛书(6),东京：东方文
　　　化学院,(梁)顾野王撰,1932.

［88］东方文化学院. 国宝唐钞本玉篇卷廿七［M］. 东方文化丛书(6),东京：东方
　　　文化学院,(梁)顾野王撰,1933.

［89］东方文化学院. 延喜钞本玉篇卷廿二［M］. 东方文化丛书(6),东京：东方文
　　　化学院,(梁)顾野王撰,1934.

［90］东方文化学院. 玉篇卷八残［M］. 东方文化丛书(6),东京：东方文化学院,
　　　(梁)顾野王撰,1935a.

［91］东方文化学院. 玉篇卷十九［M］. 东方文化丛书(6),东京：东方文化学院,
　　　(梁)顾野王撰,1935b.

［92］东方文化学院. 玉篇卷十八之后分［M］. 东方文化丛书(6),东京：东方文化
　　　学院,(梁)顾野王撰,1935c.

［93］东方文化学院.玉篇廿四残简［M］. 东方文化丛书(6),东京：东方文化学
　　　院,(梁)顾野王撰,1935d.

［94］东野治之. 上代文学と敦煌文献——道经・字书・《王梵志诗集》をめぐっ
　　　て［J］. 万叶集研究 15,东京：塙书房,1987：323—346.

［95］渡边实. 解题［M］. 天理图书馆善本丛书和书之部编集委员会. 和名类聚
　　　抄：高山寺本. 三宝类字集：高山寺本. 天理图书馆善本丛书和书之部(2),
　　　天理：天理大学出版部,东京：八木书店,1971：1—32.

［96］渡边修. 图书寮藏本类聚名义抄と石山寺藏本大般若经字抄とについ
　　　て［J］. 国语学,1953,13：35—50.

［97］饭田瑞穗. 新抄格勅符抄・秘府略・类聚三代格［M］. 饭田瑞穗著作集(3).
　　　古代史籍の研究；中,东京：吉川弘文馆,2000.

［98］峰岸明. 色叶字类抄［Z］. 日本语学会编：日本语学大辞典,东京：东京堂出

版,2018:47—49.

［99］福田益和.古辞书における部首排列の基准（上）——新撰字镜と类聚名义抄［J］.长崎大学教养部纪要人文科学篇,1971,12:1—9.

［100］福田益和.古辞书における部首排列の基准（下）——新撰字镜と类聚名义抄［J］.长崎大学教养部纪要人文科学篇,1972,13:1—10.

［101］福田益和.篆隶万象名义小考［J］.长崎大学教养部纪要人文科学,1973,14:1—10.

［102］福田哲之.《篆隶万象名义》の篆体について——《说文解字》との比较を中心に［J］.书学书道史研究,1991(1):83—93.

［103］冈井慎吾.玉篇の研究［M］.东京:东洋文库,1933,1969年再刊.

［104］冈井慎吾.日本汉字学史［M］.东京:明治书院,1934.

［105］冈田希雄.岩崎文库所藏古钞字镜解说［M］.字镜,京都:贵重图书影本刊行会,1933.

［106］冈田希雄.和汉年号字抄と东宫切韵佚文［M］.小泉苓三编:立命馆三十五周年记念论文集文学篇,立命馆出版部,京都,1935a:83—111.

［107］冈田希雄.东宫切韵佚文考［J］.立命馆文学,1935b,2(11):1432—1455.

［108］冈田希雄.东宫切韵考［J］.立命馆文学,1935c,2(5):551—570.

［109］冈田希雄.梵语辞书史概说——（一）平安朝末期まで［J］.立命馆文学,1935d,2(8):1041—1062.

［110］冈田希雄.新译华严经音义私记解说［M］.新译华严经音义私记,京都:贵重图书影本刊行会,1939:1—79.

［111］冈田希雄.梵语辞书史概说——心觉より江户期まで［M］.立命馆大学法文学部文学科创设记念论文集,京都:立命馆出版部,1941:161—226.

［112］冈田希雄.新译华严经音义私记倭训考［J］.国语国文,1943,11(3):1—95.

［113］冈田希雄.类聚名义抄の研究［M］.京都:一条书房,1944.

［114］高桥宏幸.《法华经释文》撰述に关する一资料をめぐって——《法华经玄赞要集》［J］.都留文科大学国文学论考,2000,36:14—21.

［115］高桥宏幸.飞鸟池遗迹出土〈音义木简〉の依据原典について［J］.国文学论考,2012,48:6—12.

［116］高桥久子.《色叶字类抄》の价值［J］.日本语学,2000,19(11):230—241.

［117］高山寺典籍文书综合调查团.高山寺经藏典籍文书目录第一［M］.高山寺资料丛书(3),东京:东京大学出版会,1973.

［118］高山寺典籍文书综合调查团.高山寺古辞书资料第一［M］.高山寺资料丛

书(6),东京：东京大学出版会,1977.

[119] 高山寺典籍文书综合调查团. 高山寺经藏典籍文书目录第四[M]. 高山寺资料丛书(10),东京：东京大学出版会,1981.

[120] 高山寺典籍文书综合调查团. 高山寺古辞书资料第二[M]. 高山寺资料丛书(12),东京：东京大学出版会,1983.

[121] 高山寺典籍文书综合调查团. 高山寺经藏古目录[M]. 高山寺资料丛书(14),东京：东京大学出版会,1985.

[122] 高山寺典籍文书综合调查团. 高山寺本东域传灯目录[M]. 高山寺资料丛书(19),东京：东京大学出版会,1999.

[123] 高田时雄. 玉篇の敦煌本[J]. 人文,1987,33：53—64;中文版,高田(2005)收录.

[124] 高田时雄. 玉篇の敦煌本・补遗[J]. 人文 1989,35：162—172;中文版,高田(2005)收录.

[125] 高田时雄. 可洪随函录と行瑫随函音疏[M]. 中国语史の数据と方法,京都：京都大学人文科学研究所,1994：109—156;中文版,高田(2005)收录.

[126] 高田时雄. 篆隶万象名义解说[M]. 定本弘法大师全集第 9 卷,高野町：密教文化研究所,1995：739—759.

[127] 高田时雄. 一切经音义[Z]. 佐藤喜代治编：汉字百科大事典,东京：明治书院,1996：169.

[128] 高田时雄. 敦煌韵书の发见とその意义[M]. 高田时雄编：草创期の敦煌学,东京：知泉书馆,2002：233—248.

[129] 高田时雄. 玄应音义について[M]. 玄应撰一切经音义二十五卷,东京：国际佛教学大学院大学学术フロンティア实行委员会,2006：1—8.

[130] 宫内府图书寮. 四分律音义[M]. 东京：宫内府图书寮,(唐)玄应撰,1948.

[131] 宫内省图书寮. 图书寮汉籍善本书目[M]. 东京：宫内省图书寮,上：卷1—2,中：卷3,下：卷4,附录,1930.

[132] 宫内厅书陵部. 图书寮本类聚名义抄[M].东京：宫内厅书陵部,1950.

[133] 宫内厅书陵部. 图书寮本类聚名义抄[M]. 东京：勉诚社,1969.

[134] 宫内厅书陵部. 图书寮本类聚名义抄[M]. 东京：勉诚社,1976.

[135] 宫内厅书陵部. 图书寮本类聚名义抄[M]. 东京：勉诚出版,2005.

[136] 工藤佑嗣.《干禄字书》诸本の问题点[J]. 国语国文研究,2000,116：49—60.

[137] 宫泽俊雅. 图书寮本类聚名义抄に见える篆隶万象名义について[J]. 训点语と训点资料,1973,52：1—30.

［138］宫泽俊雅. 妙法莲华经释文の初稿と改訂について［J］. 国语と国文学, 1975,52(6)：55—67.

［139］宫泽俊雅. 图书寮本类聚名义抄と妙法莲华经释文［M］. 松村明教授还暦记念会编：松村明教授还暦记念国语学と国语史, 东京：明治书院, 1977a：367—382.

［140］宫泽俊雅. 揭出字一览表［M］. 高山寺典籍文书综合调查团编：高山寺古辞书资料第一, 东京：东京大学出版会, 1977b：497—635.

［141］宫泽俊雅. 高山寺经藏典籍所载古辞书引文［M］. 高山寺典籍文书综合调查团编：高山寺典籍文书の研究, 东京：东京大学出版会, 1980：399—432.

［142］宫泽俊雅. 图书寮本类聚名义抄と倭名类聚抄［M］. 松村明教授古稀记念会编：松村明教授古稀记念国语研究论集, 东京：明治书院, 1986：250—265.

［143］宫泽俊雅. 图书寮本类聚名义抄と篆隶万象名义［J］. 训点语と训点资料, 1987(77)：51—69.

［144］宫泽俊雅. 图书寮本类聚名义抄と法华音训［M］. 北海道大学文学部国语学讲座编：北大国语学讲座二十周年记念论辑辞书·音义, 东京：汲古书院, 1988：37—64.

［145］宫泽俊雅. 图书寮本类聚名义抄の注文の配列について［M］. 小林芳规博士退官记念会编：小林芳规博士退官记念国语学论集, 东京：汲古书院, 1992：175—195.

［146］宫泽俊雅. 倭名类聚抄と汉语抄类［M］. 东京大学国语研究室创设百周年记念国语研究论集编集委员会编：东京大学国语研究室创设百周年记念国语研究论集, 东京：汲古书院, 1998a：250—269；宫泽(2010)收录.

［147］宫泽俊雅. 崇文丛书版篆隶万象名义について, 高山寺典籍文书综合调查团研究报告论集(平成九年度), 1998b：41—55.

［148］宫泽俊雅. 倭名类聚抄诸本の研究［M］. 东京：勉诚出版, 2010.

［149］古辞书丛刊刊行会.《法华经单字》古辞书丛刊/古辞书丛刊刊行会编(别卷)［G］. 解说：川濑一马, 东京：雄松堂书店, 1973.

［150］古典保存会. 日本书纪私记［M］. 解说：桥本进吉, 东京：古典保存会, 1933.

［151］古典保存会. 法华经音［M］. 解说：山田孝雄, 东京：古典保存会, 1936.

［152］古典保存会. 大般若经音义中卷［M］. 信行撰, 东京：古典保存会, 1940.

［153］古典研究会. 大般若经音义. 大般若经字抄［M］. 古辞书音义集成(3), 信行撰. 藤原公任撰, 解题：筑岛裕·沼本克明, 索引：沼本克明, 东京：汲古

书院,1978a.

[154] 古典研究会. 新译华严经音义私记[M]. 古辞书音义集成(1),(唐)玄应撰,解题：小林芳规,索引：石塚晴通,东京：汲古书院,1978b.

[155] 古典研究会. 四分律音义[M]. 古辞书音义集成(2),解题：筑岛裕,东京：汲古书院,1979a.

[156] 古典研究会. 妙法莲华经释文[M]. 古辞书音义集成(4),中算撰,解题：吉田金彦,索引：宫泽俊雅,东京：汲古书院,1979b.

[157] 古典研究会. 字镜(世尊寺本)[M]. 古辞书音义集成(6),解题：筑岛裕,东京：汲古书院,1980.

[158] 古典研究会. 一切经音义[M]. 古辞书音义集成(7—9),(唐)玄应撰,解题：小林芳规,东京：汲古书院,1980—1981.

[159] 古典研究会. 孔雀经音义[M]. 古辞书音义集成(10—11),解题：筑岛裕,索引：白藤礼幸、冲森卓也,东京：汲古书院,1981a.

[160] 古典研究会. 金光明最胜王经音义[M]. 古辞书音义集成(12),解题：筑岛裕,东京：汲古书院,1981b.

[161] 古典研究会. 孔雀经单字[M]. 古辞书音义集成(17),解题：石塚晴通,索引：宫泽俊雅,东京：汲古书院,1983.

[162] 贵重图书复制会. 类聚名义抄[M]. 东京：贵重图书复制会,1937.

[163] 贵重图书影本刊行会. 字镜[M]. 京都：贵重图书影本刊行会,1933a.

[164] 贵重图书影本刊行会. 法华经单字[M]. 京都：贵重图书影本刊行会,1933b.

[165] 贵重图书影本刊行会. 新译华严经音义私记[M]. 京都：贵重图书影本刊行会,1939.

[166] 国际佛教学大学院大学学术フロンティア实行委员会. 玄应撰一切经音义二十五卷[M]. 日本古写经善本丛刊(1),东京：国际佛教学大学院大学学术フロンティア实行委员会,2006.

[167] 古藤真平. 仁和寺本《三僧记类聚》の卷次构成[J]. 仁和寺研究,1999(1)：95—108.

[168] 古屋昭弘. 王仁昫切韵に见える原本系玉篇の反切——又音反切を中心に[J]. 中国文学研究,1979(5)：128—140.

[169] 古屋昭弘.《王仁昫切韵》新加部分に见える引用书名等について[J]. 中国文学研究,1983(9)：150—161.

[170] 古屋昭弘. 王仁昫切韵と顾野王玉篇[J]. 东洋学报,1984,65(3,4)：167—201.

[171] 古屋昭弘.《切韵》增补作业における王仁昫失误の可能性——曹氏论文
への批评を兼ねて[J]. 中国文学研究,2014(40)：114—127.

[172] 辜玉茹.《康赖本草》の诸本の分类[J]. 言语文化研究,2016(15)：1—11.

[173] 辜玉茹. 国立国会图书馆所藏《本草和名》について——小岛父子の书き
入れ本を中心に[J]. 言语文化研究,2017(16)：27—36.

[174] 黑板胜美编. 日本书纪私记 释日本纪 日本逸史[G]. 国史大系/黑板胜
美,国史大系编修会编(8),国史大系刊行会：吉川弘文馆：日用书房,新
订增补,1932.

[175] 和田英松. 天武朝の御代の新字に就いて[J]. 国史国文之研究,东京：雄
山阁,254—274,1926.

[176] 和田英松. 本朝书籍目录考证[M]. 东京：明治书院,1936;再版,1940.

[177] 河野贵美子. 兴福寺藏『因明义断』里书にみえる古辞书类の引用につい
て[J]. 日本汉文学研究,2006(1)：1—24.

[178] 河野贵美子. 奈良・平安期における汉籍受容の一考察——善珠撰《因明
论疏明灯抄》を手がかりとして[J]. 国文学研究,2007(151)：11—21.

[179] 河野贵美子. 善珠撰述佛典注释书にみる汉语读解の方法——憬兴撰述注
释书との比较を通して[M]. 河野贵美子、王勇编：东アジアの汉籍遗
产——奈良を中心として,东京：勉诚出版,2012：321—348.

[180] 河野六郎. 玉篇に现れたる反切の音韵的研究[M]. 河野六郎著作集,东
京：平凡社,1979：3—154.

[181] 河野敏宏. 新刊绍介 西原一幸著《字样の研究 唐代楷书字体规范の成
立と展开》[J]. 冈大国文论稿,2016(44)：67—69.

[182] 弘教书院校订. 一切经音义[M]. 大日本校订大藏经(为6),(唐)玄应撰,
东京：弘教书院,1885.

[183] 黄征.《游仙窟》俗语词训释[M]. 石塚晴通教授退职记念会编：日本学・
敦煌学・汉文训读の新展开,东京：汲古书院,2005：1012—989.

[184] 加藤大鹤. 玉篇・切韵系韵书を典据とする《医心方》の反切注文につい
て[J]. 早稻田日本语研究,15：83—94,2006.

[185] 甲田利雄. 校本江谈抄とその研究 中卷[M]. 续群书类从完成会,1987.

[186] 贾智. 字体からみた《新译华严经音义私记》の撰述手法[J]. 语文研究,
2011(112)：46—60.

[187] 贾智.《新译华严经音义私记》における字样の利用について[M]. 石塚晴
通编：汉字字体史研究,东京：勉诚出版,2012：283—302.

[188] 贾智.《新译华严经音义私记》における字样の利用について[J]. 汉字文

化研究,2013(3):39—51.

[189] 吉村武彦. 古代の文化と思想[M]. 和田晴吾、历史学研究会:日本史研究会编日本史讲座1东アジアにおける国家の形成,东京:东京大学出版会,2004:301—338.

[190] 京都大学文学部国语学国文学研究室. 高山寺本类聚名义抄:泽泻教授还暦记念出版:附观智院本对照倭训索引[J]. 国语国文(别刊2),京都:京都大学国文学会,1951.

[191] 京都大学文学部国语学国文学研究室. 新撰字镜国语索引[M]. 古典索引丛刊(4),京都大学文学部国语学国文学研究室内国文学会,1958.

[192] 京都大学文学部国语学国文学研究室. 新撰字镜:天治本:附享和本·群书类从本[M]. 昌住撰,京都:临川书店,增订版,1967.

[193] 京都大学文学部国语学国文学研究室. 诸本集成倭名类聚抄　本文篇[M]. 昌住撰,京都:临川书店,1968.

[194] 京都大学文学部国语学国文学研究室. 新撰字镜国语索引:天治本享和本[M]. 京都:临川书店,增订再版,1975.

[195] 京都大学文学部国语学国文学研究室. 新撰字镜:天治本:附享和本·群书类从本[M]. 昌住撰,京都:临川书店,增订版3刷,1979.

[196] 京都帝国大学文学部国语学国文学研究室.《新撰字镜》[M]. 古典索引丛刊(3),昌住撰,大阪:全国书房,1944.

[197] 井野口孝. 新译华严经音义私记の训诂——原本系《玉篇》の利用[J]. 文学史研究,1974(15):62—73.

[198] 井野口孝. 篆隶万象名义系部の误训をめぐって[J]. 训点语と训点资料,1976(59):12—25.

[199] 井野口孝. 新撰字镜〈玉篇群〉の反切用字[J]. 文学史研究,1978(17,18):49—62.

[200] 井野口孝.《新译华严经音义私记》所引《玉篇》佚文(资料)[J]. 爱知大学国文学,1985(26):109—125.

[201] 井野口孝.《万象名义》第五帖点描[J]. 爱知大学国文学,1986(26):130—140.

[202] 井野口孝. 大治本《新华严经音义》所引《玉篇》佚文(资料)·其一[J]. 爱知大学国文学,1992(32):1—14.

[203] 井野口孝. 大治本《新华严经音义》所引《玉篇》佚文(资料)·其二[J]. 爱知大学国文学,1993(33):1—12.

[204] 井野口孝. 孙强〈上元本玉篇〉をめぐって——《东宫切韵》の今案部と原

本系《玉篇》觉书[J].爱知大学国文学,1994(34):70—80.

[205] 近藤泰弘. 高山寺藏本草关系资料について——高山寺本香薬抄を中心に[M]. 高山寺典籍文书综合调查团编:高山寺典籍文书の研究,东京:东京大学出版会,1980:587—614.

[206] 金子尚一. 汤浅廉孙著〈汉文解释における连文の利用〉——类义要素并列汉语理解のために[J]. 国文学解释と鉴赏,1992,57(1):123—133.

[207] 吉田金彦. 类聚名义抄の出典について(发表要旨)[J]. 国语学,1952(8):98.

[208] 吉田金彦. 图书寮本类聚名义抄出典考(上)[J]. 训点语と训点资料,1954a(2):61—80;吉田(2013)收录.

[209] 吉田金彦. 图书寮本类聚名义抄出典考(中)[J]. 训点语と训点资料,1954b(3):203—236;吉田(2013)收录.

[210] 吉田金彦. 图书寮本类聚名义抄出典考(下一)[J]. 训点语と训点资料,1955a(5):73—98;吉田(2013)收录.

[211] 吉田金彦. 类聚名义抄小论[J]. 国语国文,1955b,24(3):162—172;吉田(2013)收录.

[212] 吉田金彦. 图书寮本类聚名义抄出典考(下一)[J]. 训点语と训点资料,1955a(5):73—98;吉田(2013)收录.

[213] 吉田金彦. 类聚名义抄の展开[J]. 训点语と训点资料,1956(6):43—58;吉田(2013)收录.

[214] 吉田金彦. 观智院本类聚名义抄の参照文献[J]. 艺林,1958,9(3):37—45;吉田(2013)收录.

[215] 吉田金彦. 诗苑韵集の部立てと色叶字类抄[M]. 山田忠雄编:本邦辞书史论丛,东京:三省堂,1967:421—475;吉田(2013)收录.

[216] 吉田金彦. 辞书の历史[M]. 阪仓笃义编:语汇史,东京:大修馆书店,1971:413—538.

[217] 吉田金彦. 醍醐寺藏　妙法莲华经释文解题[M]. 筑岛裕、小林芳规、吉田金彦编:妙法莲华经释文,东京:汲古书院,1979:219—246;吉田(2013)所收.

[218] 吉田金彦. 类聚名义抄[Z]. 国语学会编:国语学大辞典,东京:东京堂出版,1980:954—955.

[219] 吉田金彦. 古辞书と国语,京都:临川书店,2013.

[220] 酒井宪二. 类聚名义抄の字顺と部首排列[M]. 山田忠雄编:本邦辞书史论丛,东京:三省堂,1967:191—258.

[221] 鸠野惠介.〈韵引き字样〉としての《干禄字书》[J]. 训点语と训点资料，2008(120)：156—132.

[222] 岚义人. 新字についての补考[J]. 国书逸文研究，1985(16)：14—16.

[223] 李乃琦. 图书寮本《类聚名义抄》における玄应撰《一切经音义》の依据テキスト：《一切经音义》卷第四を中心に[J]. 训点语と训点资料，2016(137)：132—115.

[224] 李乃琦. 憬兴《无量寿经连义述文赞》の出典から见た编纂方针[J]. 北海道大学大学院文学研究科研究论集，2017a(17)：55—66.

[225] 李乃琦. 玄应撰《一切经音义》诸本系统から见たP.2901[J]. 汲古，2017b(72)：13—19.

[226] 李乃琦. 正仓院本《一切经音义》について[J]. 日本语学论集，2019a(15)：143—133.

[227] 李乃琦. 一切经音义全文データベースの构筑と研究[M]. 下田正弘，永崎研宣编：デジタル学术空间の作り方：佛教学から提起する次世代人文学のモデル，东京：文学通信，2019b：211—224.

[228] 林大. 当用汉字字体表の问题点[M]. 1963(53)，国语シリーズ，文部省.

[229] 铃木丰.《金光明最胜王经音义》所载〈以吕波〉のアクセント[J]. 论集，2015(11)：1—23.

[230] 铃木慎吾.《切韵残卷诸本补正》未收の切韵残卷诸本について[J]. 开篇，2004(23)：76—90.

[231] 铃木慎吾. 王仁昫切韵の异体字注记について[J]. 开篇，2005(24)：14—36.

[232] 铃木慎吾.《切韵残卷诸本补正》未收の切韵残卷诸本——ベルリン本补遗[J]. 开篇，2009(28)：125—136.

[233] 铃木慎吾.《切韵残卷诸本补正》未收の切韵残卷诸本——大谷本补遗[J]. 开篇，2010(29)：22—25.

[234] 铃木慎吾. 切韵诸本残存状况一览图——切韵诸本研究资料之一[J]. 开篇，2012(31)：344—334.

[235] 林纪昭.《令集解》所引玉篇反切考[M]. 大阪历史学会编：古代国家の形成と展开，东京：吉川弘文馆，1976：667—715.

[236] 林纪昭，近藤滋. 北大津遗迹出土の木简[J]. 滋贺大国文，1978(16)：21—26.

[237] 林史典. 九条家本法华经音の脱落部について[J]. 国语学，1969(79)：1—20.

［238］林史典. 法华经の诸音义にみえる反切の关系について［J］. 千叶大学教育学部研究纪要. 第 1 部,1973(22)：95—108.

［239］临时东山御文库取调挂. 宇多天皇宸翰周易抄　宸翰集/临时东山御文库取调挂谨辑(2),京都：小林写真制版所,1927.

［240］李媛. 埋字と脱字——篆隶万象名义の揭出字数をめぐる问题［J］. 训点语と训点资料,2015(135)：60—41.

［241］李媛. 高山寺本《篆隶万象名义》の原本调查报告——文字订正を中心に［J］. 训点语と训点资料,2019,142：104—84.

［242］李媛,池田证寿. 篆隶万象名义の全文テキストと公开システムについて［M］. じんもんこん2016 论文集,2016：95—102.

［243］滝川幸司. 菅原是善传考［M］. 菅原道真论,墙书房,2014：589—692.

［244］马渊和夫. 玉篇佚文补正［J］. 东京文理科大学国语国文学会纪要,1952,3：1—152.

［245］马渊和夫. 醍醐寺三宝院藏《法华经释文》の字音について［J］. 国语と国文学,1972,49(5)：1—13.

［246］马渊和夫. 绍介　高山寺古辞书资料第一［J］. 国语と国文学,1978,55(2)：55—58.

［247］马渊和夫. 干禄字书［Z］. 国史大辞典编集委员会编：国史大辞典3,东京：吉川弘文馆,1983：954.

［248］勉诚社. 三宝类聚名义抄：镇国守国神社藏本［M］. 东京：勉诚社,1986.

［249］木村晟.《和歌初学抄》觉え书［J］. 驹沢大学文学部研究纪要,1985,43：1—82.

［250］木田章义.《玉篇》とその周边［J］. 训点语と训点资料,1998,记念特辑：26—42.

［251］牧野和夫. 宝寿院藏《杂抄》五卷について［J］. 实践国文学,1996,49：8—35.

［252］前田富祺. 世尊寺本字镜の成立——《新撰字镜》と《类聚名义抄》との比较において［M］. 山田忠雄编：山田孝雄追忆本邦辞书史论丛,东京：三省堂,1967：259—303.

［253］桥本不美男. 图书寮本类聚名义抄解说［M］. 宫内厅书陵部编：图书寮本类聚名义抄,东京：宫内厅书陵部,1950：3—28.

［254］桥本不美男. 图书寮本类聚名义抄出典索引［M］. 书陵部纪要,1951(1)：27—50.

［255］桥本进吉. 石山寺藏　古钞本大般若经音义中卷　解说［M］. 大般若经音

义,东京：古典保存会,1940.

[256] 清水史. 小川本新译华严经音义私记音注考——その资料的分析と整理
(一)[J]. 野州国文学,1978(21)：39—57.

[257] 箕浦尚美. 金刚寺·七寺·东京大学史料编纂所·西方寺藏玄应撰《一切
经音义》について[M].《玄应撰一切经音义二十五卷》,东京：国际佛教学
大学院大学学术フロンティア实行委员会,2006：15—36.

[258] 犬饲隆. 木简による日本语书记史[M]. 东京：笠间书院,增订版,
2005：2011.

[259] 仁和寺绀表纸小双纸研究会. 守觉法亲王の仪礼世界：仁和寺藏绀表纸小
双纸の研究[M]. 东京：勉诚社,1995.

[260] 日比宣正. 唐代天台学序说——湛然の著作に关する研究[M]. 东京：山
喜房佛书林,1966.

[261] 三保忠夫. 新译华严经音义私记の和训の类别[C]. 国语学会昭和48年春
季大会要旨,1973：1—4,国语学会昭和48年春季大会,天理：天理大学,
1973年6月2日.

[262] 三保忠夫. 元兴寺信行撰述の音义[J]. 国语と国文学,1974a,51(6)：
58—73.

[263] 三保忠夫. 大治本新华严经音义の撰述と背景.南都佛教,1974b,33：
16—31.

[264] 森下真衣. 京都大学文学研究科藏《无名字书》解题[J]. 国语国文,2015,
84(5)：340—359.

[265] 杉本つとむ. 汉字入门——《干禄字书》とその考察[M]. 东京：早稻田大
学出版部,1972;改订增补,1977.

[266] 杉本つとむ. 干禄字书[Z]. 佐藤喜代治编：国语学研究事典,东京：明治
书院,1977：862—863.

[267] 山本秀人. 图书寮本类聚名义抄における真兴大般若经音训の引用法につ
いて——叡山文库藏息心抄所引の真兴大般若经音训との比较より[J].
训点语と训点资料,1990,85：1—29.

[268] 山本秀人. 图书寮本类聚名义抄における标出语の采录法について——注
文の出典との关连を视点に[J]. 小林芳规博士退官记念会编：国语学论
集小林芳规博士退官记念,东京：汲古书院,1992：557—597.

[269] 山本秀人. 图书寮本类聚名义抄における玄应一切经音义の标出语の摄取
法について[J]. 镰仓时代语研究,1993(16)：288—312.

[270] 山本秀人. 图书寮本类聚名义抄における明宪撰成唯识论音义の引用につ

いて[J]. 福冈教育大学纪要第 1 分册文科编,1994(43):47—59.

[271] 山本秀人. 图书寮本类聚名义抄に引用された信行撰书について[J]. 筑岛裕博士古稀记念会编: 国语学论集筑岛裕博士古稀记念,东京: 汲古书院,1995:703—731.

[272] 山本秀人. 醍醐寺藏宋版一切经目录解题(二)音义[M]. 総本山醍醐寺编: 醍醐寺藏宋版一切经目录第一册,东京: 汲古书院,2015:123—161.

[273] 山崎诚. 菅大府卿为长传小考[J]. 中世学问史の基底と展开,大阪: 和泉书院,1993:463—481.

[274] 上田万年・桥本进吉. 古本节用集の研究[J]. 东京帝国大学文科大学纪要(2),东京: 东京帝国大学,1916;复制,东京: 勉诚社,1968.

[275] 上田正. 东宫切韵论考[J]. 国语学,1956,24:79—94.

[276] 上田正. 玉篇残卷论考[J]. 神户女学院大学论集,1970,17(1):21—37.

[277] 上田正. 解说[M]. 大乘理趣六波罗蜜经释文,京都: 神田喜一郎,1972:1—10.

[278] 上田正. 切韵残卷诸本补正[J]. 东洋学文献センター丛刊(19),东京: 东京大学东洋文化研究所附属东洋学文献センター,1973.

[279] 上田正. 切韵诸本反切総覧[M]. 均社单刊(1),京都: 均社(京都大学文学部中文研究室内),1975.

[280] 上田正. 平安初期に存した一字书[J]. 训点语と训点资料,1976(57):87—96.

[281] 上田正. 新撰字镜の切韵部分について[J]. 国语学,1981a(127):13—20.

[282] 上田正. 玄应音义诸本论考[J]. 东洋学报,1981b,63(1,2):1—28.

[283] 上田正. 切韵逸文の研究[M]. 东京: 汲古书院,1984.

[284] 上田正. 玉篇逸文论考[J]. 训点语と训点资料,1985,73:1—9.

[285] 上田正. 玉篇反切総覧[M]. 神户: 上田正,1986.

[286] 山田健三.《短信》观智院本类聚名义抄の凡例と部首立てについて[J]. 国语学,1994(176):57—58.

[287] 山田健三. 奈良・平安时代の辞书[M]. 西崎亨编: 日本古辞书を学ぶ人のために,京都: 世界思想社,1995:68—118.

[288] 山田健三. 名义抄の部首检索システム构筑について[J]. 爱知学院大学教养部纪要,1997,44(3):169—200.

[289] 山田健三. 名义抄における切字反切をめぐって[J]. 人文科学论集　文化コミュニケーション学科编,2000(34):69—79.

[290] 山田健三. 福州版一切经附载音释の形成过程[J]. 人文科学论集　文化

コミュニケーション学科编,2009(43)：1—12.

[291] 山田孝雄. 新撰字镜考异并索引[M]. 东京：六合馆,1916.

[292] 山田孝雄编. 一切经音义索引[M]. 东京：西东书房,1925;补订版,铃木学术财团,1963.

[293] 山田孝雄. 篆隶万象名义解题[M]. 崇文院编：篆隶万象名义目次解题全,东京：崇文院,1928a：1—9.

[294] 山田孝雄. 色叶字类抄考略[M]. 东京：西东书房,1928b.

[295] 山田孝雄. 一切经音义刊行の颠末[M]. 一切经音义,东京：西东书房,1932a：1—15.

[296] 山田孝雄编. 一切经音义[M]. (唐)玄应撰,东京：西东书房,1932b.

[297] 山田孝雄. 国语学史[M]. 东京：宝文馆,1943.

[298] 山田忠雄. 延德本倭玉篇と音训篇立・世尊寺本字镜[M]. 山田忠雄编：山田孝雄追忆本邦辞书史论丛,东京：三省堂,1967：304—332.

[299] 神田喜一郎. 缁流の二大小学家——智骞と玄应[J]. 支那学,1933,7(1)：25—48.

[300] 神田喜一郎. 东洋学说林[M]. 东京：弘文堂,1948.

[301] 神田喜一郎. 篆隶万象名义解题[M]. 弘法大师全集,高野町：密教文化研究所,1966：1—14.

[302] 神田喜一郎编. 大乘理趣六波罗蜜经释文[M]. 优钵罗室丛书,京都：神田喜一郎,1972.

[303] 神田喜一郎. 东洋学说林[M]. 京都：思文阁,1974.

[304] 神田喜一郎. 神田喜一郎全集　第1卷[M]. 京都：同朋舍,1986.

[305] 申雄哲. 图书寮本《类聚名义抄》の翻字と校注(言部)[J]. 训点语と训点资料,2014,132：50—81.

[306] 申雄哲. 图书寮本类聚名义抄の基础的研究[D]. 博士论文,札幌：北海道大学,2015.

[307] 矢岛玄亮. 日本国见在书目录——集证と研究[M]. 东京：汲古书院,1984.

[308] 石田茂作. 写经より见たる奈良朝佛教の研究[M]. 东洋文库论丛(11),东京：东洋文库,1966.

[309] 笹原宏之. 谜の汉字[M]. 中公新书(2430),东京：中央公论社,2017.

[310] 石塚晴通. 本行から割注へ文脉が续く表记形式——古事记を中心とする上代文献及び中国中古の文献に於て[J]. 国语学,1967(70)：1—18.

[311] 石塚晴通. 唐招提寺本孔雀经音义[M]. 北海道大学文学部国语学讲座编：北大国语学讲座二十周年记念论辑辞书・音义,东京：汲古书院,1988：

411—442.

[312] 石塚晴通. 声点の起源[M]. 筑島裕编：日本汉字音史论辑,1995a：39—65.

[313] 石塚晴通. ペテルブルグ本一切经音义——Φ230 以外の诸本[J]. 训点语と训点资料,1995b,96：57—80.

[314] 石塚晴通. 唐本一切经目录书志解题[M]. 高山寺典籍文书综合调查团编：明惠上人资料第四,东京：东京大学出版会,1998：353—360.

[315] 石塚晴通. 汉字字体の日本的标准[J]. 国语と国文学,1999,76(5)：88—96.

[316] 石塚晴通. 典籍の国际的交流·受容(训读)[G]. 石塚晴通编：典籍の国际的交流·受容(训读),札幌：北海道大学文学研究科,2002：4—11.

[317] 石塚晴通编. 汉字字体史研究[M]. 东京：勉诚出版,2012.

[318] 石塚晴通. コディコロジーより见たる高山寺本[M]. 高山寺典籍文书综合调查团编：高山寺经藏の形成と传承,东京：汲古书院,2020：3—32.

[319] 石塚晴通,池田证寿. レニングラード本一切经音义——Φ230を中心として[J]. 训点语と训点资料,1991(86)：1—44.

[320] 石塚晴通,丰岛正之,池田证寿,白井纯,高田智和,山口庆太.《资料·情报》汉字字体规范データベース[J]. 日本语の研究,2005,1(4)：94—104.

[321] 松本光隆. 书陵部藏医心方·成篑堂文库藏医心方における付训の基盘：和名类聚抄·本草和名との比较を通して[J]. 镰仓时代语研究,1980(3)：133—154.

[322] 松本光隆. 仁和寺藏一字顶轮王仪轨音义院政期写本影印并びに翻刻[J]. 镰仓时代语研究,1992a,15：207—233.

[323] 松本光隆. 平安时代の仪轨训读に于ける音义の利用——仁和寺藏金刚顶经一字顶轮王仪轨音义を中心に[J]. 镰仓时代语研究,1992b(15)：184—206.

[324] 松本光隆. 仁和寺藏医心方における训读语の组成[J]. 训点语と训点资料,2008(121)：10—18.

[325] 松本荣一. 燉煌本瑞应图卷[J]. 美术研究,1956,185：241—258.

[326] 松本一男编. 本草和名 药雅 古方药议 古方药议续录[M]. 松本书屋贵书丛刊(1),东京：谷口书店,限定版,1993.

[327] 松尾良树.《干禄字书》浅说[J]. 均社论丛,1979,6(1)：29—54.

[328] 太田斋. 玄应音义に见る玉篇の利用[J]. 东洋学报,1998,80(3)：422—400.

[329] 太田斋. 卒论绍介北山由纪子《原本玉篇》の受容について——《玄应一切经音义》との"案语"の比较を通して并びに学会发表レジュメ绍介顾野王《玉篇》と玄应《一切经音义》との关系[J]. 开篇,2007(26)：263—265.

[330] 太田斋.《玄应音义》反切と《切韵》反切——中古效摄所属字の分析[J]. 日本中国学会报,2019(71)：45—59.

[331] 汤浅廉孙. 汉文解释における连文の利用[M]. 东京：文求堂书店,东京,1941；再刊,京都：朋友书店,1980.

[332] 桃裕行. 上代学制の研究[M]. 亩傍史学丛书,东京：目黑书店,1947；复刊,东京：吉川文馆,1983.

[333] 藤本灯.《色叶字类抄》の研究[M]. 东京：勉诚出版,2016.

[334] 藤堂明保. 干禄字书[Z]. 国语学会编：国语学辞典,东京：东京堂出版,1955：229—230.

[335] 藤田拓海.〈干(カン)〉〈乹(ケン)〉字考[J]. 日本中国学会报,2014(66)：81—95.

[336] 藤田拓海.《新撰字镜》中の《切韵》について[J]. 日本语の研究,2019,15(1)：18—34.

[337] 藤田拓海.《新撰字镜》阝部(邑部)の解剖——《切韵》《玉篇》《玄应一切经音义》について[J]. 训点语と训点资料,2020,144：170—152.

[338] 藤枝晃. 表纸のことば 窓 敦煌写本 S.388《字样》から英国图书馆藏[J]. 言语生活,1980(346)：1.

[339] 藤枝晃. 楷书の生态[M]. 贝冢茂树,小川环树编：中国の汉字,东京：中央公论社,1981：287—334.

[340] 田村夏纪.《干禄字书》と观智院本《类聚名义抄》の正字・异体字の比较[J]. 国文学研究,1998(125)：81—90.

[341] 田村夏纪. 观智院本《类聚名义抄》と《龙龛手镜》の汉字项目の类似性[J]. 训点语と训点资料,2000,105：40—52.

[342] 田村圆澄. 飞鸟・白凤佛教论[M]. 古代史选书(2),东京：雄山阁出版,1975.

[343] 田嶋一夫. コンピュータと汉字[M]. 佐藤喜代治编：汉字と国语问题,东京：明治书院,1989：229—257.

[344] 天理图书馆. 三宝类字集：高山寺本[M]. 新天理图书馆善本丛书(8),天理：天理大学出版部,东京：八木书店,2016.

[345] 天理图书馆. 和名类聚抄：高山寺本[M]. 新天理图书馆善本丛书(7),天理：天理大学出版部,东京：八木书店,2017a.

［346］天理图书馆. 世俗谚文. 作文大体［M］. 新天理图书馆善本丛书(12),天理: 天理大学出版部,东京: 八木书店,2017b.

［347］天理图书馆. 类聚名义抄: 观智院本［M］. 新天理图书馆善本丛书(9—11),天理: 天理大学出版部,东京: 八木书店,2018.

［348］天理图书馆善本丛书和书之部编集委员会. 和名类聚抄: 高山寺本. 三宝类字集: 高山寺本［M］. 天理图书馆善本丛书和书之部(2),天理: 天理大学出版部,东京: 八木书店,1971.

［349］天理图书馆善本丛书和书之部编集委员会. 类聚名义抄: 观智院本［M］. 天理图书馆善本丛书和书之部(32—34),天理: 天理大学出版部,东京: 八木书店,1976.

［350］望月郁子. 图书寮本《类聚名义抄》における《篆隶万象名义》の扱い方——改编本におけるそれとの対比のために［J］. 训点语と训点资料, 1985,75: 81—105;望月(1992)收录.

［351］望月郁子. 类聚名义抄の文献学的研究［M］. 东京: 笠间书院,1992.

［352］望月郁子. 佛教界に辞书は在ったか——古字书の新研究［M］. 东京: 笠间书院,1999.

［353］丸山裕美子. 敦煌写本本草と古代日本の本草——《本草和名》の历史的意义［J］. 敦煌写本研究年报,2016,10(2): 399—411.

［354］丸山裕美子,武倩. 本草和名——影印・翻刻と研究［M］. 東京: 汲古書院,2020.

［355］尾崎知光编. 三宝类聚名义抄: 镇国守国神社藏本［M］. 未刊国文资料(别卷2),丰桥: 未刊国文资料刊行会,1965.

［356］武居明男.《三僧记类聚》と禅觉僧都——仁和寺所藏本にもとづく知见を中心に［J］. 仁和寺研究,1999(1): 63—94.

［357］武倩.《本草和名》の诸本に关する一考察: 万延元年影写本と全集本との关系を中心に［J］. 训点语と训点资料,2013(131): 43—52.

［358］武倩. 松本书屋本《本草和名》について［J］. 北海道大学大学院文学研究科研究论集,2015(15): 51—60.

［359］武倩. 倭名类聚抄における本草和名の误引: 狩谷棭斋の笺注に注目して［J］. 训点语と训点资料,2019(142): 83—67.

［360］小长谷惠吉. 日本国见在书目录解说稿: 附同书目录［M］. 东京: くにたち本の会,1936;再版,东京: 小宫山出版,1976.

［361］小岛宪之. 上代に于ける学问の一面——原本系《玉篇》の周边［J］. 文学, 1971,39(12): 59—82.

［362］小岛宪之. 文字の摇れ——飞鸟朝〈新字〉の周边［J］. 文学,1979,47(5)：1—20；小岛(1986)收录.

［363］小岛宪之. 万叶以前——上代びとの表现［M］. 东京：岩波书店,1986.

［364］小岛宪之. 上代日本文学と中国文学　补篇［M］. 东京：塙书房,2019.

［365］小林芳规. 新译华严经音义私记解题［M］. 新译华严经音义私记,东京：汲古书院,1978：201—223.

［366］小林芳规. 宫内厅书陵部藏广岛大学藏天理图书馆藏一切经音义解题［M］. 一切经音义,东京：汲古书院,1980：453—514.

［367］小林芳规. 见せ消ち符号について——训点资料を主として［J］. 训点语と训点资料,1987(77)：15—27.

［368］小林恭治. 观智院本类聚名义抄の笔者Aについて［J］. 训点语と训点资料,2020(144)：48—81.

［369］小松英雄. 日本声调史论考［M］. 东京：风间书房,1971.

［370］小松英雄.〔书评〕望月郁子著《佛教界に辞书は在ったか》——古字书の新研究［J］. 二松学舍大学人文论丛,2000(65)：227—231.

［371］小野玄妙. 佛书解说大辞典［M］. 东京：大东出版社,1933.

［372］小助川贞次. 上野本汉书杨雄传の声点について［J］. 国语国文研究,1990(86)：12—38.

［373］下中弥三郎编. 周易抄［M］. 和汉名家习字本大成(24),平凡社,1934.

［374］新美宽,铃木隆一补. 本邦残存典籍による辑佚资料集成［M］. 京都：京都大学人文科学研究所,1968.

［375］西崎亨. 仁和寺本医心方·半井家本医心方に於ける声点付和训——特に去声点を中心として［J］.训点语と训点资料,1993(90)：142—160.

［376］西崎亨. 西大寺藏碛砂版大般若经所载《内典随函音疏》［M］. 学术研究奖励记念刊行会编：古辞书の基础的研究——山内润三教授、木村晟教授学术研究奖励记念,东京：翰林书房,1994：11—20.

［377］西崎亨. 俱舍论音义の引用书について(二)［J］. 武库川女子大学纪要(人文·社会科学编),2008(55)：166—172；西崎(2010)收录.

［378］西崎亨. 俱舍论音义の研究［M］. 京都：思文阁出版,2010.

［379］西胁朗子,萩原义雄. 古辞书影印刊行目录［M］. 西崎亨编：日本古辞书を学ぶ人のために,京都：世界思想社,1995：351—363.

［380］西原一幸.《新撰字镜》所引の《正名要录》について［J］. 国语学,1979(116)：13—23；西原(2015)收录.

［381］西原一幸. 唐代楷书字书の成立——《颜氏字样》から《干禄字书》《五经文

字》へ[J].金城学院大学论集国文篇,1981(23):1—27;西原(2015)收录.

[382] 西原一幸.独立の书志范畴としての〈字样〉[J].金城学院大学论集国文学编,1984(27):1—24;西原(2015)收录.

[383] 西原一幸.图书寮本《类聚名义抄》所引の《干禄字书》について[J].金城国文,1987(63):54—64.

[384] 西原一幸.图书寮本《类聚名义抄》所引の〈类云〉とは何か[M].和汉比较文学会编:和汉比较文学研究の诸问题,东京:汲古书院,1988:65—81;西原(2015)收录.

[385] 西原一幸.《类音决》の佚文について——图书寮本《类聚名义抄》所引の〈类云〉とは何か(补遗)[J].金城学院大学论集国文学编,1989(32):89—101;西原(2015)收录.

[386] 西原一幸.杜延业撰《群书新定字样》の佚文について[J].金城国文,1990(66):43—49;西原(2015)收录.

[387] 西原一幸.隋・唐代における字体规范と仲算《妙法莲华经释文》[M].大友信一博士还历记念论文集刊行会编:辞书・外国资料による日本语研究,大阪:和泉书院,1991:57—75;西原(2015)收录.

[388] 西原一幸.干禄字书[Z].佐藤喜代治编:汉字百科大事典,东京:明治书院,1996:169—170.

[389] 西原一幸.字样の研究史[J].金城学院大学人文・社会科学研究所纪要,2000(4):11—28;西原(2015)收录.

[390] 西原一幸.干禄字书[Z].飞田良文,远藤好英,加藤正信,佐藤武义,蜂谷清人,前田富祺编:日本语学研究事典,东京:明治书院,2007:1114.

[391] 西原一幸.字样の研究:唐代楷书字体规范の成立と展开[M].东京:勉诚出版,2015.

[392] 荫木英雄.中世初期缙绅汉文学概观——菅原为长を手がかりに[J].相爱大学相爱女子短期大学研究论集国文・家政学科编,1984,31:1—15.

[393] 永富青地.干禄字书[Z].冲森卓也,仓岛节尚,加藤知己,牧野武则编:日本辞书辞典,东京:おうふう,1996:67.

[394] 永井圭司.《新撰字镜》の玉篇引用に关する试论[J].名古屋大学人文科学研究,2009,38:25—32.

[395] 幼学の会.口游注解[M].东京:勉诚社,1997.

[396] 远藤光正.管蠡抄・世俗谚文の索引并びに校勘[M].东京:现代文化社,1978.

[397] 远藤和夫.〈金光明最胜王经音义〉の〈五音又様〉小考[J].和洋女子大学

大学纪要 1983,24(1)：37—57.

［398］原卓志,山本秀人. 图书寮本类聚名义抄における玄应一切经音义引用の态度について［J］. 镰仓时代语研究,1989,6：124—179.

［399］月本雅幸. 高山寺藏本不动立印仪轨钞について［J］. 高山寺典籍文书综合调查团研究报告论集(昭和 63 年度),1989：121—126.

［400］藏中进. 则天文字の研究［M］. 东京：翰林书房,1995.

［401］泽田达也. 吐鲁番出土《玉篇》目录断片(Ch1744)について［J］. 开篇,2008(27)：61—76.

［402］张娜丽. 京都大学文学部国语学国文学研究室藏玄应撰《一切经音义》について［M］. 玄应撰一切经音义二十五卷,东京：国际佛教学大学院大学学术フロンティア实行委员会,2006a：37—54.

［403］张娜丽. 〈大治本〉玄应《一切经音义》について［J］. 国语国文,2006b,75(7)：34—54.

［404］张娜丽. 字学大德玄应法师事迹小考［J］. 论丛现代语・现代文化,2011(7)：1—25.

［405］张娜丽. 玄奘の译场と玄应の行实——敦煌、吐鲁番文献と日本古写经の传えるもの［M］. 土肥义和・气贺泽保规编：敦煌・吐鲁番文书の世界とその时代,东京：东洋文库,东京：汲古书院,2017：331—371.

［406］沼本克明. 醍醐寺本法华经释文の声调体系について［J］. 训点语と训点资料,1972,48：51—71；沼本(1982)收录.

［407］沼本克明. 石山寺藏の字书、音义について［M］. 石山寺文化财综合调查团编：石山寺の研究一切经篇,京都：法藏馆,1978a：1017—1042；沼本(1997)收录.

［408］沼本克明. 图书寮本类聚名义抄《真兴音(和音)》论续貂［J］. 国语と国文学,1978b,55(10)：54—68,沼本(1982)收录.

［409］沼本克明. 高山寺藏字音资料について［M］. 高山寺典籍文书综合调查团编：高山寺典籍文书の研究,东京：东京大学出版会,1980：473—501；沼本(1997)收录.

［410］沼本克明. 平安镰仓时代に於る日本汉字音に就ての研究［M］. 东京：武藏野书院,1982.

［411］沼本克明. 日本汉字音の历史的研究：体系と表记をめぐって［M］. 东京：汲古书院,1997.

［412］正宗敦夫编. 本草和名［M］. 日本古典全集(第 1 期),东京：日本古典全集刊行会,1925.

[413] 正宗敦夫编. 类聚名义抄[M]. 日本古典全集(第6期),东京：日本古典全集刊行会,1938—1946.

[414] 正宗敦夫编. 类聚名义抄[M]. 东京：风间书房,1954.

[415] 正宗敦夫编. 类聚名义抄[M]. (第2卷[汉字索引,假名索引]),东京：风间书房,1955.

[416] 正宗敦夫. 古字书索引序[M]. 古字书索引(上),东京：日本古典全集刊行会,1958：i—ii.

[417] 真柳诚.〈本草和名〉引用书名索引[J]. 日本医史学杂志,1987,33(3)：381—396.

[418] 贞苅伊德. 世尊寺本字镜について[J]. 国语学,1955(23)：50—60,贞苅(1998)收录.

[419] 贞苅伊德. 玉篇と篆隶万象名义について[J]. 国语学,1957(31)：91—99；贞苅(1998)收录.

[420] 贞苅伊德. 新撰字镜の解剖〔要旨〕——その出典を寻ねて[J]. 训点语と训点资料,1959(12)：53—76；贞苅(1998)收录.

[421] 贞苅伊德. 新撰字镜の解剖〔要旨〕付表(上)[J]. 训点语と训点资料,1960(14)：63—82；贞苅(1998)收录.

[422] 贞苅伊德. 新撰字镜の解剖〔要旨〕付表(下)[J]. 训点语と训点资料,1961(15)：1—28；贞苅(1998)收录.

[423] 贞苅伊德. 世尊寺本字镜について(补稿)——京大本字镜抄无名字书との关系[J]. 训点语と训点资料,1966,32：18—42；贞苅(1998)收录.

[424] 贞苅伊德.《新撰字镜》〈临时杂要字〉と《汉语抄》[J]. 国语と国文学,1983a,60(1)：44—62,贞苅(1998)收录.

[425] 贞苅伊德. 观智院本类聚名义抄の形成に关する考察 その1 字顺をめぐる问题[C]. 第48回训点语学会研究发表会,京都：京都私学会馆,1983b；贞苅(1998)收录.

[426] 贞苅伊德. 日本の字典　その一[M]. 佐藤喜代治编：汉字研究の步み,东京：明治书院,1989：214—239；贞苅(1998)收录.

[427] 贞苅伊德. 新撰字镜の研究[M]. 东京：汲古书院,1998.

[428] 中村璋八. 神宫文库本五行大义背记に引存する东宫切韵佚文について[J]. 东洋学研究,1955,11：57—88.

[429] 中村宗彦. 九条本文选古训集[M]. 东京：风间书房,1983.

[430] 中村宗彦. 类聚名义抄和训の定位[J]. 国语国文,1987,56(9)：14—28.

[431] 中田祝夫. 古字书索引の解说に代えて[M]. 古字书索引(下),东京：日本

古典全集刊行会,1959：1—6.

[432] 中田祝夫编. 文明本节用集研究并びに索引[M]. 东京：风间书房,1970.

[433] 中田祝夫. 日本の古辞书[M]. 古语大辞典,东京：小学馆,1983.

[434] 中田祝夫,峰岸明. 色叶字类抄：研究并びに索引[M]. 东京：风间书房,1964;再版,1977 年.

[435] 中野直树. 京都大学大学院文学研究科图书馆藏《字镜抄无名字书》と《东宫切韵》[J]. 训点语と训点资料,2015,134：1—22.

[436] 筑岛裕. 类聚名义抄の倭训の源流について[J]. 国语と国文学,1950,27(7)：42—52;筑岛(2016)收录.

[437] 筑岛裕. 古辞书入门[J]. 国语学,1953(13,14)：102—109;筑岛裕(1963)收录.

[438] 筑岛裕. 大般若经音义诸本小考[J]. 东京大学教养学部人文科学科纪要,1959a,21：1—57;筑岛裕(1963)收录.

[439] 筑岛裕. 训读史上の图书寮本类聚名义抄[J]. 国语学,1959b(37)：35—53;筑岛裕(1963)收录.

[440] 筑岛裕. 叡山文库藏息心抄について[J]. 东京大学教养学部人文科学科纪要,1963(30)：1—43.

[441] 筑岛裕. 中古辞书史小考[J]. 国语と国文学,1964,41(10)：94—105;筑岛(2016)收录.

[442] 筑岛裕. 本草和名の和训について[J]. 国语学研究,1965(5)：1—10;筑岛(2016)收录.

[443] 筑岛裕. 法华经音义について[M]. 山田忠雄编：本邦辞书史论丛,东京：三省堂,1967：871—943;筑岛(2016)收录.

[444] 筑岛裕. 国语史料としての图书寮本类聚名义抄[M]. 图书寮本类聚名义抄,东京：勉诚社,1969a：29—43;筑岛(2016)收录.

[445] 筑岛裕. 改编本系类聚名义抄の成立时期について[M]. 福田良辅教授退官记念论文集,福冈：九州岛大学文学部国语国文学研究室福田良辅教授退官记念事业会,1969b：249—259;筑岛(2016)收录.

[446] 筑岛裕. 平安时代语新论[M]. 东大人文科学研究丛书,东京：东京大学出版会,1969c.

[447] 筑岛裕. 真兴撰大般若经音训について[M]. 长泽先生古稀记念图书学论集刊行会编：长泽先生古稀记念图书学论集,东京：三省堂,1973a：403—423;筑岛(2016)收录.

[448] 筑岛裕. 古辞书における意义分类の基准[M]. 铃木一彦、林巨树编《品词

别日本文法讲座 10 品词论の周边》,东京：明治书院,1973b：21—60；筑岛
(2016)收录.

[449] 筑岛裕. 石山寺一切经藏本来迎院如来藏本　大般若经音义解题[M]. 大
般若经音义. 大般若经字抄,东京：汲古书院,1978：123—142；筑岛
(2016)收录.

[450] 筑岛裕. 东洋文库藏字镜(世尊寺本)解题[M]. 字镜(世尊寺本),东京：
汲古书院,1980b：311—412；筑岛(2016)收录.

[451] 筑岛裕. 醍醐寺藏孔雀经音义二种解题[M]. 孔雀经音义,东京：汲古书
院,1981a：713—742；筑岛(2016)收录.

[452] 筑岛裕. 大东急记念文库藏金光明最胜王经音义解题[M]. 金光明最胜王
经音义,东京：汲古书院,1981b：1—25；筑岛(2016)收录.

[453] 筑岛裕. 解说高山寺藏本〈篆隶万象名义〉[M]. 弘法大师空海全集编辑委
员会编：弘法大师空海全集 7,东京：筑摩书房,1984：567—586；筑岛
(2016)收录.

[454] 筑岛裕. 法华经单字の和训について[M]. 北海道大学文学部国语学讲座
编：北大国语学讲座二十周年记念论辑辞书·音义》,东京：汲古书院,
1988：65—79；筑岛(2016)收录.

[455] 筑岛裕. 平安时代训点本论考　研究篇[M]. 东京：汲古书院,1996.

[456] 筑岛裕.〔书评〕马渊和夫《国语史丛考》[J]. 国语学,1999(196)：89—94.

[457] 筑岛裕. 古辞书と音义[M]. 筑岛裕著作集(3),东京：汲古书院,2016.

[458] 住谷芳幸. 多罗叶记诸本考[M]. 马渊和夫博士退官记念国语学论集刊行
会编：马渊和夫博士退官记念国语学论集,东京：大修馆,1981：569—591.

[459] 総本山醍醐寺. 醍醐寺藏宋版一切经目录[M]. 醍醐寺丛书/総本山醍醐寺
编：(目录篇),东京：汲古书院,第 1 册,第 2 册,第 3 册,第 4 册,第 5 册,
别册,2015.

[460] 佐贺东周. 松室释文と信瑞音义[J]. 佛教研究,1920,1(3)：1—39.

[461] 佐藤仁之助.〈新字〉の新研究[J]. 东洋文化,1929a(63)：31—39.

[462] 佐藤仁之助.〈新字〉の新研究(二)[J]. 东洋文化,1929b(64)：25—36.

[463] 佐藤喜代治. 新撰字镜の本文について[J]. 东北大学文学部研究年报,
1951(1)：142—157；佐藤(1971)收录.

[464] 佐藤喜代治. 国语语汇の历史的研究[M]. 东京：明治书院,1971.

[465] 佐藤喜代治编. 国语学研究事典[M].东京：明治书院,1977.

[466] 佐藤喜代治. 色叶字类抄略注[M]. 东京：明治书院,1995.

[467] 佐佐木勇. 醍醐寺藏《妙法莲华经释文》の声点加点について——前后半

の相违と表纸见返中段记事の解释[J]. 训点语と训点资料,1999(103):
15—34.

[468] 佐佐木勇. 唐招提寺藏《孔雀经音义》の反切について[J]. 训点语と训点
资料,2001a(106):40—55.

[469] 佐佐木勇. 唐招提寺藏《孔雀经音义》院政期点の声调体系反切を有する
前半部分について[J]. 国文学考,2001b(169):1—13.

[470] 佐佐木勇. 玄应撰《一切经音义》卷第五における本文と目录との经名不
一致について[J].训点语と训点资料 2014(133):50—70.

[471] 佐佐木勇. 宋版の注文から作成された日本文献:高山寺藏喜海撰《新译
华严经音义》[J].国语と国文学,2016a,93(5):86—98.

[472] 佐佐木勇. 广岛大学新收石山寺本《玄应一切经音义》卷第十承安五年写
本[J]. 国文学考,2016b(230):1—13.

中文(按拼音顺序)

[1] 蔡忠霖.敦煌汉文写卷俗字及其现象[M]. 台北:文津出版社,2002.

[2] 蔡忠霖.《正名要录》之文本属性归类研究[J]. 敦煌学刊,2008(1):21—38.

[3] 蔡忠霖.论字书的字形规范及其"竝正"现象——以唐代字样书为例[J]. 文
与哲,2009(15):33—60.

[4] 曹洁.裴务齐正字本《刊谬补缺切韵》研究[M]. 上海:上海古籍出版社,
2013.

[5] 池田证寿.《玉篇》和日本的古字书[M]. 张宝三、杨儒宾编:日本汉学研究
续探(思想文化篇 39),东亚文明研究丛书,台北:台湾大学出版中心,
2005b:295—312.

[6] 池田证寿.高山寺藏新译华严经音义和宫内厅书陵部藏宋版华严经[M]. 日
本学·敦煌学——石塚晴通教授退职纪念论文集,上海:上海辞书出版社,
2005c:268—281.

[7] 池田证寿.依据日本的古字书来从事汉语史资料研究[J]. 汉语史学报,
2006b(6):223—231.

[8] 池田证寿.佛经音义与日本古字书[C]. 徐时仪、梁晓虹、松江崇编:佛经音
义研究——第三届佛经音义研究国际学术研讨会论文集,上海:上海辞书
出版社,2015:53—62.

[9] 池田证寿.平安时代汉字字书综合数据库的构建及其公开[J]. 东亚文献研
究,2018b(21):263—273,韩国交通大学校东亚研究所、中国上海师范大学
人文与传播学院.

［10］池田证寿.杜延业《群书新定字样》再考［J］.北海道大学文学研究科纪要,
　　　2018c,154：1—71.

［11］池田证寿.平安时代汉字字书综合数据库的介绍——以《篆隶万象名义》和
　　　《新撰字镜》为中心［C］.上海交通大学海外汉字文化研究中心第二届国际
　　　学术研讨会"东亚文化圈古辞书研究",上海：上海交通大学海外汉字文化
　　　研究中心,2018d：66—72.

［12］池田证寿.日本古辞书研究的现状与课题［C］.首届跨文化汉字国际研讨会
　　　"东亚碑刻汉字及文献研究"论文集,郑州：郑州大学汉字文明研究中心,
　　　2018e：78—86.

［13］池田证寿.日本古辞书数据库的构建与汉字研究［C］.世界汉字学会第七届
　　　年会"面向世界的汉字研究重要领域及课题"国际学术研讨会论文集,世界
　　　汉字学会,2019a：62—74.

［14］池田证寿.《类聚名义抄》数据库的构建及其公开［C］.第十三届汉文佛典语
　　　言学国际学术研讨会论文集,广西师范大学,2019b：34—43.

［15］池田证寿.围绕《篆隶万象名义》所据《玉篇》的诸问题［J］.北海道大学文学
　　　研究院纪要,2021(162)：103—121.

［16］池田证寿,李媛.《篆隶万象名义》"队"字存疑——书写用纸与文字修订,东
　　　亚文献研究20,韩国交通大学校东亚研究所、中国上海师范大学人文与传
　　　播学院,2017：19—32.

［17］大柴慎一郎.《篆隶万象名义》文字研究［D］.广州：中山大学博士论文,
　　　2006.

［18］丁锋.如斯斋汉语史续稿［M］.贵阳：贵州大学出版社,2012.

［19］丁锋.宫内厅所藏南宋绍兴府华严会刻八十卷本《华严经》及其所附卷末音
　　　之研究［J］.中国言语文化学研究,2020(9)：155—173.

［20］丁锋.大藏音义丛考［J］.语学教育フォーラム　大东文化大学语学教育研
　　　究所,2021(35)：1—180.

［21］高田时雄.敦煌·民族·语言［M］.北京：中华书局,2005.

［22］胡朴安.中国文字学史［M］.中国文化史丛书(第1辑),上海：商务印书
　　　馆,1937.

［23］黄征.敦煌俗字典［M］.上海：上海教育出版社,2005.

［24］李景远.隋唐字样学研究［D］.台北：台湾师范大学国文研究所博士论
　　　文,1997.

［25］梁晓虹.佛教与汉语史研究：以日本资料为中心［M］.南山大学学术丛书,上
　　　海：上海古籍出版社,2008.

［26］梁晓虹.日本古写本单经音义与汉字研究［M］.南山大学学术丛书,北京：中华书局,2015.

［27］梁晓虹.日本汉字资料研究：日本佛经音义［M］.汉字文明研究（书系之三）,北京：中国社会科学出版社,2018.

［28］刘燕文.敦煌唐写本字书《正名要录》浅介［J］.文献,1985(3)：176—180.

［29］刘元春.隋唐石刻与唐代字样［M］.广州：南方日报出版社,2010.

［30］李永富.切韵辑斠［M］.台北：艺文印书馆,1973.

［31］龙宇纯.英伦藏敦煌切韵残卷校记［M］."中央研究院"历史语言研究所编《集刊》外编第四种《庆祝董作宾先生六十五岁论文集》下册,台北："中央研究院"历史语言研究所,1961：803—826.

［32］龙宇纯.唐写全本王仁昫刊谬补缺切韵校笺［M］.香港：香港中文大学,1968.

［33］吕浩.《篆隶万象名义》重出字初探［J］.古籍整理研究学刊,2003(2)：34—39；吕(2007)收录.

［34］吕浩.篆隶万象名义校释［M］.上海：学林出版社,2007.

［35］吕浩.《玉篇》文献考述［M］.上海：上海人民出版社,2018.

［36］吕浩.大广益会玉篇［M］.中国古代语言学基本典籍丛书,(梁)顾野王撰述,吕浩校点,北京：中华书局,2019.

［37］裘锡圭.文字学概要［M］.北京：商务印书馆,1988.

［38］施安昌.唐代正字学考［J］.故宫博物院院刊,1982(3)：77—84.

［39］石塚晴通.从 Codicology 的角度看汉文佛典语言学数据［C］.徐时仪、梁晓虹、松江崇编：佛经音义研究：第三届佛经音义国际学术研讨会论文集,上海：上海辞书出版社,2015：332—342.

［40］唐兰.中国文字学［M］.上海：开明书店,1949；民国丛书第3编,上海：上海书店,1991收录.

［41］王重民.敦煌遗书总目索引［M］.北京：商务印书馆,1962.

［42］王显.对《干禄字书》的一点认识［J］.中国语文,1964(4)：304—318.

［43］徐时仪.玄应和慧琳《一切经音义》研究［M］.上海：上海人民出版社,2009.

［44］艺文印书馆.校正宋本广韵：附索引［M］.(宋)陈彭年撰,台北：艺文印书馆,1967.

［45］袁晖、管锡华、岳方遂.汉语标点符号流变史［M］.武汉：湖北教育出版社,2002.

［46］臧克和.中古汉字流变［M］.上海：华东师范大学出版社,2008.

［47］张磊.敦煌通俗字书与《新撰字镜》比较研究［J］.敦煌研究,2010a(3)：

115—118.

［48］张磊.《新撰字镜》研究［M］.北京：中国社会科学出版社,2012.

［49］张涌泉.汉语俗字研究［M］.长沙：岳麓书社,1995.

［50］张涌泉.敦煌俗字研究［M］.上海：上海教育出版社,1996.

［51］张涌泉.汉语俗字研究：增订本［M］.北京：商务印书馆,2010.

［52］张涌泉.敦煌写本文献学［M］.兰州：甘肃教育出版社,2013.

［53］张涌泉.敦煌俗字研究［M］.上海：上海教育出版社,第 2 版,2015.

［54］张孟晋.《颜氏字样》与唐代的字样学［J］.中国文字研究,2016(2)：195—
200.

［55］张金泉.敦煌遗书与字样学——兼谈唐代文字规范化工作［J］.文史,
1996(41)：205—215.

［56］张金泉,许建平.敦煌音义汇考［M］.杭州：杭州大学出版社,1996.

［57］郑阿财.敦煌写卷与中国中古文字学——《正名要录》考探［M］.台湾“中央
大学”文学院中国文学系所编：中国学术研讨会论文集：纪念高明先生八
秩晋六冥诞,台北：大安出版社,1994：139—158.

［58］郑贤章.《郭迻经音》研究［M］.长沙：湖南师范大学出版社,2010.

［59］中华书局.原本玉篇残卷［M］.(梁)顾野王撰,北京：中华书局,2004.

［60］周祖谟.万象名义中之原本玉篇音系［M］.北京：中华书局,1966：270—404.

［61］周祖谟编.唐五代韵书集存［M］.北京：中华书局,1983.

［62］周祖谟.敦煌唐本字书叙录［M］.中国敦煌吐鲁番学会语言文学分会编：敦
煌语言文学研究,北京：北京大学出版社,1988：40—55.

［63］朱凤玉.敦煌写本字样书研究之一［J］.华冈文科学报,1989(17)：117—130.

［64］朱凤玉.敦煌写本字书绪论［J］.华冈文科学报,1991(18)：81—118.

［65］朱凤玉.敦煌本《正名要录》中“连文释义”初探［J］.敦煌研究,2006(6)：
168—172.

［66］曾荣汾.字样学研究［M］.中国语文丛刊(8),台北：台湾学生书局,1988.

英文

［ 1 ］Bailey Don Clifford, Early Japanese lexicography［M］. Monumenta Nipponica,
1960：1 - 52.

［ 2 ］Fujieda Akira, The Tunhuang manuscripts：A general description. Part I.［J］.
Zinbun：Memoires of the Research Institute for Humanistic Studies 9, 1966：
1 - 32.

［ 3 ］Fujieda Akira, The Tunhuang manuscripts：A general description. Part II.［J］.

Zinbun: Memoires of the Research Institute for Humanistic Studies 10, 1969: 17 – 39.

[4] Fujieda Akira, Chronological classification of Dunhuang Buddhist manuscripts [M]. in Dunhuang Manuscript Forgeries: The British Library, 2002: 103 – 114.

[5] Giles Lionel, Descriptive catalogue of the Chinese manuscripts from Tunhuang in the British Museum[M]. London: Trustees of the British Museum, 1957.

[6] Ikeda Shoju, Japanization in the field of classical Chinese dictionaries [J]. Journal of the Graduate School of Letters, 2011, 6: 15 – 25, Sapporo: Hokkaido University.

[7] Ikeda Shoju, Chinese character glyphs as concrete textual examples vs. dictionary data[J]. Journal of the Graduate School of Letters, 2013, 8: 11 – 33, Sapporo: Hokkaido University.

[8] Ikeda Shoju, The HDIC database project[J]. Transactions of the International Conference of Eastern Studies, 2017, 61: 78 – 79, Tokyo: The Toho Gakkai.

[9] Ikeda Shoju, Early Japanese dictionaries [M]. in Handbook of Historical Japanese Linguistics: De Gruyter Mouton, 2024: 473 –492.

[10] Ikeda Shoju, Yuan Li, Building a General Database System of Chinese Character Dictionaries in Early Japan: Tenreibanshomeigi in the HDIC Project[J]. Journal of the graduate school of letters, 2018, 13: 49 – 64, Sapporo: Hokkaido University.

[11] Ishizuka Harumichi, Elements of Codicology of the Hanzi Script [C]. International Symposium on the Codicology of the Hanzi Script, 8 – 9 November 2014. Ryukoku University, Kyoto, Japan.

[12] Li Yuan, Woongchul Shin, Kazuhiro Okada, Japanese rendition of Tenrei bansho meigi's definition in early Japanese lexicography: An essay[J]. Journal of the Graduate School of Letters, 2016, 11: 83 – 96, Sapporo: Hokkaido University.

专家评审意见(一)

《日本汉文古辞书与汉语史研究》作为日本学者研究日本古辞书的重要成果,不仅对日本辞书史研究,而且对汉语史研究都有着特殊的意义。

日本古辞书深受中国古辞书(包括音义书等)的影响,往往都是参考相关中国古辞书而编纂的,在中国古辞书遗逸十分严重的情况下,日本古辞书就有了不可或缺的重要作用。同样的,对这些古辞书的研究,也为汉语史(包括汉字史)的研究提供了重要的参考。

全书对日本重要的古辞书作了比较全面的介绍和研究,对相关辞书的特色和来龙去脉以及相关辞书之间的关系进行了揭示,为相关学科的中外学者了解和利用相关资料提供了方便。

兼顾日本其他学者研究成果的介绍以及作者自己的独特研究,是本书的一大特色。全书几乎囊括了日本在该领域的重要学者,对他们的相关研究成果的介绍巨细靡遗。同时,作者作为这一领域的资深学者,对很多重要问题有自己独到的研究和看法。

此书充分展示了日本学者在研究方面的一些特色,如:十分注重文本的比较,全书有相当一部分内容是对相关辞书相关内容的比较,很多表格的内容就是让人一目了然地感受文本之间的差异;对具体个案的考证非常细致深入,如对《篆隶万象名义》中"队"字的考证就令人印象深刻。

鉴于此书对汉语史、汉字史、辞书史的研究具有十分重要的独特价值,国内尚无水平相当的同类著作,建议将此书列入《浙江大学汉语史研究丛刊》予以刊布。相信此书的出版,定会推动本领域的研究向前迈进。(以下略)

浙江大学　姚永铭
2021 年 11 月 18 日

专家评审意见（二）

　　书稿从佛经音义、字书、字样书、数据库等方面对日本古辞书做了全面、精细、详实的研究与整理，特别对成书于8至13世纪的《篆隶万象名义》《新撰字镜》《类聚名义抄》等辞书及相关的佛经音义，从字形、训释、出典等方面进行比较、考证，爬梳文献、勾稽逸文，分析条目的结构特点，考察其形、音、义及出典的来源，比较各辞书在形式和内容上的异同，探讨其成书过程，推求它们彼此间的继承、发展关系。以详确的数据统计、精细的对比分析和简明的要点陈述，清晰地呈现出日本古辞书在草创、形成阶段的发展脉络，内容丰富，结论可信，是一部有关日本古辞书研究的优秀著作。

　　它山之石，可以攻玉。中国自古以来就有编纂字典、韵书和佛经音义的传统，但有的辞书后来失传了。值得庆幸的是，失传古辞书中的一些逸文，在日本古辞书和佛教音义中仍有保存，如顾野王《玉篇》、郭迻《一切经类音决》、杜延业《群书新定字样》等。由于各方面的原因，这类资料尚未引起国内学者的足够重视。尤为难得的是，书稿中不仅利用这些逸文，大致探明了亡佚古书的原貌、性质和编纂方法，还详细介绍了日本公私机构和学术界有关古辞书资料的收藏、刊布、整理及研究的历史经过和最新动态，为中国学者全面了解这批辞书音义资料的特点及进一步从事相关的研究提供了极大

的便利。此书的出版，无疑将推动国内汉语史与辞书史研究的发展。（以下略）

复旦大学　张小艳

2022 年 1 月 1 日

《浙江大学汉语史研究丛刊》章程

　　浙江大学汉语史研究具有悠久的历史和雄厚的实力。作为教育部人文社科重点研究基地,浙江大学汉语史研究中心为进一步推进汉语史(包括汉字史)研究、推出一批高质量的新成果,拟组织出版《浙江大学汉语史研究丛刊》。

　　一、《浙江大学汉语史研究丛刊》由浙江大学汉语史研究中心负责组织编辑,面向海内外遴选高水平的汉语史研究专著(不含论文集),经同行专家和编委会审定后,由中西书局出版。每年出版1—3种。

　　二、申报《浙江大学汉语史研究丛刊》的著作须具备以下条件:

　　1. 研究成果的选题具有创新性,内容具有开拓性,处于学科前沿。

　　2. 以详实准确的汉语、汉字现象为材料依据,有清晰的理论思考、合乎逻辑的事实分析。

　　3. 行文简洁,表述缜密。

　　4. 实际字数不超过40万字。

　　5. 尚未获得副高职称的作者须有两名具有正高职称的本领域专家的推荐信。

　　三、《浙江大学汉语史研究丛刊》编辑委员会组成如下:
　　主编:汪维辉(浙江大学)、真大成(浙江大学)

编委（音序）：方一新（浙江大学）、冯胜利（北京语言大学）、胡敕瑞（北京大学）、李守奎（清华大学）、李无未（厦门大学）、李运富（郑州大学）、王云路（浙江大学）、魏培泉（台湾"中研院"）、吴福祥（北京语言大学）、徐丹（法国国立东方语言文化学院）、杨永龙（中国社会科学院）、远藤光晓（日本青山学院大学）、张洪明（澳门科技大学）、张涌泉（浙江大学）、朱庆之（香港教育大学）

编委会聘请蒋绍愚先生（北京大学）和江蓝生先生（中国社会科学院）为顾问。

四、编委会负责初步遴选申报的书稿并邀请同行专家实行双向匿名审读，召开评审会审定入选著作。

五、申报著作通过评审入选后，作者应根据审读专家及编委会的意见修改书稿，并自公布之日起两年内将定稿送交中西书局，逾期视同放弃出版。

六、有意申报者可以与浙江大学汉语史研究中心联系索取申报书。联系人：刘锋，电子邮箱：hyshi@zju.edu.cn。

浙江大学汉语史研究中心
2019 年 9 月 1 日

后 记

本书是以已发表的论文内容为基础,进一步系统地进行增删改写而成。现将本书的各章内容与已发表论文之间的关系,总结并注明如下。

の展开—,《ことばの研究》3,长野县ことばの会,第
45—59 页,2021 年。

第三节　新译华严经音义私记の性格,《国语国文研究》75,北海
道大学国文学会,第 1—16 页,1986 年

第四节　高山寺藏新译华严经音义和宫内厅书陵部藏宋版华严
经,《日本学・敦煌学——石塚晴通教授退职纪念论文
集》,上海：上海辞书出版社,第 268—281 页,2005 年

第五章

第一节　《玉篇》和日本的古字书,张宝三,杨儒宾编《日本汉学
研究续探 思想文化篇(东亚文明研究丛书 39)》,台北：
台湾大学出版中心,第 295—312 页,2005 年

第二节　《篆隶万象名义》"队"字存疑——书写用纸与文字修
订,《东亚文献研究》20,韩国交通大学校东亚研究所、
中国上海师范大学人文与传播学院,第 19—32 页,2017
年(池田证寿、李媛共著)

第三节　围绕《篆隶万象名义》所据《玉篇》的诸问题,《第二届跨
文化汉字国际研讨会"汉字与道文化世界传播"论文
集》,江西师范高等专科学校,第 253—266 页,2019 年
11 月

第四节　玄应音义と新撰字镜,《国语学》130,国语学会,第 1—
18 页, 1982 年

第五节　图书寮本《类聚名义抄》と《篆隶万象名义》との关系に
ついて,《人文科学论集》27,信州大学人文学部,第 1—
17 页,1993 年

第六节　图书寮本类聚名义抄の单字字书的性格,《国语国文研
究》94,北海道大学国文学会,第 1—14 页,1993 年

第七节　《类聚名义抄》数据库的构建及其公开,《第十三届汉文
佛典语言学国际学术研讨会论文集》,广西师范大学,

第 34—43 页，2019 年 11 月

第六章

第一节　杜延业《群书新定字样》再考，《北海道大学文学研究科纪要》154 号，北海道大学文学研究科，第 1—71 页，2018 年

第二节　同上

第七章

第一节　图书寮本类聚名义抄と类音决，《训点语と训点资料》96，训点语学会，第 26—37 页，1995 年

第二节　高山寺藏本《醍醐等抄》所引《类音决》考，《令和二年度高山寺典籍文书综合调查团研究报告论集》，第 54—67 页，2021 年

第八章　日本古辞书数据库的构建与汉字研究，《世界汉字学会第七届年会"面向世界的汉字研究重要领域及课题"国际学术研讨会论文集》，世界汉字学会，第 62—74 页，2019 年 9 月

　　全书以上述论文内容为基础，以日本汉文古辞书与汉语史研究的关系为主线，对各部分内容进行了大幅增删改写，并且对日本汉文古辞书的研究进行了总括及全面的论述。

　　笔者是从日本国语学研究为出发点，开始接触到日本汉文古辞书等研究资料的。具体始于 1981 年，其时参加由筑岛裕先生主编的《古辞书音义集成》（汲古书院）的编纂及刊行的工作。研究伊始，《古辞书音义集成》的刊行，使得当时许多难以入手及阅览的传承于日本的汉文辞书音义，都可以较为方便地进行利用，我觉得非常难得。这之后，越来越多的研究者参加到日本汉文古辞书的研究领域，整体研究得到长足的发展。这些研究成果的论文均以日语写成，以至于海外的研究者对此知之甚少。进入 2000 年之后，笔者在石塚晴通先生

的引导下,逐步开始注目于中国、韩国、越南等东亚各国关于汉字汉语的研究动向,在此过程中,笔者也进一步了解到有不少的中国学者,对传承于日本的汉文古辞书有着极大的兴趣与研究热情。于是,笔者不时地发表了一些中文论文,将自己在日本国语学领域关于汉文古辞书研究的成果向中国学界作一点介绍。

回顾与中国学者的交流,我非常感激浙江大学方一新教授和王云路教授首次给予我在中国进行学术发表的机会。此外,我也很幸运能够与郑州大学李运富教授、上海师范大学徐时仪教授、日本南山大学梁晓虹教授、上海交通大学王平教授和吕浩教授、华中科技大学黄仁瑄教授、浙江师范大学张磊教授,以及韩国汉阳大学李景远教授等著名学者进行学术交流。在此,我想表达我的深深谢意。

2021年,笔者于长年进行研究、教育工作的北海道大学退休,想到应以这些中文论文为基础,整理成书出版,以资学界同仁参考。中文论文的翻译与写作,得到了在信州大学及北海道大学的留学生诸君与研究同仁的通力协助(如下)。林立萍(第五章第一节)、唐炜(第三章、第四章第四节)、贾智(第四章第三节)、李媛(绪言、第一章、第二章、第五章第二~三节、同第五~七节、第六章、第七章、后记)、李乃琦(第四章第一节、同第二节、第五章第四节)、丁睿朗(第四章第四节)、武倩(检查和修订参考文献部分)。在此表达谢意。

此外,在查阅及调查资料之际,得到了大英图书馆、法国国立图书馆、中国国家图书馆、宫内厅书陵部、高山寺等机构的关照。在此深表谢意。

日语的书籍,在日本国内的出版社刊行比较容易。但以中文写成的著作,由日本国内的出版社发行则有一定的困难。另外,即使能得以刊行,其后在中国国内流传推广的可能性也不高。考虑到本书的研究成果可供中国学者参考之处颇多,笔者在咨询中国出版社刊行的方法之时,得知浙江大学汉语史研究丛刊的出版项目。笔者数年前曾有缘于浙江大学汉语史研究中心做研究发表并出版过论文,于是提交了汉语史研究<u>丛</u>刊出版项目的申请,并有幸入选。汪维辉教授等浙江大学诸位先生,特别是真大成先生,在从评审到出版洽谈的整个过程中给予了我非常多的关心和帮助。在此,谨致以深深的谢意。此外,本书的顺利出版,也得益于中西书局及其编辑们的鼎力支持和辛勤付出。谨此特别致以深切的谢意。

　　本研究是日本学术振兴会科学研究费补助金(课题号码 13021202,14101005,14510442,15021201,17520290,20401022,22520454,23251011,25370506,16H03422,19H00526,23K17500,23K00558)的成果的一部分。

池田　证寿

2024 年 5 月于札幌